제 2 호

법률의
지평

법무법인[유]지평

박영사

발간사

새삼 발견했습니다. 어떤 명사의 내포와 외연은 그 명사를 주어·목적어로 하는 서술어로 미루어 짐작할 수 있다는 사실입니다. "지평"의 서술어는 '열다(열리다)', '넓히다', '펼쳐지다', '조망하다', '바라보다'를 벗어나지 않습니다. 한결같이 진취적이고 개방적이며 미래지향적입니다.

"지평"의 '지'(地)는 하늘(天)과 상응합니다. 그래서 지평은 땅이 하늘과 맞닿는 경계의 뜻을 갖기도 합니다. 그러나 이 경계는 실제로는 존재하지 않습니다. 그래서 지평은 천지를 두루 아우릅니다.

"지평"의 '평'(平)은 형평(衡平)·공평(公平)의 '평'과 다르지 않습니다. 높낮이가 없습니다. 차별도 없습니다. 치우침도 없습니다. 좋은 법률가들이 지향하는 정의(正義)와 맥을 같이 합니다.

"지평"이 품은 이러한 메시지와 의미, 그리고 가치는 『법률의 지평』에도 고스란히 스며들어 있습니다. 지평의 참뜻을 녹여내기 위한 법무법인(유한) 지평의 또 하나의 공간입니다. 지난해 창간호에 이어 올해 제2호가 탄생하였습니다. 축복함이 마땅합니다.

이 책에는 헌법·건설부동산·형사·민사·노동·공정거래·금융·지식재산권·러시아·인권·환경·일반 등 거의 모든 분야에 걸쳐 법 이슈를 다룬 칼럼·소송사례·논문 등을 수록하였습니다. 법무법인(유한) 지평과 공익사단법인 두루의 변호사들이 근자에 집필한 것입니다. 가히 광활한 유라시아 대륙의 초원을 누비는 유목민 전사를 떠올리게 합니다.

'지평쉼터'란에 실린 3권의 '책 소개'도 인상적입니다. 먼 여행길에 지친 심신이 원두 향 깊은 커피 한 잔으로 잠시 쉬어갈 수 있는 로지(lodge)와도 같습니다.

지평을 알리는 미디어와 지평의 역사를 기록하는 사서 역할도 빼놓지 않았습니다. '뉴스레터', '지평 10대 뉴스(2019~2020)', '지평 출간 소식'란이 그것입니다. 이것이 빠졌다면 식단은 풍성하지 않았을 것입니다.

무엇이든 혼자서 잘 할 수 있는 일은 많지 않습니다. 이 책의 발간 역시 많은 분의 도움이 있었습니다. 소중한 옥고를 보내주신 집필진은 물론이고 그 옥을 더욱 빛나게 해 준 편집간사 박상진 변호사를 비롯한 편집진에게 고맙다는 말씀을 아끼지 않겠습니다.

이제 이 책은 글쓴이와 펴낸이를 떠나 독자가 키워주실 차례입니다. 여러분의 사랑을 듬뿍 기대합니다. 감사합니다.

대표변호사 **김지형**

차 례

칼 럼

소송 사례

논 문

뉴스레터&소식

법/률/의/지/평/

칼 럼

과거사 사건에서 소멸시효의 적용[*]

- 헌법재판소 2018. 8. 30. 선고 2014헌바148등(병합) 결정 -

박보영 변호사

헌법 제29조 제1항의 국가배상청구권을 입법한 '국가배상법'은 자체적으로 소멸시효를 규정하지 않고, '민법'과 '국가재정법'상 소멸시효 규정을 준용하도록 정했다. 이에 국가배상청구에도 일반적인 소멸시효 규정이 그대로 적용되는지 논란이 됐다. 특히 '과거사 사건'에서 더 불거졌다. 법원은 국가의 소멸시효 항변이 신의칙 위반이라며 원고 청구를 인용하다가, 상고심에서 국가배상청구권 행사기간을 극도로 제한하는 법리로 기존 판결을 뒤집고 청구를 배척했다. 그런데 헌법재판소가 오랜 심리 끝에 지난 2018. 8. 30. 과거사정리법의 특정 범주 사건에서 소멸시효를 그대로 적용하도록 한 법률조항들이 헌법에 위반된다는 위헌결정을 선고했다(헌법재판소 2018. 8. 30. 선고 2014헌바148등(병합) 결정, 이하 '헌법재판소 결정').

I. 사건의 개요 및 경과

청구인들은 국가기관이 날조한 국가보안법 위반 등의 범죄사실로 기소되어, 불법 증거에 근거한 징역형 등을 선고받아 1982년 내지 1986년경 판결이 확정됐던 사람과 그 가족(상속인)이다. 2005. 5. 31. 제정된 '진실·화해를 위한 과거사정리 기본법'(이하 '과거사정리법')에 따라 설치된 '진실·화해를 위한 과거사정리위원회'는 2006년 내지 2009년경 청구인들의 사건에 관하여 진실규명결정을 했다. 청구인들은 2007년경부터 재심을 청구했고, 2009년경 내지 2011년경 재심절차에서 기존 유죄판결이 취소되어 무죄로 확

---

[*] 이 글은 『법률신문』 제4726호(2019. 8. 26.)에 실린 칼럼이다.

정됐다. 2009년 내지 2011년경에는 형사보상금지급결정이 확정되어 보상금을 지급받았고, 2010년 내지 2012년경 국가배상을 청구했다.

법원은 하급심에서 청구를 대부분 인용했다. 피고 대한민국의 소멸시효 항변은 신의칙에 위반된다고 보았다. 항소심도 1심 판결의 결론을 거의 그대로 유지했다. 그런데 상고심에서 하급심 판결의 논리를 뒤집는 파기환송판결이 선고됐다(대법원 2014. 1. 23. 선고 2011다59810 판결 등). 국가의 소멸시효 항변이 권리남용으로 허용될 수 없다고 하면서도, 채권자의 권리행사 기간을 제한할 수 있다고 한 논리(대법원 2013. 5. 16. 선고 2012다202819 전원합의체 판결)를 원용하고 청구인들의 권리행사기간을 더욱 축소한 것이다.

파기환송심도 대법원의 논리를 좇아 청구를 기각했다. 위헌심판제청신청도 법조항에 관한 법원의 해석을 다투는 것이어서 각하하거나, 비례원칙에 위반되지 않는다며 기각했다. 이에 청구인들은 헌법재판소법 제68조 제2항의 헌법소원심판을 청구했다.

II. 헌법재판소 결정의 요지

헌법재판소는 심판대상조항이 공무원의 직무상 불법행위에 대한 손해배상청구의 소멸시효 기산점과 시효기간을 정하고 있는 것 자체는 위헌이 아니라고 보았으나 민법 제166조 제1항, 제766조 제2항 중 과거사정리법 제2조 제1항 제3호의 '민간인 집단 희생사건', 제4호의 '중대한 인권침해사건·조작의혹사건'에 적용되는 부분은 국가배상청구권에 관한 입법형성의 한계를 일탈했고 합리적 이유가 없다며 위헌으로 선언했다. 이를 근거로, 과거사정리법 제2조 제1항 제3호 및 제4호에 규정된 사건들에 대해서는 민법 제166조 제1항, 제766조 제2항의 객관적 기산점이 적용되지 않는 대신 민법 제766조 제1항이 정한 주관적 기산점 및 이를 기초로 한 단기소멸시효만 적용된다고 판단했다.

다만, 재판관 3인은 심판청구가 법원의 심판대상조항에 대한 해석·적용이나 재판 결과를 다투는 경우에 해당하여 부적법하므로 모두 각하하는 것이 옳다는 반대의견을 제시했다.

III. 헌법재판소 결정의 의미

1. 심판대상조항 자체의 위헌성을 제거한 일부위헌결정

법원이 위헌심판제청신청을 각하했던 논리(심판대상조항에 관한 법원의 해석을 다투는 것이어서 부적법하다는 논리를 말한다)는 헌법재판소 결정의 반대의견에서도 거의 동일하게 반복됐다. 그러나 청구인들은 법률조항의 단순한 포섭·적용에 관한 법원의 해석·적용이나 재판결과를 다툰 것이 아니라, 대법원의 해석에 의해서 의미가 확정된 '법률조항의 가분된 의미영역'에 대해 위헌성을 다툰 것이었다. 헌법재판소 결정의 법정의견도 심판대상조항이 과거사 사건에까지 아무런 예외 없이 적용되도록 규정한 입법 자체의 결함이 위헌이라는 확인을 구한 청구를 인용하여, 심판대상조항의 일부에 대해 위헌을 선언했다.

이처럼 헌법재판소가 일부위헌결정을 했음에도 불구하고, 헌법재판소 결정의 실질은 한정위헌결정이 아닌지 의문이 제기될 수 있다. 일부위헌결정은 헌법재판소법 제47조에 따라 기속력이 인정되지만, 한정위헌결정은 헌법재판소가 내리는 변형결정 중 하나로 기속력을 인정할 것인지 여부를 둘러싸고 헌법재판소와 대법원 간 다툼이 치열했기 때문이다. 대법원은 한정위헌결정에 대해 기속력을 인정하지 않는 입장을 표명한바 있으므로(대법원 1996. 4. 9. 선고 95누11405 판결, 대법원 2001. 4. 27. 선고 95재다14 판결 등), 헌법재판소 결정의 실질을 한정위헌결정으로 본다면 법원은 한정위헌결정에 기초한 재심 청구를 받아들이지 않을 것이고 청구인들은 또 다시 헌법소원을 제기하는 수밖에 없다.

헌법재판소 결정은 기속력이 인정되는 일부위헌결정으로 이해하는 것이 타당하다. 주문 중 위헌을 선언한 문장을 살펴보면, "1. 민법(1958. 2. 22. 법률 제471호로 제정된 것) 제166조 제1항, 제766조 제2항 중 '진실·화해를 위한 과거사정리 기본법' 제2조 제1항 제3호, 제4호에 규정된 사건에 적용되는 부분은 헌법에 위반된다"고 되어 있다. 특정 범주의 사건들을 기준으로 그 부분까지 적용되도록 입법되어 있는 법률조항 일부에 대한 위헌결정의 주문이다. 이처럼 법률의 특정 조문 또는 구절에 대한 일부 무효를 의미하는 소위 양적 일부위헌결정이 위헌결정으로서 효력을 가진다는 점에 대해서는 대체로 이론이 없다. 대법원도 일관되게 일부위헌결정의 기속력을 인정하고 헌법재판소 결정을 수용했다(대법원 1991. 12. 24. 선고 90다8176 판결, 대법원 2005. 8. 2.자 2004마494 결정, 대법원 2014. 7. 10. 선고 2011도1602 판결 등). 심판대상조항은 예외 없이 적용되도록 규정하여 다른 해석의 여지가 없는 점을 고려하면, 이번 헌법재판소 결정을 복수의 해석 가능성을 전제로 단순히 특정한 법률해석이 헌법에 위반된다는 의견을 표명한 한정위헌결정(대법원 2001. 4. 27. 선고 95재다14 판결에서 명시적으로 효력을 부정하고 재심사유로 인정하지 않는다고 밝힌 결정유형)으로 보기는 더욱 어렵다.

2. 권력분립원칙과 법치주의에 입각한 판단

헌법재판소 결정은 과거사 사건에 소멸시효 적용을 완전히 배제한 것이 아니다. 객관적 기산점 및 장기소멸시효기간의 적용만 배제했다. 그간 부각되지 않았던 주관적 기산점 및 단기소멸시효가 중요한 쟁점이 될 것이다. 국가권력이 저지른 인권침해 사건의 경우에는 피해자들이 '손해 및 가해자'를 알았는지, 알았다면 그 시점이 언제인지 신중하게 판단해야 하며 국가의 증명책임이 엄격하게 적용돼야 할 것이다. 헌법재판소 결정 이후 이를 일부위헌결정으로 보고 직접 인용하여 국가의 소멸시효 항변을 배척한 하급심 판결이 선고됐고, 종전 국가배상청구소송의 확정판결을 취소하고 재심청구를 인용하는 판결이 선고되기도 했다. 향후 국가배상청구소송의 상급심 및 파기환송심, 재심사건에서의 상급심 및 후속 판결이 어떤 결론을 내릴지 주목해야 할 것이다.

한편 헌법재판소 결정은 진실규명결정을 받은 적이 없는 피해자, 국가배상청구를 했으나 소멸시효 완성을 이유로 기각판결을 받고도 더 이상 다투지 않은 피해자 등에 대한 구체적인 권리구제에 관해서는 언급하지 않았다. 특별법 제정이나 과거사정리법 개정 등의 입법을 통한 적극적인 해결이 필요하다.

이처럼 방향을 제시하면서도 모든 문제에 확실하고 유일한 답을 내놓지는 않은 헌법재판소 결정은, 법원과 국회에 대한 존중 위에 서 있는 것으로 보인다. 피해자 구제의 관점에서 심판대상조항의 위헌성을 제거한 다음 재심사유와 함께 그 공을 법원으로 넘기고, 헌법재판소와 법원을 통해서도 구제되기 어려운 부분은 국회가 궁극적인 해결을 도모하게 했다.

IV. 결어

작은 진전조차 물거품이 될 상황에서, 헌법재판소는 납득할 수 없는 대법원 판결의 논리를 떨치고 과거사 사건을 해결할 단초를 제공했다. 법원과 국회는 헌법재판소 결정의 취지를 최대한 존중하고, 위헌성이 제거된 심판대상조항을 합헌적으로 해석 및 적용하여 국가권력에 의해 희생된 자들을 구제할 수 있는 길을 적극 모색해야 할 것이다. '과거와의 화해를 통해 미래로 나아가기 위한 국민통합에 기여함을 목적으로' 제정된 과거사정리법의 입법목적이 실현될 수 있기를, 그리고 일생을 숨죽여 지낸 피해자들이 겪은 지난 세월의 고통과 아픔이 조금이나마 달래지기를 간절히 소망한다.

임대인의 권리금 회수 방해행위로 인한 손해배상의 요건*

송한사 변호사

「상가건물 임대차보호법」(이하 '상가임대차법')이 개정되면서 임차인이 권리금을 보장받을 길이 더 두터워졌다고 한다. 임대인이 임차인의 권리금을 직접 보장해주어야 하는 것은 아니지만 임차인의 권리금 회수를 방해하는 경우에는 임차인은 임대인에게 손해배상을 청구할 수 있기 때문이다. 그러나 이는 법률에 의하여 인정되는 특별한 권리이기 때문에 법률이 정한 요건이 충족된 경우에만 비로소 보장된다는 점에 주의해야 한다.

상가임대차법은 임대인이 해서는 안 되는 방해행위를 구체적으로 정하고 있지만, 임대인이 이러한 행위를 하였다는 사실만으로 바로 손해배상청구권이 발생하는 것은 아니다. 상가임대차법 제10조의4는 "임대인은 임대차기간이 끝나기 6개월 전부터 임대차 종료 시까지 다음 각 호의 어느 하나에 해당하는 행위를 함으로써, 권리금 계약에 따라 임차인이 주선한 신규임차인이 되려는 자로부터 권리금을 지급받는 것을 방해하여서는 안 된다"고 규정하고 있기 때문이다. 단순히 위 조항이 각 호로 정한 유형의 행위를 하는 것으로는 불충분하고, 위와 같은 행위로 인하여 임차인이 '권리금 계약'에 따라 '임차인이 주선한 신규임차인이 되려는 자'로부터 권리금을 지급받은 것이 방해되는 결과가 발생해야 한다. 또한 위 문언대로라면 임차인은 새로운 임차인을 주선해야 하고, 그 새로운 임차인과 권리금 계약도 체결하고 있었어야 하는 것처럼 보인다. 그런데 임대인과의 임대차계약 체결 여부가 불투명한 상태에서 기존 임차인과 권리금 계약부터 체결하는 사람은 드물 것이다. 이에 대법원은 2019년 이러한 요건에 대

---

* 이 글은 『한경비즈니스』 제1245호(2019. 10. 7.)에 게재된 "건물주에게 넘어간 카페, 권리금 못 받을까" 칼럼을 수정·보완한 것이다.

한 판단을 연이어 내놓았다.

대법원은 임차인이 임대인에게 권리금 회수 방해로 인한 손해배상을 구하기 위해서는 원칙적으로 임차인이 신규임차인이 되려는 자를 주선하였어야 한다고 판단하였다. 상가임대차법 제10조의4의 취지가 임차인이 임대차 종료 시 스스로 신규임차인이 되려는 자를 찾아 임대인에게 임대차계약을 체결하도록 주선하고 신규임차인으로부터 그 동안 투자한 비용이나 영업활동으로 형성된 지명도나 신용 등 경제적 이익을 권리금 형태로 지급받아 회수할 수 있도록 보장하면서 임대인이 부당하게 이를 침해하지 못하도록 하기 위한 것이라고 보았기 때문이다. 다만 이러한 원칙에도 융통성을 부여하였다. 임대인이 사전에 임차인이 신규임차인이 되려는 자를 주선하더라도 그와 임대차계약을 체결하지 않겠다는 의사를 확정적으로 표시하였다면 임차인이 신규임차인을 주선할 필요가 없다고 보았다. 이러한 경우에도 임차인에게 신규임차인을 주선하도록 요구하는 것은 불필요한 행위를 강요하는 결과가 되어 부당하기 때문이다(대법원 2019. 7. 4. 선고 2018다284226 판결).

한편 대법원은, 임차인이 임대인의 권리금 회수 방해에 따른 손해배상청구를 하기 위하여 임차인과 신규임차인이 될 자 간의 전세금계약이 미리 체결되어 있어야 하는 것은 아니라고 하였다. 앞서 살펴본 제10조의4 취지가 제대로 실행되려면, 임차인은 이미 체결된 권리금 계약의 이행을 방해하는 행위뿐만 아니라 권리금 계약의 체결 자체를 방해하는 행위로부터도 보호될 필요가 있기 때문이다. 예를 들어 임대인이 임대차기간이 종료될 무렵 현저히 높은 금액으로 임차보증금이나 차임을 요구하거나 더 이상 상가건물을 임대하지 않겠다고 하는 등 새로운 임대차계약 체결 자체를 거절하는 태도를 보이는 경우 임차인이 신규임차인이 되려는 자를 찾아 권리금 계약을 체결하는 것은 사실상 불가능하다. 대법원은 이러한 임대인의 행위는 상가임대차법 제10조의4 제1항 제3, 4호에서 정한 방해행위에 해당한다고 볼 수 있다고 하였다. 이 경우에는 임차인과 신규임차인이 되려는 자 사이에 권리금 계약이 체결되어 있지 않다고 하더라도 임대인은 임차인의 권리금 회수 방해를 이유로 손해배상책임을 진다고 보아야 한다고 판단하였다. 이러한 판단에는 현실적으로 권리금은 임대차계약의 차임, 임차보증금, 기간 등 조건과 맞물려 정해지는 경우가 많기 때문에 권리금 계약과 임대차계약은 동시에 이루어지는 경우도 많다는 점도 고려되었다(대법원 2019. 7. 10. 선고 2018다239608 판결).

다만 임차인이 애초에 신규임차인과 권리금 계약을 체결할 예정이 없었던 경우라면, 임대인이 신규임차인과 권리금 계약을 체결하였다고 하더라도 이것이 임차인에 대한 권리금 회수 방해행위가 되지 않는다는 것이 대법원의 입장이다. 사안을 좀 더 구체적으로 살펴보면, 해당 사건의 임차인은 자신이 주선한 신규임차인과 권리금 계약을 체결하지 않았음은 물론 신규임차인과 권리금 계약의 대상이나 임대인과의 시설 투자비 상환약정과 관련하여 자신이 양도할 수 있는 시설물의 범위 등에 관하여 전혀 논의하지 않았다. 그리고 임대인이 신규임차인으로부터 시설비를 받는 것에 관하여도 별다른 이의를 하지 않았다. 대법원은 이러한 사정이 존재한다면 임차인은 신규임차인과 권리금 계약을 체결할 것을 애초에 예정하고 있지 않았다고 볼 수 있으며, 위와 같은 임차인이 임대인에게 권리금 회수 방해에 따른 손해배상을 청구할 수는 없다고 판단하였다(위 판결). 즉, 임차인이 권리금 계약을 체결할 것을 예정하고 스스로 신규 임차인을 주선한 경우에만 임대인의 권리금 회수 방해행위에 대한 손해배상을 구할 수 있다는 것이다.

이상에서 살펴보는 바와 같이, 임대인로부터의 권리금 회수기회를 보호받기 위해 서는 법령이 정한 조건을 충족해야 하며, 이러한 충족 여부를 판단할 때에는 위와 같은 대법원의 판단을 유념할 필요가 있다.

민간택지 분양가상한제 적용의 위헌 논란[*]

정원 변호사

지난 8월 정부는 10월 초까지 주택법 시행령을 개정하여 민간택지에 분양가상한제를 적용하겠다는 부동산대책[1])을 발표했다. 서울의 아파트 가격이 다시 상승하고 있고 이러한 상승세를 투자수요가 집중된 강남권 재건축 사업장이 이끌고 있다는 인식에 기초한 것이었다. 민간택지에도 분양가상한제를 적용하겠다는 정책이 발표되자 바로 위헌 논란이 제기되었다.

크게 보면 민간택지에 분양가상한제를 적용하는 것이 헌법적으로 정당화될 수 있는가 하는 의문과 함께 구체적인 내용으로 들어가 관리처분계획인가를 받은 재건축, 재개발사업에 대하여도 분양가상한제를 적용하는 것이 소급입법에 의한 재산권 침해라는 문제 제기이다.

민간택지에 분양가상한제를 적용하는 것은 위헌일까. 민간택지는 택지 중 공공택지가 아닌 택지로서, 공공택지는 택지개발촉진법에 따른 택지개발사업이나 산업입지법에 따른 산업단지개발사업 등 수용권을 행사하여 조성한 토지를 말한다(주택법 제2조 제24호). 공익 목적으로 수용된 토지에 주택을 건설하면서 사인(私人)이 막대한 이익을 얻는 것은 헌법적으로 정당화되기 어렵다. 피수용자는 개발이익이 배제된 보상금만을 받고 소유권을 박탈당했는데, 수용된 토지에 주택을 건설하면서 개발을 통해 발생한 초과이익은 개발사업자에게 제한 없이 귀속된다면 수용의 공공성에 반하기 때문이다.

공공택지에 건축된 아파트에 대한 분양가를 제한하는 것은 이 점에서 정당화될 수 있다. 하지만 민간택지는 공공택지와는 달리 사인이 매수하거나 기존 주택을 재건축

---

[*] 이 글은 『리걸타임즈』 제135호(2019. 10.)에 실린 칼럼이다.

1) 2019. 10. 1. 정부는 기존 발표한 부동산대책을 수정해 6개월의 유예기간을 두기로 하였다. 2020. 4. 28.까지 입주자모집공고승인을 신청한 단지는 분양가상한제 적용을 받지 않도록 경과규정을 둔 것이다. 최근 정부는 코로나-19의 확산으로 인해 기존 유예기간을 7. 28.까지로 추가 3개월 연장했다.

하는 등으로 자신이 소유하고 있는 토지에 주택을 건축하는 것이므로 정부가 분양가에 개입할 수 있는 근거가 부족하다. 하지만 우리 헌법은 토지와 주택에 관하여 광범위한 정책의 개입을 허용하는 입장을 가지고 있기 때문에 민간택지에 분양가상한제를 적용하는 것 자체만 가지고 위헌이라고 보기는 어렵다.

부동산정책의 역사를 돌이켜 보더라도 토지 및 주택의 공급과 가격에 지속적인 제한을 부과해 온 것이 사실이다. 부동산투기억제 정책의 효시로 꼽히는「부동산투기억제 특별조치법」(법률 제1972호, 1967. 11. 29. 제정, 1968. 1. 1. 시행)이 1967년 도입된 이래 부동산투기억제는 정부의 정책 순위에서 줄곧 상위를 차지해 왔다. 정부의 시장개입의 정당성에 대한 문제 제기 역시 계속되었는데 특히 헌법재판소가 출범한 후에는 부동산정책이 위헌인지 여부가 첨예하게 다투어졌다.

헌법재판소는 "토지의 개발이나 건축은 합헌적 법률로 정한 재산권의 내용과 한계 내에서만 가능한 것일 뿐만 아니라 토지재산권의 강한 사회성 내지는 공공성으로 말미암아 이에 대하여는 보다 강한 제한과 의무가 부과될 수 있다"는 기본입장을 천명하고 있다(헌법재판소 1998. 12. 25. 89헌마214 이른바 '그린벨트' 사건 등).

이러한 헌법재판소의 입장을 고려할 때 헌법재판소가 민간택지에 분양가상한제를 적용하는 것 자체를 위헌이라고 판단할 가능성은 상대적으로 낮아 보인다.

실제 민간택지에 대한 분양가상한제는 2007년 1·11 부동산대책으로 시행된 이래 주택법에 줄곧 규정되어 있었다. 이명박 정부 이후 민간택지에 분양가상한제를 적용하는 요건을 매우 좁게 설정해 놓고 있어서 사실상 민간택지에 분양가상한제가 적용되지 않았던 것을 이번 부동산대책을 통해 적용범위를 넓히도록 정한 것으로서 제도 자체가 위헌이라는 주장은 설득력이 부족하다.

하지만 관리처분계획이 인가된 재건축사업 등에도 분양가상한제를 적용하는 것은 위헌 소지가 상당하다. 분양가상한제 적용지역을 지정하게 되면 그 효력은 지정 공고일 이후 최초로 분양승인(입주자모집승인)을 신청한 단지부터 적용하도록 되어 있다. 다만 재건축, 재개발사업은 관리처분계획인가를 신청한 단지부터 적용하도록 되어 있다. 이미 관리처분계획인가를 받은 단지는 분양가상한제의 적용을 피할 수 있는 것이다.

재건축사업 등을 일반주택사업과 달리 취급하는 것은 관리처분계획이 인가되면 조합원 이주 및 기존 건축물의 철거가 진행되는 등 해당 사업이 불가역적인 단계에 들어가기 때문이다. 예정분양가 등을 토대로 조합원의 부담금 등을 정하고 이주 및 철거를 진행하고 있는데 예상치 못하게 분양가 통제를 받는다면 조합원 부담금이 크게 늘어나게 되는 문제가 발생하므로 일반 주택사업과 달리 취급한 것이다.

하지만 이번에 정부가 발표한 정책에 따르면 재건축사업 등도 다른 주택사업과 동일하게 분양가상한제 적용지역으로 공고된 이후 분양승인을 신청하는 단지는 분양가상한제의 적용을 받게 된다. 소급입법에 의한 재산권 침해 문제가 제기될 수밖에 없는 것이다.

거의 동일한 쟁점에 관해 과거 헌법재판소가 내린 결정을 살펴보자. 2005년 도시정비법이 개정되면서 주택재건축사업에서도 임대주택을 공급하도록 의무화했다. 주택재건축사업 시 증가되는 용적률의 100분의 25 범위 내에서 임대주택 공급을 의무화했는데, 공급의무량을 사업진행 정도에 따라 달리 정했다. 사업시행인가 이전에는 100분의 25를, 사업시행인가를 얻은 경우는 100분의 10을, 관리처분계획인가까지 받은 경우에는 100분의 10을 원칙으로 하되 일반분양하는 주택의 수가 100분의 10에 미치지못할 때에는 그 수에 대해서만 임대주택공급의무를 부과했다.

이에 대해 재산권 침해 등을 이유로 위헌소원이 제기되었는데 헌법재판소는 합헌결정을 내렸다(헌법재판소 2008. 10. 30.자 2005헌마222 결정). 하지만 4인의 재판관이 반대의견을 밝혔는데, 개정법률 시행일 이전에 관리처분계획인가를 받은 재건축조합에도개정법률이 적용되는 한 위헌이라는 의견이었다.

관리처분계획이 인가되면 조합원분양분과 일반분양분이 확정되고, 정비사업비의추산액에서 일반분양분을 통한 수입으로 충당되는 부분을 제외한 나머지 금액을 기준으로 조합원의 부담금액이 관리처분계획상 정해지게 되어, 관리처분계획인가에 의해조합원의 종전의 토지 또는 건축물에 대한 소유권 등은 잠정적으로 확정된 부담금액을 지불하는 것을 조건으로 그가 분양받기로 되어 있는 대지 또는 건축물을 분양받을수 있는 권리로 변환되고, 이는 헌법상 보호받는 재산권이므로 시행일 이전에 관리처분계획인가를 받은 사업에 대하여 임대주택공급의무를 부과하는 것은 소급입법에 의한 재산권 침해라는 것이다.

관리처분계획인가를 받은 단지에 대하여는 완화된 임대주택공급의무를 부과한 입법에 대하여도 재판관 4인의 반대의견이 있었다는 점은 간단히 지나칠 문제가 아니다.정부의 이번 대책은 관리처분계획인가를 받은 단지에 대하여도 전면적으로 분양가상한제를 적용하도록 하는 내용이어서 위헌의 소지가 상당하다. 주택법 시행령 개정에앞서 위헌성에 관해 충분한 검토가 있기를 희망한다.

베트남법에서 만난 '의외'의 친숙함과 주택재개발에 대한 고민[*]

박호경 변호사

복잡한 현안을 떠나 다른 나라 이야기를 해보고자 합니다. 몇 해 전 한국토지주택공사(LH)의 해외도시개발센터가 추진한 해외법제 지원사업에 참여한 적이 있습니다. 베트남의 도시계획제도를 토대로 하여, 베트남 정부에 도시정비사업을 제안하는 것이 주요 골자였습니다. 베트남어는 모르지만, 연구를 위해 베트남법을 유심히 보다 보면 '의외'의 친숙함을 느낄 수 있습니다.

Quy hoạch đô thị, 성조 없이 읽는 것은 의미가 없지만, 대충 '퀴화이 또티' 정도로 들렸습니다. 도시계획(urban plan)이라는 의미입니다. '퀴화이'는 '계획', '또티'는 '도시'로 모두 한자에 어원을 두고 있습니다. 베트남과 우리 모두 유교문화권이기 때문에 가능한 일입니다.

베트남은 과거 한자에 근간을 둔 쯔놈 문자를 사용하였습니다. 그러다가 프랑스 선교사들이 포교를 위하여 라틴어 로마자에 기초하여 말을 표시하였고, 베트남어의 기초가 되었습니다. 그래서 알파벳이 사용되고 발음은 익숙하지 않지만, 음미하다가 보면 그 어원을 찾을 수 있습니다. 좀더 보면, Quy hoạch chung, '퀴화이 충' 정도로 들리는데, 어원은 '계획 종'으로 우리의 종합계획을 의미합니다. 정부의 '임무'는 Nhiệm vụ(니엠 부)로, 건축 설계에서 '도안'은 Đồ án(또 안)으로 같은 어원을 가지고 있습니다.

물론 다른 것도 많습니다. 우리 법은 시행령에 위임할 때, 구체적으로 위임 범위를 표시하고 이것이 잘못되면 효력이 상실되는 경우도 있습니다. 반면, 베트남법은 그와 같은 구체적인 위임이 없습니다.

이에 대하여 법제도의 발전이 늦었기 때문이라고 오해할 수 있지만, 그렇지 않습니다. 과거 프랑스는 베트남을 점령했었습니다. 위임이 명확하지 않은 것은 프랑스법

---

* 이 글은 『대한전문건설신문』(2019. 11. 25., 2019. 12. 2.)에 실린 칼럼을 수정·보완한 것이다.

의 전통과 유사합니다. 나폴레옹 이래로 프랑스는 행정권이 강하였기 때문에, 의회가 정하지 않는 영역에서 정부는 독자적으로 명령을 할 수 있다고 보았습니다. 그러한 흔적이 베트남법에도 남아있는 것입니다.

더 있습니다. 베트남 공무원에게 법률 제공을 요청하면, 번호가 찍힌 문서를 가져옵니다. 가령, 베트남 도시계획법은 'No. 30/2009/QH12'입니다. 프랑스도 법을 만들 때, 제목이 아니라 번호를 붙입니다. 물론 프랑스도 번호만 붙여 만들었던 법을 분류하여 법전을 만들고, 베트남도 최근에는 법명을 붙이기는 합니다만, 아직 과거의 전통이 남아있는 것입니다. 지층에 남아 있는 화석처럼, 법을 보다 보면 그 나라 역사의 흔적을 느낄 수 있습니다.

이에 이어 베트남 정부가 바라보는 도시계획법과 도심재개발에 대한 시각을 전하고자 합니다. 하노이 구도심은 옛 정취를 느끼게 하는 관광명소입니다. 그러나 몇 블럭 걷다 보면, 이것은 아닌데라는 생각이 듭니다.

수도의 얼굴이라고 하는 도심에 노후화된 건물이 잔뜩 있기 때문입니다. 2017년 기준이지만, 하노이에는 60년대 건축된 1,273개의 아파트가 있고, 호치민에도 474개의 노후 아파트가 있습니다. 40~50년 된 5층 전후의 건물로서 단지도 형성되어 있지 않습니다. 우리 국토교통부에 해당하는 베트남 MOC도 이런 문제에 대한 고민이 깊었습니다.

도심의 정비가 지연되는 것에는 법제도적 원인도 있습니다. 베트남에는 5개의 직할시가 있는데, 직할시 단위의 도시종합계획은 직할시인민위원회가 수립하고, 수상이 승인하는 구조를 가지고 있습니다(베트남 도시계획법 제18, 19조). 이처럼 도시계획에 관한 법제도를 가지고 있으며, 하노이의 도심개발에 관한 계획에는 한국기업도 참여한 바 있습니다. 그리고 도심정비에 관한 정부의 기본적 의무를 정하고 있고(법 제23조, 제31조), 도시개발투자관리에 관한 시행령을 제정하여 외국인의 투자도 허용하고 있습니다(시행령 제16조). 그 중에는 재건축 프로젝트도 있으나 활성화되지 못하고 있습니다.

가령, Nguyen Cong Tru Project의 경우 하노이 도심에 있는 구역임에도, 10년만에 일부만 착공되었고 정부가 추가 지원을 해야 했습니다. 여러 원인이 있겠지만, 우리의 재개발사업과 같은 제도가 없습니다. 즉, 전체 소유자 중 일정 비율 이상의 동의로 사업을 추진하고, 기존 건물소유자들이 신축 건물을 취득하는 구조가 도입되어 있지 않습니다.

기존 세대의 규모도 10평 남짓으로 적기 때문에 개발사업으로 인한 세대수증가도 크지 않은데, 협의로만 건물을 매입해야 하기 때문에 사업비가 크게 증가합니다. 그러나 보니 투자자들은 기존 소유자와의 관계가 복잡하지 않은 외곽으로 빠지게 됩니다. 이를 보면, 우리는 도심에 양호한 건물을 원활히 공급해왔다고 볼 수 있습니다.

그런 면에서 최근 한남3재개발에 대한 정부의 결정은 도심정비를 투기억제의 관점에서만 보는 것은 아닌지 걱정입니다. 위 결정에서 정부는 건설사의 조합에 대한 사업비 무이자대여도 위법하다고 보았습니다. 투기과열은 막아야겠지만, 사업비 무이자대여는 도시정비법보다 오래된 계약조건이었습니다. 유럽의 국채이자도 마이너스 수준인 상황에서 입찰을 무효화시킬 정도의 사유인지도 의문입니다. 그리고 현실적으로 정부의 공공지원을 기대할 수 없는 상황에서, 조합의 사업비 마련은 사업성이 보통인 구역에서조차 쉽지 않습니다. 정부의 이번 결정은 법논리만으로 보면 다른 정비사업에도 그대로 통용되는 것입니다.

그러나 현실적으로 수도권, 지방의 도심 재개발사업에도 그대로 적용시킬 수 있거나 합당한 기준인지 의심이 됩니다. 과열과 무관한 정비구역에서 시공자 선정단계에서 사업비 대여를 받지 못한다면, 사업비 부족으로 원활한 진행이 어려워질 것이기 때문입니다.

분양형 호텔 관련 분쟁*

송경훈 변호사

근래 분양형 호텔과 관련한 분쟁이 빈번합니다. 분양형 호텔은 시행사로부터 호텔 객실을 분양 받은 수분양자가 운영사에 호텔객실 운영을 위탁하거나 운영사에게 임대 후 객실 운영에 따른 수익을 분배 받는 수익형 부동산을 의미합니다.

이미 분양형 호텔은 2018년 말 기준 전국에 120여 개, 현재는 약 150여 개가 운영되고 있습니다. 객실당 평균 분양가(약 2억 원)와 호텔당 평균 객실수(약 300개)를 감안하면 전국적으로 약 10조 원의 돈이 분양형 호텔에 투자됐습니다. 매달 수분양자가 지급받을 수익금까지 감안하면, 그 자체로 10조 원을 훌쩍 뛰어 넘는 거대한 시장입니다.

그런데 운영 중인 분양형 호텔 중 상당수에서 시행사, 운영사와 수분양자 사이에 크고 작은 분쟁이 계속되고 있습니다. 약정한 수익금이 제대로 지급되지 않거나 시행사와 결탁한 운영사가 수분양자를 배제한 채 호텔 운영권을 사유화하는 등의 문제가 분쟁의 주된 원인입니다.

분양형 호텔은 통상 시행사와 운영사가 분리되므로 수분양자 입장에서 볼 때 분양계약의 상대방(시행사)과 운영위탁계약의 상대방(운영사)이 다릅니다. 시행사는 통상 5~10년의 장기간 은행이자율을 훨씬 상회하는 높은 수익률을 보장하며 분양을 유도하는데, 이때 분양계약은 통상 특정 운영사에 위탁운영하는 것을 전제로 이루어집니다. 주거가 아닌 수익이 목적이므로 위탁운영을 전제하지 않은 분양계약은 의미가 없기 때문입니다.

그런데 분양계약과 위탁운영계약 시 약정한 수익금이 수분양자에게 계약대로 지급되는 경우는 많지 않습니다. 그럼에도 불구하고 수분양자가 시행사나 운영사를 상대로 책임을 묻기는 쉽지 않습니다. 분양계약과 위탁운영계약의 당사자가 다르기 때문

* 이 글은 『대한전문건설신문』(2019. 9. 23., 2019. 9. 30.)에 실린 칼럼이다.

에, 약정 수익금이 지급되지 않더라도 수분양자는 운영사와의 위탁운영계약에서 벗어날 수 있을 뿐 시행사와의 분양계약을 취소·해제 또는 해지하기는 어렵습니다. 게다가 운영사는 보통 재무구조가 열악해 수분양자가 지급받지 못한 수익금의 지급을 구하더라도 실익이 없는 경우가 대다수입니다.

대부분의 운영사는 수분양자들에게 회계정보를 매우 제한적으로 제공하며, 개인정보보호 등을 이유로 수분양자 명단 등을 각각의 수분양자에게 제공하지 않음으로써 다수의 수분양자가 총의를 모으는 것을 의도적으로 방해하기도 합니다. 관할 지방자치단체는 통상 복수운영을 허용하고 있지 않기 때문에 수분양자가 위탁운영계약을 해지하고 객실을 인도받아 새로운 운영사를 선정해 자체적으로 운영하는 것도 쉽지는 않은 상황입니다.

분양형 호텔과 관련한 분쟁은 크게 ① 수분양자가 위탁운영사를 상대로 약정한 수익금의 지급을 구하는 경우(분양계약과 위탁운영계약 모두 유지) ② 수분양자가 자체적으로 운영하거나 위탁운영계약을 해지하고 대체 운영자를 선정하기 위해 객실의 인도를 구하는 경우(위탁운영계약만 해소), ③ 수분양자가 분양계약과 위탁운영계약을 소멸시키고 분양대금의 반환을 구하는 경우(분양계약과 위탁운영계약 모두 해소)로 구분할 수 있습니다.

①과 ②는 ③에 비해 법원에서 상대적으로 많이 인용되고 있으나, 수분양자들이 승소하더라도 지방자치단체의 복수운영 불허, 운영사들의 책임재산 부존재 등으로 인해 승소의 실익이 없는 경우가 많습니다. ③의 경우 분양계약의 해제를 인정한 판결이 없지 않으나, 다수의 판결은 분양계약과 위탁운영계약의 주체가 다르고 그 목적이 다르다는 점을 주된 근거로 분양계약의 취소 또는 해제를 인정하지 않고 있습니다.

분양계약의 해제를 인정한 판결에서 법원은 분양형 호텔의 분양계약은 객실의 소유권보다는 위탁계약에 따른 수익금을 취득하기 위한 목적에서 체결됐고, 위탁운영계약 역시 분양계약에 따른 소유권이전등기가 마쳐질 것을 전제로 체결되는 등 분양계약 및 위탁운영계약의 체결경위와 내용에 비춰 볼 때 이 두 가지 계약이 하나의 계약인 것과 같은 불가분의 관계로 결합된 것이라고 보아 약정 수익금 미지급을 이유로 분양계약의 해제를 인정했습니다(서울고등법원 2018. 6. 7. 선고 2017나2073649 판결).

분양형 호텔은 일반 아파트 분양과 달리 분양계약이 주가 되는 것이 아니라 투자수익의 보장이 주가 되는 수익형 부동산 상품입니다. 그러므로 주식 등 다른 투자형 상품과 같이 투자자 보호의 관점에서 관련 규제 등의 제도적 해결이 시급히 필요합니다. 예컨대 분양광고에 대한 엄격한 제한과 책임 부과, 분양 시 설명의무 부과 및 미이행 시 계약의 무효나 해제권 보장, 위탁운영사의 확정 수익 보장과 운영의 투명성을 확보하기 위한 트러스트 펀드 도입 등을 우선 고려해 볼 만합니다.

제도적 해결에 앞서 현재 상황에서는 법원의 역할이 매우 중요합니다. 진행되고 있는 다수의 분쟁 사안에서 법원이 수익형 내지 투자형 부동산상품의 특수성을 면밀히 살핀 뒤 분양계약과 위탁운영계약이 하나의 계약처럼 불가분의 관계로 결합된 것임을 분명히 밝히고, 수분양자들 보호에 한걸음 더 나아가는 구체적인 법리를 세워 줄 것을 기대해 봅니다.

재건축조합장이 조합비로
변호사비 지출 시 형사책임*

김선국 변호사

재건축조합장 A는 재건축업무대행사로부터 공갈죄로 고소를 당했습니다. 자칫 A가 구속되면 조합장의 직무집행이 사실상 정지돼 조합의 업무수행에 막대한 지장을 받게 될 위험이 컸습니다. 고소 내용의 진위 여부도 객관적으로 분명하지 않았습니다. 고소의 주된 목적 또한 조합장 A의 직무집행을 방해하려는 것이었습니다. 고소에 적극 대응할 필요가 있다고 판단한 A는 급한 대로 이사회 결의를 거쳐 변호사 선임비용을 조합비용으로 우선 지출했습니다. 그리고 이사 및 대의원회에 지출내역을 보고하고 인준도 받았습니다. 조합비용으로 A의 변호사 선임료를 지출한 것이 문제가 없을까요?

대법원은 위 사안에서 A에게 업무상횡령죄 성립을 인정했습니다(대법원 2006. 10. 26. 선고 2004도6280 판결). 조합장 A가 자신을 위해 형사사건의 변호인을 선임하는 것은 재건축조합의 업무라고 볼 수 없다는 이유에서였습니다. 즉, 공갈 고소내용은 조합장으로서 적법한 업무집행에 관련된 것이 아니라 조합장 개인의 위법행위에 관한 것입니다. 그리고 설사 조합장이 개인적 비리로 구속돼 재건축조합의 업무수행에 지장이 초래된다 해도 이는 A에 대한 적법한 법 집행으로 인한 반사적 불이익에 지나지 않는다고 보았습니다. 공갈 혐의가 분명하지 않고 조합장의 업무집행을 방해하는 것이 고소의 주목적이었다 하더라도 마찬가지라고 보았습니다.

특히 대법원은 A가 재건축조합의 업무집행과 무관한 자신의 고소사건을 위해 변호사 선임료를 지출하는 것이 위법한 이상, A가 이사 및 대의원회의 승인을 받았다고

---

*이 글은 『대한전문건설신문』(2019. 6. 17.)에 실린 칼럼이다.

하더라도 횡령죄 성립에 영향을 미치지 않는다고 보았습니다. 이사 및 대의원회의 결의는 한계를 벗어난 것이라고 보았기 때문입니다.

단체의 대표자 개인이 당사자가 된 소송사건에서 변호사 비용을 단체의 비용으로 지출해 문제가 되는 경우가 종종 있습니다. 원칙적으로 단체의 비용으로 지출할 수 있는 변호사 선임료는 단체 자체가 소송당사자가 된 경우에 한합니다. 다만 예외는 있습니다. 분쟁에 대한 실질적인 이해관계는 단체에게 있으나 법적인 이유로 대표자 개인이 소송당사자가 된 경우, 대표자로서 단체를 위해 적법하게 행한 직무행위 또는 대표자의 지위에 있음으로 말미암아 의무적으로 행한 행위 등과 관련해 분쟁이 발생한 경우 등이 그것입니다.

대표자나 임직원을 위해 단체의 비용으로 변호사 선임료를 지급해도 되는지 판단하기는 쉽지 않습니다. 대법원은 변호사 선임료 지급이 위법한 경우라면 설사 이사회 결의 등을 거쳤다고 하더라도 위법성이 치유되지는 않는다고 보고 있습니다. 단체의 대표자 개인이 당사자로 된 소송사건의 변호사 비용을 단체의 비용으로 지출해도 되는지 신중하게 검토할 필요가 있습니다.

허위 세금계산서 발급의 형사상 책임 문제[*]

위계관 변호사

건설업자 A는 제3자 명의를 빌려 B건설과 C산업 등 건설업체 2곳을 운영하고 있었는데, B건설 사무실에서 D업체 등에 3억여원 상당의 재화나 용역 공급에 대한 세금계산서를 발급한 것을 비롯해 2년간 100억여원에 해당하는 세금계산서 60장을 발급했습니다. A의 형사책임은 어떠할까요?

조세범처벌법 제10조 제3항은 '재화 또는 용역을 공급하거나 받지 않고 세금계산서를 발급하거나 발급받은 행위를 한 때는 3년 이하의 징역 또는 공급가액에 부가가치세의 세율을 적용해 계산한 세액의 3배 이하에 상당하는 벌금에 처한다'고 규정하고 있습니다. 단, 조세범처벌법 제21조에 따라 국세청장 등의 고발이 반드시 필요합니다.

그런데 「특정범죄 가중처벌 등에 관한 법」(이하 '특정범죄가중처벌법') 제8조의2는 영리를 목적으로 조세범처벌법 제10조 제3항 위반행위를 한 때에는 공급가액 등이 30억 원 이상 50억 원 미만인 경우에는 1년 이상의 유기징역, 50억 원 이상인 경우에는 3년 이상의 유기징역과 함께 벌금을 반드시 병과해 가중처벌하고 있습니다. 즉, 조세범처벌법과는 달리 '영리 목적'을 추가로 요구하고 있습니다.

대법원은 이와 같은 사안에서 재화 등을 공급받는 사람이 실제로는 자신이 직접 사업체를 운영해 사업자등록을 하면서 형식적으로 그 명의만을 제3자로 한 경우에는, 그 명의자인 제3자가 아니라 실제로 사업체를 운영하면서 재화 등을 공급받는 거래행위를 한 사람을 세금계산서를 발급받는 주체로 봐야 한다고 해(대법원 2015. 2. 26. 2014도14990 판결) 조세범처벌법 위반이 성립하지 않는다고 봤습니다.

만약 건설업자 A가 제3자가 아닌 자신의 명의로 100억여원에 해당하는 허위의 세금계산서를 발행했는데, B산업은 관급공사를 따내기 위해서 공사 수주 실적을 부풀릴

---

[*] 이 글은 『대한전문건설신문』(2019. 7. 1.)에 실린 칼럼이다.

필요가 없다면서 B산업 명의로 세금계산서를 발급한 행위는 영리 목적이 아니므로 B건설과 C산업의 세금계산서 금액을 병합할 수 없다고 주장하고 있다면 어떻게 될까요?

대법원은 특정범죄가중처벌법 제8조의2 제1항 '영리의 목적'을 '널리 경제적인 이익을 취득할 목적'을 의미한다고 봐 다소 넓게 인정하고 있습니다(대법원 2014. 9. 24. 선고 2013도5758 판결). 같은 사안에서 A가 개인 기업에 불과한 B, C 회사들을 이용해 허위 세금계산서를 연쇄적이고 순환적으로 발급하는 구조를 만들었다면 영리의 목적이 인정되고, 전체를 포괄일죄로 봐 특정범죄가중처벌법 위반 유죄를 선고한 대법원 판결이 있습니다(대법원 2018. 12. 13. 선고 2018도10898 판결).

형사

형사재심에 대한 몇 가지 단상*

강호정, 박원영 변호사

I. 형사재심의 증가와 관심 고조

1. 우리 변호사들 대부분이 형사재심에 대한 관심을 갖고 학습한 적이 많지 않을 것이다. 필자들도 마찬가지이다. 형사소송법을 배울 때도 그렇고, 사법시험이나 변호사시험을 준비할 때도 그렇고, 그 후 변호사로서 실무를 할 때도 형사재심사건을 맡거나 상담하는 경험을 하기 어렵다.

2017. 8. 이후 과거사 피해자 487명에 대해 검사 직권으로 재심을 청구했는데, 그 대상은 헌법재판소나 대법원에서 위헌·무효가 선언된 사건(긴급조치위반·1972년 계엄법 위반 등), 특별법으로 재심 사유가 규정된 사건(5·18 민주화운동·부마민주항쟁 관련 등), 진실과 화해 위원회 재심권고사건 중 당사자가 재심을 청구하지 않은 사건 등이었다. 한편 이러한 이른바 '과거사 재심사건'이 아니라, '살인의 추억'(2003년)이라는 영화화된 사건도 그 재심절차를 밟고 있다.

2. 우리 형사소송법 제4편은 '특별소송절차'라는 제목 하에, 제1장 재심, 제2장 비상상고, 제3장 약식절차를 두고 있다. 그러나 그 중 약식절차로 진행되는 약식사건은 형사사건의 대부분이므로, 차라리 특별소송절차라기보다는, 일반소송 중에 일반소송절차라고 할 수 있다.

이 글은 이런 약식절차를 제외한 재심, 비상상고만을 대상으로 한다. 본격적인 판례비평이나 법령해석론이라기 보다는, 필자가 그동안의 법조경력과 경험을 바탕으로 우리 판례와 법령을 나름 읽어보려는 것이다. 인상비평의 범주를 벗어나지 못한다는

---

* 이 글은 『부산법조』 제37호(2020. 1.), 부산지방변호사회에 실린 칼럼이다.

비난이 두렵기는 하지만, '어느 사회의 살아있는 법은 그 법전이나 법률주석서가 아니라 결국 그 법령을 집행하는 자의 머리와 그 손에 달려 있다'는 말에 슬그머니 기대보려 한다.

II. 사문화된 비상상고

1. 우선 실제 사건을 하나 들어본다. 어떤 사람이 1977. 11. 14.경에 긴급조치 제9호를 비방하는 내용 등이 담긴 유인물의 제작을 예비함으로써 긴급조치 제9호를 위반하였다는 공소사실로 서울지방법원 영등포지원에 기소되어, 제1심은 1978. 12. 16. 징역 1년 6월과 자격정지 2년의 유죄판결을 선고하였고(위 영등포지원 78고합177 사건), 제2심은 1978. 5. 4. 제1심 판결을 파기하고 징역 1년과 자격정지 1년의 유죄판결을 선고하였으며(서울고등법원 79노154 사건), 대법원은 1979. 7. 24. 상고기각판결을 하여 위 유죄판결이 확정되었다. 이 사람은 그로부터 약 30년이 지나 2009. 6. 16. 위 서울고등법원 79노154호 판결을 재심대상판결로 하여 긴급조치 제9호는 위헌임이 명백하고 긴급조치 제9호가 폐지되었다고 하더라도 면소가 아닌 무죄가 선고되어야 하므로 재심대상판결에는 재심사유가 있다고 주장하며 재심청구를 하였다.

위 사건의 원심(서울고등법원 2010. 2. 16.자 2009재노54 결정, 판사 성낙송, 권동주, 유영근)은, "재심청구인이 구 헌법(1972. 12. 27. 제정, '유신헌법') 제53조 및 긴급조치 제9호에 대하여 위헌법률심판제청신청을 한 점이 인정될 뿐이므로 재심청구는 헌법재판소법 제47조 제3항에 규정된 '위헌으로 결정된 법률의 조항에 근거하여 유죄의 확정판결을 받은 경우'에 해당하지 아니함이 명백하다. 나아가 재심대상판결에 형사소송법 제420조 소정의 재심사유가 있는지 여부에 관하여 보건대, 피고인은 헌법재판소법 제47조 제3항에 따른 재심사유만 주장할 뿐 형사소송법 제420조 소정의 재심사유에 관한 주장 및 증거자료를 전혀 제출하지 않고 있다. 따라서 재심청구는 재심사유에 해당하지 않는 것을 주장한데 불과하므로 법률상의 방식에 위배되어 부적법하다"고 하여, 재심청구를 기각했다. 아울러 같은 날 청구인의 위헌법률심판제청신청(2009초기544)도, 유신헌법 제53조는 위헌법률심판의 대상이 되지 않고, 긴급조치 제9호는 재판의 전제성이 인정되지 않는다는 이유로 각하결정하였다.

그러자 청구인이 2010. 3. 19. 헌법소원심판을 청구하여, 헌법재판소는 다른 긴급조치 1, 4호 사건들과 병합한 뒤 2013. 3. 21. 모두 헌법에 위반된다는 결정을 하였다.

그런데 대법원 2013. 4. 18.자 2010모363 결정(이하 '대상결정')은 "이러한 원심결정에는 형사소송법 제420조 제5호의 재심사유에 관한 법리를 오해하여 재판의 결과에 영향을 미친 잘못이 있다"고 원심결정을 파기 환송하였다.

2. 위 사건의 재심개시 판단을 보기에 앞서, 검찰총장이 형사소송법 제441조(비상상고이유) "검찰총장은 판결이 확정한 후 그 사건의 심판이 법령에 위반한 것을 발견한 때에는 대법원에 비상상고를 할 수 있다"는 것에 따라 대법원에 비상상고를 할 수 있었지 않을까 생각한다.

이 때 원판결이 법령에 위반한 때에는 그 위반된 부분을 파기하여야 하고 원판결이 피고인에게 불이익한 때에는 원판결을 파기하고 피고사건에 대하여 다시 판결을 한다고 한 제446조 1호에 따라, 무죄가 선고될 수 있었을 것이었다.

이미 대법원 2010. 12. 16. 선고 2010도5986 전원합의체 판결에서, "유신헌법 제53조에 근거하여 발령된 대통령 긴급조치 제1호는 그 발동 요건을 갖추지 못한 채 목적상 한계를 벗어나 국민의 자유와 권리를 지나치게 제한함으로써 헌법상 보장된 국민의 기본권을 침해한 것이므로, 긴급조치 제1호가 해제 내지 실효되기 이전부터 유신헌법에 위배되어 위헌이고, 나아가 긴급조치 제1호에 의하여 침해된 각 기본권의 보장 규정을 두고 있는 현행 헌법에 비추어 보더라도 위헌이다. 긴급조치 제1호의 공소사실은 형사소송법 제325조 전단의 '피고사건이 범죄로 되지 아니한 때'에 해당하므로 모두 무죄를 선고하였어야 한다"고 밝힌 바 있었다. 비록 긴급조치 9호에 대해서도 같은 판단이 내려진 적이 없지만, 앞서 본 위 대법원과 헌법재판소의 결정의 주문과 이유 등에 비추어 볼 때, 비상상고를 낼 이유나 근거가 부족했다고 보기는 어렵다.

여전히 위헌의 긴급조치 피해자들이 그 피해회복을 위하여 애써 재심청구를 해야만 하도록 내버려 두는 것은, 과거 인권침해의 일익을 담당한 것을 사과하고 두 번 다시 이런 일이 없도록 하겠다고 하는 검찰의 자세가 아니다. 이렇듯 비상상고는 오직 검찰총장만이 할 수 있고, 검찰총장이 청구한 사례가 드물다 보니, 심지어 비상상고 제도는 무의미하고 사실상 사문화된 것이니 폐지해도 무방하다는 소리까지 나왔다. 그러나 변호사로서 형사사건 피고인을 변론해 온 입장에서는 오히려 본말이 전도된 논의라고 생각된다.

Ⅲ. 재심사유의 신규성과 명백성

1. 재심사유의 신규성

(1) 대상결정은, "(i) 형사소송법 제420조 제5호는 재심사유의 하나로 "유죄의 선고를 받은 자에 대하여 무죄 또는 면소를, 형의 선고를 받은 자에 대하여 형의 면제 또는 원판결이 인정한 죄보다 경한 죄를 인정할 명백한 증거가 새로 발견된 때"를 규정하고 있는데, 여기에서 무죄 등을 인정할 '증거가 새로 발견된 때'라 함은 재심대상이 되는 확정판결의 소송절차에서 발견되지 못하였거나 또는 발견되었다 하더라도 제출할 수 없었던 증거로서 이를 새로 발견하였거나 비로소 제출할 수 있게 된 때는 물론이고(대법원 2009. 7. 16.자 2005모472 전원합의체 결정 등 참조), (ii) 형벌에 관한 법령이 당초부터 헌법에 위반되어 법원에서 위헌·무효라고 선언한 때에도 역시 이에 해당한다"고 한 뒤, "재항고인에 대한 재심대상판결의 공소사실은 긴급조치 제9호를 형벌법령으로·한 것임이 분명하고, 대상결정과 같이 같은 날 나온 2011초기689 전원합의체 결정에서, 긴급조치 제9호가 해제 내지 실효되기 이전부터 유신헌법에 위반되어 위헌·무효이고, 현행 헌법에 비추어 보더라도 위헌·무효임이 분명하다고 판단된 이상, 이는 '유죄의 선고를 받은 자에 대하여 무죄를 인정할 명백한 증거가 새로 발견된 때'에 해당하므로, 결국 재심대상판결에는 형사소송법 제420조 제5호 소정의 재심사유가 있다고 할 것이다"고 하였다.

(2) 형사소송법 제420조 제5호에서 말하는 증거는, 유죄 선고의 적용법조가 위헌이라는 대법원의 결정이었다. 피고인의 범행을 담은 공소사실이 아니라 그 공소사실에 대한 적용법조에 관한 것이었다. 또 그 법령이 위헌 무효라는 사실이 아니라, 그 위헌 무효라고 밝힌 결정이 재심사유가 되는 증거라는 것이다.

이는 어찌 보면 기교적인 수법으로, 그 적용법조인 긴급조치 제9호는 애초 발령될 때부터 위헌 무효였는데도, '유죄의 선고를 받은 자에 대하여 무죄를 인정할 명백한 증거가 새로 발견된 때'에 해당한다고 하였다. 긴급조치 9호가 발령될 때부터 위 재심개시결정까지 약 30년이 흘렀으므로 애초부터 긴급조치 9호가 위헌 무효라는 점은 재심대상판결 이후에 발생한 '새로운' 것이라고 할 수는 없다.

(3) 이와 같이 재심사유의 신규성을 인정한 부분은, 대상결정에서 인용한 대법원 2009. 7. 16.자 2005모472 전원합의체 결정의 다수의견과 잘 들어맞지 않는다.

위 다수의견은, "증거의 신규성을 누구를 기준으로 판단할 것인지에 대하여 이 사건 조항이 그 범위를 제한하고 있지 않으므로 그 대상을 법원으로 한정할 것은 아니다. 그러나 재심은 당해 심급에서 또는 상소를 통한 신중한 사실심리를 거쳐 확정된 사실관계를 재심사하는 예외적인 비상구제절차이므로, 피고인이 판결확정 전 소송절차에서 제출할 수 있었던 증거까지 거기에 포함된다고 보게 되면, 판결의 확정력이 피고인이 선택한 증거제출시기에 따라 손쉽게 부인될 수 있게 되어 형사재판의 법적 안정성을 해치고, 헌법이 대법원을 최종심으로 규정한 취지에 반하여 제4심으로서의 재심을 허용하는 결과를 초래할 수 있다. 따라서 피고인이 재심을 청구한 경우 재심대상이 되는 확정판결의 소송절차 중에 그러한 증거를 제출하지 못한 데에 과실이 있는 경우에는 그 증거는 이 사건 조항에서의 '증거가 새로 발견된 때'에서 제외된다고 해석함이 상당하다"는 것이었다.

이 입장에 선다면, 긴급조치 9호 위반으로 기소된 때부터 피고인이 긴급조치 9호가 헌법에 위반된다는 등의 주장을 할 수 있었고, 그랬다면 무죄 판결을 받을 수 있었다는 억지결론이 도출되지 않는다는 보장이 없다. 적용법조가 성립할 때부터 위헌 무효라는 흠을 갖고 있다는 점을 법원이 모를 수 있나 하는 소박한 의문까지 함께 고려한다면, 대상결정으로 신규성에 관한 판례는 변경되었다고 새기고 싶다.

위 다수의견은 재심사유가 되는 증거는 법원뿐만 아니라 재심청구인에게도 새로워야 하고, 다만 재심을 청구한 피고인이 이를 제출하지 못한 데에 과실이 있는 경우는 '증거가 새로 발견된 때'에서 제외된다는 것이지만, 독일, 일본 등에서는 이런 입장이 존재하지 않는다.

다수의견의 보충의견(대법관 양승태, 이홍훈, 안대희)에서는, "형사소송법 제383조 제3호의 규정 취지나 법률심으로서의 상고심과 사실심으로서의 제1, 2심의 기능 강화를 통한 사법 자원의 효율적 배분이라는 형사사법의 정책적 이념 등에 비추어 보면, 재심사유에 있어서 사실인정에 대한 평가가 개재될 수밖에 없는 증거의 명백성 요건에 대한 심사와는 별도로 증거의 신규성 요건이 실질적으로 기능할 수 있도록 함이 타당하고, 그러한 차원에서 재심을 청구한 피고인에 대하여도 증거의 신규성 요건이 충족되어야 한다고 해석함으로써 재심사유를 매개로 하여 사실심의 사실인정을 탓하는 취지에 불과한 부적법한 상고이유 주장을 유효적절하게 가려낼 수 있게 될 것이다"고 하였는바, 결국 법원은 사실인정에 대한 평가에 들어가기에 앞서, 신규성 요건 여부를 판단하고 재심청구를 배척할 수 있다는 것이다.

이러한 이점(?)은, 결국 재심청구인의 것이 아니라, 그 심판을 하는 법원의 것일 수밖에 없다. 이렇듯 사법자원(司法資源)의 효율적 배분이니, 형사사법의 '정책적'(政策的) 이념이라는 생경한 용어를 과감히 구사하면서, 재심의 문을 닫아걸 수 있고, 아니 닫아걸어야 옳다고 주장하는 경우를 이제는 찾아보기 힘들 듯하다.

(4) 형사소송법 제420조 제7호는 '원판결, 전심판결 또는 그 판결의 기초 된 조사에 관여한 법관, 공소의 제기 또는 그 공소의 기초가 된 수사에 관여한 검사나 사법경찰관이 그 직무에 관한 죄를 범한 것이 확정판결에 의하여 증명된 때'를 재심사유로 들지만, 이 때도 원판결의 선고 전에 법관, 검사 또는 사법경찰관에 대하여 공소의 제기가 있는 경우에는 원판결의 법원이 그 사유를 알지 못한 때에 한한다고 하였고, 제425조에서 제420조 제7호의 사유에 의한 재심의 청구는 유죄의 선고를 받은 자가 그 죄를 범하게 한 경우에는 검사가 아니면 하지 못한다고 하였다.

이처럼 그 사유를 알지 못하였는지 여부를 법원을 기준으로 판단한다. 만일 다수의견이 옳다면, 형사소송법 제420조 제5호에서도, 위 제7호 단서와 같은 규정을 두어야 옳다. 즉, 피고인이 재심을 청구한 경우 재심대상이 되는 확정판결의 소송절차 중에 그러한 증거를 제출하지 못한 데에 과실이 있는 경우에는 '증거가 새로 발견된 때'에서 제외된다는 등으로 규정했어야 한다. 그러나 위 제5호에는 그런 규정이 없다.

더욱이 형사소송법 제420조 제7호 사유는, 재심청구대상 유죄판결이 판사, 검사 등의 직무상 범죄에 의한 경우로서, 상정할 수 있는 재심사유 중 최악의 경우에 해당한다. 그런데 형사소송법은 이와 같이 그 직무상 범죄를 유죄선고를 받은 자가 범하게 한 경우에서조차 아예 재심청구가 인정되지 않는다고 하지 않았다. 검사만이 재심청구할 수 있도록 하고 있을 뿐, 재심청구사유가 되지 않는다고 하지는 않았다. 이 점에서도, 제420조 제5호의 재심사유가, 피고인이 그러한 증거를 제출하지 못한 데에 과실이 있는 경우를 제외하고 있다고 볼 수는 없다.

대상결정에서 애초부터 그 적용법조가 원시적으로 위헌 무효라는 점을 제420조 제5호의 새로운 증거로 보지 않고, 그와 같은 위헌 무효 판단을 내린 '판결'을 새로운 증거라고 어찌 보면 기교적인 해석을 하였고, 나아가 그 증거라는 결정도, 바로 대상결정과 같은 날 대법원 스스로 내린 결정이었는바, 만일 종래 다수의견과 같은 입장이라면 도저히 도출되기 어렵고, 오히려 대법관 김영란, 박시환, 김지형, 박일환, 김능환, 전수안 등 6인의 별개의견에서 자연스럽게 도출된다. "형사소송법 제420조 제5호는 그 문언상 '누구에 의하여' 새로 발견된 것이어야 하는지 그 범위를 제한하지 않고 있는데, 다수의견과 같이 그 증거가 법원이 새로 발견하여 알게 된 것임과 동시에 재심을 청구한 피고인에 의하여도 새로 발견된 것이어야 한다고 보는 것은 피고인에게 명백히 불리한 해석에 해당하며, 법적 안정성의 측면만을 강조하여 위 조항에 정한 새로운 증거의 의미를 제한 해석하는 것은 위 조항의 규정 취지를 제대로 반영한 것은 아니다. 또한, 다수의견이 예정하는 피고인의 귀책사유 때문에 신규성이 부정된다는 이유로 재심사유로 인정받지 못하게 되면 정의의 관념에 현저히 반하는 결과를 초래할 수 있으며, 법원이 종전 소송절차에서 인식하였는지 여부만을 기준으로 하여 새로운 증거인지 여부를 판단하고 그에 의하여 판결확정 후에도 사실인정의 문제에 한하여 이를 재론할 수 있다는 것 자체가 대법원을 최종심으로 규정한 헌법의 취지에 반한다고 할 수는 없다. 따라서 형사소송법 제420조 제5호에서 무죄 등을 인정할 증거가 '새로 발견된 때'에 해당하는지는, 재심을 청구하는 피고인이 아니라 어디까지나 재심 개시 여부를 심사하는 법원이 새로이 발견하여 알게 된 것인지 여부에 따라 결정되어야 한다."는 것이다.

(5) 사실 제420조 제5호의 재심사유의 새로운 증거란, 종래 있었던 증거를 그 확정판결 후에야 비로소 발견하는 경우도 있지만, 오히려 그 확정판결 후 새로 생기거나 재심청구인측의 노력으로 새로 만들어지는 경우가 일반적일 것이다. 유죄의 근거로 된 증인이 과거의 증언을 번복하는 경우거나, 유전자감정결과가 새로 나온다거나, 화재모의실험 등에 근거한 감정보고서 등이 그 예이다.

제420조 제5호의 전단 '유죄의 선고를 받은 자에 대하여 무죄나 면소를 인정할 경우'보다는, 그 후단 '형의 선고를 받은 자에 대하여 형의 면제나 원판결이 인정한 죄보다 경한 죄를 인정할 경우'에 해당한다는 주장이 많다. 미국, 일본에서와 같이 상당한 사형판결들이 내려지고 집행되는 나라에서, 재심청구가 반복되는 경우가 적지 않고, 몇 차례의 재심청구 끝에 비로소 무죄판결이 내려진 경우조차 적지 않다.

그 대부분이 사형판결만큼은 면하고 싶은 절박함에서 비롯되었고, 실제로 무고한 사람들이 적잖이 재심청구를 반복하여 한다. 만일 위 다수의견처럼 피고인이 재심을 청구한 경우 재심대상이 되는 확정판결의 소송절차 중에 그러한 증거를 제출하지 못한 데에 과실이 있는 경우에는 그 증거는 이 사건 조항에서의 '증거가 새로 발견된 때'에서 제외된다고 해 버리면, 위와 같은 무고한 사건들에서 재심청구가 인용되는 경우는 상상하기 힘들다.

한편 일본의 경우는 '전락자백 사람은 왜 짓지도 않은 죄를 자백하는가'(2015년), 미국의 경우는 '경찰의 피의자신문과 미국의 형사 사법'(2014년)이 아주 참고가 되므로, 일독을 권한다.

2. 증거의 명백성

이제 대법원 2009. 7. 16.자 2005모472 전원합의체 결정 중 증거의 명백성 판단부분을 본다.

(1) 그 다수의견은 "법원으로서는 새로 발견된 증거만을 독립적·고립적으로 고찰하여 그 증거가치만으로 재심의 개시 여부를 판단할 것이 아니라, 재심대상이 되는 확정판결을 선고한 법원이 사실인정의 기초로 삼은 증거들 가운데 새로 발견된 증거와 유기적으로 밀접하게 관련되고 모순되는 것들은 함께 고려하여 평가하여야 하고, 그 결과 단순히 재심대상이 되는 유죄의 확정판결에 대하여 그 정당성이 의심되는 수준을 넘어 그 판결을 그대로 유지할 수 없을 정도로 고도의 개연성이 인정되는 경우라면 그 새로운 증거는 위 조항의 '명백한 증거'에 해당한다. 만일 법원이 새로 발견된 증거만을 독립적·고립적으로 고찰하여 명백성 여부를 평가·판단하여야 한다면, 그 자체만으로 무죄 등을 인정할 수 있는 명백한 증거가치를 가지는 경우에만 재심 개시가 허용되어 재심사유가 지나치게 제한되는데, 이는 새로운 증거에 의하여 이전과 달라진 증거관계 아래에서 다시 살펴 실체적 진실을 모색하도록 하기 위해 '무죄 등을 인정할 명백한 증거가 새로 발견된 때'를 재심사유의 하나로 정한 재심제도의 취지에 반하기 때문이다"고 하여, 이와 달리 새로 발견된 증거의 증거가치만을 기준으로 하여 '무죄를 인정할 명백한 증거'인지 여부를 판단한 대법원 1990. 11. 5.자 90모50 결정 등을 위 법리와 저촉되는 범위 내에서 변경하였다.

한편 이에 대하여 대법관 김영란, 박시환, 김지형, 박일환, 김능환 등 5인의 별개의 견은, "구 증거의 평가 범위를 다수의견과 같이 제한할 것이 아니라 새로 발견된 증거와 재심대상인 확정판결이 그 사실인정에 채용한 모든 구증거를 함께 고려하여 종합적으로 평가·판단하여야 한다. 다수의견과 같이 새로운 증거가 무죄 등을 인정할 '명백한 증거'에 해당하는지 여부를 판단할 때 새로운 증거만을 독립적·고립적으로 고찰할 것은 아니라고 해석한 게 관련·모순되는 것들로 그 범위를 제한할 것은 아니다. 새로 발견된 증거와 확정판결이 채용한 구증거들 사이의 밀접한 관련성이나 모순성은 실제 각 사안에서 구체적·개별적으로 판단될 수밖에 없을 것으로 보이는바, 무죄 등을 인정할 명백한 증거에 해당하는지 여부는 법원이 각 사안에 따라 새로운 증거와 확정판결이 채용한 증거들을 함께 고려하여 종합적으로 판단하도록 하는 것이 현실적으로 타당하다"고 하였다.

(2) 예를 들어 유죄의 선고를 받은 자에게 무죄를 인정할 명백한 증거라고 하면, 어느 정도가 되어야 명백하다고 할 수 있을까?

피고인이 무죄라는 확신이 들 정도가 되어야 하는 것은 아닐 것이다. 이 점에서, 다수의견이나 별개의견 모두 '단순히 재심대상이 되는 유죄의 확정판결에 대하여 그 정당성이 의심되는 수준을 넘어 그 판결을 그대로 유지할 수 없을 정도로 고도의 개연성이 인정되는 경우'이어야만 명백한 증거에 해당한다고 한 것은 수긍하기 어렵다.

여기서 증명의 대상은 어디까지나 유죄의 확정판결이 잘못일 수 있다는 것이지, 그 공소사실이 인정되는지 등이 아니다.

이 판시기준에 의하더라도, 유죄의 확정판결의 정당성이 의심되는 수준이 어느 정도여야 하는지 알 수 없을뿐더러, 그 판결을 그대로 유지할 수 없을 정도의 고도의 개연성이 인정되는 경우는, 유죄 판결의 정당성이 의심되는 수준을 넘어서는 정도여야 한다는 점 이외에 어떠한 기준도 제시하지 못하고, 이로 인하여 재심청구를 심판하는 법원에 따라 그 증명도가 달라지는 것이 허용될 수 있다.

원판결에서 유죄로 인정할 때, 그 유죄는 유죄가 아니라는 주장에 침묵을 명할 수 있을 정도에 이르러야 하고, 검사가 유죄라는 입증책임을 지는 것이지, 피고인이 무죄라는 입증책임을 지는 것이 아니다. 유죄판결이 잘못이고 무죄판결을 받아야 한다고 하여 제기된 재심청구가 인용되어 재심개시결정이 내려진 후에 진행되는 재심공판절차에서도 그 피고인이 무죄를 입증해야 하는 것이 아니라, 검사가 유죄를 입증해야 한다. 이런 형사법의 대원칙이 재심개시청구를 심사하는 데에서 예외가 될 수 없다.

공소사실과 같은 범행을 하지 않는 사람은 언제가 되든지 간에 유죄판결을 받아서는 안 된다. 그 사람이 우연히 어느 때에 재판을 받았다는 사정, 또 그로 인하여 유죄의 확정판결이 내려졌다고 하여도, 유죄판결을 받아서는 안 된다는 점은 어느 누구도 외면하지 못한다. 무고한 사람이나 형사절차의 엄격한 증명절차를 제대로 거치지 않거나 피고인의 무죄 추정의 원칙 등 헌법상 보장되는 권리를 제대로 행사하지 못한 채 내려진 유죄 판결이 유지되는 것을 두고, '법적 안정성의 이념에 따라 허용된다'고 할 수는 없다.

우리 형사소송법에서 유죄의 확정판결을 선고받은 자의 이익을 위한 재심청구만 인정하고(제420조), 형의 집행을 종료하거나 형의 집행을 받지 아니하게 된 때에도 재심청구를 할 수 있도록 한 것도 바로 이 때문일 것이다(제427조 재심청구의 시기).

(3) 우리 형사소송법은 재심개시절차와 재심공판절차를 구분하고 있고, 재심개시결정이 내려진 후에야 비로소 공소사실의 인정 여부를 두고 일반적인 공판절차와 같은 재심공판절차가 진행되는 것이므로, 공소사실의 인정 여부는 재심공판절차에서 다루어지는 것이지, 재심개시절차가 아니다.

재심개시절차에서는 결국 재심절차를 개시할지 여부에 관한 것이 심판대상이다. 따라서 유죄의 확정판결이 새로운 증거를 보태어 봤을 때, 그대로 유지될 수 없다면, 재심사유가 있다고 봐야 한다. 재심사유가 있다고 하여, 반드시 무죄 등이 선고되는 것도 아니다. 형사소송법 제435조에서는 재심의 청구가 이유 있다고 인정한 때에는 재심개시의 결정을 하여야 한다고 할 뿐이고, 과연 무죄를 선고해야 할지 여부 등은 어디까지나 재심공판절차에서 정당한 절차를 거쳐서 판가름되는 것이다.

(4) 다수의견이, 재심대상이 되는 확정판결을 선고한 법원이 사실인정의 기초로 삼은 증거들 가운데 새로 발견된 증거와 유기적으로 밀접하게 관련되고 모순되는 것들은 함께 고려하여 평가하여야 할 뿐, 그 사실인정에 채용한 모든 구증거를 함께 고려하여 종합적으로 평가·판단하여야 한다고 해서는 안 된다는 것도 수긍하기 어렵다.

또 여기서 새로운 증거란, 공소사실이라는 실체적 인정에 관한 것뿐만 아니라, 그 유죄판결에 이르는 공판절차 등에서 위법한 증거들이 채택되는 등의 절차적 하자 등은 물론, 그 유죄의 근거된 증거의 증명력 판단에 관한 것들도 포함된다.

나아가 과연 유죄의 확정판결의 정당성을 의심케 하는 증거인지 여부는, 이 증거가 당초 원판결의 증거판단과 사실인정 등에 어떠한 영향이 있는지를 살펴야만 비로소 판단할 수 있다. 이러한 원판결의 증거판단내용과 그에 따른 유죄인정과정 등을 먼저 파악해야만, 비로소 새로운 증거의 명백성도 판단될 수 있지, 그 역(逆)이 될 수는 없다.

(5) 재심청구인은, 국립과학수사연구소의 감정의뢰회보 및 검찰수사관의 수사보고서에 의하면 사건 발생 직후 채취한 피해자의 질 내용물에서 정액 양성반응을 보였으나 피해자의 유전자형 외에 여타 관련 남성의 유전자형은 검출되지 않았고 정자가 발견되지 않은 것으로 보아 범인은 무정자증인 것으로 추정된다는 것이지만, 2004. 11.경 정액검사 결과 피고인은 무정자증이 아니고 정상소견을 보이고 있다는 사실을 들었다.

이에 대하여 다수의견은, "위 정액검사결과와 유기적으로 밀접하게 관련되는 증거로는 재심대상사건 기록상 재심대상인 확정판결의 사실인정에 기초가 된 증거들 가운데 국립과학수사연구소장의 감정의뢰회보와 검찰주사의 수사보고 등이 있는바, 위 감정의뢰회보의 내용은 피해자의 체내에서 채취한 가검물에서 정액 양성반응이 나타났을 뿐 정자는 검출되지 않았다는 것이고, 위 수사보고는 이러한 감정의뢰회보에 비추어 범인은 무정자증으로 추정된다는 것인데, 위 감정의뢰회보의 내용과 같이 정액 양성반응이 있으나 정자가 검출되지 않은 이유에는 무정자증 이외에도 채취한 가검물의 상태나 그 보존 과정 등에서의 여러 가지 요인에 의하여 정자가 소실되는 등의 다른 원인이 있을 수 있으므로, 위 감정의뢰회보만으로 범인이 반드시 무정자증이라고 단정할 수는 없고, 여러 가지 가능성 중의 하나로서 단순히 추측하는 내용에 불과한 위 수사보고 역시 별다른 증거가치를 인정할 수 없다고 하면서, 재항고인이 무정자증이 아니라는 사실을 인정할 수 있는 자료에 불과한 위 정액검사결과는 위 증거들을 함께 고려하더라도 이 사건 재심대상판결을 그대로 유지할 수 없을 정도로 고도의 개연성이 인정되는 증거가치를 가지지 못하므로, 결국 이 사건에서 무죄를 인정할 명백한 증거에는 해당하지 않는다고 할 것이다"고 하였다.

그러나 당초 범인의 무정자증으로 보인다는 것을 수사보고서를 증거로 채택하여 유죄판결을 내린 것에 대하여, 애써 피고인이 무정자증이 없으니 범인일 수 없다고 하자, 이제는 ① '채취한 가검물의 상태나 그 보존 과정 등에서의 여러 가지 요인에 의하여 정자가 소실되는 등의 다른 원인이 있을 수 있다'는 것을 들어서, ② 그 범인이 무정자증이 아닐 수 있다고 하고 재심청구를 기각해서는 안 된다. 위 ①, ② 사정 모두 유죄판결을 그대로 유지하는 데 사용한 것인바, 그와 같은 사정은 원판결에서 피고인에게 제시되고 반박의 기회가 제공되지 않았고, 재심개시절차에서도 마찬가지였다. 범죄사실의 인정은 법률이 자격을 인정한 증거에 의하여 법률이 규정한 증거조사방식에 따라 증명하여야 한다는 엄격한 증명의 원칙이 아니라, 재심청구심의 법원이 기록을 읽고 새로운 사실을 인정하는 자유로운 증명으로, 재심청구인이 유죄라고 결론을 내서는 안 된다.

뭐라고 해도 원 판결에서는 그 범인이 무정자증이라고 하고 피고인이 범인이라고 확정하였으므로 피고인은 무정자일 수밖에 없다(②의 부정). 또한 '① 채취한 가검물의 상태나 그 보존 과정 등에서의 여러 가지 요인에 의하여 정자가 소실되는 등의 다른 원인이 있을 수 있다'는 사정 등이 제시되어 재심청구인에게 의견을 들은 적도 없어 보인다.

예를 들어 그 유죄확정판결에 그 범인이 A라는 길로 도망쳤다는 인정한 것을 두고, 재심청구인이 A라는 길로 도망친 것이 아니다는 증거를 내놓자, 이제는 그 범인이 B라는 길로 도망쳤을 수 있다는 이유를 들어서, 재심사유가 없다고 해서는 안 된다. 피고인을 유죄로 인정하려면, 형사소송법에 정해진 증거조사절차를 거치고 증거능력과 증명력이 있는 증거가 있어야 하고, 무엇보다도 피고인이 그 유죄의 증거들을 탄핵할 수 있어야 한다. 원판결에서도 범인이 무정자증이라는 명제에 다투어진 적이 없고 이를 기초로 유죄판결이 내려진 것이고, 이제 그것이 무너지게 되었다면, 재심절차를 개시해서, 범인이 무정자증이 아니더라도 피고인이 범인일 수밖에 없는지를 심판해야 한다.

(6) 한편 별개의견은, "구증거 중 국립과학수사연구소장의 감정의뢰회보나 검찰주사의 수사보고만으로는 범인이 반드시 무정자증이라고 단정할 수 없는 이상, 별다른 증거가치를 인정할 수 없을 뿐만 아니라, 이 사건 재심대상판결이 그 사실인정에 채용한 구증거 또는 그에 의하여 인정되는 사정들, 즉 범인의 침입 경로인 피해자 주택 난

간에서 채취된 지문이 재항고인의 지문과 일치되고, 재항고인의 주거에서 범행에 사용된 것과 같은 종류의 도구가 발견되었다는 점 등을 종합하면, 이 사건은 이들 증거 등을 위 정액검사결과와 함께 종합적으로 평가하여 보더라도 유죄의 확정판결을 그대로 유지할 수 없을 정도로 고도의 개연성이 인정되는 경우에 해당한다고 볼 수 없다"고 하였다.

별개의견은 재심청구인이 제출한 감정의뢰회보에다가 구증거들을 합쳐서 종합적으로 평가한 결과, 특히 밑줄친 부분의 사정을 들어 재심청구인의 범인성을 인정하였다. 앞서 본 다수의견보다는 설득력이 있다고 할 수 있지만, 범인이 무정자증이라는 원판결의 사실인정의 한 축이 무너졌는데도, 나머지 증거들만으로도 여전히 유죄의 확정판결이 그대로 유지될 수 있다고 한 판단에는 앞서 (4)항에서 본 바와 같이 동의하기 어렵다.

(7) 별개의견은 일본의 유명한 시라토리 결정(白鳥決定), 즉 1952. 1. 21. 홋카이도 삿포로시에서 발생한 경찰관 시라토리의 사살사건의 재심사건에서의 1975. 5. 20.자 최고재판소 결정이유를 토대로 한 것으로 보이지만, 정작 그 판시에도 아직 이르지 못하였다. 일본의 재심사건은 이 시라토리 결정에서 제시한 기준에 따르고 있다.

시라토리 결정의 요지는 인터넷 등을 통하여 손쉽게 입수할 수 있는바, "무죄를 선고할 명백한 증거란, 확정판결의 사실인정에 대하여 합리적인 의심을 갖게 하고, 그 인정을 뒤집을 만한 개연성이 있는 증거를 말한다고 해석할 것인바, 이와 같이 명백한 증거인지 아닌지는 만일 그 증거가 확정판결을 내린 법원의 심리 중에 제출되었다면, 과연 그 확정판결에서 이루어진 사실인정에 도달하였을지 어떨지 하는 관점에서, 위 증거와 다른 모든 증거와 종합적으로 평가하여 판단해야 하는 것이고, 이 판단에 있어서도 재심개시를 위해서는 확정판결의 사실인정에 대하여 합리적인 의심을 생기게 하면 충분하다는 의미에서 '의심스러울 때에는 피고인의 이익으로'라는 형사재판의 철칙(鐵則)이 적용된다."는 것이다.

또한 시라토리 결정은 원심의 재심기각결정을 이유를 달리하여 유지한 것이지만, 같은 재판부(기시 세이치 岸盛一, 시모다 타케소우 下田武三, 기시가미 야스오 岸上康夫, 단도우 시게미쓰 団藤重光)의 1976. 10. 12.자 사이타가와 결정(財田川決定)은 1950. 2. 28. 일어난 강도살인 사건에 대한 것으로서, 재심청구를 기각한 원심결정을 뒤집고 환송한 것이다. 이른바 일본의 4대 사형 원조사건 중 하나로, 결국 무죄판결이 내려졌다. 사이타가와 결정은, "무죄를 선고할 명백한 증거인지 여부 판단에서는 확정판결이 인정한 범죄사실이 존재하지 않는다는 것이 확실하다는 심증을 얻는 것이 필요한 것이 아니라, 확정판결의 사실인정의 정당성에 대한 의문이 합리적인 이유에 근거한 것일지 여부를 판단하면 충분하다"고 하였다.

Ⅳ. 형집행정지 결정의 의무성

1. 형사소송법 제435조 제2항에서는, 재심개시의 결정을 할 때에는 결정으로 형의 집행을 정지할 수 있다고 하였다. 1995. 12. 29. 개정으로, '재심개시의 결정을 할 때에는 결정으로 형의 집행을 정지하여야 한다'고 한 것에서 변경된 것이다.

2. 그러나 개정 후의 형사소송법 제435조 제2항은 위헌의 흠이 있다고 생각한다. 재심개시의 결정은 결국 종전의 유죄 확정판결을 그대로 유지할 수 없다는 내용이므로, 원판결의 확정력은 무너졌다고 봐야 한다. 따라서 유죄판결의 실체적 확정력을 전제로 한 형의 집행은 있을 수 없다. 따라서 재심개시결정에 따라 반드시 필요적으로 형의 집행은 정지된다고 봐야 한다.

그리하여 만일 재심개시결정 후 재심공판절차에서 그 재판부가 그 심리의 필요와 구속재판의 필요성 등이 있다고 한다면, 예외적으로 구속절차를 밟아야 할 것이다.

3. 대법원은 "법원은 재심개시결정에 의한 형의 집행정지와 동시에 본 법 제70조에 의하여 구속영장을 발부하여 피고인을 구속할 수 있다고 해석함이 상당하다"(대법원 1965. 3. 2. 선고 64도690 판결)고 판시함으로써 형의 집행을 구속으로 전환시킬 수 있도록 하였고, 1995년 개정 당시 국회 법사위원회 심사보고서에 의하면 "(경합범 관계에 있는 수개의 범죄사실을 유죄로 인정하여 1개의 형을 선고한 불가분의 판결이 확정되었는데 그 중 일부 범죄사실에 대하여만 재심청구의 이유가 있는 것으로 인정된 경우) 새로운 구속영장을 발부해야 하는 등 절차의 번거로움을 해소하기 위하여 임의적 집행정지로 변경한 것"이라고 하였는바, 이와 같이 법원 등 형사사법의 집행기관의 번거로움이라는 이유를 들어서, 그 번거로운 절차를 해소하려는 필요성에서 개정하는 것은 옳지 않다.

4. 한편 국가인권위원회는 2018. 11. 5. 형사사건 재심제도가 인권을 보호하고 향상시키는 방향으로 운영될 수 있도록 정책 개선에 대한 권고 및 의견표명을 하였다. (1) 법무부장관에게, 법원의 재심개시결정에 따른 재심재판이 신속하게 진행될 수 있도록 법원의 재심개시결정에 대한 검사의 불복제도를 개선하는 형사소송법 개정방안을 마련할 것과, 그 조치가 이뤄질 때까지 법원의 재심개시결정에 대한 검사의 불복권 행사를 신중하게 할 것을 권고하고, (2) 대법원장에게, 재심개시결정에 대한 즉시항고와 재항고 재판 절차를 신속하게 진행하고, 재심개시결정 시에 형의 집행정지결정을 적극적으로 하는 것이 바람직하다고 하였다{17진정0744400 · 17진정0744500(병합) 형사사건 재심절차 지연에 따른 인권침해 사건}. 국가인권위원회는, 신속한 재심절차 진행의 필요성에도 불구하고 재심개시결정의 확정에 장기간이 소요되는 실정을 지적하면서, 검사의 즉시항고권을 보장하고, 재항고에 대해서도 그 사유를 폭넓게 인정하고 있어 재심개시결정의 확정에 이르기까지 장기간이 소요될 수 있고, 실제로도 근래 거의 모든 재심개시결정에 대해서 검사의 항고가 관행적으로 이루어지고 있다고 하였다.

이익재심만을 인정하고 있는 우리나라와 달리, 이익재심과 불이익재심을 모두 허용하고 있는 독일은 당초 재심개시결정에 대한 검사의 즉시항고권을 규정하고 있었지만, 1964년 형사소송법 개정을 통해 검사의 즉시항고권을 폐지한 점도 지적하였다.

국가인권위원회는, "억울한 피고인의 구제를 목적으로 하는 재심제도의 취지를 고려해 보면, 확정판결의 기판력이 사실관계를 다투는 재심의 재판과정에까지 영향력을 미치는 것은 합리적이라고 볼 수 없다. 형사사건의 재심재판과정에서 재심개시 이후에도 계속되는 구금상태는 재심청구인이 새로운 사실을 주장하고 사실인정의 하자를 다투는 등 방어권을 행사함에 있어 큰 장애로 작용할 뿐만 아니라 헌법상 무죄추정의 원칙에도 반한다고 볼 소지가 있다. 재심청구인이 증거인멸이나 도주의 우려 없음이 적절히 소명되는 경우 형집행정지가 원칙적으로 적용되도록 적극적으로 검토할 필요가 있다."고 하였다.

V. 법집행기관의 법치주의 존중

1. 법원, 검찰, 수사기관 등에서 법령을 준수하기는커녕 법령을 준수하지 않고, 기관편의주의라고 불러도 좋을 정도로 법령을 왜곡 해석 적용한 사례가 적지 않다.

법치주의는 사람이나 폭력이 아닌 법이 지배하는 국가원리, 헌법원리로서, 공포되고 명확하게 규정된 법률에 의해 국가권력을 제한·통제함으로써 자의적인 지배를 배격하는 것을 핵심으로 한다고 설명된다. 그러나 법집행기관에서 법치주의가 훼손되고 있다고 피바람을 일으킨 때가 과거라고 단정할 수 있을까? 누구는 이와 같은 현상을 들어, '사이비법치주의', '기관법치주의'라거나, '관료법치주의'라고도 빗대기도 한다.

2. 앞서 본 시라토리 결정 등이 내려진 후에도, 다시 차가운 겨울의 시절이 왔다고 하고, 최근에는 1, 2심의 재심개시결정을 일본 최고재판소가 파기자판하여 재심청구를 기각해 버리는 일까지 발생하였다.

이웃나라의 사정을 속속들이 알지 못하므로, 함부로 이러쿵저러쿵 할 것은 아니지만 시라토리 결정 등에서 제시한 기준을 갖고도 이와 같이 구체적인 사안에서는 정반대의 결론이 내려지고 있다는 사실을 주목하고 싶다.

이에 대해서는 재심 등의 법령 등이나 그 심사기준, 방법, 절차 등을 상세하게 규정하는 것이나, 재심개시 여부를 결정하는 기관을 법원과 별도로 두는 등의 제안이 있다. 이와 같은 입법이 절실히 필요할 것이다. 적지 않은 오판이 있다는 것을 직업경험상 겪고 있는 변호사들 입장에서는 그로 인하여 겪는 고통을 외면할 수 없다.

법원 등의 법집행기관을 탓하기 전에 변호사로서 마음가짐을 다시 다져본다.

도난 문화재 환수의 법률문제*

최승수 변호사

　굴곡 많은 현대사를 거치면서 우리나라의 많은 문화재가 해외로 불법 반출돼 소재조차 알 수 없는 사례가 부지기수다. 민간부문이나 정부당국의 노력으로 다행히 반출된 문화재를 찾아내 이를 매수하거나 소송 등을 통해 되찾아오는 소식을 간간히 언론 보도를 통해 접할 수 있다. 흥미롭게도 한국에서 소송을 통해 반출문화재를 되찾게 된 특이한 사례가 있는데, 바로 '인조계비 장렬왕후 어보(御寶)' 반환 사건이 그것이다.

　조선시대 어보란 왕실에서 제작해 사용하던 왕가의 권위를 상징하는 도장으로서, 책봉, 추존 등 조선왕실의 의례를 거행하기 위해 제작돼 사용된 것이다. '인조계비 장렬왕후 어보'는 1676년경 인조의 계비인 장렬왕후 조씨에게 존호를 올리기 위해 제작됐다. 그 후 장렬왕후 어보는 종묘(宗廟)에 봉안돼 관리됐는데, 1897년 대한제국 선포에 따라 이 사건 어보를 포함한 조선왕실 재산의 소유권은 대한제국으로 승계됐고, 일제 강점기 이왕직에 의해 종묘에 보관·관리되다가 1950. 4. 8. 제정·시행된 구왕궁재산처분법에 의해 대한민국의 소유로 됐다. 이후 6·25 전쟁 당시 도난당해 미국 등 해외로 반출됐다.

　고미술품을 수집 거래하는 A는 2016. 1.경 미국의 인터넷 경매사이트에서 '일본 석재 거북'이라는 제목으로 경매에 붙인 물건을 미화 9500달러에 낙찰 받았다. 이후 이를 국내로 반입한 다음 전문가들에게 확인한 결과 '인조계비 장렬왕후 어보'인 사실을 확인했고, 2016. 9.경 국립고궁박물관에 이 사건 어보를 2억 5000만 원에 매수할 것을 신청하면서 이 사건 어보를 국립고궁박물관에 인도했다. 국립고궁박물관은 이 사건 어보를 심의한 결과 인조계비 장렬왕후 어보로서 도난품에 해당한다는 이유로 매입 및 반환을 거부했다. 이에 A는 장렬왕후 어보의 반환을 청구하는 소송을 제기했다.

---

* 이 글은 『아시아투데이』 "이런 법률 저런 판결"(2019. 2. 28.)에 실린 칼럼이다.

이 사건에서는 A가 미국 경매사이트에서 낙찰 받은 장렬왕후 어보가 도난품인지 여부와 도품이라도 우리 민법 제249조에 의해 A가 이 사건 어보를 선의취득했고, 대한민국은 민법 제251조에 따라 대가를 변상하고 이 사건 어보의 반환을 청구할 수 있는지 여부였다.

법원은 관련 증거를 종합해 우선 위 어보가 종묘에서 도난당한 도품인 점은 인정된다고 판단했다. 문제는 우리 민법의 선의취득 규정이 적용될 수 있는지였다. 법원은 이 쟁점과 관련해 이 사건 장렬왕후 어보에 대하여는 우리나라 민법이 아니라 미국 버지니아주법이 적용된다고 판단했다. 거래 당사자의 국적·주소·물건 소재지, 행위지, 사실발생지 등이 외국과 밀접하게 관련돼 있어 곧바로 내국법을 적용하기보다는 국제사법을 적용해 그 준거법을 정하는 것이 더 합리적이라고 인정되는 법률관계에 대하여는 국제사법의 규정을 적용해 준거법을 정해야 한다.

한편 국제사법 관련 규정에는 '동산 및 부동산에 관한 물권 또는 등기하여야 하는 권리는 그 목적물의 소재지법에 의하고, 그 권리의 득실변경은 그 원인된 행위 또는 사실의 완성 당시 그 목적물의 소재지법에 의한다'고 규정돼 있다. 그런데 A가 경매사이트에서 이 사건 어보를 낙찰 받을 당시 그 어보가 미국 버지니아주에 있었던 사실, 그 후 A가 이를 국내로 반입한 사실을 인정할 수 있으므로, A가 이 사건 어보에 관한 소유권을 취득했는지 여부에 관한 준거법은 그 원인된 행위 또는 사실의 완성 당시 그 목적물의 소재지법인 미국 버지니아주법이라고 봄이 타당하다고 본 것이다.

영미법에서는 도품에 관해 '누구도 자신이 가지지 않은 것을 양도할 수 없다(nemo dat quod non habet)'는 원칙이 지배하고 있어 도품에 대한 선의취득을 인정하지 않고 있고, 버지니아주법도 도품에 대한 선의취득을 인정하지 않는다. 따라서 A가 비록 경매사이트에서 이 사건 어보를 낙찰 받았다고 하더라도 이는 도품이므로, A는 버지니아주법에 따라 장렬왕후 어보에 관한 소유권을 취득하지 못하게 된 것이다.

채용비리의 법적 문제[*]

권영환 변호사

Ⅰ. 들어가며

국회는 2004. 3. 5. 늘어나는 청년실업에 대응하기 위해 「청년실업해소특별법」(현행 「청년고용촉진 특별법」)을 제정했다. 그럼에도 만 15~29세의 청년층 실업률은 2012년 7.5%에서 매년 꾸준히 증가해 2017년에는 9.8%를 기록했다. 이러한 수치는 같은 기간 전체실업률 3.2%(2012년) 내지 3.7%(2017년)에 비해 2배 이상 높은 것이다. 청년층의 고용이 점차 악화되는 상황에서 2018년 들어 공공기관과 금융기관의 채용비리 사실이 연이어 밝혀지면서, '채용비리 근절'이 중요한 사회적 과제로 등장하게 됐다.

국회는 2018. 3. 27. 「공공기관의 운영에 관한 법률」(이하 '공공기관운영법')에, 채용비리를 포함한 비위행위자에 대한 수사 의뢰, 채용비리로 인한 합격자의 채용취소 등에 관한 조항들(제52조의3 내지 6)을 신설했다. 은행권은, 2018. 6. 은행연합회 명의로 「은행권 채용절차 모범규준」을 제정하는 등 채용절차의 공정성과 투명성 확보를 위해 노력하는 모습이다. 정부는 2018. 8. 인사혁신처 주관으로 "공정 채용 가이드북"을 발간했고, 2018. 11. 2. 국민권익위원회 산하에 "공공기관 채용비리 근절 추진단"을 출범시켜 활동을 개시했다. 2019. 7. 17.부터 시행된 채용절차법은, 법령을 위반해 채용에 관한 부당한 청탁, 압력, 강요 등을 하는 행위를 금지하고 위반시 형사처벌하는 조항을 신설하였다.

앞으로도 채용절차의 공정성과 투명성 확보에 대한 사회적 요구는 더 커질 것이고, 이를 둘러싼 분쟁들이 다양화될 가능성이 높다. 이하에서는 채용비리를 둘러싼 여러 법적 문제점들을 정리해 보고자 한다.

---

* 이 글은 『월간 노동법률』 제332호(2019. 1.)·제335호(2019. 4.), ㈜중앙경제에 실린 칼럼을 수정·보완한 것이다.

II. 채용담당자의 형사책임

1. 개요

채용비리란 일반적으로 채용절차를 진행하는 자 또는 채용권자가 그 권한을 남용해 채용절차에 부당하게 개입하여 영향력을 미치는 것을 말한다.

채용비리 문제가 제기되는 경우 가장 먼저 채용담당자에 대한 고발을 통해 수사절차가 개시되는 것이 일반적이다. 참고로 공공기관운영법 제52조의3 제2항은, 기획재정부장관 또는 주무기관의 장에게, 공공기관 임원이 채용비위 등 윤리경영을 저해한 것으로 판단되는 경우 수사기관과 감사기관에 수사 또는 감사를 의뢰할 의무를 부과하고 있다.

채용비리에 관여한 담당자는 대개 형법 제314조 제1항의 업무방해죄로 의율되고, 금전수수가 있는 경우에는 형법 제357조의 배임수재죄 또는 배임증재죄로 처벌받을 수도 있다.

이하에서는 가장 일반적인 처벌 조항인 업무방해죄에 한정하여 살펴본다.

2. 업무방해죄의 성립 여부

형법 제314조 제1항은 "① 제313조의 방법(허위사실 유포 또는 기타 위계) 또는 위력으로써 ② 사람의 업무를 방해한 자"에 대해 5년 이하의 징역 또는 1,500만 원 이하의 벌금에 처하도록 규정하고 있다.

여기서 "사람"은 타인, 즉 범인 이외의 자연인과 법인 및 법인격 없는 단체를 가리킨다. 신규직원 채용업무는 기업 내지 단체의 업무에 해당하므로(대법원 2007. 12. 27. 선고 2005도6404 판결), 채용담당자에 의한 부정행위가 발생하는 경우 '② 기업 내지 단체(타인)의 업무 방해'라는 구성요건은 충족된다.

문제는, 채용비리가 발생하는 과정에서 '위계가 있었는가' 하는 것이다. 위계는 '상대방에게 오인·착각 또는 부지를 일으키게 하여 이를 이용하는 것'을 말하는데, 법원은 다음과 같이 '부정행위로 말미암아 채용업무와 관련하여 오인·착각 또는 부지를 일으킨 상대방이 있는지'에 따라 '위계'의 존재 여부를 판단하고 있다.

채용권한이 있는 사장이 채용업무 담당자들에게 부정한 지시를 해 담당자들이 그 지시에 따라 특정 지원자의 필기시험성적을 조작하고, 특정 지원자가 면접대상자에 포함되도록 응시자격 요건을 변경한 사례에서, 대법원은 '대표자나 업무 담당자들의 부정행위로 말미암아 신규직원 채용업무와 관련하여 오인·착각 또는 부지를 일으킨 상대방이 없으므로, 그들의 부정행위가 위계에 해당하지 않아 업무방해죄가 성립하지 않는다'고 판결했다(위 대법원 2005도6404 판결). 또한 면접위원인 상무이사가, 다른 면접위원 1인이 채점표를 작성해 제출하고 면접장소에서 퇴장한 다음 나머지 면접위원 2인을 설득해 자신이 지정한 응시자들을 최종합격자로 결정한 사례에서는, 퇴장한 면접위원의 업무는 이미 종료되어 오인·착각 또는 부지를 일으키지 않았으므로, 위 상무이사에게 퇴장한 면접위원에 대한 업무방해죄가 성립하지 않는다고 판결했다(대법원 2017. 5. 30. 선고 2016도18858 판결).

반면, 필기시험 합격자를 대상으로 면접시험을 시행하는 회사에서 필기시험 채점에 관여한 직원들이 대표자의 지시에 따라, 면접위원 모르게, 특정인의 필기시험 답안지를 새로 작성하는 방법으로 점수를 조작하여 면접시험에 응시할 자격을 갖추도록 한 경우, 그 점수조작행위는 면접위원으로 하여금 면접시험 응시자의 정당한 자격 유무에 관하여 오인·착각 또는 부지를 일으키게 하는 위계에 해당하고, 면접위원이 점수조작행위에 관하여 공모 또는 양해하였다는 등의 특별한 사정이 없는 한, 그 위계에 의하여 면접위원이 수행하는 면접업무의 적정성 또는 공정성이 저해되었다고 보아야 하므로 업무방해죄가 성립한다고 판결했다(대법원 2010. 3. 25. 선고 2009도8506 판결). 채용에 관한 사례는 아니지만, 1차, 2차 선정위원회를 통해 주간사를 선정하는 과정에서 1차 선정위원회 위원들이 사전에 결정된 평가표의 배점을 특정업체에 유리하도록 임의로 수정하여 평가표를 작성한 다음, 그 사실을 고지하지 않은 채 2차 선정위원회에 제출하여 평가절차를 진행하게 한 경우, 1차 선정위원회 위원들에게는 2차 선정위원회 위원에 대한 업무방해죄가 성립한다고 판결했다(대법원 2008. 1. 17. 선고 2006도1721 판결).

결국 채용에 관여한 직원 전원이 채용비리를 공모 내지 양해한 경우에는 업무방해죄가 성립되지 않을 가능성이 높고(이에 대해서는 비판하는 견해가 많다), 일부 채용담당자 모르게 나머지 사람들이 채용비리를 범한 경우에는 공모한 자들에게 업무방해죄가 성립될 가능성이 높다.

3. 부정행위자의 형사처벌 수위

면접점수를 조작하여 면접위원의 면접업무를 방해한 것으로 인정된 대전도시철도 前 사장은 징역 10월의 실형을 선고받았다(대법원 2018. 3. 13. 선고 2017도21276 판결). 서류전형 탈락자에 대한 합격처리를 지시한 중소기업진흥공단의 前 이사장과 그 지시에 따라 부적격자를 합격처리한 前 운영지원실장도 모두 징역 10월의 실형을 선고받았다(대법원 2018. 2. 28. 선고 2017도17455 판결).

서울남부지법은, 심사위원들이 부여한 점수를 사후 조작해 여성 지원자를 차별한 행위가 문제된 국민은행 前 부행장, 인사팀장, 인력지원부장에게 각 징역 1년에 집행유예 2년, 前 HR본부장에게 징역 10월에 집행유예 2년을 선고했다.

III. 채용비리 피해자에 대한 기업 내지 단체의 책임

1. 자체적 피해자 구제

채용비리의 가장 큰 피해자는 해당 채용절차에 응시한 사람들이다. 이들에 대해 적정한 구제방안이 필요하겠으나, 어느 범위의 응시자까지를 구제대상으로 할 것인지, 만약 구제를 결정한다면 재시험 기회를 부여할지, 특별채용을 할지, 금전배상을 할지 등을 결정하는 것은 쉽지 않다. 어떤 구제방안이 합리적인지는 개별 채용과정의 진행경과와 응시자들의 사정에 따라 다를 수 있기 때문이다.

이와 관련해 정부가 2018. 5. 3. 발표한 "채용비리 피해자 구제 세부 가이드라인"의 내용은 다음과 같다. ① 채용비리의 피해자 특정이 가능한 경우(합격대상자였으나 점수조작 등으로 탈락하게 된 경우)에는 그 피해자가 서류심사, 필기시험, 면접시험 중 피해를 입은 단계를 통과한 것으로 보아 그 다음 단계의 응시기회를 부여하고, 최종면접에서 피해를 입은 경우 즉시 채용한다는 것이다. ② 피해자의 구체적 특정은 불가능하지만 피해자의 범위를 특정할 수 있는 경우(부정채용은 확인됐지만, 응시자 개인의 피해 여부는 확인이 곤란한 경우)에는 해당 피해자 집단을 대상으로 각 피해 단계의 채용절차를 다시 진행한다는 것이다.

은행연합회의 2018. 6.「은행권 채용절차 모범규준」제35조 제1항은 "은행은 피해자를 파악한 경우 그 피해자에게 피해 발생단계 바로 다음 전형에 응시 기회를 부여한다"고 규정하고 있고, 제2항은 "은행은 피해자 구제를 위한 목적으로 전형 단계별로 일정 기간 동안 예비합격자를 관리할 수 있다"고 규정하고 있다.

한편, 정부는 2018. 11.부터 공공기관을 대상으로 신규채용 및 정규직 전환과 관련된 비리를 점검한 뒤 구제대상 피해자가 57명이라고 발표하였다. 그런데 2019. 7. 기준으로 피해자 57명 중 채용이 결정된 사람은 21명(36.3%), 다음 단계 전형기회를 부여받은 사람은 12명(21.1%), 재응시 기회를 포기한 사람은 20명(35.1%), 수사결과를 기다리고 있는 사람은 4명(7.0%)으로 나타났다. 채용비리는 응시자의 지원 시점으로부터 상당한 시간이 지난 다음에야 밝혀지기 때문에 피해자들에 대한 권리구제에 한계가 있는 것이다.

2. 법원을 통한 피해자 구제(손해배상책임)

채용비리 피해자에 대한 자체 구제절차가 지연되는 경우, 그 분쟁은 소송으로 이어질 가능성이 높다.

실제로 금융감독원 채용 절차에서 최고 득점을 받고도, 자의적인 채용예정인원 감축 및 채용계획에 없던 세평조회 전형 추가로 인해 탈락하게 된 응시자가, 금융감독원을 상대로 ① 고용의 의사표시를 할 것, ② 채용예정일 이후 미지급 임금 상당액을 지급할 것, ③ 1억 원의 위자료를 지급할 것을 청구하는 소송을 제기했다.

법원은 ① 고용의 의사표시 청구와 ② 임금상당액의 손해배상청구에 대해서는, '채용절차가 객관적이고 공정하게 이루어졌더라도 원고가 당연히 최종합격자로 결정되었을 것이라고 보기 어렵다'는 등의 이유를 들어 기각했다. 하지만 ③ 위자료 청구는 일부 인용하여, 금융감독원이 8,000만 원을 배상하라고 판결했다(서울고등법원 2019. 7. 10. 선고 2018나2073790 판결. 다만, 2018. 11. 28.자 언론보도에 의하면, 금융감독원은 위 피해자를 2019년도 신입사원과 함께 채용하기로 결정했다고 한다).

Ⅳ. 채용비리 관련 입사자에 대한 조치

1. 개요

채용비리 후속 조치 중 가장 논란이 되는 것은 '채용비리를 통해 입사한 자(이하 '채용비리 입사자')에게 어떤 책임을 물을 것인가' 하는 것이다.

채용비리의 방식은, 구직자 측에서 본다면 단순 청탁부터 금품 공여까지, 구인자 측에서 본다면 응시기회의 차등 부여부터 높은 평가점수 부여, 취득점수의 사후 수정까지 매우 다양하기 때문에 어디까지를 채용비리 입사자로 보아야 할 것인지 일률적으로 말하기 어렵다. 게다가 청탁을 받은 평가자가 특정 응시자에게 높은 점수를 부여했다 하더라도 그것이 평가자의 재량적 판단에 의한 것인지, 부정한 청탁에 의한 결과인지 언뜻 구별하기가 쉽지 않다. 공정한 경쟁 질서의 확립과 사회질서에 대한 신뢰 회복을 위해서, 채용비리로 부당하게 특혜를 본 채용비리 입사자들에게는 그들이 부당하게 얻은 이득(일자리)을 박탈하는 것이 필요하다. 하지만 채용비리 의심행위가 있었던 사람 전부를 채용비리 입사자로 단정할 수는 없으므로, 선의의 피해자가 발생되지 않도록 유의할 필요도 있다.

이하에서는 징계해고와 채용취소에 관련된 선례들을 통해, 채용비리 입사자에 대한 사후조치 시 고려할 사항들에 대해 살펴보고자 한다.

2. 징계해고에 관한 참고사례들

(1) 징계해고의 정당성 판단 기준

법원은 "해고처분은 사회통념상 고용관계를 계속할 수 없을 정도로 근로자에게 책임 있는 사유가 있는 경우에 정당성이 인정된다"는 법리를 확립하고 있다(대법원 2017. 3. 15. 선고 2013두26750 판결).

(2) 채용비리 입사자 본인이 직접 채용비리에 관여한 경우

채용비리 입사자 본인이 채용비리에 직접 관여한 경우에는 해고의 정당성을 인정받을 가능성이 높다. 대표적인 사례는 학력·경력·자격 요건 미달 사실의 은폐와 금품 제공이다.

1) 학력 · 경력 · 자격 요건 미달

대법원은 "사용자가 이력서에 근로자의 학력 등의 기재를 요구하는 것은 근로능력의 평가 외에 근로자의 진정성과 정직성, 당해 기업의 근로환경에 대한 적응성 등을 판단하기 위한 자료를 확보하고, 나아가 노사간 신뢰관계의 형성과 안정적인 경영환경의 유지 등을 도모하고자 하는 데에도 그 목적이 있는 것으로, 이는 고용계약의 체결뿐 아니라 고용관계의 유지에 있어서도 중요한 고려요소가 된다고 볼 수 있다. 따라서 취업규칙에서 근로자가 고용 당시 제출한 이력서 등에 학력 등을 허위로 기재한 행위를 징계해고 사유로 특히 명시하고 있는 경우에는 이를 이유로 해고하는 것은, 고용당시 및 그 이후의 제반 사정에 비추어 보더라도 사회통념상 현저히 부당하지 않다면 그 정당성이 인정된다"고 판시하였다.

다만 이 경우에도 "사회통념상 고용관계를 계속할 수 없을 정도로 근로자에게 책임 있는 사유가 있는 경우"에 한하여 해고의 정당성이 인정되므로, 학력 등을 허위로 기재한 행위 자체만으로 곧바로 징계해고가 정당화되는 것은 아니다. "(1) 사용자가 사전에 그 허위 기재 사실을 알았더라면 근로계약을 체결하지 아니하였거나 적어도 동일 조건으로는 계약을 체결하지 않았으리라는 등 고용 당시의 사정뿐 아니라, (2) 고용 이후 해고에 이르기까지 그 근로자가 종사한 근로의 내용과 기간, (3) 허위기재를 한 학력 등이 종사한 근로의 정상적인 제공에 지장을 초래하는지 여부, (4) 사용자가 학력 등의 허위 기재 사실을 알게 된 경위, (5) 알고 난 이후 당해 근로자의 태도 및 사용자의 조치 내용, (6) 학력 등이 종전에 알고 있던 것과 다르다는 사정이 드러남으로써 노사간 및 근로자 상호간 신뢰관계의 유지와 안정적인 기업경영과 질서유지에 미치는 영향 기타 여러 사정을 종합적으로 고려하여" 징계해고의 정당성 여부를 판단해야 한다(대법원 2012. 7. 5. 선고 2009두16763 판결, 대법원 2013. 9. 12. 선고 2013두11031 판결). 또한 허위사항의 기재가 작성자의 착오로 인한 것이거나 그 내용이 극히 사소하여 그것을 징계해고 사유로 삼는 것이 사회통념상 타당하지 않다는 등의 특별한 사정이 있는 경우에는 해고가 정당하지 않다(대법원 1999. 3. 26. 선고 98두4672 판결).

이런 기준에 따라 법원은 (1) 해당 분야 박사학위 소지를 채용조건으로 하는 국책연구기관 부연구위원의 박사학위 논문이 표절 또는 자기표절에 해당하고, 나아가 표절 의혹이 제기되자 연구윤리상 허용되지 않는 방법으로 논문을 교체하기까지 한 경우에는 해고의 정당성을 인정하였다(대법원 2016. 10. 27. 선고 2015다5170 판결). (2) 반면, 인사규정상 채용금지자에 해당할지라도, 사용자가 그 사실을 알고 사용자측 사정에 의해 채용한 경우에는 부당해고라고 판단한 바 있다(서울행정법원 2002. 3. 15. 선고 2001구26312 판결[1]).

2) 금품 제공

법원은 사립학교 교사 채용시험 응시자들이 이사장에게 학교발전기금 명목으로 금품을 제공하고, 필기시험 문제지를 미리 제공받아 위 학교법인에 정교사로 임용된 사안에서, 임용계약 취소의 정당성을 긍정한 바 있다(부산고등법원 2013. 8. 14. 선고 2012나10027 판결[2]). 위 사건은 징계해고가 적용된 사건은 아니지만, 금품 제공과 관련된 징계해고의 정당성 판단에도 참고할 수 있을 것이다.

반면, 버스회사 입사 목적으로, 운전기사로 재직중인 자에게 300만 원을 지급한 행위는 '징계사유에는 해당하지만, 해고는 양정이 과중하다'고 보았다(대법원 2007. 6. 28. 선고 2006두5304 판결). 위 사례에서는 금품수령자인 운전기사가 채용과정에 어떤 영향을 미쳤는지 확인되지 않았다.

(3) 채용비리 입사자의 가족, 친인척 등이 채용비리에 관여한 경우

부정한 청탁은 채용비리 입사자 본인보다는 그 가족, 특히 부모에 의해 이루어지는 경우가 많다. 그런데 채용비리 입사자 본인이 제3자의 부정한 청탁 사실을 알고 있었는지에 관해 증명이 곤란한 경우가 많을 것이다. 이 경우 채용비리 입사자 본인에게는 그 비리에 관한 책임을 물을 사유가 없기 때문에 기존의 해고 법리에 의할 때 징계가 불가능한 것이 아닌가 하는 의문이 있을 수 있다.

그러나 대법원은 대학교 입학시험과 관련된 사례에서 "설령 응시자가 자신을 합격시키기 위한 부모의 부정행위(실기시험위원에게 5,700만 원의 금품 교부)를 전혀 알지 못하였다 하더라도, 대학교 측이 위 부정행위를 들어 응시자에 대한 합격 및 입학을 취소한 조치에 위법이 없다"고 판결한 바 있다(대법원 2006. 7. 13. 선고 2006다

---

1) 대법원 2003. 3. 31. 선고 2003두407 심리불속행 기각 판결로 확정되었다.
2) 대법원 2013. 11. 28. 선고 2013다68566 심리불속행 기각 판결로 확정되었다.

23817 판결).

한편, "부정행위라 함은 채용시험의 공정성을 해하거나 해할 우려가 있는 시험에 관한 일체의 부정행위를 지칭하는 것이지만, 그 행위 자체가 직접 채용시험의 공정성을 해하거나 해할 우려가 있는 것이어야 하고, 응시자가 직접 부정행위를 한 경우의 응시자는 물론, 응시자와 밀접한 관계가 있는 타인이 응시자를 위하여 부정행위를 한 경우에 그 부정행위의 이익을 받게 될 응시자 역시 위 규정 소정의 불합격처리 응시자에 포함되지만 응시자와 부정행위자의 관계, 금품 기타 대가 유무 등을 종합적으로 고려하여 신중하게 결정하여야 한다"는 법리를 제시하면서, 순경 공채시험 응시자의 아버지(경찰관)가 시험 관리요원인 동료 경찰관에게 "아들이 시험에 응시하니 잘 봐주게 해달라"고 말하였고, 그 관리요원이 100m 달리기에서 응시자에게 편의를 제공하였더라도, '응시자 또는 그 아버지의 부정행위가 있었다는 점에 관한 증명이 부족하다'는 이유로 채용취소가 부당하다고 판단한 사례가 있다(부산고등법원 2012. 6. 1. 선고 2011누4060 판결[3]).

이를 종합하면, 응시자와 밀접한 관계가 있는 제3자의 부정행위만 존재하는 경우에도 채용비리 입사자에게 책임을 물을 수 있을 것이나, 상대적으로 높은 수준의 비위행위에 대한 증거와 그것이 채용에 미친 영향에 관한 증거가 요구될 수 있다.

3. 근로계약의 취소 내지 해제에 관한 참고 사례들

(1) 사법상의 계약 취소

근로계약도 사법상 계약이므로 계약 체결에 관한 당사자들의 의사표시에 무효 또는 취소의 사유가 있으면 그 상대방은 이를 이유로 근로계약의 무효 또는 취소를 주장하여 그에 따른 법률효과의 발생을 부정하거나 소멸시킬 수 있다(대법원 2017. 12. 22. 선고 2013다25194, 25200 판결). 대법원은, 백화점 매장의 판매 매니저의 채용취소가 문제된 사례[4]에서, 이력서의 기재와 달리 실제로는 일부 경력이 허위이고, 일부 경력은 기간을 과장한 경우 '사용자로서는 근로자의 백화점 매장 매니저 근무경력이 노사 간

---

3) 대법원 2012. 10. 17. 선고 2012두14002 심리불속행 기각 판결로 확정되었다.
4) 채용취소에 앞서 경력 허위 기재를 이유로 징계해고를 하였으나 '절차 위반의 부당해고'라는 확정판결이 있었던 사례이다.

의 신뢰관계를 설정하거나 회사의 내부질서를 유지하는 데 직접적인 영향을 미치는 중요한 부분에 해당하므로 사전에 근로자의 경력이 허위임을 알았더라면 근로자를 고용하지 않았거나 적어도 같은 조건으로 계약을 체결하지 아니하였을 것으로 봄이 타당하다. 그렇다면 근로자의 기망으로 체결된 근로계약은, 그 하자의 정도나 근로자의 근무기간 등에 비추어 하자가 치유되었거나 계약의 취소가 부당하다고 볼 만한 특별한 사정이 없는 한 사용자의 취소의 의사표시가 담긴 반소장 부본의 송달로써 적법하게 취소되었다고 봄이 상당하다'고 판결했다(위 대법원 2013다25194, 25200 판결). 이에 의하면 징계처분 외에 근로계약 취소도 가능하다. 다만, 계약 취소의 유효성 판단에도 근로자의 기망 수준, 채용 이후의 사정들이 고려되므로, 계약 취소의 유효성 판단 기준은 징계해고의 정당성 판단기준과 크게 다르지 않을 수 있다.

한편, 앞서 본 부산고등법원 2013. 8. 14. 선고 2012나10027 판결[5]은, 이미 채용비리와 관련해 정직 1월, 감봉 2월의 징계 처분이 이루어진 다음 임용취소가 있었던 사례에서 "징벌적 제재인 징계처분과 사법상의 고용계약을 해제하는 임용취소는 그 성질을 달리하므로 징계처분 후 임용취소를 하였다고 하여 일사부재리 또는 이중처벌금지원칙에 위배된다고 할 수 없다"고 판단하여 "이중처벌금지의 원칙에 위배되어 임용취소가 무효이다"는 채용비리 입사자들의 주장을 배척하였다. 이에 의하면 해고 이외의 징계 이후에도 임용취소가 가능할 수 있겠으나 징계와 임용취소 사이의 시간이 길어지게 될수록 채용취소의 정당성은 약화될 것이다.

(2) 채용공고에서 유보한 약정해제권 행사

"고용계약에 조건을 부칠 수도 있는 것이고 그 계약이 조건부일 때에는 당연히 그 조건의 성취 여부에 따라 그 계약의 효력이 좌우된다고 보아야 한다"(대법원 1994. 8. 26. 선고 94다15479 판결). 이에 따라 부산고등법원 2013. 8. 14. 선고 2012나10027 판결은 "임용시험 공고에서 '응시자격 제한사유에 해당하는 자 내지 임용 결격자에 대하여는 사후에 그 합격을 취소하겠다'고 명시적으로 밝힌 것은, 실질적으로는 임용시험에서 부정행위를 한 자에 대하여는 사후에 임용계약을 '해제'할 수 있는 권한, 즉 약정 해제권을 유보한 것으로 봄이 타당하다. 따라서, 원고들의 임용 취소는 피고 법인이 이 사

---

5) 대법원 2013. 11. 28. 선고 2013다68566 심리불속행 기각 판결로 확정되었다.

건 임용시험의 공고를 통하여 유보한 약정 해제(취소)권의 행사에 따른 것으로 봄이 상당하다"고 판결했다.

이에 의하면 채용공고상 부정행위자에 대한 합격 취소를 명시하고 있는 경우에는 채용공고에 근거한 약정해제권 행사를 고려할 수 있다.

노동

직장 내 괴롭힘 관련 분쟁 유형 및 유의사항[*]

이광선 변호사

I. 들어가며

2019. 7. 16.부터 직장 내 괴롭힘을 금지하는 근로기준법이 시행되었다. 직장 내 괴롭힘 금지가 시행된 이후 1개월 동안 총 379건의 진정이 제기되었다(하루 평균 16.5건). 앞으로도 직장 내 괴롭힘과 관련한 분쟁은 상당히 많아질 것으로 보인다. 직장 내 괴롭힘의 유형 등에 대해서는 이미 고용노동부의 매뉴얼에서 상세히 설명하고 있으므로, 아래에서는 직장 내 괴롭힘과 관련하여 발생할 수 있는 분쟁 유형에 대해 살펴봄으로써 사용자가 추후 직장 내 괴롭힘과 관련하여 어떤 점을 유의해야 할지를 예측해 본다.

II. 직장 내 괴롭힘의 개념 및 사용자의 의무

직장 내 괴롭힘이란 '사용자 또는 근로자가 직장에서의 지위 또는 관계 등의 우위를 이용하여 업무상 적정범위를 넘어 다른 근로자에게 신체적·정신적 고통을 주거나 근무환경을 악화시키는 행위'를 말한다(근로기준법 제76조의2).[1]

회사(사용자)는 직장 내 괴롭힘과 관련하여 아래 다섯 가지 의무가 있다(근로기준법 제76조의3). ① 조사 실시의무(사용자는 직장 내 괴롭힘 신고를 받거나 인지한 경우 지체 없이

---

[*] 이 글은 『월간 노동법률』 제341호(2019. 10.), ㈜중앙경제에 실린 칼럼이다.

[1] 직장 내 괴롭힘의 가해자에 사용자가 포함되는데, 여기서 사용자란 사업주(근로자를 사용하여 사업을 행하는 자로서, 개인사업의 경우 대표자, 법인의 경우 법인 자체), 사업경영담당자(사업경영 일반에 관하여 책임을 지는 자로 사업주로부터 사업경영의 전부 또는 일부에 대해 포괄적 위임을 받고 사업을 대표하는 자, 보통 대표이사), 근로자에 관하여 사업주를 위하여 행위하는 자(인사·급여·노무관리 등과 근로조건의 결정 또는 근로의 실시에 관하여 근로자를 지휘·감독할 수 있는 책임과 권한을 부여받은 자)가 있다.

그 사실 확인을 위한 조사를 실시해야 함), ② 조사기간 피해자 보호 의무(조사기간 동안 피해근로자를 보호하기 위해 피해자의 의사에 반하지 않는 범위 내에서 필요한 경우 근무장소 변경, 유급휴가 명령 등 적절한 조치를 해야 함), ③ 조사 이후 피해자 사후조치 의무(조사 결과 직장 내 괴롭힘 발생 사실이 확인되면 피해자가 요청할 경우 근무장소의 변경, 배치전환, 유급휴가 등 적절한 조치), ④ 가해자 징계 의무(지체 없이 피해근로자의 의견을 들어 행위자에 대해 징계, 근무장소 변경 등 필요한 조치), ⑤ 불이익 조치 금지의무(직장 내 괴롭힘 신고 등을 이유로 해고하거나 그 밖의 불리한 처우를 해서는 안 됨)가 있다.

Ⅲ. 사용자와 직장 내 괴롭힘 피해자 간의 분쟁 유형

1. 사용자와 피해자 간 분쟁

사용자가 위 5가지 의무를 이행하지 않거나 불완전하게 이행한 경우 피해자와 분쟁이 발생할 수 있다.

우선 불이익 조치 금지 의무를 위반하여 직장 내 괴롭힘을 신고한 근로자에게 해고나 기타 불리한 조치를 한 경우 형사처벌(3년 이하의 징역 또는 3천만원 이하의 벌금)될 수 있으므로, 피해자는 사용자를 형사고소하거나 진정을 제기할 수 있다. 나머지 의무를 위반하거나 제대로 이행하지 않은 경우 고용노동부나 인권위원회에 진정을 제기할 수 있고, 법원에 가처분을 제기할 수 있다(피해자 보호의무를 이행하지 않을 경우 이를 이행하라는 가처분 소송). 다만, 현실적으로 문제가 많이 될 수 있는 점은 피해자가 요구하는 징계 수준보다 낮은 징계가 이루어질 경우 피해자가 이를 문제 삼는 것인데, 피해자가 법률적으로 이를 문제 삼을 수 있는 방법은 없어 보인다.

그리고 사용자가 피해자에 대해 보호 차원에서 전보조치를 했는데, 그 과정에서 피해자의 의사를 충분히 반영하지 못할 경우 피해자는 이것이 직장 내 괴롭힘에 대해 신고를 이유로 한 불이익 조치라고 하면서 해당 전보발령의 무효를 주장하며 노동위원회, 법원에 소를 제기할 수 있다. 또한, 가해자의 직장 내 괴롭힘이 형사상 범죄(폭행, 모욕, 명예훼손 등)에 해당할 경우 가해자를 형사고소하면서 사용자에 대해서도 공동정범, 교사범이나 방조범[2]으로 형사고소할 수도 있다.

---

2) 공동정범이란 '2인 이상이 공동하여 죄를 범한 경우', 교사범이란 '타인을 교사하여 죄를 범하게 한 경우', 방

그리고 직장 내 괴롭힘 관련 사용자의 의무 불이행을 이유로 사용자를 상대로 손해배상소송(위자료)을 제기할 수도 있다. 직장 내 괴롭힘과 유사한 제도인 직장 내 성희롱과 관련하여 법원은 '사업주가 직장 내 성희롱 피해자에게 해고나 그 밖의 불리한 조치를 한 경우 남녀고용평등법 제14조 제2항을 위반한 것으로 민법 제750조의 불법행위가 성립한다'고 판단한 점을 참고할 수 있다(대법원 2017. 12. 22. 선고 2016다202947 판결).[3]

2. 민법상 사용자 배상 책임

타인을 사용하여 어느 사무에 종사하게 한 자는 피용자가 그 사무집행에 관하여 제3자에게 가한 손해를 배상할 책임이 있다(민법 제756조 제1항). 물론 사용자가 피용자의 선임 및 그 사무감독에 상당한 주의를 한 때 또는 상당한 주의를 하여도 손해가 있을 경우에는 책임이 없다. 그러나 판례는 사용자 책임을 상당히 넓게 인정하고 있고, 사용자가 그 사무감독을 다했다는 점을 입증해야 책임을 면할 수 있다.

그렇다면, 피해자가 직장 내 괴롭힘을 이유로 가해자 뿐 아니라 사용자를 상대로 사용자 책임을 구할 경우 사용자 스스로 직장 내 괴롭힘이 발생하지 않도록 상당한 주의를 하였다는 점을 입증하지 못하면 사용자 책임을 부담할 수 있다. 특히, 직장 내 성희롱의 경우 사용자가 직장 내 성희롱 예방 교육을 했다는 이유만으로는 사용자 책임을 면할 수 없고 사실상 무과실 책임에 가까운 판결[4]들이 선고되고 있으므로, 직장 내 괴롭힘 역시 사용자가 예방 교육을 했다는 점만으로 면책이 될 수 없고, 적극적으로 직장 내 괴롭힘이 발생하고 있는지 설문조사, 임원 등 간부 등에 대해 지속적 지시, 위

조범이란 '타인의 범죄를 방조한 경우'를 말한다(형법 제30조 내지 제32조).

3) 위 판결에서는 사업주의 조치가 피해근로자 등에 대한 불리한 조치로서 위법한 것인지 여부는 '불리한 조치가 직장 내 성희롱에 대한 문제 제기 등과 근접한 시기에 있었는지, 불리한 조치를 한 경위와 과정, 불리한 조치를 하면서 사업주가 내세운 사유가 피해근로자 등의 문제 제기 이전부터 존재하였던 것인지, 피해근로자 등의 행위로 인한 타인의 권리나 이익 침해 정도와 불리한 조치로 피해근로자 등이 입은 불이익 정도, 불리한 조치가 종전 관행이나 동종 사안과 비교하여 이례적이거나 차별적인 취급인지 여부, 불리한 조치에 대하여 피해근로자 등이 구제신청 등을 한 경우에는 그 경과 등을 종합적으로 고려하여 판단해야 한다'고 그 기준을 설시하였다.

4) 일부 하급심 판결은 관리자가 아르바이트생에 대해 직장 내 성희롱을 한 사실, 근무시간 중 발생한 사실만을 근거로 사용자가 성희롱 예방교육을 실시했고 직장 내 성희롱이 문제된 이후 해고를 했음에도 불구하고 사용자 책임을 인정했다(서울중앙지방법원 2018가단5059690 판결).

반시 무관용 원칙의 징계 등을 할 필요가 있다.

3. 기타

근로기준법에서는 직장 내 괴롭힘 사실을 신고받거나 인지하면 지체 없이 조사하도록 하는 의무만 규정하고 있을 뿐 조사 과정에서의 유의사항에 대해서는 별도로 규정하고 있지 않다. 그러나 직장 내 괴롭힘을 조사하면서 조사참여자가 해당 조사 과정에서 알게 된 비밀을 피해근로자 의사에 반하여 누설하거나 피해자의 사회적 가치나 평가를 침해하는 언동을 할 경우 사용자가 이러한 조사참여자의 행동에 대해 사용자책임(민법 제756조[5])을 부담할 수 있다.

참고로, 직장 내 성희롱 사건에서 대법원은 개인의 인격권(헌법 제10조), 사생활 비밀의 자유(헌법 제17조) 등을 이유[6]로 조사참여자가 피해자의 의사에 반해 비밀누설을 하거나 피해자의 사회적 가치나 평가를 침해할 언동을 한 경우 사용자에게 사용자 책임이 인정된다고 판단했다.[7]

IV. 가해자와 피해자 간 분쟁 유형

직장 내 괴롭힘의 피해자는 가해자를 상대로 불법행위를 이유로 손해배상청구를 할 수 있다(민법 제750조). 그 뿐 아니라 직장 내 괴롭힘의 유형이 폭행, 폭언, 부당한 지시 등일 경우 폭행죄, 모욕죄, 명예훼손죄, 강요죄 등을 이유로 형사고소를 할 수도 있다.

V. 사용자와 가해자 간 분쟁 유형

직장 내 괴롭힘에 대해 조사를 하는 과정에서 대기발령, 조사 이후 직장 내 괴롭힘이 인정될 경우 사용자는 가해자에 대해 징계, 전보발령 등의 조치를 하게 될 것이다. 그 과정에서 가해자 역시 사용자를 상대로 노동위원회 및 법원에 대기발령, 징계,

---

5) 제756조(사용자의 배상책임) ① 타인을 사용하여 어느 사무에 종사하게 한 자는 피용자가 그 사무집행에 관하여 제삼자에게 가한 손해를 배상할 책임이 있다. 그러나 사용자가 피용자의 선임 및 그 사무감독에 상당한 주의를 한 때 또는 상당한 주의를 하여도 손해가 있을 경우에는 그러하지 아니하다.

6) 현행 남녀고용평등법상 성희롱 조사참여자의 비밀누설 금지의무(제14조 제7항)가 시행되기 이전의 사건이었음.

7) 위 대법원 2016다202947 판결.

전보발령이 무효라고 문제제기 할 수 있다. 사용자가 피해자의 강력 처벌 요구 때문에 직장 내 괴롭힘 내용에 비해 과중한 징계를 할 경우 해당 징계가 징계 양정 과다로 무효가 될 수 있다. 반대로 위에서 설명한 바와 같이, 피해자 역시 징계 양정이 약하다고 생각할 때에 외부기관에 문제제기를 할 수도 있다.

Ⅵ. 파견근로자와 사용자 간 분쟁 유형

「파견근로자 보호 등에 관한 법률」(이하 '파견법') 제34조 제1항에 따라 사용사업주도 사용자로서 근로기준법에서 정한 의무를 부담한다. 따라서 가해자가 사용사업주 소속이고, 피해자가 파견근로자인 경우 사용사업주는 근로기준법 제76조의3에 따른 조치를 해야 한다. 그 과정에서 직장 내 괴롭힘이 확인되면 가해자에 대해 징계, 근무장소 변경 등의 조치를 해야 한다. 이 경우 피해자인 파견근로자가 사용사업주에 대해 사용자 배상책임에 근거하여 손해배상 소송을 제기할 수 있다.

직장 내 괴롭힘의 가해자가 파견근로자일 경우, 사용사업주는 피해자가 자신의 근로자이므로 직장 내 괴롭힘 신고를 받거나 인지한 경우 지체 없이 조사를 해야 하고 조사 결과 직장 내 괴롭힘 사실이 확인되면 피해자에 대해서는 보호조치를 해야 하고, 가해자인 파견근로자에 대해서는 징계 등 인사권이 없으므로 파견사업주에게 해당 사실을 알리고 적절한 조치(파견근로자 복귀, 징계 등)를 취할 것을 요구해야 한다. 피해자가 자신의 사용자를 상대로 파견근로자의 직장 내 괴롭힘에 대한 보호조치 의무 위반을 이유로 손해배상책임(사용자 배상책임)을 물을 수 있을 것인데, 사용사업주도 근로기준법상 사용자로서 의무가 있으므로 사용자 책임을 부담할 수 있을 것이다.

판례도 사용사업주가 파견근로자에 대한 보호의무 또는 안전배려의무를 부담한다는 점에 관한 묵시적 합의가 있으므로, 사용사업주에 대해 이러한 약정상 의무 위반을 원인으로 한 채무불이행책임을 원인으로 하는 손해배상청구권이 인정된다고 판단했다.[8]

---

8) 대법원 2013. 11. 28. 선고 2011다60247 판결.

전자증권법 시행의 의의와 문제점[*]

심희정 변호사

2016. 3.에 제정·공포된 「주식·사채 등의 전자등록에 관한 법률」, 일명 전자증권법이 오랜 준비기간을 거쳐 2019. 9. 16.부터 시행되었다. 정부와 한국예탁결제원이 발표한 바에 따르면 전자증권법 시행 후 2개월 동안 상장주식은 약 9,900만주, 비상장주식은 약 7,700만주의 실물주권이 반납되어 전자등록을 완료하였으며, 전자증권 전환이 의무가 아닌 비상장회사의 경우에도 전자증권 제도 참여가 확대되고 있다고 한다.

오랫동안 우리나라의 법체계는 실물증권을 전제로 증권에 대한 권리의무 관계를 규율하여 왔다. 실물증권은 무체물인 재산권을 유체물로 표창함으로써 마치 동산과 유사하게 재산권의 권리관계를 공시하는 수단으로서 중요한 역할을 해 왔으며, 관련 법률 또한 실물증권을 기준으로 하여 권리의 귀속 및 이전에 대하여 규정하여 왔다. 증권의 소유권 이전이나 담보권 설정도 증권 실물의 이전이 있어야 유효하게 효력을 발휘하게 되는 것이다. 그러나 실물증권의 발행 및 보관, 운송에 많은 비용이 들고, 위조나 분실 등에 따른 분쟁 또한 빈번히 발생하여 왔다. 비상장회사의 경우 주식을 발행하고도 실물주권을 발행하지 않아 권리관계를 불명확하게 하고 관련 법률리스크를 야기하는 사례 또한 쉽게 찾아볼 수 있다.

이전에도 이러한 증권 실물 발행에 따른 비용 및 위험을 최소화하는 한편 증권거래의 편의를 도모하기 위한 대안들이 있었다. 상법에서 규정하고 있는 주권의 불소지는 가장 기본적인 제도라고 할 수 있다. 채권에 대해서는 채권등록기관에 채권을 등록함으로써 증권 실물을 발행하지 않는 등록발행제도가 일찍부터 도입되어 실제로 많은 채권들이 등록 발행되어 왔다. 특히 2013년에 도입된 전자단기사채는 만기 1년 이하의 단기사채를 전자적 방식으로 발행 및 유통하는 것으로서 2018년 한 해 동안의 발

---

[*] 이 글은 『리걸타임즈』 제134호(2019. 9.)에 실린 칼럼을 수정·보완한 것이다.

행금액이 1,117조 원을 넘어서는 등 전자증권의 전면적 도입을 앞둔 테스트로서의 역할을 기대 이상으로 해 주었다.

증권의 무권화 제도와 관련하여 가장 먼저 떠오르는 것 중 하나는 아마 증권의 예탁결제제도일 것이다. 한국예탁결제원에 증권을 예탁해 두고, 증권을 양도할 때마다 실물로 교부하는 대신 당사자의 계좌 간 장부거래로 결제하는 예탁결제제도는 외형적으로는 전자증권제도와 매우 흡사하며, 특히 상장주식의 거래에 있어서 사실상 증권의 무권화와 동일한 역할을 해왔다. 그러나 이 제도는 기본적으로 실물증권이 발행되는 것을 전제로 하여 실물 발행된 증권을 예탁한다는 개념에서 출발하는 것이므로 실물증권을 발행하지 않음을 전제로 하는 전자등록제도와는 그 전제부터 다르다.

전자증권법은 그동안 부분적으로 시행되어 왔던 증권의 무권화 제도를 통합·보완하여 증권의 실물 발행 자체를 하지 않는 것을 전제로 증권의 발행인이 증권 실물의 발행에 갈음하여 전자등록기관에 증권을 등록하도록 하고 있다. 전자등록에 의하여 예탁결제의 방법이든 실물 양도의 방법이든 유체물로 존재하여 유통되는 것을 전제로 한 증권이 전자문서에 의하여 관리되게 된 것이다.

전자등록법에 의하면, 전자증권의 소유권은 전자등록계좌부에 전자등록된 자가 적법하게 보유하는 것으로 추정되며 전자등록된 증권을 이전하거나 질권의 목적으로 하는 경우 또는 이를 신탁하는 경우에도 전자등록계좌부에 전자등록하여야 효력이 발생하게 된다. 특히 전자등록계좌부의 기재를 선의로 중대한 과실 없이 신뢰하고 전자등록을 한 경우에는 그 권리를 적법하게 선의취득할 수 있도록 인정해 주고, 전자등록된 증권에 대해서는 실물발행을 금지함과 동시에 발행하더라도 이를 무효로 함으로써 전자등록계좌부에 대하여 전자증권에 대한 권리관계를 나타내는 강력한 공시수단으로서의 효력을 부여하고 있다.

이와 같은 전자증권제도의 시행에 대해서는 실물증권의 발행에 따른 비용 및 각종 위험의 감소, 증권거래의 편의성을 달성할 수 있다는 실제적인 효익을 달성함은 물론이고 예탁결제제도와는 달리 증권거래의 실체와 법률관계를 일치시킬 수 있을 것으로 생각된다. 또한 전자등록에 의하여 증권의 발행 및 유통이 이루어짐으로써 증권거래에 대한 정보가 투명하게 관리될 것이라는 점 또한 기대된다.

한편으로는 우리 증권법에서 아직 제대로 다루어지지 않은, 증권 실물이 존재하지 않는 전자증권에 대하여 어떠한 법률문제가 앞으로 제기될 것인지 우려되는 면도 있다.

오랫동안 증권 실물의 존재를 전제로 확립되어 온 여러 학설 및 판례 또한 얼마나 빨리 전자증권 시대에 적응하고 변화할 것인지도 관심을 가지고 지켜보아야 할 문제이다.

실무적으로는 시스템의 안정성 확보 및 오류 방지책의 마련이 무엇보다도 중요할 것이다. 삼성증권의 주식배당 사고에서 보는 바와 같이 모든 업무처리가 전산시스템에 의하여 이루어지는 현재의 금융시장에서는 사소한 오류가 커다란 파급효과와 투자자들의 막대한 손실을 야기할 수 있기 때문이다. 전자증권법도 이러한 점을 감안하여 전자등록된 증권의 수량·금액이 실제 발행분을 초과하는 오류가 발생하는 경우 이를 해소하는 절차에 대하여 규정함으로써 투자자 보호와 전자등록 시스템의 안정성 확보를 위한 장치를 마련하고 있다.

또한 주식의 경우 오랫동안 예탁결제를 기준으로 이루어진 업무처리를 전자증권 시대에 맞게 전환하는 것도 필요하다. 일례를 들어보면 현재 예탁된 주식의 경우 예탁된 주식의 공유자, 즉 실질주주를 나타내는 실질주주명부가 존재하고 실질주주명부에의 기재는 주주명부에의 기재와 같은 효력을 가진다.

그런데 전자증권법에 따르면, 상법에 따라 주식 발행회사가 작성, 보관하는 주주명부 외에 전자등록기관이 실질주주명부에 해당하는 별도의 주주 명세를 작성하지 않으며, 대신 발행회사가 전자등록기관에 소유자명세 작성을 요청·수령하여 이를 기초로 주주명부를 작성하게 된다. 전자등록계좌부상 등록된 권리자라 하더라도 아직 해당 권리자를 포함한 소유자명세가 발행회사에게 전달되지 않아 주주명부에는 반영되지 않는 경우가 일어날 수도 있으며, 이 경우 등록된 권리자가 발행회사를 상대로 어떠한 방법으로 권리행사를 하여야 하는지, 발행회사는 주주명부에 기재되지 않은 자를 전자등록되었다는 이유로 주식에 대한 권리자로 인정해야 하는지 등의 문제가 발생할 수도 있을 것이다.

여러 우려에도 불구하고 전자증권의 도입으로 비용의 절감, 위험의 감소, 거래의 투명성 제고 등의 효과를 볼 수 있고 증권거래에 있어서 새로운 장이 열리게 된다는 점은 부인할 수 없을 것이다. 그 동안 부분적인 무권화 제도 및 예탁결제제도 등을 통하여 시행착오를 겪어온 우리 자본시장으로서는 전자증권 시대에 예상되는 여러 가지 문제에 대해서도 잘 대처해 나가야 할 것이며, 법률가들 역시 실물을 전제로 한 전통적인 법관념에서 벗어나 전자증권 시대에 맞는 새로운 법제도를 확립, 발전시켜 나가야 할 것이다.

모바일 게임물의 창작성 및 실질적 유사성 판단 기준에 관한 판결(킹 닷컴 vs 아보카도)*

— 대상판결 : 대법원 2019. 6. 27. 선고 2017다212095 판결, 서울고등법원 2017. 1. 12.
선고 2015나2063761 판결, 서울중앙지방법원 2015. 10. 30. 선고 2014가합567553 판결 —

최승수 변호사

Ⅰ. 사실관계

원고는 2013. 4.경 '팜히어로사가'(Farm Heroes Saga)라는 게임을 출시한 외국법인이고, 피고는 2014. 2.경 '포레스트 매니아(Forest Mania)'라는 게임을 출시한 국내법인이다. 양 게임 모두 모바일 환경에서 구현되는 매치-3-게임(match-3-game)인데,[1] RPG 게임(Role Playing Game)[2]과 달리 매치-3-게임과 같은 퍼즐 게임은 기본적으로 각 단계마다 주어진 목표를 달성하는 것을 기본 진행 방식으로 하는 캐주얼 게임(casual game)이다.[3]

원고는 피고를 상대로 저작권 침해 및 부정경쟁방지 및 영업비밀보호에 관한 법률(이하 '부정경쟁방지법') 위반 또는 민법 제750조 불법행위를 주장하며 침해중지 및 손해배상을 청구하였다.

---

* 이 글은 『저작권문화』 제301호(2019. 9.), 한국저작권위원회에 실린 칼럼이다.

1) 게임 속의 특정한 타일들이 3개 이상의 직선으로 연결되면 함께 사라지면서 점수를 획득하도록 고안된 게임을 말한다.

2) 게임 이용자가 게임 속 캐릭터들을 연기하며 즐기는 역할 수행 게임을 말한다.

3) 대규모의 다중 사용자 온라인 게임인 MMORPG(Masssive Multiplayer Online Role Playing Game)에 대응되는 것으로서, 게임 방식이 쉽거나 간편해 자투리 시간을 이용해 누구나 쉽게 즐길 수 있는 소규모 온라인 게임의 한 장르를 말한다.

II. 법원의 판단

이 사건은 1심, 2심 및 대법원의 판단이 그 결론에 있어서 상반되었을 뿐만 아니라, 쟁점에 대한 판단에 있어서도 반전을 거듭되고 있다. 1심 법원은 저작권 침해 주장은 받아들이지 않고 부정경쟁방지법 제2조 제1호 (차)목 소정의 부정경쟁행위[4]에 해당한다고 판시하여 원고 승소판결을 내렸다. 저작권 침해와 관련하여 원고는 게임 규칙의 조합, 게임 규칙들의 선택과 배열 및 신규 규칙을 소개하는 단계의 선택, 게임의 시각적 디자인과 각 구성요소들의 조합, 게임 보드구성과 배치 등은 창작물로서 저작권법의 보호 대상인 '표현'에 해당한다고 주장하였으나 법원은 이를 받아들이지 않았다. 다만, 게임 규칙이나 진행 방식이 유사하고, 출시 시점도 근접한 점, 게임 표현의 방식, 사용되는 효과, 그래픽 등도 상당히 유사한 점 등을 들어 부정경쟁행위에 해당한다고 판시하였다.

2심에서는 저작권 침해와 관련하여서는 1심과 동일한 결론을 유지하였으나, 부정경쟁행위에 관하여는 법원이 부정경쟁방지법 제2조 제1호 (차)목과 같은 일반조항의 적용을 적용함에 있어서는 신중을 기해야 하고, 저작권법 등 지식재산권법에 모순 저촉되지 않는 한도 내에서만 국한되어야 한다는 점 등을 들어 1심과 달리 부정경쟁행위에 해당하지 않는다고 판단하였다. 즉, 아주 예외적인 경우(예를 들어, 타인의 성과를 대부분 그대로 가져오면서 모방자의 창작적 요소가 거의 가미되지 않은 직접적 모방에 해당하는 경우)에만 인정되어야 한다는 새로운 기준을 제시하였다. 이러한 기준을 본건에 적용하면 피고 측의 독자적인 아이디어를 바탕으로 피고 측의 비용과 노력을 들여 원고 게임과 실질적으로 유사하다고 볼 수 없을 뿐더러 원고 게임에 존재하지 않는 다양한 창작적 요소를 가진 피고 게임을 제작하여 게임 이용자들에게 제공한 것이므로 피고 측의 이러한 게임 창작 및 제공행위는 원고의 저작권을 침해하지 않는 한도에서는 원칙적으로 허용되는 행위로서 그것이 상도덕이나 공정한 경쟁질서에 반하여 명백한 불법행위에 해당한다거나 공정한 상거래 관행이나 경쟁질서에 반한다고 보기 어렵고 판시한 것이다.

대법원은 부정경쟁행위 여부에 대하여는 판단하지 않고 저작권 침해 여부만 판단

---

[4] '타인의 상당한 투자나 노력으로 만들어진 성과 등을 공정한 상거래 관행이나 경쟁질서에 반하는 방법으로 자신의 영업을 위하여 무단으로 사용함으로써 타인의 경제적 이익을 침해하는 행위' 본 조항은 2018. 4. 17. 개정을 통하여 현재는 (카)목에 규정되어 있다.

하였는데, 저작권 침해에 관한 원심의 결론을 파기하고 저작권 침해의 취지로 원심에 환송하였다. 대법원은 게임물의 창작성 여부를 판단할 때에는 게임물을 구성하는 구성요소들 각각의 창작성을 고려함은 물론이고, 구성요소들이 일정한 제작 의도와 시나리오에 따라 기술적으로 구현되는 과정에서 선택·배열되고 조합됨에 따라 전체적으로 어우러져 그 게임물 자체가 다른 게임물과 구별되는 창작적 개성을 가지고 저작물로서 보호를 받을 정도에 이르렀는지도 고려해야 한다는 기준을 제시하였다. 결론적으로 피고 게임물은 원고 게임물의 제작 의도와 시나리오가 기술적으로 구현된 주요한 구성요소들의 선택과 배열 및 유기적인 조합에 따른 창작적인 표현형식을 그대로 포함하고 있어 실질적으로 유사하다고 판단한 것이다.

III. 해설

1. 게임저작물의 특성과 저작권 침해 판단 기준

게임저작물은 대법원이 지적하듯이 어문저작물, 음악저작물, 미술저작물, 영상저작물, 컴퓨터프로그램저작물 등이 결합되어 있는 복합적 성격의 저작물로서, 컴퓨터게임물이나 모바일 게임물에는 게임 사용자의 조작에 의해 일정한 시나리오와 게임 규칙에 따라 반응하는 캐릭터, 아이템, 배경화면과 이를 기술적으로 작동하게 하는 컴퓨터프로그램 및 이를 통해 구현된 영상, 배경음악 등이 유기적으로 결합되어 있다. 그런데 모바일 플랫폼이나 페이스북, 카카오톡과 같은 플랫폼에 구현되는 캐주얼 게임의 경우 플랫폼의 인기 및 이용자 규모에 따라 막대한 수익을 창출하는 기회가 제공된다. 이렇게 엄청난 수익 창출의 기회가 증대됨에 따라 유사 게임물 또는 복제 게임이 성행하고 이러한 현상을 어떻게 저작권법적으로 대응할 것인가가 화두로 제기되고 있다.

전통적으로 저작권 침해 판단의 기준은 아이디어/표현 이분법이고, 아이디어나 이론 등의 사상 및 감정 그 자체는 설사 그것이 독창성, 신규성이 있다 하더라도 원칙적으로 저작권의 보호 대상이 되지 않는 것이므로, 복제권 또는 2차적저작물작성권의 침해 여부를 가리기 위하여 두 저작물 사이에 실질적 유사성이 있는가의 여부를 판단함에 있어서는 창작적인 표현형식에 해당하는 것만을 가지고 대비해야 하는 것이다. 나아가 특정한 아이디어를 표현하기 위한 선택의 여지가 매우 적을 경우 소위 '합체의 원칙'이나 '표준적 삽화의 원칙'이 적용되어 해당 표현에 대하여도 저작권법적인 보호를 부여할 수 없게 된다.

이러한 아이디어/표현 이분법 및 표준적 삽화이론의 적용의 타당성과 관련하여 특히 논란이 되고 있는 장르가 게임물이 아닌가 한다. 특히 게임 저작물의 침해 여부 판단에 있어서 논란이 되는 부분은 게임 규칙 자체 또는 게임 규칙의 조합, 배열 등을 저작권법으로 보호하는 영역으로 볼 수 있는가이다. 기존 우리 법원의 태도는 게임 규칙은 추상적인 게임의 개념이나 장르, 게임의 전개 방식 등을 결정하는 도구로서 게임을 구성하는 하나의 소재일 뿐 저작권법상 독립적인 보호객체인 저작물에는 해당하지 않는 일종의 아이디어 영역에 해당한다는 것이다. 그러므로 어떠한 게임이 출시되면, 그 게임이 독창적인 게임 규칙 또는 진행 방식을 도입한 것이라고 하여도 특별한 사정이 없는 한 타인이 유사한 게임 규칙을 근거로 다른 게임을 개발하는 것을 금지할 수도 없다는 결론에 이르게 된다(본건 2심 서울고등법원 판결).

이번 대법원 판결은 게임저작물의 저작물성 판단과 관련하여 게임물을 구성하는 구성요소들 각각의 창작성을 고려함은 물론이고, 구성요소들이 일정한 제작 의도와 시나리오에 따라 기술적으로 구현되는 과정에서 선택, 배열되고 조합됨에 따라 전체적으로 어우러져 그 게임물 자체가 다른 게임물과 구별되는 창작적 개성을 가지고 저작물로서 보호를 받을 정도에 이르렀는지도 고려해야 한다는 일단은 새로운(?) 기준을 제시하였다고 보여진다.

2. 부정경쟁방지법으로의 도피에 대한 대법원의 반응

본건 1심과 원심판결은 저작권 침해를 전통적인 아이디어/표현 이분법, 표준적 삽화이론을 바탕으로 부정하였다. 그런데, 1심 판결은 피고가 원고의 성과를 부당하게 자신의 영업을 위하여 무단으로 사용함으로써 타인의 경제적 이익을 침해하는 행위로 보아 부정경쟁행위로 판단하였으나, 원심은 부정경쟁방지법 (차)목 적용의 지나친 확대 경향을 경계하면서 본건을 부정경쟁행위로 보지 않았던 것이다. 그런데 대법원은 본건과 같은 유사 게임물 사이의 권리침해 사건에서 저작권법상 보호받은 표현의 범위를 다소 확장함으로써 유사 게임물 현상을 저작권법의 영역 내에서 처리하였다는데 본 판결의 의의가 있다고 하겠다. 필자는 기존의 완고한 아이디어/표현 이분법을 게임물에서는 다소 완화된 기준으로 처리함으로써 함부로 부정경쟁행위법으로 도피하는 것을 막은 것이 대법원의 숨은 의도가 아닌가 추측해본다. 사실 게임 개발 기술의 진보와 복제 게임이 만연한 현실 배경하에 기존 저작권 침해 판단 패러다임이 새로운 기술적 환경에 맞지 않는다는 견해도 있다.[5] 최근의 주목할 만한 판결들에서는 아이디어/표현 구분을 새로이 하거나, 합체이론과 표준적 삽화이론을 제한적으로 적용하여 기존 게임의 저작권보호를 확장하려는 시도가 나타나고 있다. 최근의 주목할 만한 미국 법원의 판결들에서도 아이디어/표현 구분을 새로이 하거나, 합체이론과 표준적 삽화이론을 제한적으로 적용하여 기존 게임의 저작권 보호를 확장하려는 시도가 나타나고 있다.[6]

게임저작권 분야에서 복제 게임 또는 아류 게임의 만연은 저작권 침해이론의 현대적 변용을 통하여 해결하는 것도 하나의 방안일 수 있다고 사료된다. 이를테면 합체이론이나 표준적 삽화이론은 종종 저작권 침해의 부정이론으로 사용되었으나, 기술적인 진보가 상당한 수준에 오른 현재의 상황에서는 합체이론의 적용범위를 보다 제한하는 방향으로 게임저작권 침해 판단 기준을 변용할 여지가 있다.[7]

---

5) Drew S. Dean, "HITTING RESET: DEVISING A NEW VIDEO GAME COPYRIGHT REGIME," 164 U. Pa. L. Rev. 1264(2016).

6) Tetris Holding, LLC v. Xio Interactive, Inc., 2012 WL 1949851(D.N.J. May 30, 2012). Spry Fox v. LOLApps (W.D. Wash. 2012).

7) 최승수, New Approaches to and Limitations in Judgment on Copyright Infringement in Video Games, 문화·미디어·엔터테인먼트법 제12권 제2호(2018. 12.), 194면.

남북러 사업 시 러시아를 통한 투자진출 방안 및 법률적 고려사항[*]

이승민 외국변호사(러시아)

I. 논의의 배경

현재 북한은 유엔의 다자간 제재와 미국을 필두로 한 개별 국가의 단독 제재에 처한 상황이다. 제2차 북미 정상회담이 열리기 직전까지만 하더라도 북한 전문가들과 국내 기업들은 정상회담 이후 남북경제협력 및 미국·중국·러시아가 참여하는 다자협력을 조심스레 기대했었다. 그러나 이런 기대와 달리 2019. 2. 27.~28. 베트남 하노이 제2차 북미 정상회담은 어떠한 합의도 없이 끝났다. 현재는 미국, 한국, 북한 모두 상황을 지켜보며 새로운 접점을 모색 중인 상황으로 보인다. 제2차 북미 정상회담 이후 북한은 미국과 무역 문제로 대립을 하고 있는 중국과는 별도로 러시아와 새로운 길을 모색하려는 행보를 보이고 있다. 3. 6. 러시아 모스크바에서 북·러 통상경제·과학기술협력 정부 간 위원회가 개최되어, 북·러 간 경제 및 인도주의 분야의 협력을 추진하기로 합의하였다. 또한 러시아 언론에 따르면 북한의 김정은 국무위원장이 2019년 여름 전에 러시아를 방문하여 블라디미르 푸틴 러시아 대통령과 정상회담을 가질 계획이라는 소식도 전해지고 있다.

북한과의 경제협력에서 중국의 영향력과 현실적인 비중은 무시할 수 없다. 국내외 언론에 따르면 북한 대외교역의 90%를 중국이 차지하고 있다. 유엔과 미국의 제재로 인해 2018년 북·중 무역 총액은 24억 3,079만 달러로, 2017년 대비 51.9% 감소했다. 그러나 중국은 국제 제재의 틀을 훼손하지 않는 선에서 지속적으로 북한과의 경제협력을 추진 중인 것으로 보인다. 이에 반해 북한과 러시아의 경제협력은 매우 미미한

---

*이 글은 『리걸타임즈』 제129호(2019. 4.)에 실린 칼럼을 수정·보완한 것이다.

상황이다. 경제적인 측면에서 중국과 달리 러시아의 북한 내 사업 이권은 많지 않은 편이다. 그러기에 러시아는 북한 투자사업에 있어 한국과의 협력을 요청하는 모양새다. 러시아로서는 자금과 기술이 있는 한국과 공동으로 북한사업을 진행하는 것이 리스크를 낮출 수 있는 방안이기도 하다. 한국 입장에서도 북한 투자와 관련하여 개성공단이나 금강산관광의 직접 투자 사례에서 보듯이 한국 단독으로 진행하는 직접 투자 사업은 남북 관계, 북미 관계에 따라 사업 안정성에 영향을 받을 수 있다. 반면, 북한과 러시아의 '나진하산 프로젝트'의 경우, 한국이 해당 사업에 참여하지는 않았으나, 유엔의 대북 제재 강화 기조 속에서도 해당 사업이 예외로 인정되었듯이 유엔 안보리 상임이사국인 러시아의 참여는 북한 사업의 변동성을 낮출 수 있는 방안이다. 따라서 중장기적으로 한국의 입장에서는 남과 북의 직접 협력, 중국을 통한 간접 협력 외에도 러시아를 통한 간접 협력의 틀과 루트를 고려할 필요성이 있다. 이를 위해 한국이 러시아 정부가 추진하는 '신북방정책'의 핵심 지역인 러시아 극동지역을 교두보 또는 거점지역으로 활용하는 방안은 러시아의 협력을 이끌어 내는 데 있어서도 의미 있다고 생각된다. 이를 위해 러시아 시장의 잠재력과 성장성을 고려한 제도적 검토 및 전략적인 접근법이 필요하다.

II. 러시아 사업환경 변화 추이

세계은행(World Bank)은 매년 전 세계 190개 국가의 기업환경평가(Doing Business Ranking)를 조사하여 발표한다. Doing Business 통계가 작성된 2008년 러시아의 순위는 118위였다. 2008년 글로벌금융위기 이후 2010년에는 124위까지 하락하기도 하였다. 그러다 세계경제 회복과 함께 러시아 정부의 제도 개혁정책에 힘입어 러시아의 순위는 2014년 54위까지 큰 폭으로 상승하였다. 이후 지속적인 개선이 이뤄져 2019년 기준으로 전 세계 28위에 올랐다.[1]

---

1) 출처: https://tradingeconomics.com/russia/ease−of−doing−business 한국은 5위이다.

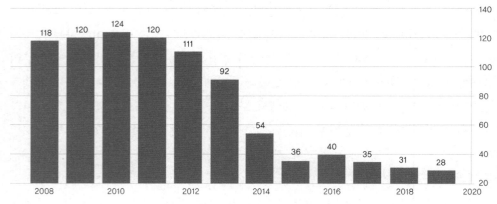

SOURCE: TRADINGECONOMICS.COM / WORLD BANK

최근 한국의 '신남방정책'의 주요 대상인 동남아시아 국가들의 순위와 비교해 보더라도－중국(46위), 베트남(69위), 인도네시아(73위), 캄보디아(138위), 미얀마(171위)－러시아의 사업환경이 현저하게 개선되었음이 확인된다. 국제기구의 공식 통계가 실제 기업환경을 모두 반영하지는 못한다. 그러나 절대적인 순위보다 러시아의 사업환경이 개선되고 있다는 경향성 및 흐름에 주목할 필요는 있다.

Ⅲ. 러시아 극동지역 주요 투자우대제도

러시아는 신동방정책을 추진하면서 몇 가지 주요 투자우대제도를 만들었다. 즉, '선도개발구역'과 '블라디보스톡 자유항'이다. 선도개발구역은 「러시아 선도 사회경제 개발구역에 관한 연방법률」[2] 그리고 블라디보스톡 자유항은 「블라디보스톡 자유항에 관한 연방법률」[3]에 의해 각각 설치되었다. 선도개발구역 및 블라디보스톡 자유항 제도가 생기기 이전에도 특별경제구역 제도가 있었으나 제도의 효율성에 대해서 러시아 내부적으로 논의와 비판이 있었고, 신동방정책을 위해서는 별도의 제도가 필요하다는 방침에 따라 새로운 제도가 생겨나게 되었다. 현재 선도개발구역은 극동 지역 18곳이 지정되었고, 그 중에서도 연해주(러시아어명 '프리모르스키 크라이州')에는 4곳이 지정되었다. 한편, 블라디보스톡 자유항은 극동지역 내 22개 구역이 지정되었고, 그 중에서 연

---

2) No. 473-FZ, 제정 2014. 12. 29, 최근개정 2019. 7. 26.

3) No. 212-FZ, 제정 2015. 7. 13, 최근개정 2019. 7. 26.

해주는 16곳이 지정되었다.

선도개발구역 및 블라디보스톡 자유항 우대제도는 ① 세제 인센티브를 제공하고, ② 저렴하게 기초인프라와 토지를 공급하고, ③ 외국인 채용을 포함한 근로자 채용을 용이하게 하고, ④ 전반적인 행정 간소화를 핵심으로 하고 있다. 주요 혜택의 구체적인 내용은 다음의 표[4]와 같다.

	러시아 내 일반법인 사업자	선도개발구역	블라디보스톡 자유항
성격	국내/국외 구분 없음	내수시장 발전 지향	국외 거래 지향
업종제한	법률에 따름	각 선도개발구역에서 정함	석유/천연가스 개발업, 특별소비세 적용 제품생산업(일부 제품 제외), 행정지원서비스업
최소투자금액	10,000루블 (유한책임회사의 경우)	500,000루블 이상	설립 이후 3년 이내 5,000,000루블 이상
법인세	20%	최초 5년간 0%, 이후 12%	최초 5년간 0%, 이후 12%
재산세	2.2%	최초 5년간 0%, 이후 최대 2.2%	최초 5년간 0%, 이후 최대 0.5%
토지세	1.5%	5년간 0%	3년간 0%
근로자에 대한 사회보장 보험료 사용자부담금 비율	30%	최초 10년간 7.6%	최초 10년간 7.6%
행정간소화	일반규제	행정간소화	행정간소화
사업자의 외국인고용허가	대상	미적용	미적용
외국인근로자 쿼터적용 여부	대상	미적용	미적용
부가세 환급	수개월	10일 이내	10일 이내
관세	일반 기준 적용	선도개발구역 내 외국산 제품 무관세 적용 수입, 보관, 사용. 제품(장비) 재수출 허용	선도개발구역 내 외국산 제품 무관세 적용 수입, 보관, 사용. 제품(장비) 재수출 허용
기본 인프라	정부 및/또는 사업자	극동개발공사 부담	입주 기업 자체 부담

4) 출처: 극동개발 공사 https://erdc.ru/about-tor 자료를 참고하여 저자 정리.

현재 대부분의 선도개발구역과 블라디보스톡 자유항 지역에 기본 인프라가 부족한 상황이고 도시와의 접근성이 떨어지는 편이다. 그러나, '나제쥐진스카야' 선도개발구역의 경우, 블라디보스톡 시 인근에 위치하고 있고 기본적인 인프라가 마련되어, 이미 일본 자동차 제조업체인 마즈다를 포함한 러시아 국내외 36개 기업이 입주하여 생산 및 사업을 진행 중에 있다.

Ⅳ. 러시아를 통한 투자 사업 사례 - 나진하산 프로젝트를 중심으로

전통적으로 러시아는 북한과 정치·경제·사회·문화·체육 분야를 포함하여 교류·협력을 지속해왔다. 이러한 배경 하에서 러시아와 북한 정부는 정부간 조약을 통해 투자 및 교역을 촉진하고 보호하는 장치를 마련하였다. 대표적으로 투자와 교역 관련하여 체결된 조약은 ① 러·북 투자촉진 및 투자상호보호에 관한 협정(체결 1996. 11. 28., 시행 2006. 1. 9.), ② 러·북 이중과세 방지 협정(체결 1997. 9. 26., 시행 2000. 5. 30.), ③ 러·북 관세업무 협력 협정(체결 2003. 10. 8., 시행 2007. 12. 13.)이 있다.

나진하산 프로젝트는 러시아산 석탄을 북한 내 철도(두만강-나진)를 거쳐 북한 나진항에서 제3국으로 수출할 수 있도록 철도 및 항만을 개보수하여 운영하는 물류 사업이다. 그간의 사업 진행결과를 살펴보면 다음과 같다.

① 2008. 6. 16. 북한 법률에 따라 북한 내 라선콘트란스 합영회사[5] 설립
② 2013. 포스코, 현대상선, 코레일 컨소시엄 구성, 라선콘트란스 합영회사의 러시아측 지분 49% 인수 방안 검토
③ 2013. 11. 한러 기업간 MOU 체결. 한러 SPC 설립을 통해 라선콘트란스 합영회사의 러시아측 지분 49% 인수 추진
④ 2014. 7. 나진항 3호 부두 건설 완료
⑤ 2015. 12. 3차에 걸쳐 석탄 시범운송 실시
⑥ 2016. 1. 북한 제4차 핵실험으로 사업 중단

---

5) 러시아 국영철도공사(РЖД)의 자회사인 러시아철도 무역상회 주식회사(ОАО «Торговый дом РЖД»)와 북한의 나진항이 지분비율 70 : 30으로 공동 설립한 회사로서, 러시아철도 무역상회 주식회사는 라선콘트란스 합영회사 전체 지분의 70%를 보유하고 있으며, 19,600,000유로에 해당하는 금액을 자본금으로 출자하였다. 라선콘트란스 합영회사는 나선경제무역지대 내 나선항을 49년(2008년-2057년) 기한으로 임차하였다.

현재 북한은 유엔의 제재를 포함하여, 개별 국가들의 제재를 받고 있는 상황이며, 특히 미국의 대북 제재는 범위 및 효과가 매우 강력하다는 평가를 받고 있다. 나진 하산 프로젝트와 직접적으로 관련된 결의안은 유엔 안전보장이사회 제2371호 결의 안(2017. 8. 5.)과 제2375호 결의안(2017. 11. 11.)이 있다. 제2371호 결의안에 따르면 북한은 자국 영토로부터 또는 자국 국민에 의해 또는 자국 선박이나 항공기를 사용하여 석탄, 철, 철광석을 직간접적으로 공급, 판매 또는 이전해서는 안된다. 다만, 북한의 핵 또는 탄도미사일 또는 8개 결의에 의해 금지되는 활동을 위한 소득 창출과 무관할 것을 조건으로, 수출국이 신뢰할 만한 정보에 기반하여 북한 밖을 원산지로 하고, 오직 나진항으로부터 수출되기 위한 목적으로 북한을 통해 운송되었다는 것을 확인한 석탄에 대해서는 적용되지 않음을 결정한다는 면제 조항도 포함되어 있다. 한편, 제2375호 결의안은 북한의 법인 및 개인과의 신규 및 기존 합작사업을 금지하고, 기존의 기설립된 합작법인은 결의안 채택일로부터 120일 이내 폐쇄할 것을 규정하고 있다. 다만, 예외 조항으로 러시아산 석탄의 수출을 위한 나진-하산 철도, 항만 관련 러시아와 북한 간 사업 합작회사에 대해서는 폐쇄 의무가 적용되지 않는다고 적시되어 있다.

유엔 제재와 별개로 한국은 2016. 3., 북한에 기항한 선박의 국내 입항규제기간을 180일로 제한하였고, 2016. 12. 입항규제기간을 180일에서 1년으로 확대하였다. 미국도 2017. 9. 대통령 행정명령 제13810호를 통해 북한에 착륙했거나 입항했던 항공기와 선박, 그리고 그러한 선박과 선박 간 운송에 관여했던 선박에 대해서 이후 180일 동안 미국 착륙·입항을 금지한 바 있다. 이러한 제재조치로 인해 유엔에서 나진하산 프로젝트가 예외로 인정 받았음에도 불구하고 나진하산 프로젝트를 통한 한국과의 협력이 탄력을 받기는 어려운 실정이다. 이에 더해 미국은 「제재를 통한 미국의 적국에 대한 대응법(Countering America's Adversaries Through Sanctions Act H. R. 3364: CAATSA)」을 제정하면서 CAATSA 제226조 내지 제228조에 걸쳐 외국인에 대한 2차 제재(Secondary Sanction) 근거 조항을 마련하였다. CAATSA 제228조는 미국인 및/또는 미국 내 거래는 아니라 하더라도 외국인/외국법인의 경우에도, 거래 행위 조건(정황/배경) 및 효과(결과)에 대해 알았거나 알 수 있었음에도 불구하고, 특별제재대상(Specially Designated Nationals, SDN) 및/또는 산업분야별 제재대상(Sectoral Sanctions Identification, SSI) List 등 재자 또는 그의 자녀, 배우자, 부모, 형제를 위하여 또는 대리하여 상당한(significant) 거래를 용이(facilitate)하게 하였거나, 기만적(deceptive) 또는 구조적(structured)인 거래를 한 외국인/외국법인에 대하여 제재를 부과할 수 있다고 규정하고 있다.

미 재무부 해외자산통제국(Office of Foreign Asset Control, OFAC)에 따르면, 해당 거래 및 금융거래가 '상당한'지 여부를 판단할 때에는 거래와 관련된 사실 및 거래 전반에 관한 상황을 종합적으로 검토하며, 특히 ① 거래 규모와 횟수 ② 거래 성격 ③ 경영진의 인식수준 및 해당 거래가 지속적, 반복적 거래의 일부였는지 여부 ④ 해당 거래와 제재대상자 간의 관계 ⑤ 해당 거래가 법적 목표에 미치는 영향의 정도 ⑥ 거래에 기만적인 행위가 포함되었는지 여부 ⑦ 기타 개별 거래별로 재무장관에 의해 관련이 있다고 판단되는 요소를 기준으로 하여 판단하며, '용이하게 하는 행위'는 ① 통화, 금융상품, 유가증권 또는 기타 가치의 제공 ② 구매, 판매 ③ 운송 ④ 교환 ⑤ 중개 ⑥ 자금 조달 ⑦ 승인 ⑧ 보증 ⑨ 기타 서비스의 제공 ⑩ 노무의 제공 ⑪ 소프트웨어, 기술 및 기타 상품의 제공과 관련된 활동 및 거래에 대한 모든 지원 행위 등을 모두 포함하는 넓은 개념으로 해석하고 있다.

나진하산 프로젝트는 유엔 제재 채택 과정에서 러시아의 요구로 예외로 인정된 사업이다. 그러나 유엔 제재와 별개로 각 정부는 북한에 대한 독자제재를 시행하고 있어, 현재 실제 사업 추진에는 현실적인 어려움이 있는 상황이다. 다만, 북미 그리고 남북 관계 개선에 따라 나진하산 프로젝트는 즉각적으로 재개될 가능성도 배제할 수는 없다.

V. 결론 및 시사점

러시아는 전통적으로 한반도 문제와 관련하여 북핵이나 정치외교적인 사안에서는 북한을, 그리고 경제적인 사안에서는 한국과 협력을 중시하는 모양을 보여왔다. 러시아 정부는 '신동방정책'을 추진 중이다. 신동방정책의 핵심 지역은 러시아 극동이다. 러시아 극동 지역의 낙후된 인프라를 개선하여 경제발전 및 지역균형을 이루고, 이를 통해 외국인투자, 특히 한국, 중국, 일본의 투자를 활성화하려는 목표이다. 한편, 한국은 2017. 9. 러시아 동방경제포럼에서 문재인 대통령이 러시아에 나인 브릿지를 제안하며, '신북방정책'을 시작하였다. 단기적으로 신북방정책은 러시아를 중심으로 중앙아시아 국가들과의 경제협력을 활성화하는 데 방점을 두고 있으나, 중장기적으로 북미 간의 북핵문제 해결 이후에는 한국·북한·러시아 간 지역 경제협력 증진을 위한 토대를 조성하게 될 것으로 예상된다.

북한과의 경제협력의 안전성과 신뢰기반이 구축되기 전까지, 한국의 대북 단독 투자는 높은 리스크에 노출될 수밖에 없을 것으로 보인다. 따라서, 사업 리스크를 낮추기 위해 한국은 북한과 우호적인 관계를 맺고 있는 중국·러시아를 통한 간접 투자 또는 중국·러시아와의 공동 투자를 고려하여야 할 것이다.

다만, 현재 유엔이 국제적인 차원에서 대북 제재를 집행하고 있고, 미국은 단독으로 강력한 대북 제재뿐 아니라 러시아에 대한 제재도 진행하고 있는 점을 고려했을 때, 우리 기업들은 북미 간의 협상 진행 단계를 주의 깊게 살펴보면서, 대북 제재 완화 시를 대비한 철저한 사전준비를 하는 것이 바람직하다고 판단된다.

장애 너머 사람[*]

임성택 대표변호사

장애 관련 일을 하면서 여러 사람을 만났다. 처음에는 장애가 먼저 보였지만 점차 사람을 보게 되었다. 보고 듣는 것, 걷고 말하는 것, 사람의 신체와 정신에 대해 다시 생각하게 되었다. 장애란 무엇인가? 부족한 것과 위대한 것이 어떻게 다른지 고민이 되었다. 나를 다시 보게 되었다. 내가 만난 몇몇 친구와 그 이야기를 소개하고자 한다. 이 이야기는 주로 장애를 이유로, 가난하다는 이유로 시설로 보내져야 했던 사람들, 또 시설을 나와 자립생활에 도전한 사람들의 이야기이다.

Ⅰ. 박현의 겨울[1]

2016년 겨울, 갑작스럽게 그의 부고를 받았다. 서른네 살의 박현은 독감과 폐렴으로 죽었다. 장례식장으로 가는 길은 멀고 힘들었다. 그의 죽음에 책임이 있다는 생각을 지울 수 없었다. 박현은 내가 진행한 소송의 원고였다. 장애인을 시설에 격리하지 않고 지역사회에 살 수 있도록 하자는 공익소송이었다.

그는 열세 살부터 16년을 음성 꽃동네에서 살았다. 뇌병변장애(뇌성마비) 중증이었던 그를 가난한 부모는 감당하지 못했고, 어린 나이에 시설에 가야 했다. 그는 시설을 나와 서울에서 자립하고 싶어 했다. 이를 위해 필요한 복지서비스를 행정청에 신청했으나 행정청이 거부했고 결국 소송을 제기했다. 서울과 청주에서 여러 명의 장애인이 두 건의 소송을 냈는데, 서울에서는 승소했고 청주에서는 졌다. 우여곡절 끝에 그는 자립생활을 시작했다. 집들이도 했다. 건국대 입구 작은 연립주택 1층이었는데, 수급

---

* 이 글은 『법률신문』 "서초포럼" 칼럼을 엮어서 수정한 글이다.

1) 『법률신문』 제4673호(2019. 2. 7.).

비에 의지해 중증장애인이 자립생활을 하는 것은 쉽지 않겠다는 생각이 들었다. 걱정이 많았다. 그러나 염려와는 달리 그는 참 잘 살았다.

만날 때마다 머리 색깔이 바뀌었다. 심지어 빨간색, 초록색으로 염색을 했다. 무엇보다 표정이 환해졌다. 어떠냐고 물어보면 좋다는 대답이 돌아왔다. 장애인 야학에 다녔고 시를 쓰기 시작했다. 시설에서는 학교를 다닐 수 없었지만 그의 시는 참 좋았다. 나는 그를 시인이라 불렀다. 탈시설 경험을 나누는 어느 인터뷰에서 그는 "누군가 내 글을 노래로 만들어 주면 좋겠다"고 이야기했는데, 어느 인디밴드가 그의 시에 노래를 붙였다. 그 밴드가 박현과 같이 무대에서 노래하던 공연을 지금도 잊을 수 없다.

우리나라에서 가장 좋은 시설이라는 꽃동네에서 살았지만 그곳에서는 아무런 꿈도 가질 수 없었다. 그저 먹여주는 밥 먹고, 자고, 그렇게 죽는 것이 시설의 삶이었다. 소송 당시 그에게 받은 글의 제목은 '불쌍한 장애인이 아닌 시민으로 살고 싶다'는 것이었다. 그는 그렇게 시민이 되었다.

아직 우리 지역사회는 중증장애인이 안전하고 편리하게 살기 어렵다. 요즘엔 폐렴으로 죽는 이가 드물지만 그는 폐렴으로 죽었다. 시설에서 계속 있었다면 그런 갑작스런 죽음을 피할 수 있었을까? 안전망이 잘 갖추어지지 않은 세상으로의 탈시설을 도운 나는 잘 한 것일까? 영안실에 도착했는데 수많은 장애인 친구들이 와 있었다. 그곳에서 만난 장애인들은 나를 위로했다. "변호사님, 현이는 지역사회에서 짧은 삶을 살았지만 시설에서 수십 년을 연명하는 것보다 행복했어요." 그러나 위로가 되지 않았다.

그 무렵 촛불집회가 한창이었는데 김제동 씨가 사회를 본 집회에서 어느 장애인이 발언을 했다. 장애인도 '위험할 권리'가 있다는 내용이었다. 세상이 위험하다고 장애인을 시설에서, 집에서 격리하는 것은 옳지 않다. 장애인도 위험을 선택할 권리가 있다는 것이었다. 그 이야기를 듣고 현이를 보내는 데 도움이 되었다. 그 해 겨울을 결코 잊을 수 없다.

II. 어느 결혼식[2]

2019. 5. 6. 최영은, 이상우 두 사람이 결혼식을 올렸다. 중증장애인인 두 사람은

---

2) 『법률신문』 제4697호(2019. 5. 9.).

꽃동네에서 20년 넘게 살다 2015년에 자립했다. 장애인 자립주택에서 두 사람은 사랑을 키웠다. 시작은 상우 씨의 문자고백이었다. "여자친구가 되어줄래?" "오케이~" 영은 씨가 흔쾌히 받았다. 기초생활수급비와 장애인연금을 아껴 결혼을 준비했다. 여느 커플처럼 미리 웨딩촬영도 하고 제주도로 신혼여행을 갔다.

두 사람의 결혼 초대장에는 다음과 같은 초대 글이 있었다. "중증장애인이 지금 여기에서, 살아가는 건, 존재의 투쟁입니다. 우리는 우리의 결혼으로 이야기하고 싶은 게 있습니다. 동정과 시혜의 대상인 장애인이 아니라 '나' 최영은, 이상우가, 당신과 이곳에서 함께 살고 있다고 말입니다. 지금 시설 밖으로 나오길 망설이는 사람들에게 당신도 이곳에서 우리와 함께 살자고 꼭 말하고 싶습니다. 5월 6일은 '우리만의 날'이 아닙니다. 사람의 존엄을 귀히 여기는, 지역사회에서의 삶을 응원하는 당신이 함께한다면 '더 멋진 날'이 될 것입니다."

하마와 별(김탄진, 장애경의 별칭)은 장애계에서 유명한 선배 탈시설 부부이다. 같은 장애인 거주시설에서 살았는데, 언어장애가 심한 하마를 별이 돕다가 자연스럽게 사랑에 빠졌다. 어느 날 원장에게 결혼하고 싶다고 말했다가 사달이 났다. 평소 아버지라고 부르라던 시설장은 "너희는 하나님하고만 결혼할 수 있다"며 연애조차 반대했다. 별의 부모를 불러 "중증장애인들이 결혼해서 어떻게 살겠냐"며 이별을 종용했다.

하마는 결국 시설을 나왔지만 몰래 별에게 핸드폰을 보내 사랑을 이어갔다. 그러던 어느 날 원장이 핸드폰을 압수했다. 사랑을 이어주던 오작교(핸드폰)를 빼앗기자 별은 더 이상 살고 싶지 않았다. 그녀는 죽을까 고민하다 시설을 탈출했다. 걷지 못하는 그녀는 기어서 시설을 나왔다. 오랜 시간을 기어가다 만난 사람에게 도와달라고, 택시를 불러 달라고 했다. 그런데 경찰이 왔고, 경찰서에 가니 시설장이 왔다. 시설로 돌아가기가 죽기보다 싫었던 그녀는 버텼고, 장애인 단체 활동가에게 연락해 서울로 갈 수 있었다. 이렇게 탈시설을 한 이들은 2009년 결혼했다. 이들의 결혼과 자립은 놀라운 일이었고 탈시설을 주저하는 이들에게 용기를 주었다.

장애인을 시설에 수용하여 보호하는 복지정책은 지역사회에서 자립생활을 할 수 있도록 지원하는 정책으로 전환되어야 한다. 탈시설 운동이 일어난 지 십수 년이 넘었지만 거주시설 장애인의 수는 결코 줄지 않고 있다. 시설정책은 오히려 아동보육시설, 노인요양시설로 확대되고 있다. 최근 장애인들은 '장애인 거주시설 폐쇄법'을 제정하라며 시위를 벌이고 있다. 시설을 단계적으로 폐쇄하고, 신규 입소를 금해야 한다는 것이다. 시설거주인이 지역사회에 자립할 수 있도록 주거서비스 등을 제공하라는 것이다. "시설은 감옥"이라는 이들의 구호가 선명하다. 죄도 없는 당신에게 평생 감옥이나 군대에 있으라면 그리하겠는가?

Ⅲ. 꽃님 씨의 여름[3]

폭염이 기승을 부리던 2018년 여름, 꽃님(본명 김선심. 꽃님은 야학 별칭) 씨가 더위를 견디지 못하고 입원했다. 그녀는 머리 아래 사지를 전혀 움직일 수 없는 중증장애인이다. 시설에서 살다 2006년부터 자립생활을 시작했다. 그녀가 자립할 수 있는 것은 활동지원제도 덕분이다. 활동지원사가 그녀의 생활을 도와준다. 문제는 국가 및 지방자치단체가 제공하는 활동지원급여가 충분치 않다는 것이다. 일주일 중 3일은 활동지원 없이 혼자서 저녁부터 아침까지 지내야 한다. 꽃님 씨는 활동지원이 없는 밤에는 선풍기를 틀지 않는다. 알고 지내던 장애인이 혼자 있던 밤에 전기 과열 화재로 숨진 적이 있어서다. 그녀는 결국 온열병으로 쓰러졌다.

꽃님 씨는 대단한 사람이다. 자립생활 10년 후 2천만 원을 기부했다. 자린고비라는 소리를 들어가며 수급비 등을 쪼개 매월 20만 원씩 모았다. 이 돈은 '꽃님기금'이라는 이름으로 탈시설 자립생활운동의 씨앗이 되었다. 그녀와 같은 중증 장애인에게 24시간 활동지원을 하는 것은 무리이며 과도한 부담일까? 그러니 가난한 중증장애인은 결국 시설에 들어가야 하는 것일까?

메르스 사태 때 감염이 우려되는 중증장애인에게 보건당국이 자가(自家)격리 조치를 내렸다. 혼자서는 일상생활이 불가능한 장애인에게 자가격리라니! 가족이 목숨을 걸고 챙기거나 그도 어려운 사람은 자비로 입원을 해야 했다. 이들은 지금 국가를 상대로 소송 중이다.

2018. 10. 국가인권위원회는 꽃님 씨와 관련하여 보건복지부, 서울시 등에 긴급구제 권고를 내렸다. 혹서기에 충분한 활동지원서비스를 제공받지 못하여 생명과 건강의 심각한 위험에 처한 꽃님 씨에게 24시간 활동지원서비스를 긴급히 제공하고, 이와 유사한 형편에 처한 다른 중증장애인에도 적절한 조치를 취할 것을 권고했다. 장애인

---

3) 『법률신문』 제4628호(2018. 8. 16.).

이 안전하게 살 환경을 마련하는 것은 사회적 약자 모두를 위한 일이다. 언젠가는 노인이 될 우리 모두를 위한 일이다.

IV. 종강 씨와 크리스마스[4]

종강 씨는 매년 크리스마스에 문자를 보냈다. 어느 해는 "황새는 날아서/ 말은 뛰어서/ 달팽이는 기어서/ 굼벵이는 굴렀는데/ 한날한시 새해 첫날에 도착했다"라는 시를 보내주었다. 이 시는 한 줄 띄고 "바위는 앉은 채로 도착해 있었다"로 마무리된다(반칠환 '새해 첫날').

종강 씨는 목 아래를 움직이지 못하는 장애인이다. 뛰거나 걷거나 길 수 없는 그가, 바위 같은 그가 먼저 도착한 세상이라! 10년 전 그를 처음 만났다. 은평구 어느 시설에 살고 있던 그는 열아홉에, 기차에서 떨어지는 사고로 전신마비 장애인이 되었다. 여덟 살에 어머니가 암으로 세상을 뜨고, 열 살 때 아버지는 농약을 마시고 목숨을 끊었다. 그의 이야기를 담은 구술기록에서 그는 "나를 버린 아버지… 열 살의 어린 나보다 세상을 살아가는 것이 자신이 없었던… 나보다도 아픈 나의 아버지"라고 표현하며 아버지를 용서했다(서중원 기록, '나, 함께 산다'). 그 대목에서 나는 많이 울었다.

종강 씨는 나와 같은 연배다. 그의 이야기를 들으며 같은 시대를, 같은 시간과 공간을 산 그의 삶과 내 삶이 자주 비교되었다. 그가 보낸 긴 문자 편지를 보고 어떻게 문자를 쓰는지 궁금했다. 그의 침대에는 얼굴 부분에 구멍이 뚫려 있는데 그 아래 핸드폰을 놓고 볼펜을 물고 여러 시간 동안 입으로 입력한다고 했다. 책도 그렇게 읽는다고 했다. 목 아래는 전혀 움직이지 못하지만 목 위의 기능이 남은 것은 축복이었을까? 인생의 대부분을 누워 지낸 그가 할 수 있는 일은 무엇이었을까? 독서와 사색, 기도 같은 그런 일상이었을까?

학생들에게 특강을 할 때마다 나는 그의 이야기와 글로 마무리하곤 했다. 특히 '죽기 전에 꼭 할 일들'이라는 제목의 글을 좋아했다. "혼자 여행을 떠난다. 누군가에게 살아 있을 이유를 준다. 악어 입을 두 손으로 벌려 본다. 누군가의 발을 씻어 준다. 달빛 비치는 들판에 벌거벗고 누워 있는다. 지하철에서 낯선 사람에게 미소를 보낸다.

---

4) 『법률신문』 제4758호(2019. 12. 23.).

특별한 이유 없이 한 사람에게 열 장의 엽서를 보낸다. 다른 사람이 이기게 해준다. 아무 날도 아닌데 아무 이유 없이 친구에게 꽃을 보낸다. 결혼식에서 축가를 부른다." 데인 셔우드라는 사람이 쓴 글이라 한다. 이 글을 받은 뒤 하나씩 실천해보려고 노력했다. 결혼식에서 축가도 불러보고 아들을 앉혀놓고 발을 씻겨 주기도 했다. 친구에게 별 일 없이 꽃을 보내고 다른 사람이 이기는 것을 축하해주었다.

사지를 움직이지 못하는 그는 무엇을 할 수 있을까? 편지는 이렇게 이어졌다. "조금은 엉뚱하고 또 소박하게 느껴지기도 하는 이 글을 읽으면서, 사람이 한 생을 사는 동안 꼭 해봐야 할 일 몇 가지는 계획을 세워 실천해 보는 것도 의미 있는 일일 거란 생각이 들었습니다. 저요? 해보고 싶은 일이 많습니다. 그 중에 일등은 고마우신 분들께 은혜 한 번 갚는 일인데 아무래도 제 처지에 어려운 일이지요." 늘 감사하며 따뜻한 눈으로 세상을 보는 그다운 결론이다.

그의 문자가 끊겨 얼마 전 연락을 했더니 많이 아팠다고 한다. 그는 지금도 시설에서 다른 이들의 권리를 위해 분투하고 있다. 종강 씨는 내 인생의 스승이다. 난 그의 글을 읽고 아름다운 햇살과 한강에 반짝이는 잔물결을 새삼 다시 보게 되었다. 그가 아프지 않고 매년 성탄에 아름다운 문자를 보내기를 기다린다.

인권

'1층이 있는 삶'에서 더 진일보한 사회를*

이주언 변호사(사단법인 두루)

"시장님, 왜 저희는 골목골목마다 박힌 식당 문턱에서 허기를 참고 돌아서야 합니까. 왜 저희는 목을 축여줄 한 모금의 물을 마시려고 그 놈의 문턱과 싸워야 합니까."

35년 전 김순석 열사가 서울시장 앞으로 남긴 유서의 내용 중 일부이다. 열사는 휠체어가 넘지 못한 도로와 가게의 턱들과 사회적 인식에 이렇게 분노했다.

김원영 변호사는 <실격당한 자들을 위한 변론>에서 장애인이 자유롭게 특정 장소에 갈 수 있는 권리를 '오줌권'이라고 표현했다. 이 책을 읽고 15년 전 휠체어를 타는 친구가 외출을 할 때 "화장실 가는 게 어려워 하루 종일 물을 안 마신다"고 말했던 것이 기억이 났다.

7년 전 어느 저녁, 휠체어를 이용하는 전문가와 회의를 하려고 서울 서초동을 돌아다녔는데, 휠체어가 들어갈 수 있는 카페를 찾기가 어려웠다. 그때 선배 변호사님이 "최소한 장애인들이 1층은 들어갈 수 있어야 급할 때 화장실이라도 가지 않겠느냐"고 하면서 사회적인 운동이 필요하다고 했다. 나는 당시 유행하던 대선 슬로건을 빌려와 '1층이 있는 삶'을 제안했다.

우리나라에서는 이미 20년 전부터 장애인의 시설물 접근권을 법으로 보장하고 있다. 공중이용시설 시설주에게는 장애인을 위한 편의시설 설치 의무를 부과하고 있다. 문제는 바닥면적을 기준으로 많은 예외를 인정하고 있다는 점이다. 예를 들어, 음식점과 슈퍼마켓(편의점)은 바닥면적 300㎡(약 90평), 미용실은 500㎡(약 150평) 이상이어야 편의시설을 설치할 의무가 있다. 우리 동네에서 90평 넘는 식당과 편의점, 150평 넘는 미용실은 찾을 수 없다. 전국 통계를 봐도 90% 이상의 가게들이 모두 예외에 해당한다. 법령 개정이 꼭 필요한 부분이다.

---

* 이 글은 『주간경향』 제1345호(2019. 9. 30.)에 실린 칼럼이다.

한편, 스타벅스는 최근 계단으로만 출입이 가능한 지점에 경사로를 설치했다가 건물주와 주민들이 보행자 안전 문제를 제기해 철거해야 했다. 이럴 때는 법보다 사회의 인식이 먼저 바뀌어야 한다는 생각이 들기도 한다. 주위를 둘러보면 굳이 없어도 되는 턱이나 계단이 '멋스럽다는 듯' 설치된 가게도 있고, 경사로만 두면 휠체어가 들어갈 수 있는 가게도 눈에 띈다. 하지만 장애인을 생각하지 않고 이미 만들어진 건물에 다시 편의시설 설치 공사를 하라고 요구하는 것은 비용과 노력이 더 들어가므로 쉽지 않다.

그래서 나는 '유니버설 디자인'이 건축의 원칙이 되어야 한다고 생각한다. 유니버설 디자인은 제품, 시설, 서비스를 설계할 때 이용하는 사람이 성별, 나이, 장애, 언어 등으로 인해 불편하지 않도록 하는 것, 즉 '모두를 위한 디자인'을 말한다. 이 디자인이 원칙이 되면 인식도 많이 바뀔 것이다.

'1층이 있는 삶' 다음에는 2층이 있는 삶이 아니라, '유니버설 디자인이 당연한 사회'가 되어야 한다. 더 이상 우리나라의 수많은 김순석들이 가게 문턱에서 좌절하지 않고, 밥 먹고 커피 한 잔 하는 일상을 함께 누리길 오늘도 꿈꾼다.

미세먼지 정책, 장기적 안목을*

지현영 변호사(사단법인 두루)

2019. 11. 말 서울 강남구가 버스 정류장에 미세먼지를 피할 수 있는 시설을 만들었다. 압구정 갤러리아백화점 앞 버스 승강장에 설치된 '미세먼지 프리존 셸터'는 전기 집진기와 활성탄으로 도로변 미세먼지를 90% 이상 제거한다. 내부에는 온열의자, 냉난방기, 실내외 미세먼지 측정기, 태양광 시설, 미세먼지 측정자료 안내판 등을 갖춰 놓았다. 앞서 지난 2월 서울 서초구는 서초문화예술회관 앞 정류소 등 2곳에 세계 최초 청정 버스정류장 '스마트 에코셸터'를 설치했다. 버스 정류장 천장과 벽면을 강화유리 소재 벽으로 감싸고 그 안에 냉온풍기와 에어커튼, 공기정화 식물, 온돌의자, 스마트 터치스크린 등을 갖추었다.

이른바 미세먼지 해결사들인 대중교통 이용 시민들에게 버스를 기다리는 동안에 피난처를 제공한다는 그럴듯한 정책이다. 그러나 아무리 민간 지원을 받는다 해도 시설당 설치비가 6천만~7천만 원이 든다고 하니 혜택을 보는 사람이 몇 명이나 될지 의문이다. 이런 '피난' 대책이 미세먼지는 어느 날 외부에서 떨어진 재난이고, 우리 시민들은 그로부터 보호받아야 하는 존재라는 무의식을 만드는 것은 아닌지 우려스럽다.

미세먼지는 연료를 태우는 등 인위적 원인으로 발생하는 산업화의 부산물이다. 따라서 원인인 배출을 줄이면 결과인 미세먼지는 줄어든다. 배출은 그대로 유지하고, 배출된 것을 줄이려고 하면 훨씬 어렵다. 도심형 대형 공기청정기를 만들거나, 인공강우를 뿌리는 등 전 세계적으로 획기적인 기술을 동원하고 있지만 아직 별 성과가 없다.

이 때문에 우리보다 앞서 미세먼지 문제를 해결한 선진국들은 배출원 통제 정책에 집중한다. 상업·주거 시설 위주인 도심에선 교통수단이 가장 큰 배출원이기 때문에 강력한 교통량 억제 정책을 펼친다. 도로 내 속도를 20~30㎞로 제한하는 감속 운행

---

* 이 글은 『한겨레』(2019. 12. 26.)에 실린 칼럼이다.

지역을 확장하는 한편, 도심 내 주차료 인상, 노후차 통행 제한, 차량 등급제 운영 등을 하고 있다. 이미 영국, 프랑스, 독일, 일본 등에선 보편적으로 실시되는 제도들이다. 인구가 많은 도시 내에선 자가용을 이용하는 것이 더 불편하도록 만드는 것이다. 또 공유 전기자전거 등의 이용 편의를 확장하는 한편 대중교통비도 지원한다.

독일 베를린의 경우 지난해 '모빌리티(이동성) 보장을 위한 법안'이 통과됐다. 모든 사람이 도시의 다양한 이동수단을 공정하게 이용할 수 있도록 도시환경과 이동수단 간 균형을 맞추는 도시계획을 보장한다는 취지다. 도시 내 자전거, 스쿠터 등 자동차 외 교통수단을 이용하거나 걸어다니는 사람들에게도 안전한 이동권을 보장한다는 것이다. 자전거 이용자가 차도나 인도를 공유하지 않도록 별도의 도로를 달릴 수 있도록 보장하고, 2030년까지 대중교통이 화석연료를 사용하지 않도록 하겠다는 내용이 인상적이다.

미세먼지 문제를 해결하려면 이처럼 우리 생활에서 좀더 적극적인 변화가 필요하다. 흔히 불편을 감수해야 한다고도 말하지만 좋은 공기와 푸른 하늘이라는 상시적인 반대급부가 돌아오기 때문에 생활방식을 바꾸는 것이라고 표현하고 싶다. 이런 시민의식과 더불어 장기적 안목에서 일관된 정책이 추진돼야 한다. 이벤트성 보여주기식 정책으로 국고를 낭비해서는 안 된다는 의미다. 2019. 12. 2020년 환경부 예산이 9조 5394억 원으로 확정됐다. 증액률이 21.5%로 역대 최고다. 이 중 미세먼지 저감 대책 관련 예산이 2조 2639억 원으로, 전체 사업비 중 가장 높은 비중인 23.7%에 이른다. 배출원을 직접 타깃으로 삼는 적극적 정책을 펼쳐주기 바란다.

사법부에 애덤 스미스의 〈도덕감정론〉을 권한다*

- 쌍용차 사건 판결 그 후

이유진 변호사

자본주의는 인류역사상 그 효용성과 효율성을 입증한 가장 '우수한' 정치체제지만, 그 자체로 완벽한 것은 아니다. 자본주의가 시장만능주의로 변질돼서는 안 된다. 한국 사회를 이루는 두 가지 축은 자본주의와 법치주의다. 두 바퀴가 잘 맞물려야 사회 기능이 제대로 작동할 수 있다. 지난해 우리 사회에서 유달리 사회구조에 대한 비판이 많았던 것은 이 두 바퀴가 어긋나면서, 시장만능주의로 치달았기 때문은 아닐까.

어떤 체제도 비판과 성찰 없이는 제대로 작동할 수 없다. 최근 자본주의의 고유영역으로 인식돼 온 기업 부문에서조차 '기업의 사회적 책임(CSR)' 도입 등 미숙하나마 자체적인 노력을 기울이는 것도 이런 이유에서다. 자본주의의 체질을 바꾸기 위해서는 제도적 뒷받침은 물론, 제도와 법률을 해석해 판단하는 사법부의 자체적인 성찰도 필요하다. 자본의 논리가 지닌 속성상, 그 자체만으로는 분명한 공백이 있기 때문이다. 법이 허용하는 '한계'를 세우고, 한계를 넘는 행위에 대해 심판을 통해 규범의 선을 그어줄 수 있는 주체는 법의 해석을 담당하는 사법부가 유일하다.

Ⅰ. '보이지 않는 손'은 도덕감정을 전제로 한다

때로 경제 주체인 기업들은 대주주의 이익을 위해 소액 주주를 속이고 노동자의 권리를 박탈하는 비윤리 경영을 시도한다. 그러면서도 '보이지 않는 손'에 의한 자유주의적 경제논리라며, 이를 정당화한다. 이런 경제주체들의 부도덕은 경제학에 대한 편향적 시각에서 기인한다. 그들은 모든 학문이 그렇듯, 경제학도 인간의 삶을 개선하고

---

* 이 글은 『르몽드 디플로마티크』(2018. 1.)에 실린 칼럼이다.

자 만들어진 것이라는 사실을 고의로 무시한다.

그러나 '보이지 않는 손'을 주창한 애덤 스미스는 윤리철학자로서, 경제주체들의 도덕적 의무를 결코 무시하지 않았다. 그가 <국부론>에서 '보이지 않는 손'을 주장하면서 내세운 기본전제는 '정의의 원칙을 위반하지 않는 한'[1]이다. 그가 말하는 '정의'는 개인의 이기적인 행위가 보편적 도덕감정 내에 제한되는 것을 의미한다.[2] 애덤스미스의 경제학은 그 전제가 도덕감정이며, 나아가 모든 국민의 부를 늘려 자립적으로 생활하게 함으로써 범죄를 예방하는 것을 그 목표로 한다. 따라서 그의 경제학은 기본적으로 투자 대비 수익의 양 같은 '효율성'이 아니라 구성원들의 행복감의 합, 즉 '효용'이 탐구대상이다. '보이지 않는 손'을 위시한 자유경제는 도덕감정을 전제로 구성원들의 만족감 최대화를 위해 도출된 논리일 뿐이다. 전제조건인 도덕감정이 부정될 때, 자유시장 경제의 논리적 당위성 또한 사라진다.

II. 쌍용차 사건, 사법부의 도덕불감증이 빚은 참극

쌍용자동차(이하 '쌍용차') 사건은 경영진의 회계조작과 고의적 부도, 부당 정리해고 등 경제공동체를 위협한 중대한 사안이다. 그럼에도 불구하고, 대법원 판결(2014. 11. 13. 선고 2012다14517)은 사법부가 자본주의에 대한 감시인 역할을 외면하고 있음을 보여주었다. 최대주주인 상하이자동차(이하 '상하이차')는 2005. 1. 쌍용차를 인수한 후 약속했던 투자와 신용공여한도계약에 대한 최소한의 지급보증을 하지 않았을 뿐더러, 개발기술 전수대금 1,200억 원도 지급하지 않았다.[3] 오히려 당시 상하이차는, 쌍용차를 흑자로 전환하고 워크아웃을 종결시켜 금탑산업훈장을 받은 소진관 쌍용차 사장[4]을, '실적 부진'을 이유로 경질했다. 그 이면에는 정리해고 이후 매각추진을 위해 껄끄러운 투자 약속 이행과 고용보장을 요구한 소 전(前) 사장을 해고했다는 분석[5]이

---

1) "사람들은 정의의 원칙을 위반하지 않는 한, 완전히 자유롭게 자기 방식대로 자신의 이익을 추구할 수 있다." 애덤 스미스, <국부론>, 1776.
2) <국부론>은 애덤 스미스의 윤리철학 강좌 중 정치경제학에 대한 내용으로, 이 '정의의 원칙'에 대해서는 윤리학을 다룬 <도덕감정론>에서 설명했다. 애덤 스미스, <도덕감정론> 2부. 2편. 1장. 2.
3) '상하이車, 쌍용차에 3,200억 先지원하라', <한국경제신문>, 2008. 12. 26.
4) '소진관 쌍용차 사장 금탑산업훈장 수상', <Autotimes>, 2005. 05. 31.
5) '소진관 쌍용차 사장 경질 진짜 이유?', <이코노미스트>, 2005. 11. 14.

지배적이다.

상하이차의 퇴거 이후 안진회계법인은 쌍용차가 고정자산 감가상각 비율을 임의로 변경해 부채비율이 168%에서 561%로 급격히 늘어난 것을 감사과정에서 묵인했다. 또한 컨설팅을 맡은 삼정 KPMG는 2009년 컨설팅 직전 발행된 한국감정원의 재평가 보고서(부채비율 187%)를 무시한 채 안진의 회계처리만을 기초로 해 매출추정액과 대출 가능액을 과소평가함으로써, 결과적으로 쌍용차의 정리해고를 쉽게 했다. 보고서 발행 두 달 전 법무법인 세종이 법원에 제출한 '쌍용차의 회생절차 개시 명령 신청서' 상의, "인력감축이 아닌 투자와 기술개발이 필요하다"는 의견과는 사뭇 다른 내용이다.

안진회계법인은 입장표명[6]을 통해 "쌍용차의 개발자금이 없는 탓에 신차 생산에 의한 현금흐름이 발생하지 않았을 것"이라는 전문가의 의견을 개진했으나 최대주주인 상하이차가 채권을 지급하지 않은 상태였고, 자금조달이 가능한 크레딧라인과 담보로 제공할 수 있는 부동산을 소유하고 있었던 점 등을 감안하면 "자금조달 불가"라는 가정에 기초한 해당 감가상각은 부당하다. 같은 가정에 기초한 어음부도 또한 작위적이다. 이런 유동성 흐름의 단절은 감가상각 비율을 급격히 높이고, 동시에 단시간 채권회수와 대출을 미루는 것만으로도 얼마든지 조작할 수 있는 것이다.

III. 주주와 경영진, 분리된 주체로 볼 수 있을까?

대법원의 판시는 크게 다음의 두 가지를 논거로 한다. 첫 번째, 인원감축은 객관적으로 합리성이 있어야 가능하고, 인원감축의 규모는 상당한 합리성이 인정되는 한 경영자의 판단을 존중해야 한다. 두 번째, 인원 정리해고 당시, 피고(쌍용차)가 처한 경영위기는 기업구조 개선작업 및 주주의 적극적 투자 미비로 인해 상당 기간 신규설비 및 기술개발에 투자하지 못한 데서 비롯된 지속적·구조적인 것으로 봐야 한다.

그러나 사실상, 두 번째 부분에서 대주주가 경영진을 선임한다는 점을 고려하면, 쌍용차의 '경영위기'는 대주주인 상하이차가 투자와 대금지급의무를 고의로 늦춰서 창출한 것이다. 다만 외부인인 안진회계법인이나 삼정KPMG 입장에서는 역시 대주주를 회사경영에 직접 관여하는 주체가 아니라, '외부' 조건으로 본 것일 수 있다. 대주주로

---

6) '쌍용차 항소심 판결 관련 안진회계법인 입장', <News1>, 2011. 11. 07.

부터의 투자자금 유입 및 신용공여를 단순한 채권관계로 파악한 것이다.

그러나 대주주가 고용한 경영진의 경영판단에는 대주주의 의도가 반영돼 있다고 보아야 한다. 대주주는 경영진을 자신들이 원하는 대로 경질시킬 수 있으므로 경영진의 판단은 당연히 주주의 입장에 따를 수밖에 없다. 따라서 근로기준법 제24조 제1항의 '경영상의 이유'에는 대주주의 경영권 행사도 포함해 해석해야 한다. 이를 통해 경영권 행사의 주체인 대주주 스스로가 만들어낸 경영상의 위기는 스스로 인지하고 창출해낸 것이므로 '긴박한 경영상의 필요'가 있다고 볼 수 없어 해고의 요건을 충족시키지 못했다고 해석함이 타당할 것이다.

대법원의 판시대로라면, 앞으로 투기자본이 회사를 매수해 자신의 입맛에 맞는 경영진을 고용하고, 회사의 위기를 인위적으로 조작한 후, 자신들이 대리로 내세운 경영진을 내세워 위기를 빙자한 정리해고가 가능해진다. 대법원은 대주주와, 대주주가 선임한 경영진을 따로 분리하는 논리 전개를 통해 사실상 대주주의 이익만을 좇은 경영진의 부도덕한 경영에 '긴박한 경영상의 필요'라는 면죄부를 준 셈이다. 만약 이와 반대로, 대법원이 쌍용차 사건처럼 대주주의 고의적 투자 불이행과 경영진의 경질 등 '주주의 고의로 인한 회사 위기'로는 경영상의 정리해고가 불가하다는 판결을 내놓았다면, 경영진은 대주주가 스스로 위기를 조장하려 할 때 대주주의 이익만을 좇지 않고, 이런 대주주의 행위에 제동을 걸며 소신껏 일할 수 있었을 것이다. 대주주가 정리해고 등의 무리수를 두려 할 때, 경영진은 '법적으로 불가하다'고 방어할 수 있게 되기 때문이다.

사법부가 도덕 감정을 무시한 채 기계적인 판결에 치중한다면, 그 피해는 고스란히 일반 국민에 전가된다. 쌍용차를 인수한 상하이차는 자사가 보유한 쌍용차의 기술을 모회사로 지속해서 이전하면서 기술료를 지급하지도 않고,[7] 약속했던 투자액을 지급하지 않아 어음을 부도나게 했다. 게다가 신규기술 개발을 게을리 함으로써 기업 경쟁력을 약화했다. 정상적인 주주라면 이와 같은, 회사를 부실하게 도산시키는 행동은 하지 않을 것이다. 그러나 상하이차는 쌍용차의 대주주이자, 또한 기술을 필요로 하는 경쟁사였기에 이런 결정이 가능했다. 쌍용차는 경쟁력 약화로 인한 경영상의 위기를 이유로 직원 40%의 해고를 단행했다. 앞으로도 투자를 빙자한 '투기자본'에 의해 쌍용

---

7) 비록 '그룹 간 기술교류의 범위 내이며', '쌍용차의 기술가치가 크지 않았다'는 이유로 배임죄 부분에서 승소했더라도, 지급해야 할 기술료가 1,200억 원이었다는 사실은 산업은행이 입증한 바 있다.

차의 예처럼 노동자와 소비자의 권리가 부당히 침해 당하는 일은 얼마든지 일어날 수 있을 것이다.

IV. 사법부의 "안타깝다"는 표현에 담긴 의미

기업은 경영진이 주주와 관계가 원활하지 않을 경우 유동성 위기에 빠질 수 있다. 그러나 원칙적으로는 주주와 경영진을 동일시해 주주가 발생시킨 경영상의 위기는 근로기준법 제24조 제1항의 '긴박한 경영상의 필요'에 포함하지 않고, 다만 예외적으로 경영진이 주주에 어떤 투자 약속 이행요구를 했는지, 채권회수를 어떻게 했는지 입증해서 해결함이 옳을 것이다. 도덕의 기준을 법에서 세워줘야 경제활동의 주체들이 경제논리에서 도덕을 세울 수 있다. 법이 최소한의 방어선을 형성해 줄 때 경영진은 주주의, 회계와 컨설팅 법인은 경영진의 부도덕한 요구에 대항할 수 있을 것이다. 투자와 투자자금의 회수 자체가 나쁘다는 것이 아니다. 효율적 경영은 분명 사회와 국가경제의 발전을 위해 필요한 것이다. 하지만, 그 시작점에서 경제논리와 효율성이 과연 어떤 기준 아래에, 무엇을 절대적인 가치로 삼아야 하는지에 대한 사법부의 진지한 고민이 필요하다는 것이다. 사법부는 쌍용차 사건의 판결을 내리기 전에 '안타깝다'는 표현을 기재하려다 수정했다고 한다.[8]

'안타깝다'는 것은 사실상 경제영역에 대한 사법부의 심판을 사법부가 스스로 포기했다는 말이 된다. 즉, 심정적으로는 이해가 가지만, 법적문제가 아니라는 소리다. 재판부가 기업위기의 본질이 고의인지 혹은 정말 긴박한 위기인지에 대한 해석의 가능성을 열어주는 판결을 내놓았다면, 그 판례는 인용되고 인용되는 가운데, 조금씩 단 0.1%라도 복리를 붙여가며 자본주의의 폭주를 막는 장치의 역할을 수행할 것이다. 수동적으로 경제논리를 해석하는 것이 아닌, 적극적으로 경제주체들을 올바른 방향으로 인도하는 자세가 사법부에서도 필요하다. 사법부가 법을 통해 국민의 권리를 수호하는 중재자라면, 그 기본은 투자의 '효율'이 아닌 사회 구성원들의 '효용'을 지향해야 한다.

앞서 언급했듯, 한국사회를 이루는 두 축은 자본주의와 법치주의이며, 이 두 바퀴가 잘 맞물려야 사회기능이 제대로 작동할 수 있다. 자본주의는 수많은 체제들 사이에

---

8) 대법원은 왜 안타깝다는 말을 뺐을까?', CBS 노컷뉴스, 2014. 11. 14.

서 그 효용성과 효율성을 입증한 가장 '우수한' 제도임이 분명하나, 그 자체로는 불완전하다.

　그 어떤 체제도 비판과 성찰 없이는 제대로 기능할 수 없다. 사법부가 자본주의에 대한 감시 역할을 포기한다면, 자본주의는 인간을 위해 기능하지 못할 것이며, 반대로 인간이 자본주의를 위해 기능하게 될 것이다.

그렇게 변호사가 된다[*]

장품 변호사

Ⅰ. 그렇게 변호사가 된다(상)[1]

영화 '그렇게 아버지가 된다'를 보았다. 주인공은 도쿄 중심가 고급주택에서 단란한 가정을 꾸리고 살아가는 성공한 건축가이다. 승승장구의 삶을 살아온 주인공은 어느 날 병원에서 전화를 받고 충격에 빠진다. 6년을 키워온 아이가 친자(親子)가 아니고, 병원에서 바뀐 아이라는 것, 그리고 자신의 아이가 다른 집에서 자라고 있다는 것이다. 병원은 친절하게도 그 가족과의 만남도 주선해준다. 부족할 것 없던 주인공의 일상에 걷잡을 수 없는 균열이 생긴다. 이 대목에서 영화는 관객에게 묻는다. '당신이라면 어떻게 할 것인가?'

마음먹은 대로 살고, 원하는 대로 얻는 사람은 없다. 사람은 대부분 자신의 의지와 무관하게 눈 앞에 닥쳐진 상황을 맞이하고, 제한된 여건 내에서 제 나름의 선택을 하며 살아간다. 학생은 '일류대학'에 가면 좋다고 하니 공부를 열심히 하기로 '선택'하고, 직장인은 상사의 얼굴에 사직서를 던진 후의 미래가 도무지 그려지지 않으니 오늘까지만 다녀보기로 '선택'을 하는 식이다. 인간은 숲을 갈아 엎어 길을 만드는 존재라기보다, 숲이 허락하는 범위 내에서 덤불을 헤치고 조심스럽게 걸어 나가는 존재에 가깝다.

그러한 연유로 '선택'은 가장 인간다운 행위이다. 사람은 일평생 크고 작은 선택을 한다. 그 선택을 통해 자신을 확인하고, 발견한다. 고민의 밀도에 따라 성장하기도 한다. 사람은 말로 말한다기보다 선택으로 말한다. 던져진 숲 속에서 그가 선택해 걸어 나가는 길 외에는 그를 알 방법이 없다. 실존은 본질에 우선한다고 사르트르가 그랬다

---

[*] 이 글은 『법률신문』에 실린 "[월요법창] 그렇게 변호사가 된다" 칼럼을 엮은 것이다.

[1] 『법률신문』 제4702호(2019. 5. 27.).

는데, '실재하는 선택'을 통해서만 '미완의 존재'를 결정해 나간다는 의미가 아닐까 멋대로 이해하고 있다. '그렇게 아버지가 된다'의 주인공 역시 미치고 팔짝 뛸 것 같은 극한의 상황에서 도망가지 않고, 자신을 끝까지 밀어붙였다. '어떠한 선택'을 내리고, 그로 인해 그는 '어떠한 아버지'가 되었다.

변호사의 일상 역시 크고 작은 선택의 연속이다. 새벽 두 시 서면을 마저 쓸 것인가, 아니면 '내일 맑은 정신' 운운하며 자리를 박차고 나갈 것인가. 동료에게 "내가 할게"라고 말할 것인가, 아니면 "너만 믿는다"고 말할 것인가. 대한변협사이트의 채용공고 메일을 무시할 것인가 손이 움직이는 대로 클릭하게 내버려둘 것인가. 지나고 보면 선택의 패턴이 보인다. 패턴이 쌓이면 내가 된다.

지금은 새벽 두 시, 누군가에 차마 맡기지 못했던 서면을 마저 쓰며 사무실을 지키고 있다. 그렇게 변호사가 된다.

II. 그렇게 변호사가 된다(중)[2]

배우 최민식이 보여준 최고의 연기는 아무래도 <파이란>(2001)의 '강재' 역할이었다고 생각한다. 강재는 미성년자에게 성인비디오를 팔다가 걸려 구류를 살고, 동네 오락실에서 죽치면서 하루하루를 보내는 3류 건달이다. 싸움도 못하는데 마음까지 약해서, 가게에 수금하러 갔다가 주인 할머니한테 쥐어 터져서 돌아오고, 새파란 후배들한테는 "강재 씨"라고 놀림당하기 일쑤다. 심란하기 그지없는 강재의 인생은, 보스를 위해 살인 누명을 쓰고 대신 자수를 결심하는 데서 절정에 이른다. 그 와중에 강재는 위장결혼을 했던 중국인 '파이란'의 사망소식을 통보받고, 얼굴 한 번 본 적 없는 '아내'의 장례식에 '남편' 자격으로 방문하면서 조금씩 인생의 변화를 맞이하게 된다. 강재가 부둣가에 앉아 파이란이 남긴 편지를 읽고, 떨리는 손으로 담뱃불을 붙이다가 오열하는 장면은 이 영화의 백미다. 파이란은 낯선 이국 땅에서 마음 기댈 수 있게 해준 강재에게 고마워하며 말한다. "강재 씨가 가장 친절합니다. 당신에게 줄 수 있는 게 아무 것도 없어서 죄송합니다." 시궁창같이 느껴졌던 인생이 불현듯 가치 있어지는 순간이다.

---

2) 『법률신문』 제4726호(2019. 8. 26.).

나는 이 장면을 보면서 엉뚱하게도 브레히트의 시가 떠올랐는데, "사랑하는 사람이 나에게 말했다. 그대가 필요하다고. 그래서 나는 떨어지는 빗방울에도 조심하며 걷는다. 그것에 맞아 죽어서는 안 되겠기에" 어쩌고 하는 유명한 시다. '친절한 강재 씨'와 이 시가 왜 같이 연상되는지 정확히는 모르겠다. 타인의 인정에 부표처럼 휘둘리는 얕은 자존감 때문일 수도 있고, 누군가에게 대체 불가능한 존재가 되는 감동에 대한 열망 때문일 수도 있겠다. 어찌 되었건, 사랑하는 사람이 나에게 "당신이 필요하다"고 말하는 순간, 내 삶이 귀하게 느껴지는 건 다툼 없는 사실이라 믿는다.

일을 하다 보면 육체적으로나 정신적으로 버거울 때가 많다. '이렇게 사는 게 맞나' 싶은 회의도 적지 않게 든다. 두꺼운 기록과 복잡한 사건을 머리 속에 담은 채 한 시간 넘게 만원 지하철을 타고 출근할 때, 물에 젖은 솜처럼 무거운 몸으로 새벽 막차를 타고 퇴근할 때 종종 드는 생각이다. 집에 오는 길이 너무 길어 더욱 더 지치고, 문을 열자마자 잠이 들었다가 좁은 욕조 속에 몸을 누이고 싶기도 한 그런 기분이랄까. 그럼에도 가끔 긍지와 보람을 느끼는 순간이 있으니, 그건 내가 하고 있는 일이 누군가에게 도움이 되고, 그 누군가가 내게 "당신이 필요하다"고 말하는 순간이다. 변호사라는 직업의 가치가 사건과 사람을 떠나 존재할 수 있으랴. 이 사소한 의미 부여 하나가 마음을 울린다. "당신은 친절한 사람"이라는 한마디가 강재를 부둣가에서 하염없이 울게 한 것처럼.

III. 그렇게 변호사가 된다(하)[3]

'인생은 무슨 일을 하는 데 달려 있는 게 아니라, 일어난 일에 어떻게 대처하는지에 달려 있다'는 이야기를 어디선가 본 것 같다. 직장생활을 하다 보면 위기가 종종 찾아온다. 자초한 위기도 있고 억울한 위기도 있지만, 이런 위기는 보통 예의 바르게 깜빡이를 켜고 들어오지 않는다. 예를 들어 수요일까지 써야 하는 중대하고 긴급한 서면이 있는데, 화요일에 역시 중대하고 긴급한 다른 의견서 업무가 배당되고, 그와 동시에 중대하고 긴급한 서면을 쓰기 위해 필요한 자료를 고객에게 미리 요청하지 않았다는 중대하고 긴급한 실수를 문득 깨닫게 되는 순간, 중대하고 긴급한 사건의 대책회의

---

3) 『법률신문』 제4740호(2019. 10. 21.).

소집을 알리는 선배의 메일이 날아오면서, 고개를 들어 창문 너머 푸르른 하늘을 보는데 어린이집에서 아이가 아프다는 전화가 걸려오는 그렇고 그런 상황이다. 이런 상황을 순간순간 수습하다 보면, 하루가 눈부신 속도로 지나간다.

위기를 해결하는 일은 어렵다. 용케 넘어가는 경우도 있지만, 웬만해서 버티기 어려운 위기도 있다. 지나고 보면 어떻게 하든 해결될 가능성이 크지만, 가끔은 지나고 나도 상처처럼 남아버리는 일들이 있다. 나를 죽이는 거 말고는 다 괜찮다는 니체도 좋고, 죽음의 위기를 넘길수록 강해지는 초사이어인도 멋있지만, 그래도 위기는 그만 찾아왔으면 좋겠다. 피할 수만 있으면 피하고 싶다. 강해지지 않아도 좋고, 발전하지 않아도 좋다. 몸과 마음의 평화를 지키고 싶은 게 솔직한 마음이다.

그런데 우리는 알고 있다. 원하는 대로 될 수 없다는 걸. 일을 하고, 관계를 맺고, 꾸역꾸역 살아가는 한 위기는 오게 되어 있으며, 평화롭고 단조로운 일상이 영원히 지속되지는 않는다는 걸. 결국 위기에 대처하는 자세의 문제만 남는다는 걸. 위기는 대충 넘기는 게 아니라, 위기를 견디고 난 다음 어떤 모습으로 남아야 할지를 고민하는 게 중요하다는 걸. 위기가 닥친 원인을 곰곰이 따져보고 바꿀 수 없는 것과 바꿀 수 있는 것을 명확하게 구분한 다음 후자에 집중해야 한다는 걸. 혼자서는 버티기 어려운 위기에 빠져 있는 나를 마냥 내버려두지 않을 사람들이 주변에 있다는 걸. 시간의 힘은 생각보다 세다는 걸.

소설가 김영하는 '여행의 이유'에서 길을 잃을 때 진정한 여행이 시작된다고 하였다. 미리 짠 동선대로 간 여행은 시간이 지난 뒤 기억에서 희미해지는 반면, 잘못 내린 기차역에서 겪은 일들은 오래 기억에 남는다. 집에 돌아오면 추억이 된다. 오늘도 어디선가 누군가에게 닥쳐올 위기도 그럴 것이다. 그렇게 변호사가 된다.

책 소개 (1)

곽은비 변호사의 추천사

펑지차이 - 백 사람의 십 년

"아무리 현명한 사람이었더라도 그 시대에는 다른 사람이 될 수 밖에 없었던" 문화대혁명. 문화대혁명의 피해자이기도 한 작가가, 그 시대를 경험한 일반 서민들의 내면의 역정과 상처를 기록한 글. 자신있게 추천하는 책. 서문과 지은이 후기, 그리고 첫 번째 이야기만 읽어도 좋다.

모든 세대의 사람들은 다음 세대의 사람들을 위해 살아가고, 또 그들을 위해 죽는다. 만일 후대 사람들이 이로 인해 경각심을 갖게 된다면, 우리 세대가 겪었던 고난은 다시는 반복되지 않을 것이며, 우리는 큰 불행을 당하기는 했지만 가치있는 삶을 산 것이리라. (p. 10)

나중에 태어난 사람들은 우리가 이렇게 살았다는 걸 알 수 있을까? 이런 상황과 이런 비극을 말이야. 앞으로 세월이 흘러 우리가 모두 죽으면 우리 세대가 겪었던 일들을 누가 알 수 있겠어? 그렇게 되면 우리는 괜히 헛고생만 한 것 아니겠어? 지금 이런 일들을 기록하는 사람이 있기는 한 거야? (p. 385)

법/률/의/지/평/

소송 사례

직장폐쇄 기간의 평균임금 산정에 관한 파기환송 판결을 이끌어 낸 사례

- 대법원 2019. 6. 13. 선고 2015다65561 판결 -

이광선 · 박호경 · 구자형 변호사

근로기준법은 평균임금 산정기간을 "산정하여야 할 사유가 발생한 날 이전 3개월"로 정하고 있으나(근로기준법 제2조 제1항 제6호), 같은 법 시행령은 노동조합 및 노동관계조정법(이하 '노동조합법')에 따른 '쟁의행위기간' 등을 산정기간에서 제외하도록 예외를 정하고 있습니다(근로기준법 시행령 제2조 제1항).

쟁의행위 기간은 임금을 못 받는 기간이므로 이를 평균임금 산정기간에 포함하면 근로자가 불리해지는데, 이와 같이 보게 되면 근로자의 정당한 권리행사를 보장하기 어려우므로, 쟁의행위 기간은 평균임금 산정기간에서 제외하도록 근로기준법 시행령으로 특별히 예외를 정한 것입니다. 같은 취지에서 대법원은, '위법한 쟁의행위 기간'은 근로자의 권리행사 보장이 필요하거나 근로자에게 책임을 돌리기에 적절하지 않은 경우가 '아니므로' 평균임금 산정기간에 포함된다고 판단하였습니다(대법원 2009. 5. 28. 선고 2006다17287 판결 참조).

그런데 이 사건은 근로자의 파업이 아니라 사용자의 직장폐쇄 기간이 문제된 경우였습니다. 노동조합법이 '근로자의 쟁의행위'인 파업·태업 외에도 '사용자의 쟁의행위'인 직장폐쇄도 쟁의행위에 포함된다고 정의하고 있기 때문에, 적법한 직장폐쇄 기간도 평균임금 산정기간에서 제외되어야 하는지 문제된 것입니다. 이 사건 원심판결은 사용자의 직장폐쇄 기간은 노동조합법에 따른 쟁의행위 기간이므로 모두 평균임금 산정기간에서 제외되어야 한다고 판단하였습니다.

그러나 지평 담당변호사들은 '사용자의 쟁의행위'인 직장폐쇄 기간에 앞서 본 판례 법리를 그대로 적용할 수 있는지에 관하여 의문을 가졌습니다. 왜냐하면, 적법한 직장 폐쇄는 사용자에게 책임이 없는 경우인데 '적법한 쟁의행위'라는 이유로 그 기간을 평 균임금 산정기간에서 제외하면 사용자는 적법한 행위를 함으로써 오히려 불리해지기 때문입니다.[1] 특히 판례는 "회사를 보호하기 위하여 수동적, 방어적 수단으로 부득이 하게 개시"한 경우에만 직장폐쇄의 정당성을 인정하고 있기 때문에(대법원 2000. 5. 26. 선고 98다34331 판결), 이처럼 부득이한 직장폐쇄의 경우에도 종래의 판례법리를 단순하 게 적용하는 것이 타당한지 더욱 문제가 되었습니다. 즉, 대법원 판례의 문언을 기계 적으로 따르면, 오히려 대법원 판례의 취지에서 멀어지는 문제가 있었습니다.

이에 지평은, 노동조합의 쟁의행위가 위법한 경우와 적법한 경우, 사용자의 직장폐 쇄가 위법한 경우와 적법한 경우를 각각 구분하여 '근로가 제공되지 못한 책임'이 누 구에게 있는지에 따라 평균임금 산정기간 산입 여부가 판단되어야 한다고 주장하였고, 결국 이 주장이 대법원에서 받아 들여졌습니다. 이 사건은, 연월차휴가와 관련하여 직 장폐쇄 기간의 출근율 산정이 문제되었던 관련 사건(대법원 2015. 2. 14. 선고 2015다66052 판결)과 함께, 기존의 판례 법리가 그대로 적용될 수 없는 새로운 문제에 대한 해결책 을 적극 주장하여 파기환송 판결을 이끌어 낸 사건입니다.

---

1) 반대로, 위법한 쟁의행위는 사용자에게 책임이 있는 경우인데 '위법한 쟁의행위'라는 이유만으로 그 기간을 평균임금 산정기간에 포함하게 되면 사용자는 위법한 행위를 함으로서 오히려 유리해지는 것으로 볼 여지도 있습니다. 다만 위법한 직장폐쇄 기간의 경우에는 그 기간에 대하여 임금이 지급될 수 있으므로 유·불리를 이와 같이 단순하게 판단할 수는 없습니다.

[제출 서면]

2015다65561　　　임금

상 고 이 유 보 충 서 (3)

　　　　　　　　원고(피상고인)　　A 외 105명

　　　　　　　　피고(상 고 인)　　B 주식회사
　　　　　　　　소 송 대 리 인　　법무법인(유한) 지평
　　　　　　　　　　　　　　　　　담당변호사　이광선, 박호경,
　　　　　　　　　　　　　　　　　　　　　　　구자형

대법원 제3부　　　　　귀중

상고이유보충서 (3)

사   건   2015다65561   임금
원고(피상고인)   A 외 105명
피고(상 고 인)   B 주식회사

위 사건에 관하여 피고(상고인, 이하 '피고') 소송대리인은 다음과 같이 상고이유보충서를 제출합니다.

1. 이 상고이유보충서의 범위와 요지

가. 평균임금의 계산방법에 관한 상고이유 보충

피고는 이 상고이유보충서를 통해 평균임금의 계산 방법에 관한 상고이유(피고 2015. 12. 7.자 상고이유서 기재 상고이유 제4점)를 보충하고자 합니다. 위 상고이유의 요지는 다음과 같습니다.

> 원심은 피고의 직장폐쇄기간(아산공장의 경우 2011. 5. 18.~2011. 8. 22., 영동공장의 경우 2011. 5. 23.~2011. 8. 22., 이하 '이 사건 직장폐쇄 기간') 전체를 일률적으로 평균임금 산정에서 제외하였다. 그러나 근로기준법 시행령에 따라 평균임금 계산에서 예외적으로 제외되는 기간이란 근로자에게 책임을 돌릴 수 없는 사유로 임금감소가 예상되는 기간인데, 위법한 쟁의행위 기간은 근로자에게 책임 있는 사유로 근로가 제공되지 못한 기간이므로 이 기간은 평균임금 산정기간에서 제외될 수 없다(대법원 2009. 5. 28. 선고 2006다17287 판결 참조). 이는 근로자들이 참가한 위법한 쟁의행위에 대항하여 사용자가 적법한 직장폐쇄를 실시한 경우에도 마찬가지이다. 이 경우 쟁의행위 및 직장폐쇄 기간 동안 근로가 제공되지 못한 책임은 근로자들에게 있기 때문이다. 다른 한편, 근로자 측의 위법한 쟁의행위에 대항하여 사용자가 실시한 직장폐쇄가 위법한 경우, '적법한 쟁의행위 기간'이 존재하지 않으므로 평균임금 산정에서 제외될 기간이 없다.

나. 보충하고자 하는 주장의 요지

(1) 관련 사건 대법원 판결

최근 대법원은, 연월차휴가 수당과 관련하여 이 사건 직장폐쇄 기간 동안 피고 근로자들의 출근율이 문제된 사안에서, 이 사건 직장폐쇄 당시 C지회[2])가 피고 아산공장의 전면적·배타적 점거 등 위법한 쟁의행위를 계속하였다는 점을 명시적으로 인정하였습니다(참고자료 1: 대법원 2019. 2. 14. 선고 2015다66052 판결). 위 대법원 2015다66052 판결은 또한, 피고의 아산공장에 대한 2011. 5. 18. ~ 2011. 7. 11.의 직장폐쇄가 적법하였다는 점을 재차 확인하였습니다. 이로써 아산공장 직장폐쇄 기간 중 2011. 5. 18. ~ 2011. 7. 11.의 기간은 피고 주장과 같이 근로자 측의 위법한 쟁의행위에 대한 사용자의 적법한 직장폐쇄가 문제되는 기간임이 다시 확인되었습니다. 그리고 이는 이 사건에서 평균임금의 산정과 관련하여서도 고려되어야 할 전제 사정입니다.

(2) 적법한 직장폐쇄 중 위법한 파업 등에 참가한 경우의 평균임금 계산

이와 같이 이 사건에서는 특히, '파업·태업 등 근로자 측의 쟁의행위(이하 '**파업 등**')에 대항하는 방어수단으로 사용자의 적법한 직장폐쇄가 이루어진 경우 근로자가 위법한 파업 등에 참가한 기간'이 쟁점이 됩니다. 그런데 쟁의행위 기간을 평균임금 산정기간에서 제외하고 있는 근로기준법 시행령 제2조 제1항 제6호[3])(이하 '**이 사건 시행령 규정**')는 이처럼 적법한 직장폐쇄와 위법한 파업 등이 병존하는 기간에 관해서는 명시적으로 규정하고 있지 않습니다. 즉, 위 기간을 평균임금 산정과 관련하여 어떻게 고려할 것인지는 해석에 맡겨져 있습니다.

이와 관련하여 근로기준법 시행령의 취지 등을 고려하면, 적법한 직장폐쇄 중 근로자가 위법한 쟁의행위에 참가한 기간은 평균임금 산정기간에 '포함'하는 것이 타당합니다. 이 사건 시행령 규정이 적법한 쟁의행위 기간을 평균임금 산정기간에서 제외하도록 정한 것은, 근로자의 정당한 권리행사나 근로자에게 책임을 돌릴 수 없는 사유

---

2) 전국금속노동조합 충남지부 D지회 및 대전충북지부 E지회를 말합니다. 이하 같습니다.
3) **근로기준법 시행령 제2조(평균임금의 계산에서 제외되는 기간과 임금)** ① 「근로기준법」(이하 "법"이라 한다) 제2조 제1항 제6호에 따른 평균임금 산정기간 중에 다음 각 호의 어느 하나에 해당하는 기간이 있는 경우에는 그 기간과 그 기간 중에 지급된 임금은 평균임금 산정기준이 되는 기간과 임금의 총액에서 각각 뺀다.
6. 「노동조합 및 노동관계조정법」 제2조 제6호에 따른 쟁의행위기간

로 인하여 평균임금이 감소하는 경우를 막기 위한 것입니다(대법원 2009. 5. 28. 선고 2006다17287 판결). 그런데, 노동조합의 쟁의행위에 대한 방어수단으로 사용자의 적법한 직장폐쇄가 이루어진 경우 이러한 적법한 직장폐쇄 중 근로자가 위법한 쟁의행위에 참가한 기간은 근로자의 귀책으로 근로가 제공되지 못한 기간입니다(대법원 2019. 2. 14. 선고 2015다66052 판결). 그러므로 위 기간은 평균임금 산정기간에서 제외될 수 없고 원칙에 따라 평균임금 산정기간에 포함되어야 합니다.

(3) 파업 등과 직장폐쇄가 병존하는 경우의 평균임금 산정에 관한 원심 판단의 위법성 정리

이를 바탕으로, 파업 등과 사용자의 직장폐쇄가 병존하는 경우의 평균임금 계산에 관한 원심 판단의 위법성을 정리하겠습니다. 적법한 직장폐쇄 중 근로자가 위법한 파업 등에 참가한 경우, 위법한 직장폐쇄 중 근로자가 위법한 파업 등에 참가한 경우, 근로자가 파업 등에 참가하지 않은 경우 등으로 사안을 나눠 살펴보겠습니다.

(4) 기타 평균임금 산정기간에 관한 원심 판단의 위법성 정리

다음으로, 기타 평균임금 산정기간에 관한 원심 판단의 위법성을 정리하여 설명드리겠습니다. 즉, 설령 원심과 같이 이 사건 직장폐쇄 기간을 평균임금 산정에서 제외하는 것으로 보는 견해에 따르더라도, 여전히 원심이 제시한 평균임금 산정 방법은 위법하다는 점을 설명드리겠습니다.

(5) 이 상고이유보충서의 순서와 구성

아래에서는 먼저, 근로기준법 제2조 제1항, 같은 법 시행령 제2조 제1항 및 이 사건 시행령 규정 등 평균임금의 산정과 관련된 법령의 내용과 취지를 간략히 살펴보겠습니다. 이어 관련 사건 대법원 판결의 내용을 정리하고, 보충하고자 하는 주장을 차례로 개진하겠습니다.

2. 관련 법령의 내용과 취지

가. 근로기준법 제2조

근로기준법 제2조 제1항 제6호는, "평균임금이란 이를 산정하여야 할 사유가 발생한 날 이전 3개월 동안에 그 근로자에게 지급된 임금의 총액을 그 기간의 총일수로 나눈 금액을 말한다."라고 정하여 **평균임금 산정의 원칙**을 명시하고 있습니다. 이는 위와 같은 산정 원칙이 사유 발생 당시 근로자의 평소의 생활임금을 가장 정확하게 반영하는 것으로 볼 수 있기 때문입니다(대법원 2009. 5. 28. 선고 2006다17287 판결).

한편, 근로기준법 제2조 제2항은 "제1항 제6호에 따라 산출된 금액이 그 근로자의 통상임금보다 적으면 그 통상임금액을 평균임금으로 한다."라고 하여 평균임금의 하한을 보장하고 있습니다. 이는 평균임금의 산정에 관하여 근로기준법이 정하고 있는 유일한 예외입니다.

나. 근로기준법 시행령 제2조 제1항

근로기준법 시행령 제2조 제1항은, "근로기준법 제2조 제1항 제6호에 따른 평균임금 산정기간 중 다음 각 호의 어느 하나에 해당하는 기간이 있는 경우에는 그 기간과 그 기간 중에 지급된 임금은 평균임금 산정기준이 되는 기간과 임금의 총액에서 각각 뺀다"라고 정하고 있습니다.[4] 이는 **근로자의 임금 감소가 예상되는 기간 중 특별히 근로자의 권리행사 보장이 필요하거나 근로자에게 책임을 돌리기에 적절하지 않은**

---

[4] **근로기준법 시행령 제2조(평균임금의 계산에서 제외되는 기간과 임금)** ① 「근로기준법」(이하 "법"이라 한다) 제2조 제1항 제6호에 따른 평균임금 산정기간 중에 다음 각 호의 어느 하나에 해당하는 기간이 있는 경우에는 그 기간과 그 기간 중에 지급된 임금은 평균임금 산정기준이 되는 기간과 임금의 총액에서 각각 뺀다.
  1. 근로기준법 제35조 제5호에 따른 수습 사용 중인 기간
  2. 근로기준법 제46조에 따른 사용자의 귀책사유로 휴업한 기간
  3. 근로기준법 제74조에 따른 출산전후휴가 기간
  4. 근로기준법 제78조에 따라 업무상 부상 또는 질병으로 요양하기 위하여 휴업한 기간
  5. 「남녀고용평등과 일·가정 양립 지원에 관한 법률」 제19조에 따른 육아휴직 기간
  6. 「노동조합 및 노동관계조정법」 제2조 제6호에 따른 쟁의행위기간
  7. 「병역법」, 「예비군법」 또는 「민방위기본법」에 따른 의무를 이행하기 위하여 휴직하거나 근로하지 못한 기간. 다만, 그 기간 중 임금을 지급받은 경우에는 그러하지 아니하다.
  8. 업무 외 부상이나 질병, 그 밖의 사유로 사용자의 승인을 받아 휴업한 기간

몇 가지 경우를 선정하여 이에 한하여 예외적으로 평균임금 산정기간에서 제외하도록 함으로써 평균임금 산정에 관한 원칙과 근로자 이익 보호 정신의 조화를 실현하고자 한 것입니다(대법원 2009. 5. 28. 선고 2006다17287 판결).

다. 이 사건 시행령 규정

근로기준법 시행령 제2조 제1항 제6호(이 사건 시행령 규정)는, "「노동조합 및 노동관계조정법」(이하 '**노동조합법**') 제2조 제6호에 따른 쟁의행위 기간"을 각각 평균임금 산정기간에서 빼고 있습니다.

판례는 여기서 '쟁의행위 기간'이란 헌법과 노동조합법에 의하여 보장되는 적법한 쟁의행위로서의 주체, 목적, 절차, 수단과 방법에 관한 요건을 충족한 쟁의행위 기간, 즉 '**적법한 쟁의행위 기간**'만을 의미한다는 입장입니다. 만약, 이와 달리 위법한 쟁의행위 기간까지 제한 없이 이 사건 시행령 규정에 포함되는 것으로 해석하게 되면 근로자의 권리행사 보장이 필요하거나 근로자에게 책임을 돌리기에 적절하지 않은 경우만을 예외적으로 평균임금 산정기간에서 제외하고 있는 근로기준법 시행령 제2조 제1항의 취지 및 성격에 맞지 않기 때문입니다(대법원 2009. 5. 28. 선고 2006다17287 판결). 즉, '적법한 쟁의행위 기간'은 평균임금 산정기간에서 제외되고, 반대로 '위법한 쟁의행위 기간'은 평균임금 산정기간에서 제외될 수 없습니다.

이처럼 이 사건 시행령 규정의 쟁의행위를 노동조합법상 요건을 갖춘 '적법한' 쟁의행위로 한정하여 보는 것은 이 사건 시행령 규정의 문언에도 부합하는 해석입니다. 왜냐하면 이 사건 시행령 규정은 '**노동조합법 제2조 제6호에 따른**' 쟁의행위 기간을 평균임금 산정기간에서 제외하도록 정하고 있는데, 노동조합법 제2조 제6호는 쟁의행위의 개념과 함께 쟁의행위의 정당성 요건을 정한 규정이기 때문입니다.[5]

라. 근로기준법 시행령의 효력

한편, 이 사건 시행령 규정 등 근로기준법 시행령 제2조 제1항은 모법인 근로기준법의 위임 없이 근로기준법이 명시한 산정 원칙에 대한 예외를 규정하고 있으므로 그 효력이 문제될 수 있습니다. 이처럼 시행령이 모법의 위임 없이 규정한 내용은 모법의

---

5) 이와 같이 노동조합법 제2조 제6호는 쟁의행위의 개념과 정당성 요건을 동시에 정한 규정이라고 보는 것이 다수설입니다[노동조합 및 노동관계조정법 주해 I, 박영사(2015), 209면 참조].

취지에 어긋나지 않게 해석되어야 하고 또한 그 범위 내에서만 유효하다고 볼 수밖에 없습니다. 즉, 이 사건 시행령 규정 등 근로기준법 시행령 제2조 제1항은 근로기준법이 정한 평균임금 산정 원칙에 어긋나지 않는 범위 내에서, 또한 근로기준법의 취지 내에서 해석되어야 하고 또 그러한 범위 내에서만 효력이 인정된다고 봄이 타당합니다.

3. 관련 사건 대법원 판결의 취지

(생략)

4. 사용자의 적법한 직장폐쇄 중 근로자가 위법한 파업 등에 참가한 기간

가. 서론

평균임금 제도의 취지, 평가의 모순 방지, 관련 제도와의 일관성, 이 사건 시행령 규정의 문언과 연혁 등을 고려하면, 노동조합의 쟁의행위에 대한 방어수단으로 사용자의 적법한 직장폐쇄가 이루어진 경우 이러한 직장폐쇄 기간 중 근로자가 위법한 파업 등에 참가한 기간은 평균임금 산정기간에 포함되어야 합니다. 그 구체적인 이유는 아래에서 항을 달리하여 설명드리겠습니다.

나. 이 사건 시행령 규정 등 평균임금 제도의 취지

이 사건 시행령 규정 등 평균임금 제도의 취지와 성격을 고려할 때, '적법한 직장폐쇄 중 근로자가 위법한 쟁의행위에 참가한 기간'은 **평균임금 산정기간에 포함되어야** 합니다. 그 이유는 다음과 같습니다.

첫째, '적법한 직장폐쇄 중 근로자가 위법한 쟁의행위에 참가한 기간'은 **근로자의 귀책으로 근로가 제공되지 못한 기간이므로, 이를 평균임금 산정에서 제외하는 것은 이 사건 시행령 규정의 취지와 성격에 명백히 반합니다.** 이 사건 시행령 규정이 '적법한 쟁의행위 기간'을 평균임금 산정기간에서 제외하도록 정한 것은, 임금의 감소가 예상되는 기간 중 근로자의 정당한 권리행사를 특별히 보장할 필요가 있거나, 근로자에게 책임을 돌릴 수 없는 사유로 인하여 평균임금이 감소하는 기간을 평균임금 산정에서 제외하기 위한 것입니다(대법원 2009. 5. 28. 선고 2006다17287 판결). 그런데, 노동조합의 쟁의행위에 대한 방어수단으로 사용자의 적법한 직장폐쇄가 이루어진 경우 이러한 적법한 직장폐쇄 중 근로자가 위법한 쟁의행위에 참가한 기간은 근로자의 귀책으로 근로가 제공되지 못한 기간입니다(대법원 2019. 2. 14. 선고 2015다66052 판결). 그렇다면, '적법한 직장폐쇄 중 근로자가 위법한 쟁의행위에 참가한 기간'을 평균임금 산정기간에서 빼는 것은, 근로자의 책임으로 임금이 감소한 기간을 평균임금 산정에서 빼는 것으로서, 이 사건 시행령 규정의 취지와 성격에 정면으로 반하는 것입니다. 따라서, '적법한 직장폐쇄 중 근로자가 위법한 쟁의행위에 참가한 기간'이 평균임금 산정기간에서 제외된다고 해석할 수는 없습니다.

둘째, '사용자의 적법한 직장폐쇄 중 근로자가 위법한 쟁의행위에 참가한 기간'은 평균임금 산정과 관련하여서는 단순히 '근로자가 위법한 쟁의행위에 참가한 기간'과 동일할 뿐이므로, 이 점에서도 평균임금 산정기간에서 제외될 수 없습니다. 이 사건 시행령 규정이 '적법한 쟁의행위 기간'을 평균임금 산정에서 제외하는 것은 근로자의 책임으로 돌릴 수 없는 이유로 임금이 감소하는 기간을 평균임금 산정에서 제외하겠다는 의미입니다. 즉, 이 사건 시행령 규정의 적용과 관련하여 문제되는 것은 임금의 감소에 대한 '책임'이 누구에게 있는지입니다. 그러한 관점에서, 사용자의 적법한 직장폐쇄 중 근로자가 위법한 쟁의행위에 참가한 기간은 근로자의 책임으로 임금이 감소한 쟁의행위 기간이고, 따라서 이 사건 시행령 규정의 적용과 관련하여서는 '위법한 쟁의행위 기간'과 동일하게 취급되어야 합니다.

셋째, 특별히 근로자의 권리행사 보장이 필요하거나 근로자에게 책임을 돌리기에 적절하지 않은 예외적인 경우가 아닌 한, 근로기준법이 명문으로 정한 방법에 따라 '평균임금을 산정하여야 할 사유가 발생한 날 이전 3개월'을 기준으로 평균임금을 산정하는 것이 평균임금 산정의 '원칙'이기도 합니다(대법원 2009. 5. 28. 선고 2006다17287 판결 참조). 근로기준법은 이와 같이 법률로써 평균임금의 산정기간을 명시하고 있으며, 아래 제2조 제2항 외에는 전혀 평균임금 산정에 관한 예외를 규정하고 있지도 않고, 달리 예외를 정할 수 있도록 시행령 등에 위임하고 있지도 않습니다. 게다가, 설령 평균임금이 다소 작게 산정되는 경우에도 적어도 통상임금 이상의 평균임금이 보장되므로 근로자에게 크게 불리한 결과가 발생하지도 않습니다(근로기준법 제2조 제2항). 그런데, 앞서 본 바와 같이 적법한 직장폐쇄 중 근로자가 위법한 쟁의행위에 참가한 기간은 근로자의 귀책으로 근로가 제공되지 못한 기간이므로, 이 기간을 평균임금 산정에서 제외함으로써 근로기준법이 명문으로 정한 산정방법을 위반해야 할 아무런 이유도 없습니다.

요컨대, ① 이 사건 시행령 규정에 따라 평균임금 계산에서 제외되는 '적법한 쟁의행위 기간'이란 근로자의 정당한 권리행사 기간 또는 근로자의 책임으로 돌릴 수 없는 쟁의행위 기간만을 말합니다. ② 그런데, '적법한 직장폐쇄 기간 중 근로자가 위법한 쟁의행위에 참가한 기간'은 근로자의 책임으로 근로가 제공되지 못한 기간이므로 이 사건 시행령 규정이 적용되지 않습니다. ③ 그러므로 '적법한 직장폐쇄 기간 중 근로자가 위법한 쟁의행위에 참가한 기간'은 근로기준법이 명문으로 정한 원칙에 따라 평균임금 산정 기간에 포함되어야 합니다.

다. 평가의 모순과 불균형 방지

사용자의 적법한 직장폐쇄 중 근로자가 위법한 쟁의행위에 참가한 기간은 평균임금의 산정에 포함하는 것이 모순과 불균형을 방지하는 방법입니다.

첫째, 만약 근로자측의 쟁의행위가 위법하였는데도 사용자의 적법한 직장폐쇄가 있었다는 이유로 그 기간을 평균임금 산정기간에서 제외한다면, 사용자는 적법한 방어수단인 직장폐쇄를 실시함으로써 오히려 불리해지는 모순이 발생하게 됩니다. 원래 근로자의 쟁의행위가 위법한 경우 평균임금 산정기간에서 제외됨에는 아무런 이론이 없습니다. 그런데 근로자의 쟁의행위가 위법한 경우, 특히 그 쟁의행위로 인한 피해가 중대하여 사용자의 직장폐쇄가 부득이한 방어수단으로서의 상당성을 가지는 것이 인정된 경우(적법한 직장폐쇄)에까지, 사용자가 직장폐쇄로 인하여 추가적인 임금 지급의무를 부담하게 되는 것은 불합리합니다.[6] 게다가, 위법한 쟁의행위 기간에 대하여 사용자는 처음부터 임금지급의무도 부담하지 않는데, 방어를 위하여 적법한 직장폐쇄를 실시하였다는 이유로 오히려 추가적인 평균임금 지급의무만 부담하게 된다는 이상

---

6) 직장폐쇄는 근로자 측의 쟁의행위에 의해 노사간에 힘의 균형이 깨지고 사용자 측에게 현저히 불리한 압력이 가해지는 상황에서 사용자가 회사를 보호하기 위하여 수동적·방어적인 수단으로 부득이하게 실시한 경우에만 그 적법성을 인정받을 수 있습니다(대법원 2000. 5. 26. 선고 98다34331 판결, 대법원 2007. 3. 29. 선고 2006도9307 판결 등). 대법원은 이 사건 직장폐쇄 중 아산공장에 대한 2011. 5. 18. ~ 2011. 7. 11.의 직장폐쇄는 위와 같은 요건을 갖춰 적법한 것으로 인정하였습니다(대법원 2019. 2. 14. 선고 2015다66052 판결 등).

한 결론에 이릅니다.

둘째, 만약 근로자가 위법한 쟁의행위에 참가하였는데도, 사용자의 적법한 직장폐쇄가 있었다는 이유만으로 그 기간을 평균임금 산정기간에서 제외한다면, 근로자의 입장에서는 적법한 쟁의행위에 참가한 경우와 위법한 쟁의행위에 참가한 경우 간에 평균임금의 산정과 관련하여 아무런 차이가 없게 됩니다. 이는 합리적인 평가라고 할 수 없습니다.

라. 관련 제도와의 균형

앞서 본 바와 같이 대법원 2015다66052 판결은, 연월차휴가의 발생요건인 출근율 산정과 관련하여 '적법한 직장폐쇄 중 근로자가 위법한 쟁의행위에 참가한 기간'은 '결근'으로 처리함이 타당하다고 보았습니다. 그런데, 근로자가 결근한 기간은 근로자의 책임으로 근로를 제공하지 못한 기간으로서 평균임금의 산정 기간에도 포함된다는 점에 별다른 의문이 없습니다. 즉, '적법한 직장폐쇄 중 근로자가 위법한 쟁의행위에 참가한 기간'은 '결근'의 실질을 가지므로, 이 점에서도 평균임금 산정기간에 포함하여 해석하는 것이 타당합니다.

이와 같이 해석하지 않으면, '적법한 직장폐쇄 중 근로자가 위법한 쟁의행위에 참가한 기간'이 연월차 휴가의 산정과 관련하여서는 무단 결근과 동일한 취급을 받고, 평균임금 산정과 관련하여서는 적법한 쟁의행위 기간과 동일한 취급을 받는다는 이상한 결론에 이르게 됩니다.

마. 이 사건 시행령 규정의 문언

앞서 본 바와 같이 '적법한 직장폐쇄 중 근로자가 위법한 쟁의행위에 참가한 기간'은 근로자의 귀책으로 근로가 제공되지 못한 기간이므로, 평균임금 산정기간에서 제외될 수 없다고 해석하는 것이 이 사건 시행령 규정의 문언에 반하지도 않습니다. 이 사건 시행령 규정은 '적법한 직장폐쇄 중 근로자가 위법한 파업 등에 참가한 기간'이 평균임금 산정에서 제외되어야 하는지 여부에 관해서는 규정하고 있지 않기 때문입니다.

참고로, '적법한 직장폐쇄 중 근로자가 위법한 파업 등에 참가한 기간'은 이 사건 시행령 규정 제정 당시에는 고려의 대상도 아니었던 것으로 보입니다. 이 사건 시행령 규정은 1997. 3. 27. 대통령령 제15320호로 제정(신설)되었는데, 그 당시 행정해석은 사용자의 직장폐쇄는 근로자측의 '적법한' 쟁의행위에 대하여서만 가능하다는 입장이었기 때문입니다[참고자료 2: 고용노동부 노사관계법·제도 선진화방안(요약) 보고서, 2003, 14면 등].[7] 즉, 당시로서는 근로자의 '위법한' 쟁의행위와 사용자의 '적법한' 직장폐쇄가 병존하는 경우를 생각할 수 없었던 것으로 보입니다.

따라서 이 사건 시행령 규정은 앞서 본 바와 같이 평균임금 제도의 취지 등을 고려하여 종합적으로 해석되어야 합니다.

5. 파업 등과 직장폐쇄가 병존하는 경우에 관한 원심 판단의 위법성 정리

(생략)

다. 소결론

근로자가 파업 등에 참가한 것을 전제로 할 때, 파업 등과 직장폐쇄가 병존하는 기간 및 그 기간 동안에 지급된 임금은, 다음의 구분에 따라 평균임금 계산에 포함되거나, 평균임금 계산에서 제외될 수 있습니다.

[표] 직장폐쇄와 파업 등이 병존하는 기간의 평균임금 산정기간 포함 여부

※ 근로자가 파업 등에 참가한 경우

(근로자 측) 파업 등	(사용자) 직장폐쇄	평균임금 계산
적법	적법	제외
	위법	제외
위법	적법	포함
	위법	포함

다만, 위 기간 중에도 근로자가 파업 등에 참가하지 않고 근로를 제공하며 임금을

---

7) 위 보고서는 "현재 사용자의 직장폐쇄는 합법 파업에만 허용되는 것으로 해석·운용"된다고 정리한 뒤 앞으로는 이를 달리 볼 필요가 있다고 분석하였습니다. 다만, 현재의 판례는 근로자 측의 위법한 쟁의행위에 대하여서도 사용자가 적법하게 직장폐쇄를 실시할 수 있다는 입장입니다(대법원 2019. 2. 14. 선고 2015다 66052 판결 참조).

수령한 경우에는 임금의 감소가 예상되지 않으므로, 위 근로제공 기간 및 그 기간 동안에 지급된 임금을 평균임금 계산에 포함하는 것이 타당합니다. 한편, 근로자가 파업 등에 참가하지 않았으나 사용자의 직장폐쇄로 인하여 근로를 제공하지 못한 경우에는 근로자의 책임 없는 사유로 임금이 감소한 경우이므로 위 직장폐쇄 기간 및 그 기간 동안에 지급된 임금을 평균임금 계산에서 제외하는 것이 타당합니다.

6. 기타 평균임금 산정에 관한 원심 판단의 위법성

(생략)

7. 결 론

이와 같이 원심판결은 평균임금 산정에 관한 법리를 오해하였으므로 원심판결을 파기하여 다시 적정한 판단을 받을 수 있도록 하여 주시기 바랍니다.

참 고 자 료

1.   참고자료 1   대법원 2015다66052 판결
1.   참고자료 2   고용노동부 노사관계법·제도 선진화방안 보고서(2003)

첨 부 서 류

1.   위 참고자료   각 1부

2019.   4.   3.

피고(상고인) 소송대리인
법무법인(유한) 지평

담당변호사 이 광 선

담당변호사 박 호 경

담당변호사 구 자 형

대법원 제3부   귀중

대법원 2019. 6. 13. 선고 2015다65561 판결

【판시사항】

[1] 평균임금 산정 원칙에 대한 예외 규정인 근로기준법 시행령 제2조 제1항에서 정한 '노동조합 및 노동관계조정법 제2조 제6호에 따른 쟁의행위기간'에 위법한 쟁의행위기간이 포함되는지 여부(소극)

[2] 노동조합 및 노동관계조정법 제46조에서 정하는 사용자의 직장폐쇄가 정당한 쟁의행위로 인정되기 위한 요건 및 노동조합의 쟁의행위에 대한 방어적인 목적을 벗어나 선제적, 공격적 직장폐쇄에 해당하는 경우, 정당성을 인정할 수 있는지 여부(소극) / 직장폐쇄가 정당한 쟁의행위로 평가받지 못하는 경우, 사용자가 직장폐쇄기간 동안 대상 근로자에 대한 임금지급의무를 면할 수 있는지 여부(원칙적 소극)

[3] 사용자의 직장폐쇄기간이 근로기준법 시행령 제2조 제1항 제6호에서 말하는 '노동조합 및 노동관계조정법 제2조 제6호에 따른 쟁의행위기간'에 해당하는지 판단하는 기준

【판결요지】

[1] 근로기준법 제2조 제1항 제6호는 "평균임금이란 이를 산정하여야 할 사유가 발생한 날 이전 3개월 동안에 그 근로자에게 지급된 임금의 총액을 그 기간의 총일수로 나눈 금액을 말한다."라고 평균임금 산정 원칙을 명시하고 있다. 일반적으로 위와 같은 산정 방법이 사유 발생 당시 근로자의 통상적인 생활임금을 가장 정확하게 반영하기 때문이다. 그러나 위와 같은 산정 원칙을 모든 경우에 획일적으로 적용하면 근로자의 통상적인 생활임금을 사실대로 반영하지 못하거나 근로자에게 가혹한 결과를 초래할 수 있다.

근로기준법 시행령 제2조 제1항은 평균임금 산정 원칙에 대한 예외 규정이다. 이에 따라 평균임금 산정기간 중에 노동조합 및 노동관계조정법(이하 '노동조합법'이라 한다) 제2조 제6호에 따른 쟁의행위기간(제6호) 등이 있는 경우에는 그 기간과 그 기간 중에 지불된 임금은 평균임금 산정기준이 되는 기간과 임금의 총액에서 각각 공제된다. 이는 근로자의 임금 감소가 예상되는 기간 중 특별히 근로자의 권리행사 보장이 필요하

거나 근로자에게 책임이 있다고 보기 어려운 경우에 한하여 예외적으로 평균임금 산정기간에서 제외하도록 함으로써, 평균임금 산정에 관한 원칙과 근로자 이익 보호 사이의 조화를 실현하고자 한 것이다.

근로자의 정당한 권리행사 또는 근로자에게 책임이 있다고 보기 어려운 사유로 근로자가 평균임금 산정에서 불이익을 입지 않도록 특별히 배려한 근로기준법 시행령 제2조 제1항의 취지와 성격을 고려할 때, 헌법과 노동조합법에 따라 보장되는 적법한 쟁의행위의 주체, 목적, 절차, 수단과 방법에 관한 요건을 충족한 쟁의행위기간은 제6호의 '노동조합법 제2조 제6호에 따른 쟁의행위기간'을 가리킨다고 할 수 있다. 위와 같은 요건을 충족하지 못하는 위법한 쟁의행위기간은 이에 포함되지 않는다.

[2] 노동조합 및 노동관계조정법 제46조에서 정하는 사용자의 직장폐쇄는 사용자와 근로자의 교섭태도와 교섭과정, 근로자의 쟁의행위의 목적과 방법, 그로 인하여 사용자가 받는 타격의 정도 등 구체적인 사정에 비추어 근로자의 쟁의행위에 대한 방어수단으로서 상당성이 있어야만 사용자의 정당한 쟁의행위로 인정될 수 있다. 노동조합의 쟁의행위에 대한 방어적인 목적을 벗어나 적극적으로 노동조합의 조직력을 약화시키기 위한 목적이 있는 선제적, 공격적 직장폐쇄에 해당하는 경우에는 정당성이 인정되지 않는다. 직장폐쇄가 정당한 쟁의행위로 평가받지 못하는 경우에는 사용자는 원칙적으로 직장폐쇄기간 동안 대상 근로자에 대한 임금지급의무를 면할 수 없다.

[3] 근로기준법 제2조 제1항 제6호의 평균임금 개념과 산정 방식, 근로기준법 시행령 제2조 제1항의 취지와 성격, 근로자의 위법한 쟁의행위 참가기간의 근로기준법 시행령 제2조 제1항 제6호 기간 해당 여부, 직장폐쇄와 사용자의 임금지급의무의 관계 등을 종합하여 다음과 같은 결론을 도출할 수 있다.

첫째, 근로기준법 시행령 제2조 제1항의 입법 취지와 목적을 감안하면, 사용자가 쟁의행위로 적법한 직장폐쇄를 한 결과 근로자에 대해 임금지급의무를 부담하지 않는 기간은 원칙적으로 같은 조항 제6호의 기간에 해당한다. 다만 이러한 직장폐쇄기간이 근로자들의 위법한 쟁의행위 참가기간과 겹치는 경우라면 근로기준법 시행령 제2조 제1항 제6호의 기간에 포함될 수 없다.

둘째, 위법한 직장폐쇄로 사용자가 여전히 임금지급의무를 부담하는 경우라면, 근로자의 이익을 보호하기 위해 그 기간을 평균임금 산정기간에서 제외할 필요성을 인정하기 어려우므로 근로기준법 시행령 제2조 제1항 제6호에 해당하는 기간이라고 할 수 없다.

이와 달리 직장폐쇄의 적법성, 이로 인한 사용자의 임금지급의무 존부 등을 고려하지 않은 채 일률적으로 사용자의 직장폐쇄기간이 근로기준법 시행령 제2조 제1항 제6호에서 말하는 '노동조합 및 노동관계조정법 제2조 제6호에 따른 쟁의행위기간'에 해당한다고 할 수 없다.

서울시 학생인권조례 제3조 제1항 등 위헌확인*

- 헌법재판소 2019. 11. 28. 선고 2017헌마1356 전원재판부 결정 -

박성철 · 김승현 · 강정은 · 최초록 · 이상현 변호사

교사가 여학생에게 "여자가 대학 가봐야 무엇하느냐"고 묻습니다. 다문화가정 학생을 '동남아'라 부르고, 성소수자는 '정신병자'라고 가르칩니다. 모두 우리 교실 안에서 일어난 일입니다. 이러한 발언을 금지하면, 교사의 표현의 자유가 침해되는 걸까요? 학교 현장에서 표현의 자유라는 이름 아래 허용될 수 있는 경계는 어디까지일까요? 이 물음에 답한 것이 서울시 학생인권조례 사건입니다.

서울시 학생인권조례는 학생인권 실태조사에서 드러난 인권침해 현실을 기반으로 제정되었습니다. 어린이와 청소년들은 차별과 혐오표현으로 지대한 심리적 영향을 받습니다. 스스로가 소중한 존재이며 사회 속에서 한 인간으로서 동등한 권리를 누리면서 살 가치가 있다는 믿음조차 위협받습니다. 서울시 학생인권조례는 이러한 학생들에게 "성별, 장애, 가족상황, 성적 지향, 성별 정체성 등을 이유로 차별받지 않을 권리"가 있다고 선언합니다(제5조 제1항). 나아가, "혐오적 표현을 통해 다른 사람의 인권을 침해해서는 아니 된다"고 규정합니다(제5조 제3항).

일부 학교장과 교사, 학생들이 위 조항이 위헌이라는 헌법소원을 제기하면서 사건이 시작되었습니다. 동성애 차별 발언을 비롯한 혐오표현을 금지할 경우, 표현의 자유와 교권이 침해된다는 것이 청구인들의 주장입니다. 지평과 두루는 서울특별시 교육감을 대리하여, 혐오표현 금지의 합헌성을 주장하면서 서울시 학생인권조례를 방어하

---

* 해당 사례(혐오표현 금지 서울시 학생인권조례 합헌)는 '제3회 대한민국 법무대상'에서 '공익상(송무)'을 수상하였다. [머니투데이 '더엘'(the L) · 한국사내변호사회 공동 주최, 네이버법률(법률N미디어) 공동 주관, 2020. 6. 16.]

였습니다. 국제 인권규범과 해외 각국의 판례를 정리하고, 학교에서 청소년들이 경험하는 혐오표현의 실상을 제시했습니다. 결국 헌법재판소는 서울시 학생인권조례의 손을 들어주었습니다. 재판관 전원의 일치된 의견으로 "차별·혐오표현으로 인간의 존엄성이 침해될 경우 이는 회복되기 어려운 피해를 남기게 되므로 타인의 인권을 침해하는 차별·혐오표현을 금지하는 것은 헌법상 인간의 존엄성 보장 측면에서 긴요하다"고 판단한 것입니다.

'혐오표현(Hate Speech)'은 국제 사회에서 활발히 논의되고 있는 최신 쟁점입니다. 무엇을 '혐오표현'으로 규정할 것인지, 표현의 자유와의 긴장관계를 어떻게 풀어나가야 하는지 의견이 분분합니다. 그러한 가운데, 이 사건을 통하여 "인권침해의 결과가 발생하는 표현은 민주주의의 장에서 허용되는 한계를 넘는 것"이라는 헌법재판소의 명시적인 판단을 이끌어냈다는 점은 의미가 깊습니다. 사회 각계에서도 이번 사건을 통해 학생과 소수자 인권을 증진할 계기가 마련되었다면서 환영 성명을 냈습니다.

한 사람은 "이 세상에서 무엇과도 바꿀 수 없는 절대적 존재"이며 "전지구보다 무겁고 또 귀중하고도 엄숙한 것"입니다(대법원 1963. 2. 28. 선고 62도241 판결). 어떤 사회적 신분을 가진 어린이나 청소년도 그와 같은 자기 존재를 부정하지 않으면서 성장할 자격이 있습니다. '혐오표현할 자유'라는 미명 하에 이를 희생시킬 수는 없다는 것을 이번 사건은 다시금 확인시켜 주었습니다. 이를 계기로 더 많은 어린이와 청소년들이 자신에게 잠재된 "전지구"의 모습을 실현해나갈 수 있기를 희망합니다.

[제출 서면]

의 견 서

사　　　　　건　　　2017헌마1356　　서울시 학생인권조례 제3조 제1항 등
　　　　　　　　　　　　　　　　　　위헌확인

청　　구　　인　　　○○○ 외 22
이 해 관 계 인　　　서울특별시 교육감

위 사건에 관하여 이해관계인의 대리인은 다음과 같이 의견을 개진합니다.

1. 사건의 개요

가. 서울시 학생인권조례의 제정 및 개정

서울시는 2012. 1. 26. 「서울특별시 학생인권 조례」(서울특별시조례 제5247호, 이하 '이 사건 조례')를 제정하였습니다. 이후 서울시는 2017. 9. 21. 이 사건 조례를 개정하여 "차별적 언사나 행동, 혐오적 표현 등을 통해 다른 사람의 인권을 침해하여서는 안 된다"는 취지의 제5조 제3항을 신설하였습니다.

나. 헌법소원심판의 청구

청구인들은 2017. 12. 20. "이 사건 조례가 위헌임을 확인해 달라"며 헌법재판소에 헌법소원심판을 청구하였습니다.

청구인들은 모두 23명인데, 이 사건 조례에 관하여 다양한 지위를 가지고 있습니다. 별지목록 청구인 1 내지 4는 서울 소재 초·중·고등학교에 재직 중인 교원들, 청구인 5는 서울 소재 사립고등학교의 장입니다. 청구인 6 내지 12는 서울 소재 초·중·고등학교에 재학 중인 학생들, 청구인 13, 14는 2018. 3. 1. 서울 소재 초등학교에 입학

한 학생들입니다. 청구인 15 내지 23은 위 청구인 6 내지 14의 부모입니다.

다. 청구인들 주장 요지

(1) 청구인들의 기본권을 침해하여 위헌이라는 첫 번째 주장

청구인들은, "이 사건 조례 제5조 제1항, 제3항은 학생인 청구인들의 양심에 따른 표현의 자유를, 제16조는 교원들 및 학교장인 청구인들의 교육의 자유, 종교행사의 자유를, 이 사건 조례 전체는 학부모인 청구인들의 자녀에 대한 교육권을 침해한다"고 주장합니다(청구서 6-7면, 10-21면).

(2) 학교장인 청구인의 권한을 침해하여 위헌이라는 두 번째 주장

(생략)

2. 헌법소원심판 청구의 부적법성

(생략)

3. 이 사건 조례의 의의

(전략) **학생인권조례 제정 배경에서 알 수 있듯이, 이 사건 조례는 차별과 체벌, 사생활 및 표현의 자유, 인격권 등의 기본권 침해, 집단 따돌림, 학교폭력, 자살 등으로 점철되면서 인권이 자리를 잡을 수 없었던 학교 현장에서 학생의 인권이 실현될 수 있도록 함으로써, 학생의 존엄과 가치 및 자유와 권리를 보장하기 위한 목적으로 제정되었습니다.**

이 사건 조례안을 심의하는 서울특별시의회 본회의에서 한 교육위원은 "분명히 헌법과 법률에 학생도 인권의 주체라고 명시되어 있지만, 학생은 사람이라기보다 훈육과 관리, 통제의 대상으로 취급되어 왔고, 교육의 장에서 주체가 아닌 객체였다는 점, 비록 나이가 어리지만 엄연히 학생도 인간이기에 인격적인 독립체로 인정하고 인권을 존중하기 위한

노력에서 학생인권조례안이 만들어졌다"고 발언하여, 학생인권조례의 입법 목적을 설명하였습니다[참고자료 6, 제235회 서울특별시의회(정례회) 본회의회의록(2011. 12. 19.), 40-41면].

국가인권위원회는 2012. 7. 9. '인권친화적 학교문화 조성을 위한 종합정책'을 국무총리, 교육부장관, 17개 시도교육청 등 관련 부처에 ① 인권교육의 제도화, ② 학생인권 증진, ③ 교원의 교권 존중, ④ 체벌 없는 인권친화적 학생지도, ⑤ 학교폭력 예방과 적극적 대응이라는 5개의 영역에서 총 52대의 정책을 제시하면서, "지방교육자치단체들이 재정상·권한상 한계에도 불구하고, 국회와 중앙정부가 아동·청소년 인권 보장 의무를 해태하는 상황에서도, **인권친화적 학교문화 조성을 위해 학생인권조례를 제정·시행하는 등의 노력을 경주한 것**에 대해 [정부 관련 부처들이] 정당한 평가와 지지를 표명하고 있지 않다. [국가인권위원회는] **학생인권 보장을 위해 국가보다 앞서 학생인권의 구체적 보장과 증진을 위해 학생인권조례의 제정 등 규범적 체계를 마련하고자 한 일부 시·도 교육청의 노력을 지지한다**"는 의견을 밝혀, 학생인권조례가 학생인권 보장을 목적으로 제정된 것임을 인정하였습니다(참고자료 5).

이 사건 조례의 궁극적인 목표는 학생의 인권이 존중되고 실현되는 인권친화적 교육문화를 실현할 수 있는 교육현장을 형성하는 것입니다.[1] 이 사건 조례는 이러한 목표의 실현을 위해 교육현장을 구성하는 모두에게 부여되는 의무를 확인하고, 학생 개개인의 권리를 확인하고 실현함으로써 학생이 하나의 인격체로서 존중 받고, 성장할 수 있는 토대를 마련하기 위해 제정되었습니다. (후략)

4. 이 사건 조례의 합헌성(1) : 헌법상 차별금지 원칙을 실현하는 제5조

(생략)

5. 이 사건 조례의 합헌성(2) : 혐오표현을 금지하는 제5조 제3항

가. 이 사건 조례가 금지하는 '혐오표현'

"**학교의 설립자·경영자, 학교의 장과 교직원, 그리고 학생은 혐오적 표현을 통해 다른 사람의 인권을 침해하여서는 아니 된다.**"(조례 제5조 제3항)

---

1) 참고자료 4. 서울특별시 학생인권조례안 심사보고서(2011. 12. 19.), 22면.

표현의 '방법'은 금지할 수 있습니다. 그러나 '내용'을 함부로 규제해서는 안 됩니다(헌법재판소 2011. 12. 29. 선고 2010헌마285 결정 등). "헌법상 표현의 자유가 보호하고자 하는 가장 핵심적인 것이 바로 '표현행위가 어떠한 내용을 대상으로 한 것이든 보호를 받아야 한다'는 것"이기 때문입니다(헌법재판소 2002. 12. 선고 2000헌마764 결정). 그런데 학생인권조례는 바로 그 '표현 내용'을 제한합니다. "혐오적 표현"(Hate Speech, 이하 '혐오표현')을 허용하지 않습니다.

'혐오표현'이란 개념부터가 어떤 표현 내용을 제한하기 위해 탄생한 것입니다. 인간의 존엄성을 최고의 가치로 삼는 사회에서, 사회적 소수자라는 이유로 한 사람의 존재가치를 부정하고 인격을 파괴하는 것. 모든 사람의 평등이 보장되어야 할 사회에서, 어떤 집단은 멸시당하고 차별받아야 한다고 선동하는 것. 다양한 의견이 꽃피워야 할 민주적 공론장을 편견으로 왜곡시키고, 소수자는 목소리를 내지 못하게 배제하는 것. 이러한 일들이 '표현 행위'라는 모습을 했다는 이유로 허용되어서는 안 된다는 결단 아래, 국제사회는 여기 '혐오표현'이라고 이름 붙여 구별을 지었습니다.

혐오표현에 하나의 정의가 존재하지는 않습니다. 국제적으로 통용되는 '혐오표현'의 정의를 몇 가지 살펴보면 아래와 같습니다.

- "차별, 적의 또는 폭력의 선동이 될 민족적, 인종적 또는 종교적 증오의 고취"(「시민적 및 정치적 권리에 관한 국제규약」 제2조 제2항)
- "반유대주의, 제노포비아, 인종적 증오를 확산시키거나 선동하거나 고취하거나 정당화하는 모든 형태의 표현 또는 소수자, 이주민, 이주 기원을 가진 사람들에 대한 공격적인 민족주의, 자민족 중심주의, 차별, 적대 등에 의해 표현되는 불관용에 근거한 다른 형태의 증오" (유럽평의회 각료회의의 혐오표현에 관한 권고)[2]
- "특정한 사회적, 인구학적 집단으로 식별되는 대상에 기반을 두고 위해를 가하도록 하는 선동(특히, 차별, 적의 또는 폭력)을 옹호하는 표현"(유네스코)[3]
- "인종, 출신민족, 성별, 종교, 세계관, 장애, 연령 또는 성적 정체성과 관련된 원치 않는 행동방식이, 관련된 사람의 존엄성을 침해하고 위협적, 적대적, 굴욕적, 명예훼손적, 모욕적 특성의 환경이 조성되는 것을 목적으로 하거나 이를 야기하는 경우"(독일 「평등대우 원칙의 실현을 위한

---

2) Recommendation No. R(97) 20 on "hate speech" adopted by the Committee of Ministers of Council of Europe on 30 October 1997.

3) Iginio Gagliardone, Danit Gal, Thiago Alves, and Gabriela Martinez, Countering *Online Hate Speech*, UNESCO, 2015, p. 10.

유럽지침의 이행을 위한 법률」제3조 제3항)[4]

• "일본 외 출신자에 대한 차별의식을 조장하거나 유도할 목적으로 공연히 그 생명, 신체, 자유, 명예 또는 재산에 위해를 가한다는 뜻을 고지하거나 일본 외 출신자를 현저하게 모독하는 등, 일본의 역외국가 또는 지역 출신인 것을 이유로 본국 외 출신자를 지역사회에서 배제할 것을 선동하는 부당한 차별적 언동"(일본「헤이트스피치 억제법」제2조)[5]

표현은 조금씩 다릅니다. 하지만 뜻은 명확합니다. 종합해보면, "소수자에 대한 편견 또는 차별을 확산시키거나 조장하는 행위 또는 어떤 개인, 집단에 대해 그들이 소수자로서의 속성을 가졌다는 이유로 멸시·모욕·위협하거나 그들에 대한 차별, 적의, 폭력, 배제를 선동하는 표현"입니다. 이와 같은 '혐오표현'에 관한 여러 정의는 공통적으로 세 가지 요소를 내포합니다.

첫째, '**소수자**'를 대상으로 하는 표현입니다. '소수자'란 그 사회에서 지배적이라고 일컬어지는 가치와 상이한 입장에 있는 집단 또는 개인을 말합니다.[6] 각국의 차별금지법이나 우리나라의 국가인권위원회법, 이 사건 조례 제5조 제1항은 성별, 종교, 출신지역, 성적 지향, 장애 등의 속성을 이유로 한 차별을 금지하는데,[7] 각각의 속성을 기준으로 소수에 속한 개인이나 집단을 '소수자'로 볼 수 있습니다. 둘째, 소수자에 대한 '**적대성**'을 표출하는 표현입니다. 적의, 증오, 적대, 위협, 명예훼손, 모욕, 모독 등 다양한 단어로 정의되나, 핵심은 역사적·사회적 맥락에서 집단적 차별과 편견, 불관용을 표출한다는 점입니다. 셋째, 이것이 '**표현행위**'로 드러났을 때 혐오표현이 됩니다. 마음 속에 편견이나 혐오를 간직하고 있는 것이 아니라, 이를 선동하고 조장하는 표현행위를 의미합니다.

---

4) 국가인권위원회, "혐오표현 실태조사 및 규제방안 연구", 2016년도 인권상황 실태조사 연구용역보고서, 2016, 62면.
5) 정식명칭「本邦外出身者に対する不当な差別的言動の解消に向けた取組の推進に関する法律」.
6) 안경환, "소수자 보호를 위한 법리", 법과 사회 제2권(1990), 115면.
7)「**국가인권위원회법**」**제2조(정의)** 이 법에서 사용하는 용어의 뜻은 다음과 같다. […]
   3. "평등권 침해의 차별행위"란 합리적인 이유 없이 성별, 종교, 장애, 나이, 사회적 신분, 출신 지역(출생지, 등록기준지, 성년이 되기 전의 주된 거주지 등을 말한다), 출신 국가, 출신 민족, 용모 등 신체 조건, 기혼·미혼·별거·이혼·사별·재혼·사실혼 등 혼인 여부, 임신 또는 출산, 가족 형태 또는 가족 상황, 인종, 피부색, 사상 또는 정치적 의견, 형의 효력이 실효된 전과(前科), 성적(性的) 지향, 학력, 병력(病歷) 등을 이유로 한 다음 각 목의 어느 하나에 해당하는 행위를 말한다.

오늘날 국제사회는 이 세 가지 개념요소가 중첩되는 곳에 자리한 표현행위를 '혐오표현'이라고 일컫습니다.[8]

이 사건 조례는 어린이와 청소년들이 학교에서만큼은 이 작은 원에 포위된 채로 자라나지 않을 권리가 있다고 선언합니다. 교사가 장애학생을 "병신새끼"라고 부를 권리, 학교장이 "동성애자는 학교를 에이즈 소굴로 만든다"고 연설할 권리, 다른 친구를 "동남아"라고 조롱할 자유를 후퇴시킵니다. 그보다는 나와 친구 모두가 이 세상에서 무엇과도 바꿀 수 없는 귀중한 존재라 배우고 그렇게 대우받을 권리, 편견 없는 눈을 가지고 민주시민으로 성장할 수 있는 배움터를 누릴 자유가 우선한다고 정합니다. 그이유는 이 사건 조례가 어떤 특별한 '학생인권'을 창설하는 것이어서가 아닙니다. 인간이라면 자신이 속한 사회로부터 존엄성을 파괴당하고 차별받지 않을 권리가 있고, 학생도 인간이며, 학교는 그들의 사회이기 때문입니다. 그래서 이 사건 조례는 학교에서 혐오하고 차별할 자유가 만개하는 것을 금지하고, 편견과 적대감을 가르치지 말도록 합니다.

청구인들은 이러한 학교를 만드는 것이 대한민국헌법에 반한다고 합니다. 청구인들의 주장이 왜 부당한지, 이하에서 보다 구체적으로 살펴보겠습니다.

나. 헌법상 보호되지 않는 "학생에게 혐오표현을 할 자유"

(1) "혐오표현"을 '표현의 자유' 보호영역에서 배제하는 국제기준

청구인들은 이 사건 조례가 "학생에게 혐오표현을 할 자유"를 제한한다고 주장합

---

8) 국가인권위원회, 앞의 보고서, 20면.

니다. 혐오표현을 할 자유도 '자유'라고 부를 수는 있습니다. 문제는 헌법이 말하는 '표현의 자유'가 이러한 자유까지 보호하느냐는 것입니다.

"아니다"라는 것이 유엔 자유권규약위원회와 유럽인권재판소의 답입니다.

유엔 자유권규약위원회는 혐오표현에 대한 규제가 표현의 자유에 대한 정당한 제한에 해당하는지 문제가 된 개인통보 사건에서 '각하' 결정을 내렸습니다.[9] 신청인은 '유대인들이 세계를 전쟁, 실업, 인플레이션으로 이끈다'는 전화 음성메시지를 제공하던 중 캐나다 인권법에 따라 중지명령을 받았습니다. 자유권규약위원회는 이처럼 인종적 증오를 고취하는 표현은 자유권규약이 보장하는 표현의 자유 자체에 해당하지 않는다고 보고, 자유권규약 제19조 제3항(표현의 자유 제한의 정당성 요건)에 부합하는지 검토하지 않은 채 '각하'한 것입니다.

유럽인권재판소도 동일한 입장입니다. 본래 유럽인권재판소는 표현의 자유를 특별히 보호하기 위해, '표현의 자유' 제한에 대해서는 엄격한 3단계 심사를 합니다. 그러나 (i) 유대인을 사회악의 근원으로 묘사한 글을 작성한 신문 편집인이 벌금형을 받은 사건,[10] (ii) 모든 비(非)백인들을 네덜란드에서 떠나게 해야 한다는 소책자를 작성한 뒤 소지하고 있던 정당 대표가 자유형을 선고받은 사건,[11] (iii) '이슬람은 영국을 나가라. 영국 국민을 지키자'라는 문구를 담은 포스터를 자택 유리창에 부착한 사람이 벌금형을 선고받은 사건[12] 등에서 모두 "유럽인권협약상 표현의 자유의 보호영역에서 제외된다"고 보고 3단계 심사로 나아가지 않았습니다. 그 근거로 유럽인권협약 제17조를 제시했습니다.

유럽인권협약 제17조는 **"이 협약 중 어떠한 규정도 어느 국가, 집단 또는 개인이 이 협약에 규정된 권리 및 자유를 파괴[…]할 권리를 가지는 것으로 해석되지 아니한다."**는 조항입니다. 혐오표현은 곧 "유럽인권협약이 규정한 권리와 자유를 파괴할 권리"에 지나지 않는다는 것입니다. 유럽인권재판소는 **혐오표현을 통해 협약이 규정한 인권 존중(제1조)과 차별받지 않을 권리(제14조)를 파괴하는 것은 협약이 말하는 '표현의 자유'에 속하지 않는다**고 분명히 했습니다.

---

9) *J.R.T and the W.G. Party v. Canada,* Communication No. 104/1981.

10) *Pavel Ivanov v. Russia,* Application no. 35222/04, ECHR, 20 February 2007.

11) *Glimmerveen and Haqenbeek v. the Netherlands,* Applications no. 8348/78 and 8406/78, ECHR, 11 October 1979.

12) *Norwood v. the United Kingdom,* Application no. 23131/03, ECHR, 16 November 2004.

여기 대한민국헌법이 있습니다. "모든 사회적 폐습과 불의를 타파"하기 위해 선포되어, "모든 국민은 인간으로서의 존엄과 가치를 가지"고 "누구든지 성별·종교 또는 사회적 신분에 의하여 정치적·경제적·사회적·문화적 생활의 모든 영역에 있어서 차별을 받지 아니한다"고 보장한 최고규범입니다. 혐오표현은 멀리 유럽의 인권협약뿐 아니라, 바로 대한민국헌법이 세운 가치질서를 파괴합니다.

(2) 헌법의 근본가치를 파괴하는 혐오표현

'혐오표현'을 '표현의 자유' 보호영역으로 보호할 것이냐는 쟁점의 핵심은 결국 "헌법이 보장한 권리를 파괴할 권리"를 헌법으로 보호할 것이냐는 문제입니다.

헌법재판소는 과거 '음란표현'은 '표현의 자유' 보호영역에 해당하지 않는다고 하였으나(헌법재판소 1998. 4. 30. 선고 95헌가16 결정), 견해를 변경하여 '음란표현'도 '표현의 자유'의 보호영역에 해당한다고 하였습니다(헌법재판소 2009. 5. 28. 선고 2006헌바109 결정). "심대한 해악을 지닌 표현이라고 하더라도, 헌법상의 기본원칙에 입각한 합헌성 심사를 하지 못한다면 음란표현에 대한 최소한의 헌법상 보호를 하지 못하게 된다"는 이유였습니다(헌법재판소 2009. 5. 28. 선고 2006헌바109 결정). 음란표현이 공중도덕과 윤리에 반하여 사회에 해악을 야기하는 표현이기는 하나, 사회에 해악을 야기한다는 이유만으로 최소한의 헌법상 보호마저 하지 말아야 하는 것은 아니라는 것이 헌법재판소의 입장입니다.

그러나 혐오표현은 다릅니다. **혐오표현을 헌법상 보호한다는 의미는 '사회적 해악을 초래하는 표현을 보호'하는 데서 그치지 않습니다. 사회적 소수자에게 '헌법상 기본권'을 보장해주면서, 강자에게는 '그 기본권을 파괴할 권리'를 다시 헌법상 기본권으로 격상시켜 주겠다는 뜻입니다.**

첫째, **혐오표현은 "인간으로서 존엄과 가치를 가지고 행복을 추구할 권리**(헌법 제10조)**"를 파괴하는 것을 목적과 내용으로 합니다.** "우리 헌법질서가 예정하는 인간상은 [⋯] 사회와 고립된 주관적 개인이나 공동체의 단순한 구성분자가 아니라, 공동체에 관련되고 공동체에 구속되어 있기는 하지만 그로 인하여 자신의 고유가치를 훼손당하지 아니하고 개인과 공동체의 상호연관 속에서 균형을 잡고 있는 인격체"입니다(헌법재판소 2003. 10. 30. 선고 2002헌마518 결정). 헌법질서가 예정한 그 인간을 공동체로부터 분절시키고, 그의 고유한 가치를 부정하는 것이 혐오표현입니다.

혐오표현은 한 번 듣는 것으로 끝나지 않습니다. 혐오표현을 경험한 사람은 그 후로도 내면에 각인된 공포와 자기부정을 거쳐 존엄성이 파괴됩니다. 일본이 「헤이트스피치 억제법」을 제정하는 배경이었던, 교토 조선학교의 한인 학생들이 그랬습니다. '재일특권을 허용하지 않는 시민의 모임'이 교토 조선학교 앞에서 세 차례 혐한 시위를 벌일 때 "바퀴벌레, 구더기, 한반도로 돌아가라"는 혐오표현을 접했던 학생들입니다. 이들은 시위가 끝난 뒤로도 잠을 자다가 오줌을 싸고, 외출을 못하게 되는 증상을 보였습니다.[13] 한인이라는 것은 나로부터 도저히 분리해낼 수 없는 정체성이었기 때문입니다. 바로 그 정체성으로 인해 공개적인 혐오의 대상이 될 때, 자기 자신이기를 그만둘 방도가 없는 개인은 기초적인 배변활동조차 기능하지 못할 정도의 공포와 무력감을 겪습니다. 마지막 남은 선택은 그런 정체성을 가진 자신에게 외부의 누구도 접촉할 수 없도록 사회로부터 스스로 격리시키는 것입니다. 어떤 인간도 그러한 상태로 전락하지 않아야 한다는 것이 헌법이 말하는 "인간의 존엄성"의 의미입니다.

둘째, **혐오표현은 "차별받지 않을 권리**(헌법 제11조 제1항)"**를 파괴하는 것을 본질로 합니다**. 차별해서는 안 될 사유를 들어, 차별하겠다는 적대감을 표출하는 것이 혐오표현입니다. 혐오표현은 표현에서 그치지 않습니다. 표적집단에 대한 편견이나 차별을 사회적으로 외현화시킴으로써, 차별의 "사회현실을 구성"합니다.[14] 혐오표현에 담긴 편견, 차별, 배제, 교정 혹은 추방의 메시지는 이를 찬성하는 구성원에게는 자신의 생각이 지지받는다는 확인을 시켜주고, 차별을 공고화시킵니다. 소수자를 사회에서 배제하고 차별하는 효과를 낳습니다.

셋째, **혐오표현은 궁극적으로 "표현의 자유" 그 자체도 파괴합니다**. 헌법재판소가 표현의 자유를 "민주체제에 있어서 불가결의 본질적 요소"라고 한 것은 "사회구성원이 자신의 사상과 의견을 자유롭게 표현할 수 있다는 것이야말로 모든 민주사회의 기초이며, 사상의 자유로운 교환을 위한 열린 공간이 확보되지 않는다면 민주정치는 결코 기대할 수 없기 때문"입니다(헌법재판소 1998. 4. 30. 선고 95헌가16 결정). 혐오표현은 바로 그 "열린 공간"의 문을 닫습니다. 혐오표현의 표적집단 구성원은 공적 토론의 장에서 자신의 견해를 드러내는 데 두려움을 가지게 되고, 결국 자유로운 표현행위가 억

---

13) 참고자료 22, 노컷뉴스 2017. 8. 10.자 기사, "'벌레가 된 사람들'… 혐오표현을 규제해야 하는 이유" (https://www.nocutnews.co.kr/news/4828612).

14) 홍성수, 「말이 칼이 될 때」, 어크로스(2017), 27면.

제됩니다. 표적집단이 발화할 의견은 공론장에 모습을 드러내기 어렵거나 영향력을 발휘하기 어렵습니다. 이처럼 왜곡된 공론장에서는 "자유로운 인격발현의 수단임과 동시에 합리적이고 건설적인 의사형성 및 진리발견의 수단"(헌법재판소 2012. 8. 23. 선고 2010헌마47 결정)이 되는 표현의 자유가 꽃필 수 없습니다.

(3) 표현의 자유 보호영역에서 벗어난 "학생에게 혐오표현할 자유"

어떤 표현이 표현의 자유의 보호영역 밖에 있다고 판단하는 것은 신중을 요합니다. 하지만 혐오표현은 그러한 헌법적 결단을 요합니다. 헌법은 "헌법이 정한 인간의 존엄성과 자유를 파괴할 권리"를 기본권으로 보장하지 않는다고 선언해야 합니다. 그렇게 하지 않는다면 헌법은 스스로 선언한 가치를 부정하는 자가당착에 빠진 공허한 문서에 지나지 않습니다. 모든 인간이 존엄하다고 한 뒤, 소수자의 존엄성을 파괴할 자유를 보장하는 이율배반적인 권리장전이 될 수밖에 없습니다.

특히 이 사건에서 청구인들이 주장하는 기본권은 **유치원과 학교에 다니는 어린이 · 청소년을 대상으로** 혐오표현을 할 자유입니다. 귀 재판소는 "미성숙한 초 · 중등학생들이 사회 공동체 내에서 책임감 있고 독립적인 선량한 인격체로 성장하도록" 하는 것이 중요하고, "교육을 통해 건전한 인격체로 성장해 가는 과정에 있는 미성숙한 학생들에게 교원의 영향력은 매우 큰 것"이라는 이유로, 교원의 정치적 표현행위를 폭넓게 금지하는 것이 "헌법적 요청"이라고 했습니다. 교원이 노동조합 활동을 하는 것조차도 "다양한 가치관을 조화롭게 소화하여 건전한 세계관 · 인생관을 형성할 능력이 미숙한 학생들에게 오히려 편향된 가치관을 갖게 할 우려가 있는 점"을 고려해 금지하는 것이 우리 헌법에 부합한다고 했습니다(헌법재판소 2014. 8. 28. 선고 2011헌바32등 결정).

학교에서 어떤 인간은 존엄하지 않다고 가르치고, 어떤 속성을 가진 집단은 적대하도록 가치관을 편향시키며, 나아가 어떤 학생을 장애인, 여성, 성 소수자라는 이유로 모욕할 자유가 헌법이 보장하는 기본권은 아닙니다. 청구인들이 말하는 "학생을 대상으로 혐오표현을 할 자유"는 헌법이 보장하는 "표현의 자유" 보호영역에 속하지 않습니다.

다. 표현의 자유를 침해하지 않는 '혐오표현 금지' 조항

설령 "혐오표현"이 '표현의 자유' 보호영역에 해당한다고 가정해 보더라도, 결론은 명백합니다. 혐오표현을 금지하는 이 사건 조례 제5조 제3항은 청구인들의 표현의 자유를 침해하지 않습니다.

헌법재판소는 "표현내용에 대한 규제는 원칙적으로 중대한 공익의 실현을 위하여 불가피한 경우에 한하여 엄격한 요건 하에서 허용"된다고 합니다(헌법재판소 2002. 12. 18. 선고 2000헌마764 결정). 이에 따라 표현 내용을 제한할 때는 엄격한 심사기준을 적용하고 있습니다. 엄격한 심사기준을 적용하더라도, 혐오표현을 금지하는 것은 중대한 공익 실현을 위하여 불가피한 제한으로서 청구인들의 표현의 자유를 침해할 여지는 없습니다. 아래에서 살펴보겠습니다.

(1) 목적의 정당성

2017. 9. 21. 이 사건 조례 개정을 통해 제5조 제3항을 신설한 이유는 다음과 같습니다.

> 가. 인종, 종교, 성별 등에 관한 차별적이고 혐오적인 표현은 인간의 존엄성을 위협할 뿐만 아니라, 더 나아가 사회통합의 저해 요인으로 작용함
> 나. 특히, 학교 내의 차별적 · 혐오적인 표현으로 학생이 민주시민으로서의 가치관을 형성하고 인권의식을 함양하는데 큰 장애요인이 될 수 있음
> 다. 따라서 학교의 설립자 · 경영자, 학교의 장 및 교직원과 학생이 인종, 종교, 성별 등에 관한 혐오적인 표현을 통해 차별적 상황을 조장하지 못하도록 함으로써 인권보호를 보다 내실있게 하고자 함

위 개정이유에서 드러난 이 사건 조례 제5조 제3항의 입법목적은 세 가지 측면에서 정당합니다.

첫째, 위 목적은 헌법을 비롯해 오늘날 인류 문명사회가 가장 소중히 여기는 가치를 지키는 것입니다. 인간의 존엄성과 차별받지 않을 권리는 전 세계 모든 인간과 국가가 달성해야 할 기준으로 자리 잡았습니다.

> 「세계인권선언」 제1조 모든 인간은 태어날 때부터 자유로우며 그 존엄과 권리에 있어 동등하다. 인간은 천부적으로 이성과 양심을 부여받았으며 서로 형제애의 정신으로 행동하여야 한다.
> 제7조 모든 사람은 법 앞에 평등하고, 어떠한 차별도 없이 법의 평등한 보호를 받을 권리를 가진다. 모든 사람은 이 선언을 위반하는 어떠한 차별이나 그러한 차별의 선동에 대하여도 평등한 보호를 가질 권리를 가진다.

「경제적, 사회적 및 문화적 권리에 관한 국제규약」 제2조 제2항 모든 사람은 인종, 피부색, 성, 언어, 종교, 정치적 또는 기타의 의견, 민족적 또는 사회적 출신, 재산, 출생, 기타의 지위에 따른 어떠한 종류의 차별도 없이, 이 선언에 제시된 모든 권리와 자유를 누릴 자격이 있다.

「시민적 및 정치적 권리에 관한 국제규약」 제2조 제1항 이 규약의 각 당사국은 자국의 영토 내에 있으며, 그 관할권하에 있는 모든 개인에 대하여 인종, 피부색, 성, 언어, 종교, 정치적 또는 기타의 의견, 민족적 또는 사회적 출신, 재산, 출생 또는 기타의 신분 등에 의한 어떠한 종류의 차별도 없이 이 규약에서 인정되는 권리들을 존중하고 확보할 것을 약속한다.
제26조 모든 사람은 법 앞에 평등하고 어떠한 차별도 없이 법의 평등한 보호를 받을 권리를 가진다. 이를 위하여 법률은 모든 차별을 금지하고, 인종, 피부색, 성, 언어, 종교, 정치적, 또는 기타의 의견, 민족적 또는 사회적 출신, 재산, 출생 또는 기타의 신분 등의 어떠한 이유에 의한 차별에 대하여도 평등하고 효과적인 보호를 모든 사람에게 보장한다.

둘째, 그 가치를 '아동과 청소년'이 향유하도록 보장한다는 점입니다. "아동과 청소년은 인격의 발전을 위하여 어느 정도 부모와 학교의 교사 등 타인에 의한 결정을 필요로 하는 아직 성숙하지 못한 인격체이지만, 부모와 국가에 의한 교육의 단순한 대상이 아닌 독자적인 인격체이며, 그의 인격권은 성인과 마찬가지로 인간의 존엄성 및 행복추구권을 보장하는 헌법 제10조에 의하여 보호"됩니다(헌법재판소 2000. 4. 27. 선고 98헌가16 결정). 단순히 성인과 똑같이 권리를 보장받아야 할 뿐 아니라, 나아가 "아동[15]의 최상의 이익이 최우선적으로 고려"되어야 합니다(아동권리협약 제3조).[16]

우리나라가 비준한 아동권리협약은 "어떠한 아동도 차별받아서는 안 된다"고 정하고 (제2조),[17] 그러한 아동의 이익이 어른의 이익에 우선한다는 원칙을 세웠습니다(제3조).

---

15) 만 18세 미만의 모든 사람을 의미합니다(제1조).
16) **아동권리협약 제3조**
1. 공공 또는 민간 사회복지기관, 법원, 행정당국, 또는 입법기관 등에 의하여 실시되는 아동에 관한 모든 활동에 있어서 아동의 최상의 이익이 최우선적으로 고려되어야 한다.
2. 당사국은, 아동의 부모, 법정 후견인, 또는 여타 아동에 대하여 법적 책임이 있는 자의 권리와 의무를 고려하여, 아동복지에 필요한 보호와 배려를 아동에게 보장하고, 이를 위하여 모든 적절한 입법적, 행정적 조치를 취하여야 한다.
17) **아동권리협약 제2조**
1. 당사국은 자국의 관할권내에서 아동 또는 그의 부모나 법정 후견인의 인종, 피부색, 성별, 언어, 종교, 정치적 또는 기타의 의견, 민족적, 인종적 또는 사회적 출신, 재산, 무능력, 출생 또는 기타의 신분에 관계없이 그리고 어떠한 종류의 차별을 함이 없이 이 협약에 규정된 권리를 존중하고, 각 아동에게 보장하여야 한다.

그 이유를 유엔아동권리위원회는 일반논평에서 이렇게 설명합니다.[18]

> "아동의 인권은 특별한 주의를 요한다. 왜냐하면 아동의 발달상태는 인권침해행위에 특히 취약하고, 아동의 견해는 여전히 거의 고려되지 않으며, 대부분의 아동은 투표권이 없고, 인권에 대한 정부의 입장을 결정하는 정치적 과정에서 의미있는 역할을 담당하지도 못하[…]기 때문이다. 그들은 권리를 보호하거나 권리침해에 대한 구제수단을 찾는 데 심각한 문제에 직면한다."[19]

바로 이 사건 심판청구가 그러한 현실을 보여줍니다. 학교장과 교사들이 학교 현장에서 "혐오적 표현을 통해 학생들의 인권을 침해"하도록 계속 허용해달라고 주장하는 것이 이 사건 청구의 내용입니다. 학부모들은 미성년자인 자녀를 대리하여 그들의 이름으로 같은 청원을 하고 있습니다. 언론은 학교를 "학생들이 어른들로부터 차별과 혐오를 학습하는 장"이라고 보도합니다.

[경향신문 2017. 10. 1.자 기사]

"'엄마'를 욕하며 노는 아이들 … 교실이 '혐오의 배양지'가 되었다"

학교는 학생들이 어른들로부터 차별과 혐오를 학습하는 장이기도 하다. "교사들도 학생에게 혐오표현을 써요. '애새끼들' 같은 말을 하면서 동등한 상대로 존중하지 않는 거죠. 교사들이 아이들을 '쓰레기'라고 부르면 학생들은 반발심에 '쓰레기가 뭔지 보여줄게' 하면서 더 나쁜 짓을 하는 악순환이 반복됩니다. 화장하는 여학생에게 '술집 여자 같다'고 하는 선생님도 있어요." 고등학교 교사 김모씨의 말이다. 수업에서의 성차별적 발언도 여전하다. "선생님과 싸운 적이 있어요. 선생님이 수업 중에 '여자는 늙으면 애를 못 낳고, 남자는 늙어도 애를 낳을 수 있으니 여자는 남자에게 잘 보여야 한다'고 말씀하셨거든요." 고등학교 1학년 박수진양(16·가명)의 말이다. 선생님들이 나서서 성소수자·이주민 혐오 발언을 하는 경우도 많다.

이러한 현실에도 불구하고 아동과 청소년들이 혐오표현의 피해자로서 치유하기 어

---

2. 당사국은 아동이 그의 부모나 법정 후견인 또는 가족 구성원의 신분, 활동, 표명된 의견 또는 신분을 이유로 하는 모든 형태의 차별이나 처벌로부터 보호되도록 보장하는 모든 적절한 조치를 취하여야 한다.

18) 협약감시기구인 유엔아동권리위원회의 일반논평은 유엔아동권리협약을 구체화하는 유권해석입니다. 헌법재판소가 추상적 규범인 헌법을 해석함으로써 헌법의 실질적 외연을 형성해 나아가는 것과 마찬가지입니다.

19) General comment No. 2: The Role of Independent National Human Rights Institutions in the Protection and Promotion of the Rights of the Child(CRC/GC/2002/2).

려운 상처를 입은 채 성장하지 않으려면, 그들의 인권 또한 어른들의 인권처럼 존중받도록 보장해야 합니다.

셋째, 학생들이 혐오를 학습하는 것이 아니라 건전한 민주시민으로 성장할 수 있는 환경을 조성한다는 것입니다. 유엔은 교육의 목표를 '인격의 완전한 발현과 인권 및 기본적 자유에 대한 존중의 강화(세계인권선언 제26조)'와 '아동의 인격, 재능 및 정신적·신체적 능력의 최대한의 계발, 인권과 기본적 자유 및 국제연합 헌장에 규정된 원칙에 대한 존중의 진전(아동권리협약 제29조)'이라고 설정합니다. 우리나라도 교육의 목표를 '모든 국민으로 하여금 인격을 도야(陶冶)하고 자주적 생활능력과 민주시민으로서 필요한 자질을 갖추게 함으로써 인간다운 삶을 영위하게 하고 민주국가의 발전과 인류공영(人類共榮)의 이상을 실현하는 데에 이바지하게' 하는 것이라 정했습니다(교육기본법 제2조).

그런 국민은 차이를 배격하고 소수자를 멸시하는 교육환경에서 양성될 수 없습니다. 학생은 학교에서 배웁니다. 헌법이 보장한 기본적 자유와 권리들이 학교 안에서도 보장되고 존중되어야 합니다.

(2) 방법의 적절성

혐오표현을 금지하는 규범을 만드는 것은 위 목적을 달성하는 데 적합한 조치입니다. 그렇기 때문에 유엔인권조약기구들은 그러한 조치를 취할 것을 각국에 권고하고 있으며, 수많은 나라들이 혐오표현을 금지하고 더 나아가 그러한 표현행위를 처벌합니다.

① **유엔 자유권규약위원회**는 ▲ 폴란드 제6차 정기보고서에 대한 최종견해에서 "당사국은 […] 성적지향 또는 성별정체성을 이유로 한 차별을 법적으로 금지하고, 성적지향 또는 성별정체성을 기초로 한 혐오표현과 증오범죄를 처벌 가능한 범죄로 포함하도록 형법을 개정해야 한다"고 권고했습니다.[20] ▲ 우크라이나 제7차 정기보고서에 대한 최종견해에서도 "당사국은 동성애, 양성애, 또는 트랜스젠더에 관한 사회적 낙인, 성적지향 또는 성별정체성을 이유로 한 혐오표현 또는 차별 및 폭력의 그 어떠한 형태도 용납하지 않음을 분명히 공식적으로 밝혀야 한다"고 했습니다.[21] ▲ **우리나라에 대해서도 마찬가지입니다**. 이미 2015년에 "당사국은 소위 '전환치료', 혐오표현 및 폭력 등 성적지향 등 성별정체성에 기초해 누군가를 사회적으로 낙인찍거나 차

---

20) HRC, *Concluding Observations on Poland*, 27 Octobor 2010, CCPR/C/POL/CO/6, para 8.
21) HRC, *Concluding Observations on Ukraine*, 26 July 2013, CCPR/C/UKR/CO/7.

별하는 **어떠한 형태도 용납될 수 없음을 명백히 공적으로 천명해야 한다**"고 밝혔습니다.[22] **그와 같은 '천명'을 한 것이 이 사건 조례 제5조 제3항입니다.**

② **유엔 인종차별철폐위원회**는 일본 제7-9차 정기보고서에 대한 최종견해에서 "외국인과 소수자, 특히 코리안을 상대로 인종주의적 시위 및 집회를 조직하는 우파 운동 혹은 집단이 임박한 폭력 선동을 포함한 혐오표현을 확산시키고 있다는 당사국에 대한 보고에 대해 우려"하면서, "인터넷 등 미디어에서의 <u>혐오표현을 방지하기 위해 적절한 조치를 취하고, 그러한 행위에 책임이 있는 개인 및 단체를 수사하고, 적절한 경우 기소해야 한다</u>"고 권고했습니다.[23]

③ **일본**은 위 권고를 받아들여 2016년 「헤이트스피치 억제법」을 통과시켰습니다. 이 법률은 일본 외 출신자에 대해 '차별의식을 조장하거나 유발할 목적으로 공공연히 생명·신체·명예·재산에 위해를 가하는 의도를 알리거나', 이들을 '현저하게 모욕하는' 등 일본 외 출신자를 지역사회에서 배제할 것을 선동하는 언동을 명시적으로 금지합니다. 이와 별도로 **오사카시**는 「오사카시 헤이트스피치 대처에 관한 조례」[24]를 제정해 헤이트스피치 사안에 대해 조사, 심의하도록 하고, 헤이트스피치 억지효과가 있다고 인정하는 경우 해당 표현을 행한 자의 성명 또는 명칭을 시 홈페이지에 공표하도록 했습니다.

④ **유럽연합**은 2008년 유럽연합 이사회(EU Council)를 통해 「형법을 수단으로 인종주의 및 외국인혐오의 특정 형태와 표현들에 대항하기 위한 협약」(Council Framework Decision 2008/913/JHA of 28 November 2008 on combating certain forms and expressions of racism and xenophobia by means of criminal law)을 채택했습니다. 2016년에는 페이스북, 마이크로소프트, 트위터, 유튜브와 함께 「불법 온라인 혐오발언에 대응하기 위한 행동지침」(Code of Conduct on Countering Illegal Hate Speech Online)을 공포하여, <u>혐오표현을 24시간 이내에 제거하거나 접근할 수 없도록 하는 신고시스템</u>을 구축하기로 했습니다.

⑤ **독일**은 법률로써 혐오표현을 일반적으로 금지하고, 일정한 경우 형사처벌합니다. 2006년 「일반평등대우법」(Allgemeines Gleichbehandlungsgesetz)을 제정해 '인종, 출신민족, 성별, 종교, 세계관, 장애, 연령 또는 성적 정체성과 관련된 원치 않는 행동방식이, 관련된 사람의 존엄성을 침해하고 위협적, 적대적, 굴욕적, 명예훼손적, 모욕적

---

22) HRC, *Concluding Observations on Republic of Korea*, 3 December 2015, CCPR/C/KOR/CO/4, para. 15.
23) CERD, *Concluding Observations on Japan, 29 August 2014*, CERD/C/JPN/CO/7-9, para. 11.
24) 정식명칭 「大阪市ヘイトスピーチへの対処に関する条例」.

특성의 환경이 조성되는 것을 목적으로 하거나 이를 야기하는 경우 및 이러한 사유를 이유로 차별하도록 하는 지시' 등을 금지합니다(제3조). 또한 독일 형법은 '일정한 국적, 인종, 종교 또는 출신민족으로 이루어진 집단, 특정 인구집단 및 이러한 집단에 속한 개인들에 대하여 경멸, 악의적 중상 혹은 명예훼손을 통해 인간 존엄성을 공격하는 행위'를 3개월 이상 5년 이하의 징역으로 처벌하고, 이같이 '인간존엄을 공격하는 문서를 배포, 공연히 게시, 전시 혹은 그러한 목적으로 제작, 공급하거나 라디오, 미디어, 통신 서비스를 통해 유포'하는 행위도 처벌합니다(제130조).

⑥ **영국**은 「평등법」(Equality Act 2010)을 통해 "보호되는 인적 속성과 관련하여 사람의 존엄을 침해하거나 그 사람에게 위협적이거나 적대적이거나 멸시적이거나 굴욕적이거나 모욕적인 환경을 조성하려는 목적이나 효과가 있는" 행위를 금지합니다. 그 밖에도 「인종 및 종교 관련 혐오법」(Racial and Religious Hatred Act 2006)에 따라 종교적 사유에 관한 증오선동을 형사처벌하고, 「형사정의와 이민법」(Criminal Justice and Immigration Act 2008)을 통해 성적지향 관련 증오선동죄를 처벌합니다.

⑦ **캐나다**는 「캐나다 연방 인권법」(Canadian Human Rights Act)을 제정해 '인종, 출신 국가, 민족, 피부색, 종교, 성별, 성적지향, 혼인상태, 가족상태, 장애 및 사면 혹은 말소를 허가받은 전과를 이유로 차별행위 또는 그와 같은 차별행위를 할 의도를 표현하거나 암시하는 통지, 사인, 상징, 로고 및 기타 재현물을 출판 또는 게시하거나 그러한 행위를 야기하는 것'을 차별행위로서 금지합니다(제12조). 특히 고용 등 영역에서는 그러한 사유로 언어적으로 불쾌하게 하거나 수치심을 주는 행위, 위협하거나 협박하는 행위, 상대방의 인종, 종교, 성별, 연령, 장애, 성적지향 등에 대해 원치 않는 발언 또는 농담을 하는 행위 등을 차별행위로 규제합니다(제14조).[25]

캐나다 연방대법원은 ▲ 혐오표현을 금지하는 캐나다 인권법이 합헌이라고 판단했습니다. "혐오메시지의 전달은 특정 집단의 가치나 존엄을 파괴하며, 다원화된 사회에서 평등의 이념을 실현하기 위해서 반드시 지켜야 할 다양한 인종, 문화, 종교 집단들 간의 조화를 깨뜨리는 행위"로써 헌법정신에 어긋나며, "인권법은 행위자의 의도를 묻지 않고 구조적 차별의 해소를 목표로 하고 있다"고 보았습니다.[26] ▲ 학교 교사가

---

25) Canadian Human Rights Commission, *Your Guide to Understanding the Canadian Human Rights Act* (https://www.chrc-ccdp.gc.ca/eng/content/your-guide-understanding-canadian-human-rights-act).
26) *Human Rights Commission v. Taylor*, (1990) 3 S.C.R. 892.

수업 도중 '유대인은 선천적으로 사악하고 불황과 전쟁을 일으킨다'는 발언으로 기소된 사건에서도 '고의에 의한 혐오 조장'을 처벌하는 연방형법 규정이 합헌이라고 판결했습니다. 캐나다 연방대법원은 고의로 혐오를 조장하는 행위는 헌법상 표현의 자유가 보장하는 목적이나 가치에 속하지 않고, 고의에 의한 혐오조장의 위험성은 대상이 되는 집단의 구성원에게 치욕과 열등감을 줄 뿐만 아니라 사회전체에 차별적 태도를 용인하기 때문에 규제의 대상이 된다고 판단했습니다.[27]

⑧ **유럽인권재판소도 회원국들의 혐오표현 규제가 합헌**이라는 판단을 내립니다. 특히 이 사건과 같이 학생들을 대상으로 한 혐오표현이 문제된 스웨덴 사건이 있습니다. 고등학교 학생들 사물함에 '변태 성향', 동성애의 '문란한 라이프스타일' 때문에 HIV와 에이즈라는 '현대적 역병'이 확산되고 있다는 내용의 유인물을 두고 나온 신청인들이 '성적 지향을 이유로 사람들을 협박하거나 경멸을 표현하는 발언행위'를 처벌하는 스웨덴 형법 규정에 따라 벌금형을 받은 사안입니다. **유럽인권재판소는 스웨덴 법원의 처분이 표현의 자유에 대한 정당한 제한이라는 판단을 내리면서, 특히 "그 자체로 편견에 가득 찬 주장들"을 담은 "유인물 배포 대상이 학생들이었다는 점"을 강조했습니다.**[28]

이처럼 혐오표현 금지는 적절하다고 '실증된' 방법입니다.

(3) 피해의 최소성

많은 국가에서 혐오표현을 '형벌로써' 규제하는 것을 살펴보았습니다. 하지만 이 사건 조례는 형벌을 동원하지 않습니다. 행정질서벌도 없습니다. 오로지 '형성적 규제'를 내용으로 합니다. 한편으로 표현의 자유를 실현하는 환경을 조성하고, 다른 한편 차별금지와 평등의 가치가 실현되는 환경을 만들어가는 것을 의미합니다. 어떠한 사유로 차별해서는 안 되는지 규범을 세우고, 그러한 사유로 혐오표현을 하지 않는 환경을 조성하는 것입니다.

물론, 학생이 혐오표현으로 인권을 침해당했을 때 구제신청을 할 수 있는 절차가 마련되어 있습니다(조례 제47조 이하). 이를 처리하는 과정에서 학생인권옹호관이 가해자에게 인권침해행위를 중지하도록 권고할 수도 있고, 교육감에게 주의나 인권교육, 징계 등 적절한 조치를 취하라고 권고할 수도 있습니다(조례 제49조 제2항). 그러나 이

---

27) *R. v. Keegstra*(1990) 3 S.C.R. 697.
28) *Vejdeland and Others v. Sweden,* Application no. 1813/07, ECHR, 9 February 2012.

러한 조치는 혐오표현의 행위자에게 징벌적 책임을 묻는 것이 아니라, 혐오표현의 대상이 된 피해자의 구제에 중점을 두는 것입니다. 문제된 상황을 유연하고 비권력적으로 해결하고, 문제의 층위에 맞는 다양한 조치를 활용하는 방법입니다. 그렇기 때문에 표현의 자유 제약이나 위축의 우려를 피할 수 있습니다.

이는 혐오표현에 대응하는 필요최소한의 방법입니다.

(4) 법익의 균형성

혐오표현 금지를 통해 보호되는 가치가 무엇인지는 앞서 살펴보았습니다. 헌법이 보장하는 인간의 존엄과 가치, 차별받지 않을 권리, 다양한 의견이 자유롭게 공존하는 공론장을 지켜낼 수 있습니다. 특히 인권의 사각지대에 놓이기 쉬운 아동과 청소년이 기본적인 권리를 보장받으면서 다양한 가치관을 존중하는 민주시민으로 성장할 수 있습니다.

이는 '추상적인 가치'에 그치는 것이 아닙니다. 혐오표현을 금지함으로써 지켜낼 수 있는 법익은 지극히 구체적입니다.

캐나다 브리티시컬럼비아대학교에서 동성애 혐오 반대 정책을 채택한 학교와 그렇지 않은 학교에 다니는 학생들에 대한 비교 연구가 있었습니다. 동성애 혐오 반대 정책을 채택한 학교에서 성소수자는 물론, 이성애자 학생들의 자살 생각과 자살 시도도 현저히 감소한다는 결과가 나왔습니다.[29] 미국 포드햄대학에서는 트랜스젠더 학생을 위한 화장실을 설치해 학생들의 성 정체성이나 자기표현을 존중한 학교에서 학생들의 안전, 자신감, 학업성적이 현저히 개선된다는 연구 결과가 나왔습니다.[30]

거꾸로 말하면, 학교에 만연한 혐오표현은 그와 같은 해악을 낳습니다.

2018. 5. 11. 대전에서는 성소수자 학생이 자살로 생을 마감했습니다. 담임교사와 면담한 뒤 "조심하면서 살라"는 답을 듣고 괴로워하다 목숨을 끊었습니다. 2014년 국가인권위원회가 시행한 설문조사에 참여한 성소수자 청소년 92%가 다른 학생이 성소수자를 적대적이거나 모욕적으로 표현하는 상황을 경험했고, 80%는 교사로부터 비슷한 상황을 겪었다고 답했습니다.[31]

2016년을 기준으로 서울특별시교육청의 학생인권 상담 중 차별과 언어폭력 등에

---

29) 참고자료 23, 프레시안 2018. 5. 28.자 기사 "성 소수자 학생 화장실 배려하면 성적 오른다".
30) 참고자료 23.
31) 참고자료 24, 헤럴드경제 2018. 5. 17.자 기사 "고통받는 10대 성소수자 '혐오 키우는 학교 … 더 위험한 공간".

대한 상담은 전체 1,431건의 상담사례 중 23.5%인 337건입니다.[32] 한국청소년정책연구원의 「2009년 아동·청소년인권실태조사」 자료 분석 결과, 청소년의 차별경험이 높을수록 자살을 생각할 확률이 높았습니다.[33] 국가인권위원회는 2016년 여성, 이주민, 성소수자, 장애인을 대상으로 혐오표현에 따른 피해를 조사했습니다. 대상자들이 공통적으로 응답한 피해 내용은 아래와 같았습니다.[34]

[표: 조사대상자의 혐오표현 피해 실태의 공통적 특징]
(생략)

어린이와 청소년들은 혐오표현으로 지대한 심리적 영향을 받습니다. 두려움, 슬픔, 지속적인 긴장감, 자존감 손상, 소외감, 무력감을 느낍니다. 스스로가 소중한 존재이며 사회 속에서 한 인간으로서 동등한 권리를 누리면서 살 가치가 있다는 믿음이 위협받습니다. 그 심리적 반응으로 자살충동, 우울증, 공황발작, 외상 후 스트레스 장애를 겪습니다. 이는 사회적 영향으로도 나타납니다. 국가인권위원회의 조사대상자 중 무려 절반이 혐오표현 피해 이후 학업을 중단했거나 학교를 전학하는 등 사회적 고립과 단절을 겪었습니다.[35]

한 사람은 "이 세상에서 무엇과도 바꿀 수 없는 절대적 존재"이며 "전지구보다 무겁고 또 귀중하고도 엄숙한 것"입니다(대법원 1963. 2. 28. 선고 62도241 판결). 어떤 사회적 신분을 가진 어린이나 청소년도 그와 같은 자기 존재를 부정하지 않으면서 성장할 자격이 있습니다. 사회에서 독립한 개인으로서 삶을 영위할 수 있도록 학교 공동체에서 조화롭게 인격을 발달시킬 권리가 있습니다. 그 가능성을 자유로이 파괴할 청구인들의 "사익"은 한 학생에게 잠재된 "전지구"의 무게보다 결코 무겁지 않습니다.

혐오표현 금지조항으로 실현할 수 있는 공익은 그로 인해 제한되는 청구인들의 '혐오표현할 자유'보다 더 중요합니다.

라. 소 결

청구인들의 '학생에게 혐오표현할 자유'를 인정하는 것은 헌법에서 보장하는 학생

---

32) 서울특별시교육청(민주시민교육과), 2017년 2분기(3월~6월) 학생인권 상담 및 조사, 권리구제 현황(2017. 7.).
33) 참고자료 5, 18면.
34) 국가인권위원회, 앞의 연구보고서, 157면.
35) 국가인권위원회, 앞의 연구보고서, 229면.

들의 인간의 존엄성, 차별받지 않을 권리, 표현의 자유를 부정하는 것으로 헌법상 표현의 자유로 보호할 수 없습니다. 이 사건 조례 제5조 제3항은 중대한 공익적 가치, 즉 학생들의 인간의 존엄성, 차별받지 않을 권리를 보호하기 위해 청구인들의 표현의 자유 중에서도 '학생들에게 혐오표현할 자유'라는 극히 일부의 자유를 최소한의 범위에서 제한하고 있을 뿐입니다. 그러므로 혐오표현 금지조항은 청구인들의 표현의 자유를 침해하지 않습니다.

6. 이 사건 조례의 합헌성(3) : 종교의 자유를 침해하지 않는 제16조

(생략)

7. 이 사건 조례의 합헌성(4) : 학부모의 자녀교육권을 침해하지 않음

(생략)

8. 이 사건 조례의 합헌성(5) : 조례제정권의 한계를 벗어나지 않음

(생략)

9. 결 론

이 사건 조례는 본래 헌법이 보장하는 학생들의 인권을 확인하고 선언하기 위해 제정되었습니다. 청구인들의 주장처럼 이 사건 조례가 이전에 없던 새로운 권리를 창설하여 다른 사람의 기본권을 침해하고 있지 않습니다. 오히려 이 사건 조례로 인해 학교 교육현장이 헌법에서 그리는 '인권친화적' 참 교육현장으로 변화되고 있으며, 더불어 학생들의 인권도 신장하고 있음은 여러 보고서를 통해 확인되고 있습니다.

그러므로 청구인들의 청구를 각하 혹은 기각시켜 주시기 바랍니다.

참 고 자 료

(생략)

2018. 9. .

이해관계인 대리인
법무법인(유한) 지평

담당변호사 박 성 철

담당변호사 김 승 현

변호사 강 정 은

변호사 최 초 록

변호사 이 상 현

헌법재판소   귀중

인천공항 46번 게이트에 사는 가족을 아십니까?*

이상현 변호사(사단법인 두루)

스티븐 스필버그 감독의 영화 <터미널>에서, 동유럽 어느 작은 나라 출신의 주인공은 부푼 꿈을 안고 뉴욕 JFK 공항에 도착한다. 그런데 그가 미국으로 날아가는 동안 본국에서 내전이 일어나서 그의 비자가 취소되는 바람에, 미국으로 입국할 수도 없고 전쟁터로 변해버린 고국으로 돌아갈 수도 없는 상황에 놓이게 된다. 영화는 9개월간 이어지는 그의 '공항 노숙생활'을 그린다.

영화에서나 있을 법한 일이 2019년의 인천공항에서도 벌어졌다. 6인의 난민가족이 288일 동안 인천공항에서 노숙을 하게 된 것이다. 루렌도(Lulendo) 씨 부부는 네 명의 아이와 함께 앙골라에서의 박해를 피해서 한국에 왔다. 하지만 행정당국은 이 가족의 입국을 막았고, 정식 난민심사를 받을 기회도 주지 않았다. 행정당국은 그들을 공항 터미널에 방치해버렸다.

필자는 지평에서 설립한 공익변호사단체인 '사단법인 두루'에서 일하고 있는 전업 공익변호사이다. 이 글은 그들의 법률대리인으로서 소송을 맡았던 필자가 재판과정을 정리한 후기이다.

악성민원인

어느 평온한 일요일 아침이었다. 별다른 일정도 없었던 나는 침대를 벗어나지 못하고 있었다. 그때 유엔난민기구 한국대표부에서 연락이 왔다. 한 난민가족이 인천공항에서 정식 난민심사를 받을 기회를 받지 못한 채 입국을 거부 당했고, 오늘 중으로 송환될 것이라고 했다. 난민가족은 돌아가면 목숨이 위험하다면서 송환을 거부하고 있고, 변호사의 도움을 구하고 있다고 했다. 상황이 급박해 보였다.

---

* 해당 사례(루렌도 씨 가족의 난민 인정심사 불회부 결정 취소)는 '제3회 대한민국 법무대상'에서 '구조대상'을 수상하였다. [머니투데이 '더엘'(the L)·한국사내변호사회 공동 주최, 네이버법률(법률N미디어) 공동 주관, 2020. 6. 16.]

무작정 집을 나섰다. 사무실에 가서 팩스로 접견신청서를 보내고는 홀로 공항에 갔다. 그 난민가족은 프랑스어를 쓴다고 했는데, 같이 접견 갈 통역사를 알아볼 시간이 없었다. 말은 안 통하더라도 일단 변호사와 접견이라도 하면 강제로 송환시키지는 않을 것이라는 생각에, 급하게 공항 출입국관리사무소로 향했다.

"주말에 이렇게 막무가내로 접견을 신청하시면 어떡해요." 출입국관리사무소의 공무원은 짜증 섞인 표정을 지었다. 주말에 접견을 하려던 전례가 없었나 보다.

하지만 여기서 물러서면 안 되겠다는 생각이 들었다. 공항에서 난민신청을 한 사람은 언제든 송환될 수 있는 위험에 놓여있기 때문이다. 최근에도 변호사가 '공항난민'에 대한 접견을 신청하자 그 공항난민이 접견시간 직전에 송환되어 버린 사례가 있다고 들은 터였다. 순순히 돌아가면, 그날 밤으로 그 난민가족을 송환시켜 버릴까 겁이 났다.

그래서 어떻게든 우기기로 결심했다. 혹시라도 이런 일이 생길지 몰라서 공항으로 가는 길에 판례들을 찾아두기도 한 바였다. '공항난민이 변호사를 접견할 권리는 최근 헌법재판소도 분명하게 인정한 권리인데, 더구나 당장 오늘 송환될 것이 우려되는 상황인데, 일요일이라고 접견을 거부하는 것이 말이 되느냐', '부당한 접견거부로 국가배상이 인정된 사례도 있는데, 책임질 수 있느냐'고 언성을 높였다. 나는 '악성민원인'이라도 될 각오였다.

당황한 공무원은 담당 부서인 난민팀에 다시 알아보겠다며 나에게 밖에서 잠시 기다리라고 했다. 얼마 지나지 않아 공무원이 나를 불렀고, 담당자를 전화로 연결해주었다. 난민팀 담당자는 화가 나 있었다. "오늘 밤에 송환시키지 않을 것이니 오늘은 일단 돌아가세요." '악성민원인'은 소기의 목적을 달성할 수 있었고, 다음 날 다시 찾아간 공항에서 그 난민가족을 만날 수 있었다.

첫 접견

나는 공무원에게 임시출입증을 발급받아서 '공항 탑승구역'으로 들어갔다. 탑승 게이트와 면세점이 위치해 있는 보안검색대 안의 공간이 바로 '공항 탑승구역'이다. 양쪽에 늘어선 면세점 사이를 쭉 걸어가면 46번 게이트가 나오는데, 그곳에서 중년의 부부와 열 살이 안 되어 보이는 네 명의 아이들이 나를 기다리고 있었다.

공무원은 우리를 공항 접견실로 안내했다. 접견실은 탑승구역 바로 아래층에 위치해있었다. 46번 게이트 앞에는 관계자만 사용하는 엘리베이터가 있는데, 그 엘리베이터를 타고 한 층만 내려가면 바로 접견실이 나왔다. 한 층만 내려가도 터미널의 북적거림은 기분 나쁜 적막함으로 변했다. 접견실 바로 옆 방에 '송환대기실'이 있기 때문일 것이다. 사람들이 많이 다니는 탑승 게이트와 매우 가까운 곳에 이처럼 비밀스러운 공간이 있다는 사실이 놀라웠다.

접견실은 한 평 남짓한 공간이었다. 공무원이 접견을 위해 자리를 비켜주었다. 나는 그 난민가족들에게 내 소개를 했다. 부부는 불안에 가득 찬 모습이었고, 아이들도 표정이 어두웠다. 부부는 다급한 목소리로 본인들이 처한 상황을 설명했다.

부부의 부모들은 원래 앙골라 사람이라고 했다. 그들의 부모는 1970년대에 앙골라 내전을 피해 콩고민주공화국으로 피난을 갔고, 그곳에서 이들 부부를 낳았다. 부부는 콩고민주공화국에서 유년시절을 보냈고, 2000년대 초에 앙골라의 정세가 비교적 안정화되자 앙골라로 돌아왔다.

그런데 이들 부부처럼 콩고에서 돌아온 난민들은 앙골라에서 탄압을 받았다고 했다. 이들은 이름 대신 '레그레사도'라는 멸칭으로 불렸다. 그리고 최근 들어서는 그 정도가 더욱 심해졌다고 했다. 앙골라 정부가 국내 치안의 강화를 명분으로 내걸은 '권위회복 작전(Operation Resgate)'을 수행하면서, 그 일환으로 엄청난 수의 콩고 출신자들을 강제추방시키고 있기 때문이었다. 그 과정에서 콩고 출신자들에 대한 폭력 행사와 인권 탄압이 이루어지고 있다고 했다.

루렌도 가족도 예외가 아니었다. 택시기사로 일하던 '남편' 루렌도 씨는 경찰차와 접촉사고를 냈다는 이유만으로 수용시설에 불법 구금되었고, 그곳에서 고문도 당했다고 했다. 루렌도 씨는 접견 중에 고문의 상처를 직접 보여주면서 당시에 겪었던 신체적, 정신적 고통을 호소했다. 그리고 루렌도 씨가 수용시설을 탈출하자, 경찰은 루렌도 씨를 잡기 위해 집으로 찾아왔고 그곳에 루렌도 씨가 없는 것을 알고는 '부인' 바체테 씨를 폭행했다고 했다. 루렌도 씨와 바체테 씨의 '아이들'도 레그레사도라는 이유로 앙골라의 공립학교에서 당하는 심한 차별을 견디지 못하고 유엔 프로그램에 따라 운영되는 다른 학교로 전학을 가야 했다. 결국, 루렌도 가족은 앙골라를 떠나기로 결심했다. 그들은 정치적으로 안정되어 있다고 들은 한국을 도피처로 택했다.

루렌도 가족은 우여곡절 끝에 인천공항에 도착했지만, 입국을 거부당했다. 그리고 루렌도 가족은 공항에서 난민신청을 했지만, 행정당국이 그들의 말을 믿어주지 않았다. 행정당국은 두어 시간의 면접만을 하고는 '이들 가족은 명백히 난민이 아니'라고 판단했다. 정식 난민심사에 회부하지 않은 채, 이들을 송환시키기로 결정했다. 루렌도 가족이 본국으로 돌아가면 목숨을 잃을 것이라며 송환을 거부하자, 행정당국은 이들을 공항 탑승구역의 46번 게이트 앞에 방치해 버렸다고 했다.

어느 정도 사정을 파악한 나는 접견을 마치고 사무실에 돌아왔고, 앙골라의 정세를 알아보았다. 그들 말대로였다. 해외의 언론과 국제기구, 인권단체는 앙골라에서 자행되고 있는 콩고 출신자들에 대한 박해사례들을 보고하며, 이에 대한 강한 우려를 표명하고 있었다. 최근 1년 사이에 추방당한 콩고 출신자들이 40만 명에 이른다고 했다. 콩고 출신자들이 앙골라에서 공권력에 의해 살해당하거나, 폭행을 당하거나, 재산을 약탈 당한 사례들이 보고되어 있었다. 이들은 사소한 혐의로 기소되었으며 때때로 처형되기도 했다. 국제인권단체는 이 과정에서 자행되는 성폭행에 대해서도 별도의 보고서를 냈다. 유엔 인권고등판무관이 최근 콩고 출신자들의 추방과정에서 발생한 인권침해에 대해서 앙골라 정부를 비판하는 공식성명을 낸 것도 확인할 수 있었다.

앙골라에서 콩고 출신자에 대한 대대적인 '국가폭력'이 자행되고 있음은 명백했다. 루렌도 가족에게 일어난 일련의 사건들도 그 피해사례 중 하나임을 알 수 있었다. 적어도, 루렌도 가족이 '명백히 난민이 아니'라고 단정지은 것은 섣부른 판단임이 분명했다.

나는 루렌도 가족의 사건을 맡기로 결심했다. 지평과 두루의 변호사님들, 그리고 외부의 변호사님들과 대리인단을 꾸렸다.

'공항 바라지'

재판을 위해서는 루렌도 가족의 난민신청을 뒷받침할 수 있는 근거를 확보해야 했다. 앙골라의 국가정황을 알아보고, 루렌도 가족이 겪었던 사건에 대한 증거를 수집하는 일이 필요했다.

하지만 재판준비보다 급한 일이 있었다. 루렌도 가족이 공항에서 살아남을 수 있도록 돕는 일이었다. 행정당국은 이들에게 잘 공간이나 식사를 제공하지 않았고, 루렌도 가족은 공항에서의 숙식을 모두 알아서 해결해야 했다. 한국에 가져온 돈이 넉넉하지 않았던 루렌도 가족은 당장의 끼니를 걱정해야 하는 상황이었다. 재판을 이어나가기 위해서라도 루렌도 가족에게 최소한의 생존환경을 보장하는 일이 먼저였다. 끼니는 재판날짜보다 먼저 돌아왔고, 자주 돌아왔다.

식사 문제가 가장 시급했다. 재산의 대부분을 한국행 비행기표를 마련하는 데에 써버린 루렌도 가족은 한국에 입국할 때 수중에 돈이 많지 않았는데, 공항 탑승구역에서는 한 끼 식사에 최소 만 원이 들었다. 매 끼니마다 돈은 줄어갔고, 그와 반비례해서 가족들의 불안감은 커져갔다.

아이들은 하루에 두 끼, 부부는 하루에 한 끼를 먹고 있다고 했다. 부부는 아이들을 위해, 그리고 예측할 수 없는 내일을 위해 돈을 아끼고 있다고 했다. 나는 돈을 어떻게든 마련해볼 테니 걱정하지 말라며 그들의 불안을 달래보려 했다. 그리고 언제 끝날지 모르는 재판을 위해서는 건강을 유지하는 것이 무엇보다 중요하다며 식사에 돈을 아끼지 말라고 신신당부 했다. 하지만 소용 없었다. 언제 밥 사먹을 돈이 떨어질지 모른다는 우려는 내 말 한마디로 쉽게 떨쳐버릴 수 있는 감정이 아니었다. 나는 그들을 보며, 나의 할아버지를 떠올렸다. 할아버지는 한국전쟁 중에 고향을 버리고 남으로 내려와 내일의 끼니를 장담할 수 없는 피난생활을 했는데, 그 과정에서 절약이 철저히 몸에 배었다. 그런 할아버지에게 나는 종종 '그렇게까지 절약할 필요는 없지 않느냐'고 따져보았지만, 내 말이 통했었던 적은 없었다. 기아의 공포는 논리로 이길 수 없는 것이었다. 루렌도 가족과 나의 할아버지는 모두 난민이었고, 그들은 내가 쉽사리 이해할 수 없는 무언가를 공유하고 있었다.

나는 구호단체와 아동단체에 연락을 돌렸다. 다행히도 여러 단체들이 발 벗고 나서서 지원을 해주었다. 공항에서 사용할 수 있는 체크카드를 지원해주는 곳도 있었고, 현금을 전달해주는 곳도 있었다.

언론을 통해 루렌도 가족의 상황이 알려지자, 루렌도 가족을 직접 돕고 싶다는 연락이 이어졌다. 누군가는 주변 사람들과 십시일반 모은 돈을 전달해주고 싶다고 했고, 누군가는 공항에서 과일을 구하기 어렵다는 사실을 들었다며 출국하는 길에 직접 사과와 바나나를 전해주겠다고 했다. 칫솔을 구하기 어렵다는 소식이 알려지자, 여러 시민들이 세면도구 세트를 선물한 덕에 루렌도 가족은 '칫솔 부자'가 되기도 했다. 누구도 예상하지 못한, 기적 같은 일이었다.

이처럼 여러 도움의 손길이 이어지고 있을 즈음, 나는 재판 준비를 위해서 공항에 접견을 갔다가 루렌도 부부로부터 요즘은 하루에 두 끼씩을 꼬박꼬박 챙겨먹고 있다는 말을 들었다. 그들의 불안도 다소나마 누그러진 느낌이었다. 그들이 하루에 두 끼씩을 사먹는 '결단'을 내리는 데에는 수중에 있는 돈의 액수보다도 여러 사람으로부터 받은 '환대'의 경험이 더 큰 영향을 준 것 같았다. 덩달아 나의 걱정도 조금은 줄어들었다.

루렌도 가족은 공항 탑승구역 한 켠에 있는 쇼파에서 생활했다. 그곳에서 잠을 자고, 밥을 먹었다. 그곳에는 하루 24시간 내내 조명이 밝게 켜져 있었고, 바깥 바람을 쐴 수 있는 곳은 없었다. 통로에 위치한 쇼파 옆으로는 쉴새 없이 여행객이 지나다녔고, 쇼파에서의 생활은 모두 외부에 공개되어 있었다. 그곳은 사람이 항시적으로 살 수 있는 공간이 아니었다.

나는 재판이 진행되는 동안만이라도 루렌도 가족을 영종도에 설치되어 있는 난민신청자 주거시설로 보내달라고 간청했지만, 행정당국은 요지부동이었다. 루렌도 가족은 입국을 거부당한 상황이기 때문에, 소송을 통해 그 상황이 바뀌지 않는 이상 입국심사대 너머로는 한 발짝도 갈 수 없다는 것이다. 최소한의 프라이버시라도 보장해주기 위해 누군가가 외부에서 공항으로 가림막을 들여와서 설치해준 적이 있었는데, 공항 측에서 그마저도 치워버렸다. 가족들이 잘 때 덮을 담요를 마련해 주는 것이 내가 할 수 있는 전부였다.

씻는 데에도 어려움이 있었다. 공항 탑승구역에는 환승객을 위한 유료 샤워실이 있지만, 루렌도 가족은 이 시설을 사용할 수 없었다. 공항 측에서는 샤워실을 사용할 때 여권을 제시할 것을 요구했는데, 루렌도 가족은 입국을 거부당할 때 여권을 압수당했기 때문이다. 루렌도 가족은 다른 여행객을 피해서 통행이 뜸한 밤 시간에 화장실 구석에서 씻어야 했다.

대리인단의 동료 변호사님은 국가인권위원회에 진정해 보자는 아이디어를 냈다. 국가인원위원회에서 이를 인권침해로 판단받고 구제조치에 관한 권고를 이끌어내는 방식으로 문제를 해결하자는 것이었다. 동료 변호사님은 진정서를 작성해서 국가인권위원회에 제출했고, 다행히도 문제는 오래지 않아 해결됐다. 국가인권위원회 조사관이 직접 공항 탑승구역에 방문해서 그곳의 생활환경을 조사하자, 공항 측은 루렌도 가족도 탑승구역의 샤워실을 이용할 수 있도록 해준 것이다. 애당초 루렌도 가족의 샤워실 사용을 막은 것 자체가 별다른 이유나 근거를 찾을 수 없는 조치였다.

시간이 지날수록 루렌도 가족의 건강문제는 커져갔다. 가족들은 자주 아팠다. 사실

아픈 것이 당연했다. 앙골라에서 고문과 폭행을 당한 가족들은 심신의 회복이 필요했는데, 공항은 그러기에 적합한 곳이 아니었다. 가족들은 원래 가지고 있었던 지병이 열악한 생활환경 속에서 더욱 악화되었고, 고문과 폭행의 후유증도 호소했다. 열악한 공항생활 때문에 위장병과 피부병이 생기기도 했다. 루렌도 씨는 위장병 때문에 식사를 거의 하지 못했고, 아이들은 피부병 때문에 계속해서 온몸을 긁어댔다.

하지만 공항 탑승구역에서 적절한 치료를 받을 수 있는 방법은 없었다. 공항 탑승구역에는 병원이 없고, 약국에서도 처방전이 필요하지 않은 상비약만을 살 수 있었다. '공항난민'을 조력했던 다른 사례들을 수소문해보니, '긴급상륙허가'를 받아 병원에 갈 수 있는 방법이 있다고 했다. 긴급상륙허가는 배나 비행기에서 응급환자가 발생했을 때 잠시 국내로 입국해서 치료를 받을 수 있도록 하는 제도이다. 비행기로 한국에 온 외국인으로 경우, 그 비행기의 항공사가 행정당국에 긴급상륙허가를 신청하면 행정당국에서 허가 여부를 판단한다.

나는 가족들 중에서 특별히 증세가 심한 몇 명이라도 병원에서 치료를 받을 수 있게 해달라며 긴급상륙허가를 신청했다. 다행히 서울의 한 종합병원에서는 루렌도 가족을 무료로 치료해주겠다고 했다. 행정당국에서도 항공사 측의 요청이 있다면 긴급상륙허가를 해주겠다고 했다.

하지만 루렌도 가족이 타고 온 비행기의 항공사는 긴급상륙허가 절차에 협조하는 것을 부담스러워했다. 긴급상륙허가로 입국을 할 때에는 항공사의 직원이 대동하여야 했는데, 상대적으로 영세했던 항공사는 병원에 동행할 인원을 빼기가 어렵다고 했다. 데스크에 상주하는 직원이 없어서 전화연결도 잘 안 되는 것을 볼 때, 거짓은 아닌 듯했다. 루렌도 가족은 '아플 때' 병원에 갈 수 있는 것이 아니라, '항공사 측에서 여유가 있을 때' 병원에 갈 수 있었다.

그러는 와중에 바체테 씨의 건강은 날로 안 좋아져갔다. 도움을 주고 있던 의사단체는 보다 못해서 채팅 애플리케이션을 통해서나마 바체테 씨를 문진한 후에 즉시 큰 병원에서 진료를 받아봐야 한다는 소견서를 써주었다. 소견서를 보여주자 비로소 항공사는 근처의 병원에 갈 수 있도록 해주었고, 긴급상륙허가를 받아서 찾아간 병원에서는 더 큰 병원에서 정밀검사를 받아야 한다고 했다. 우여곡절 끝에, 바체테 씨는 서울의 종합병원에 갈 수 있었다.

항공사는 병원에 갈 때마다 변호사가 동행할 것을 요구했다. 혹시라도 도망가는 것을 방지하고, 도망갈 경우에는 누군가에게 책임을 지우기 위함인 듯 했다. 건강이 안 좋은 네 아이의 엄마가 아이들을 공항에 남겨둔 채 생면부지의 땅에서 어디로 도망갈 수 있다는 것인지, 그런 상황에서도 도망치려는 사람을 변호사라고 막을 수 있는 것인지 도저히 알 수 없었지만, 항공사의 요구에 따라줄 수밖에 없었다. 그렇게 나는 법정에 출석하는 시간보다 더 많은 시간을 '볼모' 역할을 하는 데에 보냈다.

다른 가족들도 건강상태가 안 좋은 것은 마찬가지였지만, 항공사는 한 번에 한 명씩만 병원에 갈 수 있도록 해주었다. 비전문가인 내 눈에 덜 위중해 보이는 가족은 우선순위에서 밀려 병원에 갈 수 없는 상황이었다.

가족들이 긴급상륙허가를 받지 않고도 진료를 받을 수 있는 방안이 필요했다. 그래서 나는 가족들이 공항 밖으로 나오는 대신에 의사들이 공항 안으로 들어가서 '왕진'을 하는 방법을 모색해보았다. 다행히, 공항공사는 의사들이 루렌도 가족의 왕진을 위해서 공항 탑승구역으로 출입하는 것을 허가해주었다. 나는 도움을 받고 있는 의사 단체로부터 소개받은 가정의학과 전문의 한 분, 정신과 전문의 한 분과 함께 왕진을 갈 수 있었다.

가족들의 건강상태를 전반적으로 살펴보니, 그간 다른 가족들에게 병원에 갈 기회를 양보해왔던 루렌도 씨의 건강상태가 특히 안 좋은 것으로 확인됐다. 루렌도 씨가 종종 통증을 호소해도 내가 별 일 아닌 것이라고 치부해버렸던 그의 두통은, 사실 심각한 고혈압 때문에 나타난 증세였다. 의사선생님은 루렌도 씨의 증세가 매우 위중하다면서, 어떻게 환자를 이렇게 방치해둘 수 있냐고 혀를 찼다. 그것은 가까이에서 가족들의 상황을 보면서도 적절한 조치를 취하지 못했던 나에 대한 질책이기도 해서, 나는 부끄러운 마음이 들었다. 다행히도, 루렌도 씨는 긴급상륙허가를 받아 병원에서 진료를 받을 수 있었고, 위급한 상황은 모면할 수 있었다.

이후 왕진은 정례화되었다. 우선은 왕진을 통해서 모든 가족들이 진료를 받을 수 있도록 했고, 이러한 '초진' 결과 증세가 안 좋은 것으로 확인된 가족들은 긴급상륙허가를 받아 병원에서 진료를 받도록 했다. 의사선생님들의 헌신 덕분에 나름의 '의료체계'가 만들어진 것이다.

'공항 바라지'는 몇몇 사람이 감당하기에는 힘에 부친 일이었다. 이때 난민인권단체가 적극적으로 나섰다. 난민인권단체는 SNS를 통해서 루렌도 가족이 필요한 물품이 무엇인지를 공유했고, 출국을 위해 공항을 방문하는 사람들 편에 물품이 전달될 수 있도록 조율했다. 루렌도 가족에게 안정적으로 생계비를 지원하기 위한 모금활동도 시작됐다.

이렇게 여러 사람들의 힘이 모인 결과물은 하나의 '사회부조 시스템'이었다. 사람들은 루렌도 가족이 밥을 사먹을 수 있는 돈을 모았고, 공항에서는 구하기 힘든 과일이나 물건들을 전달해주었다. 그것은 여러 사람의 품이 들어가는 비효율적인 방식이었지만, 동시에 매우 감동적인 협업이기도 했다.

재판이 진행되는 동안 루렌도 가족이 공항에서 버틸 수 있는 최소한의 기틀은 마련된 셈이었다. 이제는 그렇게 번 시간 동안, 재판에서 이겨야 했다. 그래야 루렌도 가족이 공항생활에서 벗어날 수 있었다.

1심 재판

난민법은 공항에서의 난민신청에 대해 '간이심사'를 하도록 규정하고 있다. 행정당국은 공항에서 난민신청을 접수 받았을 경우 '명백히 이유 없는 난민신청'인지만을 심사하여 정식 난민심사에 회부할지를 결정한다. 정식 난민심사에 회부하고 난민신청자를 국내에 입국시킨 후, 면밀한 '정식 난민심사'를 거쳐서 난민신청의 당부를 가리도록 하는 것이 원칙이다. 예외적으로 '명백히 이유 없는 난민신청'인 경우에 한해서 정식 난민심사에 회부시키지 않은 채 난민신청자를 송환할 수 있다. 혹시라도 그가 정말 난민이라면 그 결과를 되돌이킬 수 없기 때문이다. 본국에서 박해를 받는 난민이 본국으로 돌아간다면 그는 생명을 잃을 수도 있다. 이를 난민법과 난민협약은 '강제송환금지의 원칙'이라고 부른다.

이 사건에서 행정당국은 루렌도 가족의 난민신청이 '명백히 이유 없는 난민신청'이라며 이를 정식 난민심사에 회부하지 않았다. 대리인단은 이러한 '난민인정심사 불회부결정'에 대한 취소소송을 제기했다. 루렌도 가족의 난민신청이 '명백히 이유 없는 것인지 여부'가 재판의 핵심 쟁점이었다.

'명백히 이유 없는 난민신청'임을 행정당국이 입증해야 한다는 것은 난민인정심사 불회부결정 취소소송에서 이미 확립되어 있는 법리이다. 행정당국은 명백히 이유 없는 난민신청이라고 판단한 합당한 근거를 제시하지 못하면, 재판에서 지게 된다는 뜻이다. 다만, 행정당국에게는 정식 난민심사에 회부할지 여부를 판단하는 데에 상당한 재량이 인정된다. 재판에서 행정당국이 나름의 근거를 제시한다면, 그러한 근거가 불합리하지 않은 이상 법원은 행정당국의 판단을 존중하여 그 손을 들어주어야 한다는 것이다. 즉, 행정당국은 루렌도 가족의 난민신청이 명백히 이유 없다고 판단했던 근거만 그대로 제시해도, 재판에서 승소할 가능성이 높았다.

하지만 행정당국은 근거를 제시하지 못했다. 특히 '심사보고서'를 제출하지 않았다. 공항에서 난민심사를 할 때 행정당국은 심사보고서를 작성하도록 되어 있는데, 이는 정식 난민심사에 회부시킬지 여부를 판단함에 있어서 가장 핵심적인 자료이다. 실무자가 심사를 한 내용을 바탕으로 해서 심사보고서를 작성해서 회부 여부에 대해 의견을 올리면, 그대로 처분이 나오는 것이 통상적인 실무이기 때문이다. 이 사건의 경우에도 마찬가지였다. 처분서에는 처분의 근거가 자세하게 기재되어 있지 않고 결론 위주로 기재되어 있는 반면, 심사보고서에는 어떠한 조사를 해서 어떠한 사실을 알게 되었으며 이를 토대로 어떠한 판단을 했는지가 모두 담겨있기 때문에, 심사보고서는 처분의 근거에 관한 '유일한 자료'라고 말해도 과언이 아니다.

대리인단은 심사보고서에 대해 정보공개청구를 했지만, 행정당국은 공개를 거부했다. 법원은 심사보고서에 대한 심리가 필요하다며 '문서제출명령'을 내렸지만, 행정당국은 법원의 명령도 따르지 않았다. 심사보고서를 공개할 경우 다른 난민심사에 악용될 소지가 농후하다며 '이는 답안지를 보고 시험을 치르는 것과 다른 바 없다'고 주장했다. '판결문을 공개한다면 다른 재판에서 악용될 것'이라는 주장이 타당하지 않은 것처럼, 설득력이 없는 주장이다. 악용가능성을 떠나서라도, 국가기관이 법원의 명령까지 거스르는 것은 좀처럼 이해할 수 없는 행동이었다. 심사보고서에 적시된 근거가 너무나 빈약했기 때문에 차마 공개하지 못했던 것이라고 추측할 뿐이다.

대신 행정당국은 재판이 시작된 이후에서야 '명백히 이유 없는 난민신청'이라고 볼 근거를 열심히 찾기 시작했다. 결론에 맞는 근거를 찾는 데에 분주했던 것이다. 행정당국은 주 앙골라 대한민국 대사관을 통해서 루렌도 가족의 행적을 조사하기 시작했다. 대사관 직원에게 루렌도 가족이 살았던 집과 아이들이 다녔던 학교를 찾아가도록 요청해서, 루렌도 가족의 기존 진술에 사실과 다른 점이 없는지를 확인하도록 했다. 원하는 답변이 오지 않자 대사관에 수차례에 걸쳐서 사실확인을 요청했다. 모두 공항에서 간이 난민심사를 할 때에는 없었던 일이다. 행정당국은 루렌도 가족에 대해서 두어 시간의 면접을 했을 뿐이었다.

행정당국의 노력은 대부분 수포로 돌아갔다. 오히려 루렌도 가족의 진술이 사실에 근거하는 것임을 뒷받침하는 회신도 있었다. 다만, 대사관 직원은 루렌도 씨의 이웃 주민이 루렌도 씨로부터 '경제적인 목적을 위해서 한국으로의 이민을 준비하고 있다'는 얘기를 들었다는 말을 했다고 전했다. 루렌도 씨의 말에 대해, 이웃 주민이 전한 말을, 대사관 직원이 다시 행정당국에 말해주었다는 '전문(傳聞)'의 '전문'의 '전문'이었다. 이른바 '카더라' 증거였다.

이 말의 진위를 법정에서 확인할 방법은 없었다. 대사관 직원이나 이웃 주민을 법정으로 부를 수도, 대리인단이나 루렌도 가족이 앙골라에 가서 그들을 만나볼 수도 없기 때문이다. 루렌도 씨는 그런 말을 한 적이 전혀 없고 그 이웃 주민과 가깝게 교우하지 않았다고 주장했으므로, 이웃 주민이 정말로 그런 말을 한 것인지는 검증이 필요했다. 그리고 대사관 직원의 말을 신뢰한다고 하더라도, 그가 어떠한 맥락에서 구체적으로 어떤 말을 들은 것인지는 알려져 있지 않았다. 더구나 이러한 '조회'는 법원을 거치지 않고 행정당국과 대사관 사이에서만 이루어졌기 때문에 대리인단에게는 대사관 직원이나 이웃 주민에게 그 대화에 대해 물어볼 기회도 주어지지 않았다. 행정당국이 사실은 더 많은 사항에 대해서 조회를 요청했으나, 행정당국 측에 유리한 회신만을 제출한 것은 아닌지도 알 수 없었다.

공문 한 장만 보내면 대사관을 통해서 현지조사를 할 수 있었던 행정당국과는 달리, 대리인단은 현지에서 직접 증거를 확보하기 어려웠다. 난민들은 급하게 본국을 떠나는 과정에서 증거를 충분히 챙겨오지 못하는 경우가 많고, 본국에서 박해를 당하는 입장에 처해 있기 때문에 증거를 확보함에 있어서 현지의 협조를 이끌어내기도 어려운데, 루렌도 가족도 그런 상황이었다.

대리인단은 먼저 앙골라의 국가정황을 면밀하게 조사했다. 앙골라에서 자행되고 있는 콩고 출신자들에 대한 박해를 뒷받침하는 외신 보도, 국제기구와 인권단체의 보고서를 찾아 정리했다.

루렌도 가족이 겪었던 박해를 직접 뒷받침할 수 있는 증거도 수집했다. 고문의 상처가 남아있는 루렌도 씨의 다리 사진, 박해경험의 후유증으로 외상 후 스트레스 장애를 가지고 있다는 진단서, 급박하게 출국을 준비했음을 보여주는 여러 서류들을 모을 수 있었다.

그리고 루렌도 가족이 난민면접 때 했던 진술을 자세히 분석하면서, 진술내용이 상당히 구체적이고 진술하고 있는 사건들의 정황이 앙골라의 국가정황에 잘 부합한다는 점을 서면에 담아 법원에 제출했다.

석 달 간의 재판을 거쳐 1심 법원은 판결을 선고했다. 법원은 루렌도 가족에게 패소판결을 내렸다. 이웃 주민이 전하고 있는 말이 주된 근거였다. 법원으로서도 대사관 직원이 확인해준 말을 쉽게 배척할 수는 없었던 것이다. 나는 루렌도 가족에게 결과를 전했다.

1심에서 패소한 지 얼마 지나지 않은 때였다. 어머님의 환갑을 맞아 해외로 가족여행을 가기로 한 일정이 진작에 잡혀있었고, 나는 가족과 함께 비행기를 타러 공항에 갔다. 루렌도 가족을 만나기 위해서 여러 차례 갔었던 바로 그 공항이었지만, 이번에는 그들을 만날 용기가 나지 않았다. 앞으로도 언제까지 공항에 머물러야 할지 모르는 그들에게, 여행 가는 길에 잠시 들렀다는 말을 나는 차마 할 수 없었다. 나는 그날 공항에 있는 내내 고개를 들지 못했다.

여러 모색들

대리인단은 1심이 진행될 때부터 재판과 병행해서 루렌도 가족을 입국시킬 수 있는 여러 수단을 모색했다. 루렌도 가족을 공항에서 계속 지내게 할 수는 없기 때문이었다. 1심에서 패소하고 항소를 제기한 이후에도 루렌도 가족을 입국시키도록 하고 적어도 공항에서 최소한의 인간적인 삶을 보장받을 수 있도록 하는 노력은 계속되었다.

대리인단은 국제인권메커니즘을 통해서 문제를 해결하고자 했다. 유엔 자의적 구금에 관한 실무그룹에 루렌도 가족의 입국을 권고하여 줄 것을 청구했고, 유엔 교육권 특별보고관과 유엔 이주민 특별보고관에게 각각 진정서한을 보내 한국의 공항에서 인권이 침해되고 있는 상황을 호소했다. 유엔 아동권리위원회의 대한민국 정부에 대한 정기 심의절차에서도 루렌도 가족의 아이들에게 즉각적인 조치를 취하도록 하는 권고가 나올 수 있도록 노력했다.

또한 대리인단은 공항에서의 간이 난민심사 제도가 가지고 있는 위헌성을 지적하는 위헌법률심판 제청신청도 제기했다. 난민법 제정 당시부터 제도의 위헌성에 대해 꾸준한 문제제기가 있어 왔는데, 이 문제에 대한 헌법적인 판단을 구한 것이다.

샤워실 이용문제가 해결된 이후에도 국가인권위원회에 추가로 진정을 넣었다. 특히 난민인정심사 불회부결정에 대한 이의신청 기회가 보장되지 않고 있다는 점과 공항에서의 생활은 아동에게 더욱 치명적이라는 점을 강조했다.

법무부장관과 출입국관리사무소에 서한을 보내서 소송이 계속되는 기간만이라도 루렌도 가족의 입국을 허가하여 줄 것을 탄원하기도 했고, 법무부 인권정책 자문위원에게 법무부의 조치를 촉구해줄 것을 요청하기도 했다.

성과도 일부 있었다. 국가인권위원회는 두 차례에 걸쳐서 공항난민에게 이의신청 기회를 보장할 것과 공항에서 재판을 받고 있는 아동들의 입국이 가능하도록 제도를 개선할 것을 요구하는 정책권고를 냈다. 유엔 아동권리위원회의 르네 윈터(Renate Winter) 위원은 대한민국 정부에 루렌도 가족의 아이들에 대한 즉각적인 조치를 요구했다.

하지만 이러한 성과가 가족들의 입국으로 이어지지는 않았다. 결국은 2심 재판에서 이겨야 했다.

2심 재판

1심에서 패소한 후에, 나는 루렌도 가족에게 재판이 진행되는 동안 계속해서 공항에서 노숙을 할 수 있겠냐고 조심스럽게 물었다. 이미 몇 달째 공항에서 머물고 있는 상황에서 공항생활이 더 이어진다면 이들이 건강을 크게 해치게 될 것 같아 걱정됐다.

가족들의 대답은 단호했다. 어차피 앙골라로 돌아가면 죽는다며, 죽더라도 이곳에서 재판을 받다가 죽겠다고 했다. 제3국으로 가는 것도 현실적으로 어려웠기 때문에, 재판을 이기는 것 외에 다른 뾰족한 방도도 없는 상황이었다. 가족들은 본인들을 위해서 계속 다투어달라며, 오히려 낙담해있는 대리인단을 위로했다.

대리인단은 다시금 마음을 다잡고 1심에서 진 이유를 분석했다. '이웃 주민의 전언'이 주된 패인이라고 판단했다. 그것을 뒤집어야 했다.

이 일에 동료 변호사님이 앞장섰다. 앙골라로 직접 갈 수는 없지만, 최대한 현지의 사정을 알아보자고 했다. 모든 수단을 동원해서 해보는 데까지 해보자고 했다.

대리인단은 이웃 주민의 연락처를 알아보고 전화통화를 시도했다. 루렌도 가족이 도피 과정에서 도움을 받았던 본국의 교회 사람들에게도 연락을 해서 당시의 상황을 설명해달라고 했다. 앙골라에서 살고 있는 교민에게 도움을 요청하고, 앙골라에 지부를 두고 있는 국제적인 선교단체에 사실확인을 부탁하는 것도 시도했다. 앙골라와 연결될 수 있는 모든 연을 동원해보려 했다.

멀리 한국에서 앙골라의 사정을 파악하는 것은 정말 만만치 않았다. 앙골라의 통신 사정이 열악한 탓인지 전화가 끊기거나 문자메시지를 통한 연락이 한동안 두절되는 일이 잦았다. 무엇보다도 언어의 장벽이 높았다. 번역 애플리케이션을 이용해서 현지의 사람과 더듬더듬 문자메시지를 주고 받았고, 통역사의 도움을 받아 전화통화를 시도했다. 나중에 들어보니, 그 동료 변호사님은 국제전화비만 수십만원이 나왔다고 했다.

다행히 성과가 있었다. 루렌도 가족이 도움을 받았던 현지 교회의 목사님은 루렌도 가족이 당했던 박해와 도피과정을 소상히 설명해주었다. 그리고 '이웃 주민'과도 연락이 닿았는데, 그는 루렌도 씨에게 '경제적인 목적을 위해서 한국으로의 이민을 준비하고 있다'는 말을 들은 적도 없고 그런 말을 들었다고 대사관 직원에게 말한 적도 없다고 했다. 대사관 직원과는 다른 얘기만을 나누었는데, 왜 대사관 직원이 그렇게 말하는지 의아하다고 했다. 이웃 주민의 말은 상당히 구체적이었고, 신빙성이 높아 보였다. 적어도 그의 말을 전한 대사관의 몇 줄짜리 회신보다는 훨씬 믿을만했다.

루렌도 가족이 한국에 온 지 아홉 달 정도 지났을 때, 2심 판결이 선고되었다. 재판장은 주문에 앞서 판결이유를 자세히 설명했다. 이를 듣고 있는 내 가슴은 미친 듯이 뛰었다. 우리에게 유리한 말 한 마디, 불리한 말 한 마디가 나올 때마다 천국과 지옥을 오갔다.

'제1심 판결을 취소한다. 원고들에 대한 난민인정심사 불회부결정을 취소한다.'

루렌도 가족은 2심에서 승소했고, 2심 판결이 있은 후 며칠 지나서는 한국으로 '입국'을 할 수 있었다. 그들이 인천공항에 도착한 지 288일만의 일이다.

"얘네들 내일도 와요?"

루렌도 가족이 입국하고 조금 지나서였다. '공항 바라지'를 함께 했던 난민인권활동가 선생님으로부터 연락이 왔다. 루렌도 가족의 집에 찾아간 김에 루렌도 가족 아이들과 놀이터에 다녀왔다고 했다. 아이들은 활동가 선생님을 제쳐두고 놀이터에 있던 한국 아이들과 노는 데에 여념이 없었다고 했다. 한국 아이들은 저녁이 되어 루렌도 가족 아이들이 집에 돌아가야 하자, 아쉬움이 가득한 얼굴로 "얘네들 내일도 와요?"라고 물었다고 했다. 이들이 함께 어울려 노는 데에는 언어도 장벽이 되지 못했고, '인권'이라는 거창한 개념도 필요 없었다.

통화를 마치고, 나는 루렌도 가족의 첫째 아이와 나눴던 대화를 떠올렸다. 공항에 있을 때 그는 나중에 변호사가 되고 싶다고 했다. 공항에서 변호사들을 자주 만난 영향인 듯싶어서, 한편으로 흐뭇하면서도 한편으로는 마음이 아팠다. 입국 직후에 다시 만났을 때, 그는 꿈이 대통령이라고 했다. 나는 그가 과거의 상처에서 벗어나서 보다 큰 꿈을 꾸게 된 것이 기뻤다.

이런 기억을 회상하고 있을 때, 활동가 선생님은 나에게 사진을 한 장 보내주었다. 사진 속에서, 대통령이 꿈인 앙골라 아이는 다른 한국 아이들과 사이 좋게 어깨동무를 한 채 해맑게 웃고 있었다.

* 루렌도 가족은 상고심에서 최종 승소했고, 이들 가족에 대한 정식 난민심사는 시작되었다. 2020. 5. 루렌도 가족은 정부로부터 지원받은 생계비로 경기도 모처에 집을 얻어 생활하고 있는데, 조만간 취업을 해서 자립을 할 예정이다. 루렌도 가족의 아이들은 인근의 초등학교에 입학했다.

한편, 한국의 공항에는 지금도 또 다른 '루렌도 가족'들이 살고 있다. 제도가 근본적으로 바뀌지 않는 이상 이러한 현실은 계속될 것이다. 필자가 근무하고 있는 사단법인 두루는 이러한 문제의 해결을 목표로, 국가인권위원회의 지원을 받아 '공항난민 인권개선을 위한 모니터링 사업'을 수행 중이다.

책 소개 (2)

박봉규 변호사의 추천사

스티븐 그린블랫 - 폭군

셰익스피어의 작품에 나오는 폭군의 모습을 통해 독재체제와 독재자의 속성, 나아가 현대 정치의 속성을 설명한 책입니다. 제가 가장 최근에 읽은 책이기도 합니다. 셰익스피어의 책을 흥미롭게 독해한 책이어서 저는 매우 재미있게 읽었습니다. 셰익스피어 연구자인 저자는 책의 말미에 이 책을 구상하게 된 계기를 밝히고 있는데, 미국 대선(대선이라고 저자가 명백히 밝히진 않았으나, 저자는 최근의 "선거 결과가 나의 최악의 우려를 확정"했다고 밝히고 있습니다) 이후 셰익스피어의 정치적 세계와 오늘날의 미국 상황이 아주 비슷하다는 이야기를 아내와 아들에게 했고, 아내와 아들은 그 이야기를 듣고 그 주제로 책을 한번 써보라고 권했다는 것입니다. 간접적으로 미국사회에서 '트럼프'라는 독재자가 탄생한 계기와 독재자의 속성에 대한 관심을 갖고 이 책을 썼음을 밝히고 있습니다. 문학과 정치에 모두 관심이 있는 분이라면 누구라도 흥미롭게 읽을 수 있는 교양서입니다.

법/률/의/지/평/

논 문

행정상 손실보상에 관한 헌법적 조망[*]

박보영 변호사

목 차

〈국문초록〉

헌법 제23조 제3항은 공용침해 및 그에 대한 보상을 법률로써 하도록 정하고 있다. 따라서 공용침해의 근거가 법률로 정해졌다면 그에 대한 보상도 법률로 정해져야 하고, 이 때 보상은 완전한 보상이어야 한다는 것이 헌법적 요청이라 할 수 있다. 그러나 우리나라의 손실보상제도는 공용제한과 생활보상 등 확대된 영역의 보상에 대해 정하지 않거나, 보상의 구체적인 내용이 불충분한 경우가 많다. 손실보상제도에 관한 공백이 있을 때 어떻게 할 것인지에 관한 이론적 논의가 있었으나, 이 중 하나의 입장을 취하는 것만으로는 문제 상황에 대한 실천적 해결방안으로 삼기에 부족하다. 실무에서는 각 국가 기능이 유기적으로 상호작용을 하여 헌법적 요청에 부합하는 방향으로 제도를 설계하고 운용해 나

---

[*] 이 글은 『인권과 정의』 제479호(2019. 2.), 대한변호사협회에 게재된 논문이다.

갈 필요가 있다. 이와 관련하여 현실의 필요를 다각도로 반영할 수 있는 활발한 입법활동, 법치행정의 이념을 실현하고 보상규정을 보완하는 능동적 행정활동, 법령의 유추해석과 새로운 법리개발을 통해 공백을 보충하고 국민의 권리를 구제하는 적극적 사법활동, 그리고 각 영역의 작용을 촉진하고 방향을 제시하는 헌법재판의 필요성을 살펴본다. 헌법적 관점에서 손실보상에 대한 원칙을 재정립함으로써 손실보상의 헌법현실이 헌법규범에 더 가까워질 수 있을 것이다.

I. 서론

「대한민국헌법」(이하 '헌법'이라고 한다)은 제23조에서 재산권에 관한 규정을 두면서, 특히 제3항은 "공공의 필요에 의한 재산권의 수용, 사용, 제한 및 그에 대한 보상은 법률로써 하되 정당한 보상을 지급하여야 한다"고 하여, 공용침해[1]와 손실보상에 대해 정하고 있다.

국가의 위법한 행위로 인해 재산권을 침해받은 자는 행정소송과 국가배상소송을 통해 구제받을 수 있다. 헌법소송을 통해 재산권을 침해하는 법률이 위헌임을 확인받을 수도 있다. 원하지 않는 재산권 침해 자체를 거부하고, 손해도 배상받을 수 있는 것이다. 헌법 제23조 제1항 전문에 따른 재산권 보장의 귀결이다. 그런데 국가가 적법하게 사인의 재산권을 제한하는 경우에는 완전히 다른 양상이 펼쳐진다. 헌법은 재산권 보장의 내용과 한계를 법률로 정하도록 하고 그 행사도 사회적으로 기속된다고 하였기 때문에(제23조 제1항 후문 및 동조 제2항), 적법한 재산권의 제한 자체를 거부할 수는 없게 된다. 그로 인한 손실의 보상을 요구하거나, 아니면 손실을 감수해야 한다.[2] 이

---

1) 공용수용은 국가권력에 의해 타인의 재산권을 박탈하는 행위, 공용사용은 타인의 재산권에 공법상의 사용권을 강제적으로 설정하고 재산권자에게 사업자의 사용을 수인하게 하는 행위, 공용제한은 특정한 재산권에 대해 과하는 공법상 제한으로서 개발행위 등의 소유권 행사제한이나 장애물제거수인의무 부과 등을 가리킨다. 이하 위와 같은 공공필요에 의한 재산권의 수용, 사용, 제한을 포괄하는 용어로 '공용침해'를 사용한다. 김남진, 「행정법II」, 박영사, 2000, 400면; 송동수, "공용수용과 손실보상에 관한 비교법적 연구 -한국과 독일을 중심으로-", 「토지공법연구」 제9권, 한국토지공법학회, 2000, 5면; 신경직, "정당보상으로서 공법상 생활보상에 관한 재인식", 충북대학교 대학원 박사학위논문, 2017, 21~23면 및 서울고등법원 2013. 5. 3. 선고 2012나34247 판결.
2) 이와 관련한 학문적 논의로, 보상이 불필요한 '사회적 기속'과 보상이 필요한 '공용침해'를 구분하는 기준에 관한 경계이론과 분리이론의 대립이 존재한다. 헌법 제23조 제2항과 제3항의 구분에 관한 것으로 이해될 수 있다. 헌법재판소는 "(헌법 제23조) 제3항은 재산권 행사의 사회적 의무성의 한계를 넘는 재산권의 수용·사

중 전자, 즉 적법한 재산권 제한 자체를 거부할 수는 없지만 적어도 그로 인한 손실의 보상을 요구해야 하는데 정작 법령에 정함이 없는 경우가 종종 발생한다.

이처럼 국가의 적법한 행위로 인해 손실이 발생한 경우 어떻게 그 손실을 보상할 것인지 실천적인 해답을 모색한다. 우선 헌법의 재산권 규정 및 그로부터 구체화된 행정상 손실보상제도에 대한 검토부터 필요할 것이다. 나아가 헌법적 요청에 부합하는 행정상 손실보상제도의 구체적인 설계 및 운용방안을, 입법·사법·행정 그리고 헌법재판의 각 분야에서 분석하여 종합하고자 한다.

II. 헌법상 재산권 규정과 손실보상에 관한 헌법적 요청

1. 재산권 규정의 연혁과 의미

제헌헌법(헌법 제1호, 1948. 7. 17. 제정)의 재산권 규정(제15조)은 재산권 보장, 재산권 행사의 공공복리 적합성, 공공필요에 의한 재산권의 수용, 사용, 제한 및 법률이 정하는 바에 따른 상당한 보상 지급을 정하고 있었다. 현행 헌법과 비교할 때 "상당한 보상"이라는 문언을 사용하고 있어 그 의미에 관한 다양한 견해가 존재하였는데,[3] 대체로 현행 헌법의 "정당한 보상"보다는 낮은 수준의 보상을 의미하는 것으로 해석하려는 경향이 있었다.

용·제한과 그에 대한 보상의 원칙을 규정한 것"이라고 하면서(헌법재판소 1994. 2. 24. 선고 92헌가15 결정), 수인의 한계를 넘는 과도한 제한, 즉 종래의 용도대로 토지를 사용할 수 없거나 아니면 사적으로 사용할 수 있는 가능성이 완전히 배제되는 경우에는 재산권의 사회적 기속성으로도 정당화될 수 없는 가혹한 부담이어서 그 부담을 완화하는 보상규정을 두어야 한다고 하여(헌법재판소 1999. 10. 21. 선고 97헌바26 결정) 분리이론을 취했다고 본다. 대법원은 경계이론을 취하고 있다고 보기도 한다(대법원 1992. 11. 24. 선고 92부14 판결). 분리이론과 경계이론의 의미와, 헌법재판소 및 대법원의 태도에 대해서는 상당한 논의의 여지가 있을 것으로 보인다. 과연 경계이론과 분리이론이 개념뿐만 아니라 실제 사례에 구체적으로 적용될 때에도 명백하게 구분되는 전혀 별개의 기준으로 기능할 수 있는지, 그리하여 어느 하나의 입장만을 택일하여 모든 문제 상황을 해결할 수 있는지부터 다투어질 수 있다. 공용침해와 사회적 기속의 구분은 결국 침해의 정도(경계이론의 기준)와 입법의 형태 및 목적(분리이론의 기준) 등을 모두 종합하여 판단되어야 한다는 주장도 가능할 것이다. 다만 헌법 제23조 제3항의 해석과 실제 손실보상제도의 운용을 탐색하고자 하는 이 논문에서는 경계이론과 분리이론에 관한 추가적인 논의는 다루지 않고, 공용침해가 성립됨을 전제로 하여 그에 관한 손실보상의 문제에 초점을 맞추고자 한다.
3) 이부하, "재산권의 보장 및 재산권의 사회적 기속 −헌재 1998. 12. 24. 89헌마214, 90헌바 16, 97헌바78(병합) 결정평석−", 「헌법학연구」 제11권 제2호, 한국헌법학회, 2005, 180~181면.

제3공화국 헌법(헌법 제6호, 1962. 12. 26. 전부개정)은 제헌헌법 재산권 규정의 "상당한 보상"을 "정당한 보상"으로 바꾸었다(제20조 제3항). 공용침해에 관한 법률유보를 정하되, 정당한 보상의 지급에 관해서는 법률유보를 지양하고 그 자체로서 실정법적 규정형식을 취하여 직접효력설의 태도를 취한 것으로 평가받고 있다(제20조 제3항).[4] 법률이 재산권에 대한 공용침해를 허용하면서 보상규정은 두고 있지 않을 경우 헌법을 근거로 직접 보상청구를 할 수 있고, 구체적인 보상의 방법, 범위, 기준 등을 법원의 재판에 맡겼다는 것이다.[5]

제4공화국 유신헌법(헌법 제8호, 1972. 12. 27. 전부개정)에 이르러 비로소 공용침해 뿐만 아니라 보상까지도 개별 법률에 정하도록 법률유보를 명확히 하였다(제20조 제3항). 이로써 개별 법률에 근거가 없어도 직접 헌법규정에 근거하여 손실보상을 청구할 수 있다는 종전의 해석이 문언상 어려워졌다. 대법원도 법률에 별도의 규정이 없더라도 보상을 하여야 한다는 원심판결을 번복하면서 "원심이 손실보상의 기준과 방법을 정한 법률이 없어도 보상을 하여야 한다는 취지로 판단한 것은 개정헌법규정을 잘못 적용한 위헌을 면키 어렵다"고 판시하였다.[6] 개별 법률에 미리 정하지 못한 손실은 어떻게 보상받을 수 있을지의 문제가 본격적으로 불거지기 시작한다.

제5공화국 헌법(헌법 제9호, 1980. 10. 27. 전부개정)은 개정 전과 마찬가지로 공용침해뿐만 아니라 보상까지도 개별 법률에 정하도록 하면서, 보상의 기준을 정할 때 정당한 이익형량을 담당하는 자 역시 입법자임을 명확히 했다(제22조 제3항).[7] 실질적인 내용의 변화는 없는 것으로 보인다.

현행 헌법(헌법 제10호, 1987. 10. 29. 전부개정)도 제5공화국 헌법 제22조 제3항의 이익형량 부분을 "정당한 보상"의 표현으로 바꾸어 규정한 것 외에는, 제4공화국 헌법부터의 법정주의를 유지하고 있다(제23조 제3항). 이처럼 공용침해 및 보상을 법률로 정하도록 명시하고, 정당한 보상으로 그 수준을 정한 데서 확인되는 헌법적 요청에 부합하는 손실보상제도의 설계와 운용이 필요하다.

---

4) 이상규, 「행정법(상)」, 범문사, 2000, 574면.
5) 대법원 1967. 11. 2. 선고 67다1334 전원합의체 판결은 이러한 태도를 반영한 판결로 해석된다.
6) 대법원 1976. 10. 12. 선고 76다1443 판결.
7) 이부하, 앞의 글, 182면.

2. 손실보상에 관한 헌법적 요청

(1) 공용침해에 관한 법률에 정함이 있다면 보상에 대해서도 법률로써 정해야 함

공용침해에 관하여 법률에 정할 때 보상도 정해야 한다는 것은 헌법의 요청이다. 헌법 제23조 제3항은 명백히 공공필요에 의한 재산권의 수용·사용 또는 제한 "및" 그에 대한 보상을 법률로써 정하도록 하고 있는 것이다. 보상을 통해 재산권 침해를 정당화하겠다는 의미가 아니라, 위헌·부당한 재산권 침해를 방지하고 법정주의를 통해 국민의 기본권을 최대한 보장하려는 적극적인 뜻으로 파악된다. 손실보상의 가부를 비롯하여 그 기준, 범위 및 내용의 중요한 사항을 행정부나 사법부가 아닌 입법부가 정하도록 하여 법률유보원칙을 관철하는 것이며, 공용침해가 허용되기 위한 본질적인 사항에 해당하는 보상문제를 입법자가 직접 규율해야 한다는 점에서도 지지될 수 있는 해석이다.[8]

이처럼 헌법은 공용침해를 정할 때 더불어 보상에 대해서도 입법할 헌법상 의무의 발생을 명확히 선언하고 있다. 헌법재판소 역시 "우리 헌법은 제헌(制憲) 이래 현재까지 일관하여 재산의 수용(收用), 사용(使用) 또는 제한(制限)에 대한 보상금을 지급하도록 규정하면서 이를 법률이 정하도록 위임함으로써 국가에게 명시적으로 수용(收用) 등의 경우 그 보상(補償)에 관한 입법의무(立法義務)를 부과하여 왔다"면서, 상당 기간 입법자가 보상에 관한 아무런 입법조치를 취하지 않은 것에 대해 입법재량의 한계를 넘은 입법의무불이행으로서 재산권을 침해하여 위헌이라는 결정을 한 바 있다.[9] 법률에 공용침해의 근거만 정하고 보상에 대해 정하지 않는다면, 헌법의 문언에 정면으로 위배된다.

반면, 헌법 제23조 제3항이 보상 여부조차 입법자의 형성에 맡긴 것이라는 해석도 존재한다.[10] 독일기본법 제14조 제3항은 재산권 침해로서 공용수용만 규정하여 이 경우 반드시 보상규정을 두도록 하고 있는 데 반해, 우리 헌법 제23조 제3항은 보상을 요하는 재산권 침해로 공용수용뿐만 아니라 공용사용, 공용제한을 아울러 규정하고

---

8) 류지태, "행정상 손실보상 근거법률규정의 공백", 「법학논집」 제31권, 고려대학교 법학연구원, 1995, 165~166면.
9) 헌법재판소 1994. 12. 29. 선고 89헌마2 결정.
10) 김남진/김연태, 「행정법 I」, 법문사, 2009, 565면; 석종현, 「손실보상법론」, 삼영사, 2003, 10면; 김용호, "공익사업에 따른 손실보상제도에 관한 연구: 정당보상을 위한 제도개선 중심으로", 경원대학교 대학원 박사학위논문, 2010, 12~13면.

있다는 것 등을 주요 근거로 내세우는 것으로 보인다.[11] 그러나 앞서 살펴본 헌법 제23조 제3항의 문언과 그 연혁에 비춰본다면 이러한 해석은 수용하기 어렵다. 헌법 제23조 제3항의 공용침해, 즉 공용수용뿐만 아니라 공용사용과 공용제한 전부가 이미 헌법 제23조 제2항에서 정한 사회적 기속의 한계를 넘은 것인 이상 보상이 필요하다는 점에서 달리 취급될 합리적 이유 역시 찾아보기 힘들다. 우리 헌법 제23조 제3항과 문언 자체가 다른 독일기본법 제14조 제3항과 관련하여 논의되는 불가분조항(또는 부대조항, 동시조항: Junktim Klausel)의 논쟁을 굳이 끌어올 필요도 없다고 생각한다.

(2) 정당한 보상이 이루어져야 함

손실보상은 "정당한 보상"이어야 한다. 여러 학설이 존재하지만,[12] 이익형량을 통한 적당한 수준 내지 상당한 수준의 보상을 넘어서는 완전한 보상을 의미하는 것으로 해석하는 것이 타당하다. 앞서 살펴본 재산권 규정의 연혁이 위와 같은 해석을 뒷받침한다. 제헌헌법의 "상당한 보상", 제5공화국 헌법의 "공익 및 관계인의 이익을 정당하게 형량하여"라는 문구 대신에 현행 헌법은 "정당한 보상"을 하여야 함을 명확히 했기 때문이다. 헌법재판소도 마찬가지로 해석하고 있다. "헌법이 규정한 '정당한 보상'이란 … 손실 보상은 원칙적으로 피수용재산의 객관적인 재산가치를 완전하게 보상하는 것이어야 한다는 완전보상을 뜻하는 것으로서 보상금액뿐만 아니라 보상의 시기나 방법 등에 있어서도 어떠한 제한을 두어서는 아니된다는 것을 의미한다"고 한다.[13] 대법원도 다르지 않다.[14]

결국 "완전한 보상"이라고 일컬어지는 "정당한 보상"의 핵심은 구체적인 보상 수준의 문제로 귀결된다. 객관적인 재산가치를 파악하는 구체적인 방법, 기준, 시점 및 범위 등이[15] 완전한 보상이라는 정당한 보상에 대한 헌법적 요청의 실제 실현 여부를

---

11) 박균성, "손실보상에 관한 입법의 불비와 권리구제방안", 「토지공법연구」제2권, 한국토지공법학회, 1996, 131~136면은, 독일기본법 제14조 3항과 우리 헌법 제23조 제3항의 비교법적 고찰을 통해 독일의 불가분조항의 취지가 우리나라에 그대로 적용될 수 없다고 하면서 우리 헌법 제23조 제3항의 직접적 효력설을 주장한다.
12) 완전보상설, 상당보상설 및 경우를 나누어 설명하는 절충설 등이 존재한다. 허강무, "정당보상 구현을 위한 손실보상 제도의 개선방안", 「법학연구」제32권, 전북대학교 법학연구소, 2011, 334~335면; 석호영, "정당보상에 관한 공법적 연구 -미국의 사례를 중심으로-", 고려대학교 대학원 석사학위논문, 2009, 25~27면.
13) 헌법재판소 1990. 6. 25. 선고 89헌마107 결정, 헌법재판소 1991. 2. 11. 선고 90헌바17 결정.
14) 대법원 1993. 7. 13. 선고 93누2131 결정.
15) 따라서 구체적인 손실보상분을 정할 때는 다양한 요소가 고려되어야 한다. 각 재산권에 내재된 사회적 기속

좌우하게 된다.

III. 행정상 손실보상제도의 구조 분석

1. 손실보상의 본질과 특수성

통상 행정상 손실보상은 '공공필요에 따른 적법한 행정상의 공권력행사로 말미암아, 사인에게 가하여진 특별한 희생에 대하여, 사유재산권의 보장과 전체적인 평등부담의 차원에서 행정주체가 행하는 조절적인 재산적 전보'로 정의된다.[16]

이러한 손실보상의 개념요소로 논의되는 요소를 정리하면 다음과 같다.[17] 첫째, 공권력의 행사에 따른 손실의 보상으로서 공법적 성질을 가진다. 둘째, 적법행위로 인한 손실의 보상이라는 점에서 위법한 공권력 행사로 인한 국가배상제도와 구분된다. 셋째, 재산상의 손실을 전보하는 제도이므로 사람의 생명이나 신체 등에 대한 침해는 대상에 포함되지 않는다. 넷째, 재산권에 대한 사회적 기속을 초과하는 개인의 특별한 희생에 대해 사회 전체적인 공평부담의 견지에서 행해지는 조절적인 보상이다.

이처럼 손실보상이란, 공공필요에 따른 적법한 행정상 공권력행사, 즉 공용침해(공용수용, 공용사용, 공용제한)로 인해 사인이 치르는 (사회적 기속성을 초과하는) 특별한 희생에 대한 보상을 말한다. 헌법적 관점에서 보자면, 우선 재산권을 보장하고 실현하는 제도이고, 평등원칙에 입각하여 특별한 희생을 보전함으로써 개인의 희생을 사회 전체가 공평하게 부담하도록 하는 제도이기도 하다. 생활보상의 경우에는 헌법상 인간다운 생활권을 실현하기도 한다.

분, 공용침해로 야기된 재산상의 이익, 재산권자의 책임으로 인해 야기된 손실증가분 등은 손실보상분에서 제외되는 등, 공용침해와 관련된 제반사항의 총체적 비교형량 과정을 거친 결과가 실제 손실보상의 내용과 범위가 된다(정연주, "손실보상과 토지재산권의 범위", 「공법연구」 제37권 제1호, 한국공법학회, 2008, 223~226면).

16) 김남진/김연태, 앞의 책, 2009, 544면; 김동희, 「행정법 I」, 박영사, 2007, 538~539면 등.

17) 고헌환, 「손실보상법제의 비교」, 한국학술정보(주), 2011, 41~42면에서는 공권력의 행사에 따른 손실의 보상, 적법행위에 의거한 손실의 보상, 재산상 손실의 전보, 적법한 공권력의 행사에 의해 직접으로 가해진 손실의 보전, 특별한 희생에 대한 공평부담의 견지에서 행해지는 조절적 보상을 개념요소로 들고 있다. 한편, 김용호, 앞의 글, 8~10면에서는 적법행위로 인한 손실의 보상, 공권력의 행사로 인한 손실의 보상, 특별한 희생에 대한 전체적인 공평부담의 견지에서 행하는 조절적인 보상, 재산권에 대한 공용침해에 대한 보상을 개념요소로 들고 있다. 공통부분을 추출하여 정리하였다.

2. 현행 손실보상제도의 구조와 특성

(1) 관련 법령의 개관

일본 강제점령기에 군사시설 등을 설치하기 위한 수탈의 목적으로 1911년에 제정한 「조선토지수용령」이 1961년까지 적용되다가, 5·16 이후 국가재건최고회의 의결로 제헌헌법 이래 최초로 1962년에 「토지수용법」이 제정됨으로써 대체되었다. 이후 1970년대 중반까지는 강제취득을 정한 토지수용법 또는 민사법에 의한 협의매수에 의하여 공공사업에 필요한 토지가 취득되고 있었으나, 협의매수를 하는 경우 일반적인 법적 준칙이 없었다. 이러한 문제점을 해결하기 위하여 1975년 사법상 계약에 의한 재산권의 협의취득을 규정한 「공공용지의 취득 및 보상에 관한 법률」이 제정되었다. 이후 2002. 2. 4. 법률 제6656호로 제정된 「공익사업을 위한 토지 등의 취득 및 보상에 관한 법률」(이하 '토지보상법'이라고 한다)은 구 토지수용법과 공공용지의 취득 및 보상에 관한 법률을 통합한 것으로, 보상절차와 체계의 일원화를 위해 제정되어 2003년. 3. 1.부터 시행하고 있다. 이 토지보상법이 손실보상의 일반법으로서 기능하고 있다는 견해가 많다.[18]

(2) 손실보상제도의 개별성

그러나 토지보상법을 손실보상의 일반법으로 볼 수는 없다. 토지보상이 대표적인 손실보상 영역이고, 그런 면에서 토지보상법이 손실보상의 대표적인 법제라고 할 수는 있으나, 모든 영역에 토지보상법이 일반적으로 적용될 수는 없다. 토지보상법 이외에도 「도로법」, 「하천법」, 「도시 및 주거환경 정비법」 등 손실보상의 영역마다 다양한 개별 법령이 존재한다. 개별 법률에서 일부 토지보상법을 준용하고 있다고 해서 토지보상법이 손실보상의 완전한 일반법으로서 기능하기에는 역부족이다.

여기서 손실보상제도의 구체적 개별성이라는 특수성을 도출할 수 있다. 예를 들어, 국가배상은 국가의 위법한 행위로 인해 발생한 손해를 배상한다는 일반법리가 명백하게 존재하는 데 비해, 손실보상은 국가의 적법한 행위로 인해 발생한 손실 중에서도 사회적 기속성을 넘어서는 특별한 희생에 대해서만 그것도 법령에 정한 범위에서 법

---

18) 고헌환, 앞의 책, 47면; 김정열, "손실보상제도의 생활보상 개선 방안", 전주대학교 대학원 박사학위논문, 2014, 24면.

령에 정한 절차에 따라 보상하겠다는 것이다. 이처럼 다른 제도에 비해 상대적으로 손실보상제도는 개별 법령에 근거하여 구체적인 사안마다 여러 요소의 종합적인 비교형량을 거쳐 정해진다는 점에서 일률적으로 처리할 수 없다는 특수성을 가진다. 개별 법령의 공백이 존재할 때, 실무상 어떻게 처리해야 하는지 문제가 대두될 수밖에 없는 것이다.

3. 현행 손실보상제도의 문제점

(1) 입법체계상 문제점

1) 토지보상법을 중심으로 한 입법체계의 문제

토지보상법 이외의 여러 개별법은 해당 분야의 공용침해에 관한 모든 문제를 스스로 규정하는 것이 아니라 특히 필요한 사항만 특칙을 두어 정하면서, 그 이외의 사항은 토지보상법의 규정을 따르도록 하고 있는 경우가 많다. 그러나 전혀 다른 분야의 개별법에 폭넓은 준용조항을 두어 마치 토지보상법이 일반법처럼 오해되도록 하는 것은 입법체계적으로 바람직해 보이지 않는다. 토지보상법의 입법목적은 '공익사업에 필요한 토지 등을 협의 또는 수용에 의하여 취득하거나 사용함에 따른 손실의 보상에 관한 사항을 규정함으로써 공익사업의 효율적인 수행을 통하여 공공복리의 증진과 재산권의 적정한 보호를 도모하는 것을 목적'으로 하는 것이다(제1조). 공익사업으로 인한 토지 등의 협의, 수용에 의한 취득, 사용에 따른 손실의 보상이 손실보상법의 대표적인 영역일 수는 있으나, 일반적인 영역일 수는 없다. 대상을 확대하고, 공통적 기준 마련이 가능한 공용침해의 기본적 원인행위를 종합하여, 손실보상에 관한 일반법을 두어 공통된 보상의 기준, 내용, 절차 등을 규정하는 것이 근본적으로 바람직한 입법방향일 것이다.

2) 개별 법률에 따른 구체적인 하위법령의 공백

공용침해 및 그에 대한 보상의 근거는 법률에 마련하였으나, 보상의 구체적인 내용은 공백으로 방치한 경우가 여전히 적지 않다. 예를 들어, 「문화재보호법」은 손실보상을 해야 하는 경우를 열거하면서 국가가 그 손실을 보상하여야 한다고 규정하면서도(제46조), 구체적인 보상의 기준이나 방법에 대해서는 정하지 않고 하위 법령에 위임하고 있지도 않다. 동법 시행령에서는 손실보상의 신청 절차에 대해서는 정하고 있지만(제29조), 보상의 기준과 방법에 대해서는 함구하고 있다.

이처럼, 현행 손실보상제도상 공용침해의 보상에 관한 법률의 규정이 아예 없거나, 있더라도 하위법령의 입법이 이루어지지 못하여 구체적인 내용이 없어서 실제 보상이 이루어지지 않는 경우가 많다. 손실보상의 영역이 확장되면서 입법의 불비 문제는 더욱 증가할 것으로 보인다. 다만, 다양한 손실보상의 유형과 내용을 모두 사전에 법령에서 정확히 정할 수 있을지는 의문이다.

(2) 입법내용상 문제점

1) 공용제한에 대한 보상 미비

공공수용과 공용사용에 관하여는 토지보상법이 다수의 개별법에서 준용되는 대표적인 법으로 기능하고 있지만, 공용제한에 대해서는 이러한 법률이 존재한다고 보기 어렵다. 공용제한에 대한 보상은 개별법의 정함에 따를 수밖에 없는데, 현행법에서 아무런 보상규정을 두고 있지 않은 경우가 많다. 공익사업을 위한 사업예정지역이나 지구를 설정하는 경우(「토지이용규제 기본법」, 「신항만건설 촉진법」, 「폐기물처리시설 설치촉진 및 주변지역지원 등에 관한 법률」), 행위제한을 규정하는 용도지역·지구제를 두는 경우(「국토의 계획 및 이용에 관한 법률」) 등 여러 법률에서 수용, 사용 외에 공용제한에 대한 보상 관련 규정은 찾아볼 수 없다.[19] 원자력시설과 관련한 손실보상에 관해서도 특별법으로 「전원개발촉진법」, 「전기사업법」에 각 규정이 있지만 원자력시설과 관련한 토지의 재산권 제한에 관한 것들에 불과하고, 그 외에 원자력시설의 설치, 운용, 폐기에 이르는 전 과정에서 공용제한에 관한 손실보상법령은 전무한 실정이다.[20]

이처럼 개별법에 공용제한의 근거만 규정되어 있고 보상규정이 마련되어 있지 않은 상태에서, 공용제한을 내용으로 하는 각종 행정작용으로 인한 손실보상 문제가 빈번하게 발생하게 된다. 예를 들어, 용도지역의 변경 등 행정계획 변경으로 인해 변경

---

19) 김철우, "간접보상의 범위와 문제점: 공익사업을 위한 토지 등의 취득 및 보상에 관한 법률을 중심으로", 성균관대학교 대학원 석사학위논문, 2014, 155면.

20) 이우도, "원자력시설 안전관리 및 손실보상 법제 연구", 「부동산학보」 제66집, 한국부동산학회, 2016, 181면. 손해배상 관련 법률로 원자력손해배상법과 원자력보상계약법이 존재할 뿐이다.

이전의 재산권 행사의 범위가 현저히 축소되어 소유한 토지의 개발행위를 전혀 하지 못하게 되는 경우에도 행정청은 별도의 손실보상을 하지 않고, 법원 역시 이를 손실보상의 대상으로 보거나 위법한 행정행위로 보지 않는 것이다.[21]

소위 간접수용에 대한 보상규정이 명시적으로 존재하지 않은 것도 같은 관점에서 파악될 수 있다. 간접수용이란, 국가가 직접 재산을 수용하거나 재산권을 박탈하지 않지만 수용과 동등한 효과를 초래하는 정부의 규제행위로 인하여 투자자가 손실을 입은 경우를 가리키는 용어로 사용되고 있다.[22] 최근 한·미 자유무역협정(FTA)을 비롯하여 대부분의 투자협정에 포함되어 있는 포함된 간접수용 보상 관련 규정을 어떻게 해석하고 적용할 것인가를 둘러싼 논의가 있는데, 사회적 기속의 범위를 넘은 공용제한에 대한 보상규정이 미비하기 때문에 촉발된 논의라 할 것이다.

2) 생활보상 등 확대된 영역에 대한 보상 미비

손실보상의 대상 내지 범위는 전통적인 재산권 영역에서 점차 확대되고 있다.[23] 공용침해가 없었던 생활로의 회복을 의미하는 생활보상,[24] 정신적 손실에 대한 보상[25] 등이 대표적인 분야이다.

---

21) 대법원 2005. 3. 10. 선고 2002두5474 판결. 자연녹지지역의 구역 내 토지소유자가 소유한 토지 지상에 물류창고를 건축하기 위한 준비행위를 하던 중 행정청이 규제가 더 엄격한 보전녹지지역으로 변경함으로써 준비하던 개발행위가 좌절되었으나, 신뢰보호원칙, 형평원칙 등에 위배되지 않는 적법한 행정행위라고 판단했다.

22) 황지은, "한미FTA의 간접수용과 손실보상법 체계", 이화여자대학교 대학원 박사학위논문, 2013, 37~38면 및 199면. 참고로, 정부의 규제권에 근거한 공적 규제가 과도하게 사인의 재산권을 침해할 경우 이에 정부의 공용수용권 행사와 마찬가지의 효과를 인정하여 수용의 법리에 따라 정당보상을 지급하고자 하는 미국의 "규제적 수용(regulatory taking)"과도 유사한 개념이라고 볼 수 있다(김승종, "미국의 규제적 수용에 관한 연구: 한미FTA 간접수용과 관련하여", 서울시립대학교 대학원 박사학위논문, 2008, 49면).

23) 손실보상의 범위가 확대되는 것이 실질적인 완전한 보상이 될 것이라는 견해가 있으며(이우도, "어업손실보상 제도의 문제점과 개선방안 연구", 부경대학교 대학원 박사학위논문, 2011, 21면), 무형적이고 간접적으로 판단되는 재산권이 있음을 긍정하고 이를 재산권의 범위에 포섭시키는 것이 바람직하다는 견해도 있다(최종권, "도시및주거환경정비법상 생활보상에 관한 연구", 중앙대학교 대학원 석사학위논문, 2010, 28~29면).

24) 손실보상이론을 헌법상 사회국가의 기본원리에 따라 해석하는 것이 통설적 견해로(김철용, 「행정법 I」, 박영사, 2010, 541면; 박윤흔, 「최신행정법강의(상)」, 박영사, 2004, 662면) 사회국가에 있어서의 손실보상은 재산의 등가적 교환가치의 보상에 만족할 것이 아니라 종전의 정상적인 생활의 회복을 보장하는 이른바 생활보상이어야 한다는 견해가 있다(박평준/박창석, 앞의 책, 589면).

25) 공익사업 등으로 당해 토지에 대한 주관적 가치관이나 감정 등에 대한 침해의 범위를 넘어서 기본의 생활기반을 상실한 것과 같은 현저한 정신적 고통을 손실보상에서 고려할 필요가 있다는 견해가 있다. 김동희, 앞의 책, 560면; 김정열, 앞의 글, 30면; 오영중, "토지 손실보상제도 개선방안에 관한 연구", 건국대학교 부

그러나 현행 손실보상제도는 변화된 현실을 규율하기에는 턱없이 부족해 보인다. 토지보상법령상의 이주대책은 종합적인 생활재건을 위한 핵심조치로서 기능하지 못하고 금전적 보상 및 지원수단으로 대체되고 있다. 생활대책 관련 법령의 미비로 인해 그 기준, 내용, 방법 등이 불투명하며, 특히 법령에 근거 없이 사업시행자 내규로 생활보상이 실시되면서 형평성 문제도 발생하고 있다.[26] 생활보상은 여전히 재산권보상의 미진한 부분을 보완하는 수단 내지 사업의 원활한 추진을 위한 일종의 협상카드 정도로 취급되고 있는 경우가 많아 보인다. 정신적 손실에 대한 보상을 규정한 법령은 아직 마련되지도 못한 상태이다.

IV. 헌법적 요청에 부합하는 손실보상제도의 설계·운용

1. 기존의 이론적 논의에 대한 검토

(1) 방침규정설(입법지침설)

헌법의 보상규정은 손실보상에 관한 입법지침에 불과하여 개별 법률에 규정이 있어야만 비로소 행정주체의 손실보상에 관한 권리나 의무가 발생하고, 규정이 없는 경우 개인이 손실을 감수할 수밖에 없다는 주장이다.[27] 방침규정설은 입법자가 스스로 보상에 관한 입법을 하지 않으면 공용침해가 있어도 보상이 이루어지지 않는 상황을 어찌할 수 없다는 무기력한 결론에 이른다. 헌법 제23조 제3항은 공용침해와 함께 보상에 대해서도 법률에 정하도록 명시적으로 요청하고 있고, 이로써 입법자에게는 헌법상 명시된 입법의무가 발생함에도,[28] 위와 같은 헌법상 요청과 헌법상 입법의무에

동산대학원 석사학위논문, 2008, 39면.

26) 박정일, 앞의 글, 217~219면.

27) 대법원 1976. 10. 12. 선고 76다1443 판결에서 "적어도 개정헌법시행 후에 있어서는 개정전 헌법 제20조 제3항의 경우와는 달리 손실보상을 청구하려면 그 손실보상의 기준과 방법을 정한 법률에 의하여서만 가능하다"고 하여, 이를 방침규정설을 취한 것으로 보는 견해도 있다(고종문, 앞의 글, 142면). 그러나 이는 유신헌법 하에서 새로 나온 판결로, 유신헌법이 그 이전과 달리 보상(의 기준과 방법)도 법률로써 정하도록 개정한 것에 대한 해석의 결과로 보인다. 종전의 직접효력설을 더 이상 유지할 수 없다는 판단이지, 이로써 헌법 규정이 완전히 입법지침이나 방침규정에 불과하다는 태도를 취했다고 보는 것은 다소 무리라고 생각된다.

28) 헌법재판소 1994. 12. 19. 선고 89헌마2 결정.

위배되는 상태가 그저 방치되는 것이다. 수용하기 어려운 주장이다.

(2) 위헌무효설(위헌설)

공용침해를 규정하는 법률에 보상규정을 두지 않았거나 손실보상이 정당보상에 미치지 못하는 경우 그 법률은 원칙적으로 위헌이고 무효라는 주장으로,[29] 그러한 법률에 근거한 공용침해는 위법한 직무행위로서 국가배상법에 의거한 국가배상청구만 가능하고 헌법규정에 직접 근거한 손실보상청구는 할 수 없다고 한다. 헌법재판소의 결정은 비교적 위헌무효설에 가까운 입장이라고 평가되고 있다.[30] 재산권의 사회적 기속성으로도 정당화될 수 없는 가혹한 부담을 부과하면서 그 부담을 완화하는 아무런 보상규정을 두지 않은 법률 규정은 비례의 원칙에 위반하여 위헌이라고 한다.[31]

위헌무효설은 구제의 실효성 측면에서 한계가 있다는 지적을 받고 있다. 근거법령이 위헌이면 해당 행정처분 취소를 위한 항고소송을 거쳐야 하는데 정작 처분성이 인정되기 어려운 경우가 많다거나, 국가배상소송에서도 행정청이 가지는 광범위한 재량성과 국가배상요건의 엄격성을 고려하면 현실적인 승소 가능성이 낮다는 이유 때문이다.[32]

(3) 직접효력설

손실보상에 관한 헌법규정을 국민에 대해 직접적 효력이 있는 규정으로 보고, 만일 개별 법률에 보상규정이 없는 경우에는 직접 헌법 제23조 제3항에 의거하여 손실보상을 청구할 수 있다는 주장이다.[33] 대법원 1967. 11. 2. 선고 67다1334 전원합의체 판결이 직접효력설을 취하였으나, 1972년 제4공화국 유신헌법 개정 당시 이전과 달리 공용침해뿐만 아니라 보상에 대해서도 법정주의를 택한 이후에는 입장을 바꾸어 손실보상을 청구하려면 그 손실보상의 기준과 방법을 정한 법률에 의하여서만 가능하다고

---

29) 석종현, 앞의 책, 626면; 박윤흔, 앞의 책, 725면; 김철용, 앞의 책, 499면; 김동희, 앞의 책, 508면; 홍정선, 「행정법원론(상)」, 박영사, 2007, 652면.
30) 홍준형, "재산권보장과 손실보상의 근거 -학설·판례의 재검토-", 「행정논총」 제33권 제2호, 서울대학교 행정대학원, 1995, 103면.
31) 헌법재판소 1999. 10. 21. 선고 97헌바26 결정. 헌법재판소 1998. 12. 24. 선고 89헌마214 결정도 손실보상이 필요한 재산권 제한행위에 대하여 손실보상 규정을 두지 않은 법률 규정은 위헌이라는 기본입장을 밝혔다.
32) 고종문, 앞의 글, 142~154면; 석종현, 앞의 책, 709~710면.
33) 김동희, "보상규정 없는 법률에 기한 재산권 침해에 따른 손실의 전보의 문제", 「공법학의 현대적 지평(심천 계희열박사 화갑기념논문집)」, 박영사, 1995, 734~736면. 김동희, 앞의 책, 510~512면.

하였다.[34] 이와 관련하여, 구제의 실효성 측면을 고려할 때 불가피하게 헌법 제23조 제3항을 목적론적으로 해석하여 직접효력설에 의한 구제를 인정하자는 주장이 있는데,[35] 헌법 문언의 가능한 의미의 범위를 넘어선 것으로서 해석의 한계를 일탈한 것이므로 수용하기 어렵다는 반론이 존재한다.[36]

이처럼 직접효력설은 권리구제의 실효성 측면에서 지지받는 경우가 많지만 헌법 규정의 문언에 반한다는 문제를 극복하기 어렵다. 헌법상 공용침해만 법률로써 정하도록 하고 보상에 대해서는 달리 정함이 없었던 유신헌법 개정 이전까지는 가능했을 수 있어도, 공용침해 및 보상을 모두 법률로 정하도록 명확히 정한 현행 헌법 제23조 제3항을 두고서 이 같은 해석을 유지하기는 어려운 것이다. 헌법이 정한 손실보상법정주의에서 확인되는 권력분립과 법치주의에도 위배된다. 입법으로 정리된 기준 없이, 구체적인 사안마다 사법부나 행정부의 재량으로 손실보상의 문제를 처리하는 것은 국민의 예측가능성이나 법적 안정성 관점에서도 유리하다고 볼 수 없다.

(4) 유추적용설(간접효력규정설)

공용침해에 따른 보상규정이 없는 경우에도 헌법 제23조 제1항 재산권 조항 및 제11조 평등의 원칙에 근거하여, 헌법 제23조 제3항 및 관계규정의 유추적용을 통하여 보상을 청구할 수 있다는 주장이다.[37] 대법원은 1985년 유추적용설을 수용한 것으로 보이는 판결을 선고했다. 손실보상을 받지 못하고 하천지역으로 지정된 제외지 소유자 등이 부당이득금 청구 소송을 하던 중 근거규정의 위헌제청신청을 한 데 대하여, 하천법의 유추적용을 통해 손실보상이 될 수 있으므로 근거법령의 위헌을 전제로 하는 위헌제청신청을 기각한다고 판단했다.[38] 이후 명시적인 보상규정이 없더라도 유추적용을 통해 손실보상을 인정하는 해석을 계속 시도하고 있는 것으로 보인다.[39]

---

34) 대법원 1976. 10. 12. 선고 76다1443 판결.
35) 김동희, 앞의 글, 736면.
36) "이러한 주장은 결국 당사자의 권리구제라는 목적을 위하여 임의적으로 헌법조문이 담고 있는 명백한 내용을 초월하는 오류를 범하는 것이어서 따를 수 없을 것"이라고 한다(류지태, 앞의 글, 175면).
37) 손실보상청구권이 헌법상 하나의 특정조문(헌법 제23조 제3항)에 근거하는 것이 아니라 여러 조항의 해석결과 도출됨을 의미한다고 하여 '간접효력규정설'이라 하기도 한다(홍정선, 앞의 책, 652면).
38) 대법원 1985. 11. 12. 선고 84카36 판결.
39) 대법원 2004. 9. 23. 선고 2004다25581 판결, 대법원 2011. 8. 25. 선고 2011두2743 판결 등.

(5) 수용유사침해이론 원용설

법률에서 공용침해에 대한 근거규정은 두면서 손실보상에 관한 근거규정을 두지 아니한 결과 위법하게 된 특별한 희생을 당한 자에게도 손실보상을 하여야 한다는 주장이다.[40] 독일에서, 위법하지만 책임 없는 침해에 대한 국가책임의 흠결을 보전하기 위한 제도로서 등장한 이론(수용유사침해이론)을 원용하자는 것이다. 그러나 대법원은 "과연 우리 법제하에서 그와 같은 이론을 채택할 수 있는 것인가는 별론"이라고 전제하면서 해당 사안이 소위 수용유사적 침해에 해당한다고 볼 수는 없다고 판단했다.[41]

수용유사침해이론 원용설도 우리 법제 하에서 취할 필요가 인정되기 어렵다. 손실보상은 적법한 공권력 행사에 의한 침해를 보상하는 문제여서, 굳이 독일 연방헌법재판소의 수용유사침해이론을 가져와 해결을 도모할 필요가 없어 보인다.

(6) 진정입법부작위설(보상입법부작위위헌설)

합헌적인 재산권 제한을 정하고 있는 법률규정은 그에 대한 보상규정이 없어도 그 자체로서는 합헌적이며(이 점에서 위헌무효설과 구분된다), 보상규정을 두지 않은 입법부작위가 위헌이므로 입법부작위에 대한 헌법소원에 의하여 구제받을 수 있다는 주장이다.[42]

헌법재판소는 입법부작위에 대한 헌법소원을 예외적으로 인정하는바, 법 규정이 불완전하여 보충을 요하는 경우 불완전한 법규 자체를 대상으로 헌법소원을 청구함은 별론으로 하고 입법부작위를 헌법소원의 대상으로 삼을 수 없다고 하므로,[43] 진정입법부작위설을 단독으로 취할 실익은 없어 보인다.

(7) 소결

앞서 살펴본 바와 같이 기존의 방침규정설, 직접효력설, 수용유사침해이론 원용설, 진정입법부작위설은 모두 우리 법제 하에서 취하기 부적절하거나 실익이 없다. 현실

---

40) 고종문, 앞의 글, 148면.
41) 대법원 1993. 10. 26. 선고 93다6409 판결.
42) 김문현, "보상규정이 없는 법률에 기한 수용적 재산권제한에 대한 권리구제 방법", 「고시연구」, 고시연구사, 2000, 23면.
43) 헌법재판소 1999. 1. 28. 선고 97헌마9 결정.

적으로 위헌무효설과 유추적용설을 중심으로 제도를 설계하고 운용해 가야 할 것으로 보인다. 위헌무효설은 헌법 제23조 제3항에서 도출되는 명시적인 헌법적 요청 및 입법의무를 고려할 때 기본적으로 합리적 해석으로 보인다. 구제의 실효성 문제는 실제 소송에서 법원의 해석을 통해 제고할 여지가 있을 것이다. 유추적용설은 보상규정이 없는 경우에도 직접 보상청구를 할 가능성이 생긴다는 점에서 직접효력설과 유사한 면이 있으나, 직접효력설은 보상청구를 하는 입장에서 헌법 제23조 제3항을 직접 근거로 삼는 반면 유추적용설은 보상청구에 대해 결정하는 입장에서 여러 조항들을 유추적용하여 판단함을 의미한다는 점에서 작용 대상이 다르다. 권력분립 및 법치주의 위반의 문제가 있는 직접효력설은 피하면서도 국민의 권리구제 측면에서 실천적인 해결책을 도모한다는 점에서 의미 있는 주장이다.

이처럼 손실보상제도에 공백이 있을 때 어떻게 할 것인지에 관한 여러 이론적 논의가 있었으나, 이 중 하나의 입장만으로는 문제 상황에 대한 실천적 해결방안으로 삼기에 부족하다. 현행 헌법의 문언과 헌법원칙에 부합하는 복수의 이론을 참고하여, 각 국가권력이 작용하는 영역에서 능동적이면서도 상호 정합적으로 손실보상제도를 설계하고 운용해 나갈 필요가 있다.

2. 손실보상제도의 설계·운용을 위한 헌법적 고찰 – 각 국가권력을 중심으로 –

(1) 각 국가권력의 기능에 따른 손실보상제도의 설계·운용

앞서 살펴본 바와 같이, 헌법 제23조 제3항에 따라 공용침해 및 그 보상이 법률로써 정해져야 함에도 불구하고 법률의 규정이 공백 상태인 경우가 많을 뿐만 아니라 보상규정이 있더라도 구체적인 내용이 포함되어 있지 않아 실제 손실보상의 실무에서 난항을 겪는 경우가 많다.

기존의 이론적 논의가 상당히 진척되어 왔으나, 문제 상황에 대한 실천적인 답을 제공하기에 한계가 있었다. 손실보상제도의 설계와 운용은 입법, 행정, 사법 및 헌법재판을 아우르는 국가작용의 모든 영역에서 유기적으로 이루어지고 그 내용이 헌법적 요청과 실질적 법치주의에 부합하는 방향으로 구성되어야 하는데, 기존의 각 학설은 권리구제의 필요성이나 법정주의의 한계 등 특정 관점에만 천착하여 국가기능이 작용하는 어느 한 단면만을 파악하는 데 그쳤기 때문이었으리라 짐작된다.

헌법 제23조 제3항에 따르면 공용침해에 따른 보상규정은 입법자가 법률로써 정해야 하므로 입법자는 보상의 종류, 방법 및 범위에 관한 기본적 사항을 법률에 정해야 한다. 이러한 법률의 보상규정은 일반적이고 추상적인 것이기 때문에, 각 행정청은 개별적 상황에 법률에서 정한 기준을 적용시켜 구체적인 보상의 종류와 방법 및 범위를 정해야 하고, 법원은 구체적인 보상이 헌법과 법률에서 정한 기준에 합치되는 것인지 심사하게 된다. 그리고 법률에서 정한 보상 자체가 헌법이 요구하는 정당보상의 이념에 부합하는지 여부에 대한 심사는 헌법재판소의 관할에 속한다.

이하에서는 위와 같이 각 국가기능의 영역에서, 헌법적 요청에 부합하는 손실보상제도의 설계 및 운용을 위해 어떠한 작용을 하여야 하는지 그리고 할 수 있는지를 현행 법령과 제도에 비추어 종합적으로 모색한다.

(2) 입법영역에서의 손실보상제도

1) 종국적 해결방안으로서 입법의 중요성

헌법 제23조 제3항은 공용침해 및 보상에 대해 법정주의를 취하고 있다. 따라서 공용침해에 대한 보상규정의 흠결이 있을 때, 종국적인 해결방안은 입법에서 찾게 된다. 행정 및 사법영역에서의 적극적인 기능은 입법의 흠결을 최대한 보완하는 것이지 입법 고유의 영역에까지 이를 수 없고, 헌법재판 역시 행정 및 사법기능의 활성화를 도우면서 궁극적으로 관련 입법을 촉구하는 역할을 하게 될 것이다. 이러한 관점에서 손실보상제도를 설계하고 운용하는 핵심은 입법에서 시작되어 입법에서 끝난다고 해도 과언이 아니다. 가장 먼저 입법영역에서의 손실보상제도 설계·운용방안을 살펴보는 이유이다.

그러나 아직까지 손실보상에 관한 입법은 일관된 방향성을 갖추었다고 보기 어렵고, 필요할 때마다 정책목적을 달성하기 위해 임시방편으로 추가입법을 해 온 정도에 그쳤다. 이러한 문제는 단순히 개별 법률이나 일부 조항을 신설함으로써 해결되기 어렵다. 근본적으로 국회 및 각 국회의원, 관련 상임위원회의 입법능력 강화가 전제되어야 하고, 특히 손실보상의 입법과 관련하여 다음의 사항들을 고려하여 장기적이고 체계적인 입법이 추진되어야 할 것이다.

2) 법익의 균형성 원칙의 관점: 국가재정상 이익문제 개입 배제

법률에 공용침해의 근거가 규정되었다면, 입법자는 헌법상 비례의 원칙,[44] 특히 법익의 균형성 원칙의 관점에서 공익과 관계자의 이익 등 보상과 관련된 제반사항을 비교형량하여 보상규정을 정해야 한다.[45] 이 때 보상규정의 구체적 내용은 입법재량에 따라 구성될 것이다.

다만 입법자가 위와 같은 비교형량의 과정에서 고려할 공익에 국가 내지 공행정주체의 재정상의 이익은 원칙적으로 배제되어야 할 것이다. 만일 국가재정상 이익이 입법자에 의한 제반사항의 비교형량과정에서 공익의 한 내용으로서 고려되고 그 결과가 보상에 반영된다면, 국가재정상 이유에서 야기되는 모든 손실보상의 제한 내지 배제가 헌법상 정당화될 수 있고 재산권자의 희생 위에서 국가 재정이 확충될 것이며, 결국 헌법상 손실보상을 통한 재산권보장의 기능은 형해화될 것이다.[46]

3) 평등의 원칙의 관점: 공용침해로 인한 이익의 공제 내지 상계

공용침해로 인하여 재산권의 상실 이외에 일정한 재산상 이익이 초래되었을 경우에는 이러한 이익은 손실보상의 범위를 확정하는 과정에서 배제되어야 한다. 이와 같은 재산상 이익을 공제 내지 상계하지 않고 재산권자에게 귀속시킨다면, 공적 부담을 공평하게 부담하는 다른 사회구성원들과 헌법상 평등의 원칙에 위배될 것이다. 헌법재판소도 소유자의 주관적인 가치나 투기적 성격의 우연히 결정된 거래가격 또는 호가(呼價), 객관적 가치의 증가에 기여하지 못한 투자비용이나 그 토지 등을 특별한 용도에 사용할 것을 전제로 한 가격 등에 좌우되어서는 안 되므로 개발이익은 그 성질상 완전보상의 범위에 포함하지 않는다는 입장이다.[47]

---

44) 비례의 원칙에 대한 자세한 것은, 정관영/박보영, "사회보장수급권에 대한 헌법 제37조 제2항의 위헌심사기준 - 공공부조를 중심으로", 서울대 사회보장법연구회, 사회보장법연구 제3권 제2호, 2014, 183면 이하.
45) 법익의 균형성 원칙은 헌법 제23조 제1항에 따라 재산권의 내용과 한계를 설정할 때 뿐만 아니라, 헌법 제23조 3항에 따른 공용침해 및 그에 대한 보상의 설정에 있어서도 지켜져야 할 원칙이다. 공용침해에 요구되는 정당한 보상이 무엇인지 입법으로 구체화하는 과정에서 관련 법익을 모두 비교형량 해야 하기 때문이다.
46) 정연주, 앞의 글, 227면.
47) 헌법재판소 1990. 6. 25. 선고 89헌마107 결정, 헌법재판소 1995. 4. 20. 선고 93헌바20 결정, 헌법재판소 2001. 4. 26. 선고 2000헌바31 결정 등.

4) 사회국가원리의 관점: 생활보상 등 확대된 영역의 반영

앞서 살펴본 바와 같이 현행 손실보상제도에는 공용제한과 생활보상 등 새롭게 확대된 영역이 제대로 반영되지 못하여 입법의 공백이 다수 존재한다.

생활보상은 헌법상 재산권 영역과 사회권 영역이 중첩된 부분이다. 생활보상의 입법을 통해 재산권 보장을 넘어서서 헌법상 사회국가의 원리에 따른 인간다운 생활권까지 구체화하여 실현할 수 있을 것이다. 헌법재판소가 소극적인 태도를 취하고 있는 점을 고려하면, 적극적인 입법이 더욱 추진될 필요가 있다.[48]

간접수용 내지 규제적 수용의 개념과 사례를 분석하여 법률에 반영하는 방안도 적극 검토할 필요가 있다. 정부 주도로 진행되던 사업의 취소나 인·허가 보류, 거부처분에 따른 운영권한 제한이나 사업부지 및 시설에 관한 재산권 제한이 발생했을 때 이에 대한 보상규정이 마련된 일반법은 찾아보기 어렵다.[49] 최근 독일 연방헌법재판소는, 연방의회의 결정으로 원자력을 더 사용하기로 하고 이를 신뢰하여 사업자가 시설 투자 등을 하였는데 갑자기 원자력 발전소 폐쇄 결정을 한 사안에 관하여 입법자에게 보상규정을 해야 할 의무를 인정한바 있다.[50] 이 문제는 외국과의 투자협정 등에서도 계속 불거질 수 있는 것이므로, 입법 차원의 조속한 대응이 필요하다.

---

48) 생활대책의 실시 여부는 입법자의 입법정책적 재량 영역에 속한다는 입장을 견지하고 있다(헌법재판소 2013. 7. 25. 선고 2012헌바71 결정).

49) 「개성공업지구 지원에 관한 법률」에서 투자기업을 지원하는 근거조항을 마련하는 등(제12조의2 내지 4) 특별법의 형태로 일부 이러한 손실보상의 내용이 입법되었거나 입법이 시도되고 있는 데 불과하다.

50) 2016. 12. 6.자 사건번호 1 BvR 2821/11, 1 BvR 321/12, 1 BvR 1456/12 : 연방의회의 2010. 12. 8. 제11차 개정 결정과 연방 환경·자연보호·원자력안전부 장관이 2011. 3. 16. 서면으로 원자력 가동 일시 중지(Atommoratorium)를 명한 기간 사이에 이뤄지고 무용해져 버린 투자에 대한 보상규정이 없는 제13차 개정은 헌법에 위배된다. 제11차 개정은 원자력을 가교적 기술로서 중장기적으로 더 사용하기로 한 입법자의 정치적 결정에 기반하고 있다. 원자력발전소의 운영자는 이를 시설투자를 장려하는 정책이라고 볼 개연성이 있었으며, 입법자가 동일 회기 내에 에너지 정책의 기본결정을 바꾸리라는 점을 예상할 수 없었다. 탈원전 가속화를 위한 공공복리상의 월등히 중요한 이유가 있다고 해도 제11차 개정을 통한 가동 시기의 연장 적용과 관련하여 입법자는 스스로가 초래한 투자에 대한 정당한 신뢰의 결과를 저버릴 수 없다. 그러므로 입법자는 이에 대해 적절한 보상이나 가동시한 연장과 같은 다른 방식의 보상을 규정해야 한다(헌법재판연구원, "(독일)원자력 발전소 폐쇄로 인한 재산권 침해", 「세계헌법재판동향」 2017년 제2호, 2017, 25면).

5) 적법절차의 원칙의 관점: 손실보상에 관한 절차 규정의 보완

헌법은 적법절차의 원칙을 요청하고 있다. 모든 국가작용에 있어 적법절차의 핵심으로서 당사자에게 적절한 고지를 할 것, 당사자에게 의견 등 제출 기회를 부여할 것 등이 요구된다.[51] 그런데 손실보상을 받을 자가 보상절차에서 사전에 적극적으로 의견을 진술하거나 그들의 의견을 수렴할 만한 절차가 제대로 마련되어 있지 않다. 개별 법률에서 사업 초기 각종 공청회나 공람절차 등을 두어 절차적 공정성을 기하고 있으나 이는 사업추진에 대한 절차이며 손실보상과 관련된 절차라고 보기는 어렵다. 생활보상에 관해서는 그나마 사전에 의견을 청취하는 제도조차 전무한 실정이다. 입법자는 이러한 절차 규정을 마련하여 국민의 실질적 권리구제를 강화할 필요가 있다.

6) 재산권의 관점: 다양한 손실보상의 방안 마련

손실보상의 구체적인 방법으로 금전보상 외에도 여러 수단을 활용할 수 있다.[52] 지정의 해지나 매수청구권제도와 같이 금전보상에 갈음하거나 기타 손실을 완화할 수 있는 제도를 보완하는 것이다. 공용제한의 대상이 되는 재산권과 관련하여 과세를 감면하는 제도 역시 정책적 보완수단으로 충분히 고려될 수 있다.[53] 미국에서 시행되고 있는 개발권양도제도 등에 대해서도 적극적인 검토가 가능할 것으로 보인다. 개발권양도제도는 토지소유권에서 토지이용에 대한 개발권을 분리하여 그 개발권을 다른 필지로 이전해 추가 개발하는 것을 인정하는 제도로, 토지이용규제를 받는 지역의 토지소유자가 해당 토지의 개발권을 행사하지 못하게 된 재산상 손실을 국가가 세금으로 보상하는 대신 직접 다른 지역에서 행사하거나 혹은 다른 지역의 토지소유자에 개발권을 양도하여 회수할 수 있도록 하는 것이다.[54] 토지이용규제로 인한 손실을 보전해

---

51) 헌법재판소 2003. 7. 24. 선고 2001헌가25 결정, 헌법재판소 2007. 10. 4. 선고 2006헌바91 결정, 헌법재판소 2015. 9. 24. 선고 2012헌바302 결정 등.
52) 헌법재판소 1999. 10. 21. 선고 97헌바26 결정.
53) 김재열, "공익사업 지연에 따른 손실과 권리구제방안", 한성대학교 부동산대학원 석사학위논문, 2012, 95~96면.
54) 최윤철, "개발제한구역의 손실보상수단으로서 개발권양도제도 연구", 세동대학교 산업대학원 석사학위논문, 2008, 53~54면. 실제 개발권양도제도의 운영 과정에서는 적절한 지역 지정, 개발권에 대한 수요과 공급의 균형, 토지 소유자들의 적극적인 참여를 위한 인센티브 제공, 거래를 중개할 기관의 존재, 거래 및 관리에 드는 비용의 절감 등이 중요한 요소로 작용할 것이다. 세밀한 검토를 거친 입법이 요구된다.

주면서도 별도의 재정부담을 요하지 않는다는 점에서 상당히 매력적인 제도이므로, 만일 우리의 현행 법체계 안에서 이 제도를 전면적으로 도입하기 어렵다면 적어도 그 기법을 어떻게 변용할 수 있는지 충분한 검토를 거쳐 새로운 법제의 개발도 시도해 볼 필요가 있을 것이다.[55] 이처럼 입법자는 정당보상 원칙을 준수하는 범위 내에서 입법 재량을 발휘하여 다양한 손실보상을 통해 손실보상제도를 효율적으로 운용할 방안을 강구해야 할 것이다.

(3) 법치행정의 원칙에 따른 행정영역에서의 손실보상제도

1) 행정작용의 한계

헌법 제23조 제3항의 손실보상법정주의는 어떠한 손실에 대하여 어떠한 보상을 할 것인가를 미리 법률로 명확하게 규정해 둠으로써 행정권의 자의적 해석을 방지하도록 한 것이다.[56] 따라서 법률 자체의 흠결이 있을 때 행정 영역에서 직접 완벽하게 이를 해결할 수 있는 방법을 찾아내는 것은 불가능하다. 마치 없는 법률을 창설하는 것과 같은 행정행위가 이루어지는 것은 법치행정의 한계를 넘는 것이고 헌법적 요청에 반한다. 예측가능성과 법적안정성이 담보된 손실보상제도가 마련되는 것이 아니라는 점에서도 궁극적인 해결책이 될 수 없다. 행정영역에서의 손실보상은 이와 같은 한계를 고려하여 이루어져야 할 것이다.

2) 보상규정을 보완하는 적극적 행정입법 및 행정조치

손실보상에 관한 법률의 규정은 있으나, 법률의 위임을 받은 하위법령이 마련되지 않은 경우가 있다. 소위 행정입법부작위의 사안이다.[57] 대법원 1992. 5. 8. 선고 91누 11261 판결은 이를 정면으로 다룬 최초의 대법원 판결이다. 1976년 안동지역에 건설

---

55) 최혁재/최수, "토지이용규제 손실보전수단으로서의 개발권양도제 도입 및 활용방안 연구", 국토연구원, 2002, 14~21면.
56) 이선영, "행정상 손실보상 법정주의의 현황과 과제", 「토지공법연구」 제16권 제2호, 한국토지공법학회, 2002, 81면.
57) 과거 손실보상제도에서는 행정입법부작위의 사례가 다수 발견되었는데(구 원자력법 제96조 제4항, 구 철도법 제76조 제3항 등, 박균성, 앞의 글, 125면 참조), 현재 개정 및 하위법령의 보완으로 문제가 해결된 상태이다.

된 안동댐과 관련하여, 구 「특정다목적댐법」 제41조는 "다목적댐건설로 인하여 농지·임야·가옥 등이 수몰되거나 기타의 손실을 받은 자가 있을 때에는 건설부장관은 적정한 보상을 하여야 한다"고 규정하고 있고, 동법 제42조는 "이 법의 시행에 관하여 필요한 사항은 대통령령으로 정한다"라고 규정하고 있었다. 그런데 대통령령이 규정되지 않고 있었다. 원고 등은 관할 행정청에 손실보상을 청구하였지만 대통령령이 제정되어 있지 않다는 이유로 거부되었다. 이러한 행정입법부작위가 위법하다고 주장하면서 부작위위법확인소송을 제기하였으나 각하되었다. 추상적인 법령의 제정 여부 등은 그 자체로서 국민의 구체적인 권리의무에 직접적 변동을 초래하는 것이 아니어서 행정소송의 대상이 될 수 없다는 이유였다.

위 사안에서 소극적인 행정작용의 행태가 여실히 드러났다.[58] 헌법 제23조 제3항에 따라 개별 법률에 보상규정까지 제정되었음에도 정작 위임을 받은 행정입법은 이루어지지 않았다. 적어도 손실보상청구를 했을 때에는 행정청에서도 법령의 부작위 상태를 인지한 것인데, 만연히 손실보상청구를 거부했다. 실제 대법원 판결이 선고되고 나서도 2년이 훨씬 지난 후에야 동법 시행령 개정이 있었다(시행 1994. 8. 3. 대통령령 제14353호, 1994. 8. 3. 일부개정). 헌법 및 법률이 정한 입법의무를 정면으로 위반한 것으로, 그만큼 기본권의 공백 상태가 방치되고 말았다. 입법자가 정한 법률의 범위 내에서 헌법적 요청을 최대한 구현할 수 있도록 대통령령, 총리령, 부령 및 행정규칙에 구체적인 내용을 채우는 적극적인 행정입법을 추진해야 할 것이다.[59]

이와 함께, 헌법재판소가 보상규정 없는 근거법률이 위헌이라고 판단하거나 법원이 기존의 행정처분이 위법하다고 판단했을 때, 행정청은 재판결과를 근거로 기존의 행정처분 등을 직권으로 취소하거나 변경하는 등 자발적인 행정조치를 통해 국민의 권리구제에 나설 수 있다. 이러한 적극적 행정조치는 법치행정의 관점에서 보더라도 권장되어야 할 것이다.

---

58) 판례에 대한 비판적 검토는 사법영역의 손실보상제도와 관련하여 후술한다.
59) 행정입법 역시 광의의 입법작용에 해당한다고 볼 수 있지만, 국회(입법)가 아닌 행정부(하위법령)의 영역에서 다루어진다는 점에서 헌법상 권력분립원칙을 구현하는 독자적 의미를 가진다.

(4) 기본권의 최대보장 원칙에 따른 사법영역에서의 손실보상제도

1) 사법작용의 한계

법률 자체의 흠결은 사법의 영역에서도 직접 완전히 해결해 내기 어렵다. 헌법 제23조 제3항은 손실보상에 관해서도 법정주의를 채택하고 있고, 법관은 법률에 의한 재판을 하여야 하는바, 손실보상제도의 설계와 운용에 있어서도 법원의 판례가 입법 자가 만든 성문법과 완전히 동일한 법원성을 가지거나 이를 뛰어넘어 새로운 법률을 창조하는 것과 같은 역할을 할 수는 없을 것이다. 개인에게 손실보상에 관한 예측가능 성과 법적안정성을 준다는 측면에서도 입법자가 제정한 법률에 의한 보상원칙이 지켜 질 필요가 있다.[60] 권리구제의 필요가 있다는 이유로 개별·구체적인 사건마다 각기 다른 사법판단의 결론이 도출되는 것이 장기적으로 결코 바람직하지 않다. 이러한 관 점에서 사법영역에서의 손실보상은 법 해석의 한계 내에서 이루어질 필요가 있다.

2) 적극적인 유추적용의 시도

법원은 보상규정의 흠결 시 유추적용을 통한 실정법의 보완을 시도하고 있다. 해 당 법률에 직접적인 보상규정이 없더라도, 유사한 공용침해에 관하여 보상을 규정하 고 있는 다른 법률의 보상규정을 유추적용할 수 있다고 한 것이다.[61] 이와 같이 유추 적용을 통한 손실보상의 인정은 손실보상법정주의를 택하고 있는 현행 헌법 하에서, 사법부가 권력분립원칙을 침해하지 않고 법 해석의 한계 내에서 최대한 적극적으로 시도할 수 있는 손실보상제도의 운용방안이라는 점에서 긍정적으로 평가될 수 있을 것이다.

3) 행정소송과 국가배상소송에서의 법리 보완

기존의 이론적 논의에서 위헌무효설의 가장 큰 단점으로 지적되는 것이 권리구제 의 실효성 문제였다. 행정소송에서는 처분성이 인정되지 않아서, 또 국가배상소송에서 는 위법성 등 엄격한 요건이 인정되기 어려워서 결국 입법이 되기 전에는 권리를 구제 받을 수 없을 가능성이 높다는 것이다.

---

60) 이선영, 앞의 글, 71면.
61) 대법원 1999. 10. 8. 선고 99다27231 판결. 같은 논리로 대법원 2011. 8. 25. 선고 2011두2743 판결.

위와 같은 문제는 법원의 적극적인 법리 개발과 적용을 통해 상당 부분 해소될 수 있을 것으로 기대된다. 처분성의 인정범위가 확장되고 있는 것은 이미 법원 실무에서 확인되고 있는 현상이고, 이는 위헌의 공용침해 법률에 기반한 행정행위에 대한 판단에서도 동일하게 적용될 수 있을 것이다. 또한, 위헌성이 인정되는 법률을 그대로 답습한 행정행위에 대해 국가배상의 요건 충족 여부를 판단할 때에는 위법성이나 고의 · 과실 요건을 완화하여 해석하는 것이 합헌적 해석이다.

관련하여, 앞서 살펴본 행정입법부작위에 대한 과거 대법원 판결의 결론(각하)은 변경되어야 할 것이다.[62] 헌법과 법률에서 구체적인 입법의무를 부과했는데 이를 하위법령에서 정하지 않음으로써 그 자체로 헌법 및 법률에서 정한 손실보상청구권을 행사할 수 없게 되었다면, 이와 같은 행정입법의 부작위는 그 자체로서 국민의 구체적인 권리의무나 법률관계에 직접적 변동을 초래하는 것으로서 행정소송의 대상이 될 수 있다고 판단해야 한다.[63] 법원이 행정입법부작위에 대해 적극적으로 판단한다면 헌법과 법률에서 정한 손실보상의 법률관계가 권력분립과 법치주의에 부합하는 방향으로 형성될 수 있을 것이고, 이로써 헌법상 요청인 기본권 최대보장의 원칙을 실현하여 국민의 정당한 사유재산권을 보호할 수 있을 것이다.

(5) 헌법재판에서의 손실보상

1) 손실보상제도 설계 · 운용에서의 중추적 역할

지금까지 살펴본 것처럼, 헌법 제23조 제3항이 공용침해 및 보상에 관한 법정주의를 취하고 있으므로 손실보상제도는 기본적으로 입법을 통해 설계하게 되고, 입법의 공백은 새로운 입법이 있기 전까지는 행정과 사법영역에서 보완하고 보충하여 제도를 운용해 가게 된다. 이러한 손실보상제도의 생태계에서, 헌법재판은 헌법에서 도출되는

---

62) 법원의 소극적인 태도로 인해, 행정입법부작위는 헌법재판소에 가서야 겨우 판단을 받을 수 있는 모양새이다. 헌법에서 유래하는 행정입법의 작위의무를 위반하였다고 보아, 진정입법부작위로서 위헌임을 확인받아야 하는 것이다(헌법재판소 1998. 7. 16. 선고 96헌마246 결정). 헌법재판에 소요되는 기간과 비용, 실질적인 인용가능성 등을 고려할 때 국민의 권리구제에 큰 공백이 생겼다고 비판받을 수 있을 것이다.

63) 법령이라 하더라도 다른 집행행위의 매개없이 그 자체로서 직접 국민의 구체적인 권리의무나 법률관계를 규율한다면 처분성을 긍정하여 그 인정범위를 확대하고 있다(조례의 처분성을 인정한 대법원 1996. 9. 20. 선고 95누8003 판결, 고시의 처분성을 인정한 대법원 2003. 4. 25.자 2003무2 결정, 대법원 2003. 10. 9.자 2003무23 결정, 대법원 2004. 5. 12.자 2003무41 결정 등).

손실보상의 헌법적 요청을 해석하고 이를 실현하기 위해 각 영역의 작용을 촉진하는 중추적인 역할을 담당할 수 있다.

헌법재판은 보상규정이 마련되지 않은 공용침해법률, 그에 관한 입법부작위의 위헌을 확인한다. 해당 법률의 위헌을 선언하고 이로써 사법부와 행정부에 법률 해석 및 적용의 방향을 제시할 뿐만 아니라, 나아가 입법자로 하여금 보상입법 자체를 촉구할 수 있다. 법률의 위헌결정이나 헌법소원은 모든 국가권력을 기속하므로 헌법재판의 역할이 더욱 중요하다(헌법재판소법 제47조 및 제75조).

도시계획법상 개발제한구역제도에 관한 결정에서 이러한 기능이 잘 드러났다. 헌법재판소는 공용침해에 관한 보상규정을 두지 않은 법률에 위헌성이 있음을 확인하되, 구체적인 보상의 내용은 헌법재판소가 아닌 입법자가 정할 사항이라고 하여 보상입법 마련을 촉구하면서 헌법불합치결정을 하면서도, 보상입법 마련 전까지의 기본권 침해를 막기 위해 행정청으로 하여금 새로운 개발제한구역 지정을 하지 않도록 결정에 명시한 것이다.[64]

2) 헌법상 재산권과 사회권의 중첩된 영역으로서 생활보상 등에 관한 검토

헌법재판소는 전통적인 공용침해에 관한 재산보상에 대해서는 여러 차례 보상규정이 미비한 법률의 위헌을 확인하고 방향을 제시하는 능동적인 역할을 수행해 온 것으로 평가될 수 있을 것이다.

그러나 생활보상을 비롯하여 최근 손실보상의 영역으로 포섭 및 확대되고 있는 새로운 분야에 대해서는 소극적인 판단에 그치고 있어 아쉬움이 남는다. "생활대책은 헌법 제23조 제2항에 규정된 정당한 보상에 포함되는 것이라기보다는 생활보상의 일환으로서 국가의 정책적인 배려에 의하여 마련된 제도이므로 ... 생활대책 수립의무를 규정하고 있지 않다는 것만으로 재산권을 침해한다고 볼 수 없다"거

---

64) 헌법재판소 1998. 12. 24. 선고 89헌마214 결정. 참고로, 공용침해를 정하면서 보상규정은 정하지 않은 것은 부진정입법부작위에 해당하므로 입법부작위 그 자체를 대상으로 한 헌법소원은 부적법하여 각하된다(헌법재판소 1999. 1. 28. 선고 97헌마9 결정). 다만, 해방 후 미군정법률에 의해 공용수용이 이루어졌으나 당시 보상절차를 함께 규정한 미군정법령에 의한 보상절차가 이루어지지 않은 단계에서 위 미군정법령이 폐지된 경우에 대해서는, 입법자가 별도의 보상에 관한 법률을 제정해야 할 헌법상 입법의무를 불이행한 것으로 보아 그러한 입법부작위가 위헌이라고 판단했다(헌법재판소 1994. 12. 29. 선고 89헌마2 결정). 법령에 의한 수용은 되었으나 이후 해당 법령이 폐지되어버린 사안에 대한 것이어서, 보상에 관한 입법을 새로 하지 않은 입법부작위 그 자체를 헌법소원의 대상으로 삼아 판단한 것으로 보인다.

나,[65] "이주대책은 정당한 보상에 포함되는 것이라기보다는 정당한 보상에 부가하여, 공익사업의 시행에 필요한 토지 등을 제공함으로 인하여 생활의 근거를 상실하게 되는 이주자들에게 종전의 생활상태를 원상으로 회복시키기 위한 생활보상의 일환으로 마련된 제도"라고 하여 헌법상 재산권 보상과 무관한 입법자의 정책적 재량의 영역으로만 바라보고 있는 것이다.[66] 생활보상이 가지고 있는 복합적인 성격에 대한 고찰이 반영되지 못하고 있다.

생활보상은 기본적으로 완전보상을 위한 재산권 영역의 확대라는 면에서 바라볼 수 있다. 각종 공익사업이 대규모화되고 공용침해의 범위나 종류도 다양해지면서 유형적 재산권에 대한 보상만으로는 헌법이 요구하는 정당보상을 충족시킬 수 없다는 시각이 대두되었고, 이런 관점에서 손실보상의 대상이 되는 재산권이 종전의 재산권 보장에서 생활권 보장으로까지 넓혀져 가는 것이 현대적 의미의 재산권이라고 보는 견해도 있다.[67] 예를 들어, 공용침해로 인해 거주지를 옮기거나 직업을 바꾸어야 하는 등 경제적 생활기반이 상실됨으로써 입게 되는 손실(이전비, 휴업손실 등) 역시 확장된 재산권의 범주에 포함될 수 있을 것이다. 종전의 유형적 재산권에 대한 보상만으로는 보전되지 않는 각종 손실의 문제를 해결하기 위한 생활보상의 개념은 사회복지국가이념에 기초를 둔 보상으로써 공용침해 이전과 같은 재산상태의 원상회복에 그 이상을 둔다.[68]

나아가 생활보상은 인간다운 생활을 보장하기 위한 생존권 내지 사회권의 관점에서도 충분히 다루어져야 할 필요가 있다. 대법원은 이미 특례법상의 이주대책을 종전의 생활상태의 원상회복과 동시에 인간다운 생활을 보장하여 주기 위한 것으로서 "재산권의 보장 내지 사회보장에 이념적 기초를 두고 있는" 제도로 이해하고,[69] 사업시행자 내부규정에 따른 생활대책대상자 선정기준에 대해서도 항고소송을 제기할 수 있다고 보아 적극적인 판결에 나서고 있다.[70] 이처럼 생활보상은 재산권과 사회권이 중첩되는 영역이다. 생성 중의 개념이자 권리라고 일컬어지는[71] 새로운 손실보상의 영역

65) 헌법재판소 2013. 7. 25. 선고 2012헌바71 결정.
66) 헌법재판소 2012. 11. 29. 선고 2011헌바224 결정.
67) 신경직, 앞의 글, 35~38면.
68) 김기옥, "공용수용과 손실보상제도에 관한 연구: 토지보상제도의 개선방안을 중심으로", 국가정책연구 제16권 제1호, 중앙대학교 국가정책연구소 중앙행정학연구회, 2002, 174~175면.
69) 대법원 1994. 5. 24. 선고 92다35783 판결.
70) 대법원 2011. 10. 13. 선고 2008두17905 판결.
71) 최종권, 앞의 글, 118면.

에 대한 깊이 있는 헌법적 분석이 요구된다.

V. 결론

현행 손실보상제도에는 여러 부분에서 입법의 공백이 존재한다. 간혹 법률에 보상 규정까지 두었어도 그 내용이 불충분하여 법령의 해석과 적용에서 불평등과 혼란을 야기하는 경우가 많다. 이러한 상황에 대해 실무에서 어떻게 대응하고 어떻게 처리할 지에 대한 종합적인 검토도 부족했다.

해결책은 헌법의 해석에서 찾기 시작해야 한다. 손실보상제도는 명문의 헌법규정 에 뿌리를 둔 제도이므로, 무엇보다 헌법적 요청에 부합하게 설계되고 운용되어야 한 다. 국가권력의 자의적 판단, 정책적 배려나 무조건적인 권리구제의 필요성 등을 이유 로 좌지우지될 성격의 제도가 아닌 것이다.

헌법이 명시적으로 손실보상법정주의를 선언하고 있는 이상 입법자는 헌법이 명령 한 입법의무를 충실히 이행하여 국민으로 하여금 예측가능성 있고 법적 안정성이 보 장되는 손실보상제도를 법률로써 만들어야 한다. 행정부와 사법부는 이러한 입법의 테두리 안에서, 합헌적인 법령 해석과 적용을 통해 손실보상제도를 현실에 구현해야 할 적극적인 의무를 부담한다. 헌법재판소는 입법, 행정, 사법의 영역을 아울러 손실 보상에 관한 헌법적 요청을 해석하고 방향을 제시하며 합헌적 제도의 설계 및 운용을 유도, 촉진하는 능동적 역할을 담당해야 한다.

향후 헌법적 관점에서 손실보상제도에 대한 원칙을 재정립하고 구체화하며 관련 법령을 재정비함으로써, 우리 손실보상의 현실이 헌법적 요청에 한 걸음 더 가까워지 길 기대한다.

〈참고문헌〉

강구철, "손실보상 규정이 없는 경우 보상 여부에 관한 고찰: 판례해석을 중심으로", 「부동산연구」
　　제8권, 한국부동산연구원, 1998.
경호현, "토지보상제도 개선에 관한 연구 -수도권 남부 택지개발지구를 중심으로-", 아주대학교
　　공공정책대학원 석사학위논문, 2009.
고종문, "헌법상 토지재산권의 보장과 제한에 관한 연구", 명지대학교 대학원 박사학위논문, 2010.
고헌환, 「손실보상법제의 비교」, 한국학술정보(주), 2011.
김기옥, "공용수용과 손실보상제도에 관한 연구: 토지보상제도의 개선방안을 중심으로", 국가정책
　　연구 제16권 제1호, 중앙대학교 국가정책연구소 중앙행정학연구회, 2002.
김남진, 「행정법II」, 박영사, 2000.
김남진/김연태, 「행정법 I 」, 법문사, 2009.
김동희, 「행정법 I 」, 박영사, 2007.
김동희, "보상규정 없는 법률에 기한 재산권침해에 따른 손실의 전보의 문제", 「공법학의 현대적
　　지평(심천 계희열박사 화갑기념논문집), 박영사, 1995.
김문현, "보상규정이 없는 법률에 기한 수용적 재산권제한에 대한 권리구제 방법", 「고시연구」, 고
　　시연구사, 2000.
김성수, 「행정법 I 」, 법문사, 2000.
김승종, "미국의 규제적 수용에 관한 연구: 한미FTA 간접수용과 관련하여", 서울시립대학교 대학
　　원 박사학위논문, 2008.
김용호, "공익사업에 따른 손실보상제도에 관한 연구: 정당보상을 위한 제도개선 중심으로", 경원
　　대학교 대학원 박사학위논문, 2010.
김은유/임승택, 「실무토지보상」, 도서출판 채움, 2014.
김은자, "공용침해에 있어서 토지보상제도에 관한 연구", 동국대학교 대학원 박사학위논문, 2017.
김재열, "공익사업 지연에 따른 손실과 권리구제방안", 한성대학교 부동산대학원 석사학위논문,
　　2012.
김정열, "손실보상제도의 생활보상 개선 방안", 전주대학교 대학원 박사학위논문, 2014.
김지환, "행정상 손실보상의 근거에 관한 연구 -보상규정 흠결 시 보상근거법리를 중심으로-",
　　충남대학교 대학원 석사학위논문, 2006.
김철용, 「행정법 I 」, 박영사, 2010.
김철우, "간접보상의 범위와 문제점: 공익사업을 위한 토지 등의 취득 및 보상에 관한 법률을 중
　　심으로", 성균관대학교 대학원 석사학위논문, 2014.
김해룡, "손실보상의 사유로서의 재산권 내용규정에 관한 고찰", 「토지공법연구」 제72권, 한국토
　　지공법학회, 2015.

류지태, "행정상 손실보상 근거법률규정의 공백", 「법학논집」 제31권, 고려대학교 법학연구원, 1995.

박균성, "손실보상에 관한 입법의 불비와 권리구제방안", 「토지공법연구」 제2권, 한국토지공법학회, 1996.

박윤흔, 「최신행정법강의(상)」, 박영사, 2004.

박정일, "토지수용에 따른 보상제도 개선방안에 관한 연구", 원광대학교 대학원 박사학위논문, 2007.

박정임, "도시개발사업에서의 공용수용에 관한 법적 연구", 동아대학교 대학원 박사학위논문, 2018.

박평준/박창석, 「보상행정법」, 리북스, 2012.

석종현, 「손실보상법론」, 삼영사, 2003.

석호영, "정당보상에 관한 공법적 연구 –미국의 사례를 중심으로–", 고려대학교 대학원 석사학위논문, 2009.

송동수, "공용수용과 손실보상에 관한 비교법적 연구 –한국과 독일을 중심으로–", 「토지공법연구」 제9권, 한국토지공법학회, 2000.

송준경, "공공용지 취득과 손실보상 과제에 관한 연구", 중앙대학교 사회개발대학원 석사학위논문, 2004.

신경직, "정당보상으로서 공법상 생활보상에 관한 재인식", 충북대학교 대학원 박사학위논문, 2017.

신용희, "토지보상절차에 관한 문제점 및 개선방안에 관한 연구 –공익사업을 위한 토지 등의 취득 및 보상에 관한 법률을 중심으로–", 가천대학교 대학원 석사학위논문, 2018.

오영중, "토지 손실보상제도 개선방안에 관한 연구", 건국대학교 부동산대학원 석사학위논문, 2008.

이부하, "재산권의 보장 및 재산권의 사회적 기속 –헌재 1998. 12. 24. 89헌마214, 90헌바16, 97헌바78(병합) 결정평석–", 「헌법학연구」 제11권 제2호, 한국헌법학회, 2005.

이상규, 「행정법(상)」, 범문사, 2000.

이선영, "행정상 손실보상 법정주의의 현황과 과제", 「토지공법연구」 제16권 제2호, 한국토지공법학회, 2002.

이우도, "원자력시설 안전관리 및 손실보상 법제 연구", 「부동산학보」 제66집, 한국부동산학회, 2016.

이우도, "어업손실보상 제도의 문제점과 개선방안 연구", 부경대학교 대학원 박사학위논문, 2011.

이재삼/문재태, "헌법상 재산권의 보장과 제한에 있어서 이론과 실제", 「토지법학」 제32권 제1호, 한국토지법학회, 2016.

임영호, "행정입법부작위에 대한 행정소송 –대법원 1992. 5. 8. 선고 91누11261 판결–", 「행정판례평선」, 한국행정판례연구회, 2011.

조연팔, "손실보상이론의 비교법적 검토를 통한 우리이론의 체계화", 「동아법학」 제68호, 동아대학교 법학연구소, 2015.

정광정, "재산권 침해에 대한 손실보상 여부에 관한 연구", 「법학연구」 제29권, 한국법학회, 2008.

정관영/박보영, "사회보장수급권에 대한 헌법 제37조 제2항의 위헌심사기준 - 공공부조를 중심으로", 서울대 사회보장법연구회, 사회보장법연구, 제3권 제2호, 2014.

정연주, "손실보상과 토지재산권의 범위", 「공법연구」 제37권 제1호, 한국공법학회, 2008.

진승기, "공익사업을 위한 토지 등의 취득 및 보상에 관한 법률의 문제점과 개선방안", 연세대학교 대학원 석사학위논문, 2016.

최윤철, "개발제한구역의 손실보상수단으로서 개발권양도제도 연구", 세동대학교 산업대학원 석사 학위논문, 2008.

최종권, "도시및주거환경정비법상 생활보상에 관한 연구", 중앙대학교 대학원 석사학위논문, 2010.

최혁재/최수, "토지이용규제 손실보전수단으로서의 개발권양도제 도입 및 활용방안 연구", 국토연 구원, 2002.

최홍연, "토지수용에 있어서 손실보상 기준에 관한 연구", 창원대학교 대학원 박사학위논문, 2012.

한견우, 「현대행정법 I」, 인터벡, 2000.

허강무, "정당보상 구현을 위한 손실보상 제도의 개선방안", 「법학연구」제32권, 전북대학교 법학 연구소, 2011.

헌법재판연구원, "(독일)원자력 발전소 폐쇄로 인한 재산권 침해", 「세계헌법재판동향」 2017년 제2호, 2017.

홍정선, 「행정법원론(상)」, 박영사, 2007.

홍준형, "재산권보장과 손실보상의 근거 -학설·판례의 재검토-", 「행정논총」 제33권 제2호, 서 울대학교 행정대학원, 1995.

황영수, "개발제한구역 내 손실보상연구", 건국대학교 부동산대학원 석사학위논문, 2013.

황지은, "한미FTA의 간접수용과 손실보상법 체계", 이화여자대학교 대학원 박사학위논문, 2013.

⟨Abstract⟩

Constitutional view on administrative loss compensation

Park, Bo Young
(Attorney at law, JIPYONG LLC.)

Clause 3 of Article 23 of the Korean Constitution stipulates that public violation and compensation shall be governed by legislation. Therefore, if the basis for public violation is established by legislation, compensation should be made by legislation, and full compensation shall be paid. However, in Korea, the compensation system does not specify the compensation for extended domains such as public use restriction and cost of living compensation, and there are many cases where the details for compensation are insufficient. There has been theoretical discussion about what to do when there is a loophole in the structure for compensatory damages, but taking one of these positions is rather insufficient to make a practical solution to the problem. In practice, it is necessary to design and operate systems in accordance with the constitutional demands, with each country functioning in an interactive way. As such, active legislative activities that can reflect the needs of the real world in various ways, active administrative activities that complement the rule of law and fulfill the ideology of the rule of law, active judicial activity to supplement the gaps and to maintain the rights of the people through an analogical interpretation of law and new legal logic, and lastly a constitutional court are categories that require expedition and further analysis under the Korean constitution to guide them to their rightful direction. By redefining the principle of compensatory damages from a constitutional perspective, the reality of loss compensation can approximate its constitutional demands.

주제어(Keywords): 손실보상(Loss compensation), 재산권(The right of property), 공용침해
(Public violation), 정당한 보상(Just compensation), 손실보상법정주의
(No compensation of loss without representation)

민사

등록문화재 제도와 사유재산 조화에 관한 고찰[*]

강민제 변호사

목 차

〈국문초록〉

등록문화재 제도는 2001년 기존 문화재보호 체제 하에서 제대로 보호받지 못한 근대문화유산을 잘 보존하고 활용하기 위하여 도입된 제도이다. 최근 도시재생이 화두가 되며 근대문화유산의 보존과 활용에 대한 관심이 더욱 높아지고 있는데, 이와 더불어 등록문화재를 둘러싼 다양한 사회적 이슈들도 등장하고 있다.

한편 문화재청은 근대문화유산들의 등록문화재 등록을 더욱 활성화함으로써 이를 잘 보존·활용하겠다는 입장이다. 2018년 최초로 선·면 단위로 등록문화재가 등록되었고(군

---

[*] 이 글은 『고려법학』 제94호(2019. 9.), 고려대학교 법학연구원에 게재된 논문이다.

산, 목포, 영주), 2019년에는 대상지역을 추가선정하고 근대역사문화공간 재생사업을 전 국적으로 확산할 예정이다. 또한 2019. 12.부터 시행될 개정 문화재보호법은, 현재 '문화 재청장'으로 한정된 등록문화재 등록의 주체를 '시·도지사'로 확대하여 등록문화재의 등 록에 관한 논의도 현재보다 더욱 활발해질 것으로 예측된다. 동시에 등록문화재 제도로 인한 사회적 갈등이 증가할 가능성도 배제할 수 없다.

　반면 아직 등록문화재 제도에 대한 법학적 연구는 충분히 이루어지지 않고 있다. 이러 한 배경 하에, 우선 현재 우리 법상 시행되고 있는 등록문화재 제도에 대하여 알아본다. 그리고 등록문화재 보존·활용을 위한 어떠한 제도가 있는지, 이 과정에서 개인의 기본권 은 어떻게 제한받는지, 제한받는 개인의 재산권과 등록문화재 보호라는 공익은 어떻게 조 화될 수 있을지 살펴본다.

I. 서론

　최근 도시재생이 화두가 되면서 근대문화유산의 보존과 활용에 대한 관심도 높아 지고 있다. 근대문화유산은 19세기 말에서 20세기 초에 이르는 '개화기'를 기점으로 하여 '한국전쟁 전후'까지의 기간에 각 분야에서 건설·제작·형성된 문화재가 중심이 다.[1] 대부분 건축물, 시설물로서의 수명은 다하였지만, 근대는 전통과 현대를 연결하 는 가교적 역할을 하는 시기이자 우리 역사에서 빼놓을 수 없는 중요한 시기로서 이 시기에 생성된 역사적 산물은 당대의 문화와 역사를 반영하는 결과물이다.

　다만 이러한 근대문화유산들은 그 동안 근대문화유산에 대한 보존인식 부족과 개 발논리에 밀려 사회적으로 올바른 평가조차 받지 못하고 멸실되는 사례가 빈번하다는 비판이 있었다. 이에 2001년에는 기존 문화재보호 체제 하에서 제대로 보호받지 못한 근대문화유산을 잘 보존하고 활용하기 위한 등록문화재 제도가 도입되었다. 대표적으 로 등록문화재 제237호 '(구)대법원청사'는 1928년 경성재판소로 지어지고 광복 후 대 법원으로 사용되었으며, 현재 서울시립미술관으로 사용되고 있다. 미술관 본 건물은 2002년에 신축한 것이지만, 아치형 현관과 같은 전면부를 보존하여 '(구)대법원청사' 의 상징성이 아직 남아있다.

　최근 문화재청은 이러한 근대문화유산들의 등록문화재 등록을 더욱 활성화하고 잘

---

1) 박동석, 문화재법 각론편 I, 민속원, 2014, 306면.

보존·활용하겠다는 입장이다. 2018년부터는 최초로 선·면 단위로 등록문화재가 등록되었고(군산, 목포, 영주), 문화재청장은 2019년 대상지역을 추가선정하고 근대역사문화공간 재생사업을 전국적으로 확산할 예정이다.[2]

또한 2019. 12.부터 시행될 개정 문화재보호법에 따르면, 현재 '문화재청장'으로 한정되어 있는 등록문화재 주체가 '시·도지사'로 확대됨에 따라 등록문화재의 등록에 관한 논의도 현재보다 더욱 활발해질 것으로 예측된다. 동시에 등록문화재 제도로 인한 사회적 갈등 역시 증가할 가능성 역시 배제할 수 없다.

이러한 배경 하에, 이하에서는 현재 우리 법에서 시행되고 있는 등록문화재 제도에 대하여 알아보고, 향후 등록문화재 보존·활용과 이 과정에서 제한받는 개인의 재산권이 어떻게 조화될 수 있을지 살펴본다.

II. 문화재 보호

1. 문화재의 의의

(1) 사전적 의미의 문화재

통상 '문화재'라는 용어는 국보·보물 또는 문화유산·문물·유물·유적·골동품과 같은 개념으로 광범위하게 사용되고 있다. 문화재의 사전적 의미는 '문화활동에 의하여 창조된 가치가 뛰어난 사물',[3] '고고학·선사학·역사학·문학·예술·과학·종교·민속·생활양식 등에서 문화적 가치가 있다고 인정되는 인류 문화활동의 소산'[4] 등으로 정의된다. 영어로는 Cultural Properties나 Cultural Assets으로 표현하며, 이 역시 문화가치가 있는 사물, 즉 보존할 만한 가치가 있는 민족문화유산을 말한다.[5]

산업혁명 이후 영국에서 천연자원의 개발이 활기를 띠게 됨에 따라 자연의 파괴와 역사적 문화유산의 훼손을 예방하기 위하여 일어난 민간의 자발적인 보호운동의 과정에서 문화적 가치를 지닌 산물이나 보존할 가치가 있다고 판단되는 것을 지칭하는 의

---

2) 문화재청, 2019년도 주요업무계획, 2019. 3. 13.
3) 국립국어원 표준국어대사전 참조.
4) 두산백과 참조.
5) 박동석, 문화재법 총론, 민속원, 2014, 14면.

미로 처음 사용된 것이어서,[6] 근대 자본주의적 재화의식을 근본바탕으로 한 근대적 개념으로 탄생하였다. 결국 문화재라는 용어는 근대 이전의 시대에서는 문화재의 대상은 있었으나 용어나 그 개념이나 해석은 존재하지 않았다고 말할 수 있다.[7]

(2) 법적 의미의 문화재

사전적 의미의 문화재와 법적 보호대상이 되는 문화재는 반드시 일치하는 것은 아니며, 법의 보호대상이 되는 문화재는 국가마다 차이가 있다.

우리나라에서 문화재라는 용어는 1950년대부터 사용되기 시작하였으며, 1962년 문화재보호법이 제정되면서부터 공식적으로 사용되었다. 현행 문화재보호법은 "문화재"란 인위적이거나 자연적으로 형성된 국가적·민족적 또는 세계적 유산으로서 역사적·예술적·학술적 또는 경관적 가치가 큰 "유형문화재, 무형문화재, 기념물, 민속문화재"라고 정의하며(동법 제2조 제1항), 여기서 유형문화재, 무형문화재, 기념물, 민속문화재의 의미는 다음과 같다.

유형문화재 (1호)	건조물, 전적(典籍), 서적(書跡), 고문서, 회화, 조각, 공예품 등 유형의 문화적 소산으로서 역사적·예술적 또는 학술적 가치가 큰 것과 이에 준하는 고고자료(考古資料)
무형문화재 (2호)	여러 세대에 걸쳐 전승되어 온 무형의 문화적 유산 중, 전통적 공연·예술(가목), 공예, 미술 등에 관한 전통기술(나목), 한의약, 농경·어로 등에 관한 전통지식(다목), 구전 전통 및 표현(라목), 의식주 등 전통적 생활관습(마목), 민간신앙 등 사회적 의식(儀式, 바목), 전통적 놀이·축제 및 기예·무예(사목)
기념물 (3호)	절터, 옛무덤, 조개무덤, 성터, 궁터, 가마터, 유물포함층 등의 사적지(史蹟地)와 특별히 기념이 될 만한 시설물로서 역사적·학술적 가치가 큰 것(가목), 경치 좋은 곳으로서 예술적 가치가 크고 경관이 뛰어난 것(나목), 동물(그 서식지, 번식지, 도래지 포함), 식물(그 자생지 포함, 다목), 지형, 지질, 광물, 동굴, 생물학적 생성물 또는 특별한 자연현상으로서 역사적·경관적 또는 학술적 가치가 큰 것(라목)
민속문화재 (4호)	의식주, 생업, 신앙, 연중행사 등에 관한 풍속이나 관습에 사용되는 의복, 기구, 가옥 등으로서 국민생활의 변화를 이해하는 데 반드시 필요한 것

이러한 정의 규정으로부터 문화재보호법상 대상이 되는 '문화재'의 표지를 다음과 같이 정리해볼 수 있다. (i) 문화재가 어떠한 역사적인 의미와 기록을 담고 있는지를 의미하는 역사성, (ii) 제작자 내면의 생각을 표현하고 형상화한 가치가 얼마나 있는지는 판

---

6) 서순복·권오철, "지방자치단체 문화재행정의 진단과 및 대안모색", 「지방정부연구」 제12권 제2호, 2008, 277면.
7) 박동석, 같은 책, 14면.

단하는 예술성, (iii) 과거문화를 복원할 수 있는 이론과 체계, 정보 등을 내포한 가치가 있는지 확인할 수 있는 학술성, (iv) 문화재가 생성되거나 입지된 고유한 자연·인문경관의 가치가 있는지 판단할 수 있는 경관성, 위 네 가지이다. 위 가치를 모두 지녀야만 법적으로 보호받는 것은 아니고, 어느 한 요건을 충족하여도 보호받을 수 있다.[8]

2. 문화재 보호

문화재는 인위적·자연적으로 형성된 국가적·민족적·세계적 유산으로 역사적·예술적 또는 학술적·경관적 가치가 큰 것으로서, 사회구성원뿐만 아니라 인류의 공동의 유산이다. 1972년에 발표된 유네스코 세계유산보호협약[Convention for the Protection of the World Cultural and Natural Heritage(1972)]에서도 인류의 유산이 세계 공동의 것이며, 인류공동의 유산을 보호하는 책임도 모두에게 있다는 점을 천명하고 있다.

우리 헌법 역시 문화재보호를 위한 법적 장치를 마련하고 있다. 헌법 전문에 유구한 역사와 전통의 계승을 강조하고, 헌법 제9조에서 "국가는 전통문화의 계승·발전과 민족문화의 창달에 노력하여야 한다"고 하여 국가적 책임을 강조하는 한편, 헌법 제69조에서는 대통령이 취임선서에서 국민의 자유와 복리의 증진 및 민족문화창달에 노력할 것을 국민 앞에서 선서하도록 하고 있다.

그리고 이러한 헌법상 근거 하에 문화재보호에 관한 기본법적 성격을 지닌 문화재보호법을 필두로, 「매장문화재 보호 및 조사에 관한 법률」, 「문화재수리 등에 관한 법률」, 「문화재보호기금법」 등이 문화재와 관련된 주요 법률들이다.

3. 문화재보호법상 문화재의 종류

문화재는 문화재보호법에 따라 다음과 같이 나눌 수 있다.

(1) 지정문화재

문화재청장 또는 광역자치단체장이 지정하는 문화재(제2조 제2항[9])를 지정문화재라

---

8) 박동석, 같은 책, 16면.
9) 문화재보호법[시행 2018. 12. 13.] [법률 제15639호, 2018. 6. 12., 일부개정]
   제2조(정의) ② 이 법에서 "지정문화재"란 다음 각 호의 것을 말한다. <개정 2014. 1. 28.>
   1. 국가지정문화재: 문화재청장이 제23조부터 제26조까지의 규정에 따라 지정한 문화재
   2. 시·도지정문화재: 특별시장·광역시장·특별자치시장·도지사 또는 특별자치도지사(이하 "시·도지사"라

고 한다. 지정할 만한 가치가 있다고 인정되는 문화재로서 지정 전에 원형보존을 위한 긴급한 필요가 있고 문화재위원회의 심의를 거칠 시간적 여유가 없을 때 가지정되는 문화재(제32조)를 가지정문화재라고 한다.

지정문화재의 경우 문화재를 지정하는 행정주체에 따라 국가지정문화재와 시·도 지정문화재로 나눌 수 있으며, 국가지정이냐 시·도지정이냐에 따라 각각 문화재분류 방법도 달라진다. 이를 정리하면 다음 표와 같다.

국가지정문화재	문화재청장이 제23조부터 제26조까지의 규정에 따라 지정한 문화재
	국보, 보물, 중요무형문화재, 사적, 천연기념물, 명승, 중요민속문화재
시·도지정문화재	특별시장·광역시장·특별자치시장·도지사 또는 특별자치도지사(이하 "시·도지사") 가 제70조 제1항에 따라 지정한 문화재
	○○시·도지정유형문화재, ○○시·도지정무형문화재, ○○시·도지정기념물, ○○ 시·도지정민속문화재, ○○시·도지정문화재자료

(2) 등록문화재

지정문화재가 아닌 문화재 중에서 보존 및 활용을 위한 조치가 특히 필요한 문화 재 중 문화재청장이 등록한 문화재(제2조 제3항[10])를 등록문화재라 한다.

등록문화재의 경우, 현재 시행되고 있는 문화재보호법상으로는 오로지 문화재청장 만 등록문화재 등록을 할 수 있기 때문에 지정문화재의 경우처럼 행정주체별로 등록 문화재를 분류하기는 어렵다.

다만, 2019. 12. 25. 시행예정인 2018. 12. 24.자 문화재보호법 일부 개정에 따라 현행법상 인정되지 않고 있던 '시·도지사의 등록문화재 등록제도'가 도입되었다. 이로 써 등록문화재 역시 국가등록문화재와 시·도등록문화재로 나뉘게 되었다.

한다)가 제70조 제1항에 따라 지정한 문화재

3. 문화재자료: 제1호나 제2호에 따라 지정되지 아니한 문화재 중 시·도지사가 제70조 제2항에 따라 지정한 문화재

10) 제2조(정의) ③ 이 법에서 "등록문화재"란 지정문화재가 아닌 문화재 중에서 문화재청장이 제53조에 따라 등록한 문화재를 말한다.

[개정 문화재보호법(2019. 12. 25. 시행[11])에 따른 등록문화재 분류]

국가등록문화재	문화재청장이 제53조에 따라 등록한 문화재
시·도등록문화재	시·도지사가 제70조 제3항에 따라 등록한 문화재

이처럼 시·도등록문화재가 도입된 이유는, 지정문화재와 달리 등록문화재의 경우 국가 차원에서만 등록 등 보호를 위한 조치를 취할 수 있도록 되어 있어 후대에 유산으로 물려줄 만한 가치가 있는 문화재임에도 불구하고 지정문화재에서 배제되어 각종 개발 등으로부터 보호받지 못하는 근대 이후의 문화재들에 대하여 시·도가 관련 유산의 보호에 대응하기 어렵다는 비판이 있었기 때문이었다. 문화재위원회는 등록문화재를 심사함에 있어 서로 중복되거나 변별성이 부족한 것은 제외하고 주로 대표유산에 한해 등록을 추진하는데, 등록문화재 심사에서 누락된 문화재에 대해서는 보전·활용할 수 있는 별도의 제도가 마련되어 있지 않았다.[12]

이에 '등록문화재'를 '국가등록문화재'와 '시·도등록문화재'로 구분하고, 시·도지사는 그 관할구역에 있는 문화재로서 지정문화재로 지정되지 아니하거나 국가등록문화재로 등록되지 아니한 유형문화재, 기념물 및 민속문화재 중에서 보존과 활용을 위한 조치가 필요한 것을 시·도등록문화재로 등록할 수 있도록 하려는 취지에서 시·도등록문화재 등록제도가 도입된 것이다.[13]

4. 소결

이상 살펴본 것처럼 문화재보호법은 문화재를 여러 유형으로 나누고 각 문화재의 성격에 따라 각기 다른 정도로 보호조치를 취하고 있다. 이하에서는 '등록문화재'에 대해서 살펴보도록 한다.

---

11) 문화재보호법 제16057호 일부개정 2018. 12. 24.
  제2조(정의) ③ 이 법에서 "등록문화재"란 지정문화재가 아닌 문화재 중에서 다음 각 호의 것을 말한다. [개정 2018. 12. 24] [[시행일 2019. 12. 25.]]
  1. 국가등록문화재: 문화재청장이 제53조에 따라 등록한 문화재
  2. 시·도등록문화재: 시·도지사가 제70조 제3항에 따라 등록한 문화재
12) 이동섭 의원 대표발의, "20042059_의안_문화재보호법 일부개정법률안", 검토보고서, 2017. 2, 8면.
13) 법제처, 제·개정이유

Ⅲ. 현행 문화재보호법상 등록문화재 제도

1. 등록문화재의 의의 및 도입경위

(1) 등록문화재의 의의

'등록문화재'는 지정문화재가 아닌 근대문화유산 중에서 보존과 관리, 활용을 위하여 특별한 조치가 필요한 문화재를 문화재보호법상 절차에 따라 등록한 문화재이다.[14] 현행법상 문화재청장은 문화재위원회의 심의를 거쳐 지정문화재가 아닌 유형문화재, 기념물(문화재보호법 제2조 제1항 제3호 나목 및 다목 제외) 및 민속문화재 중에서 보존과 활용을 위한 조치가 특별히 필요한 것을 등록문화재로 등록할 수 있다(동법 제53조).

(2) 등록문화재 도입경위

등록문화재 제도는 2001년 문화재보호법 개정(법률 제6443호)시 도입되었다. 우리나라 역사의 한 부분인 근대문화유산이 급격한 산업화·도시화에 의하여 체계적인 조사나 가치평가 없이 멸실·훼손되어 가는 위기에 처하자, 종래의 지정문화재 제도만으로는 문화유산을 보호하는데 충분하지 못하다는 비판이 있었고, 지정문화재로 지정되지 못한 문화재들도 소유자의 자발적 보존의지를 근간으로 유연한 보호조치를 할 필요성이 있어 도입되었다.[15]

물론 근대기 문화유산들도 지정문화재로 지정되어 보호를 받을 수는 있지만(예를 들어, 한국은행 본관, 서울역사 등도 1980년대에 사적으로 지정되었다), 1990년대 들어 우리 사회의 개인의 권리에 대한 의식, 특히 재산권에 대한 인식이 훨씬 강해지고, 부동산 개발로 발생할 수 있는 기대이익이 문화재지정으로 무산 또는 감소될 것을 우려한 소유자들이 근대유산의 문화재지정에 적극적으로 이의를 제기하기 시작[16]하는 등 문화

---

14) 문화재청, 등록문화재 길라잡이, 2011, 7면.
15) 문화재청, 같은 자료, 8면.
16) 김수정, "등록문화재 등록제도의 문제점과 개선방안-서울시를 중심으로", 「서울학연구」 제27호, 2006., 67면, 실제로 서울시가 관리하고 있는 문화재들의 지정철을 조사해보면, 1980년대까지는 문화재 지정에 대해 공개적으로 반대하는 민원을 제기하는 경우가 거의 없었고, 1990년대 들어와 본격적으로 집단민원들이 발생하기 시작하였다고 한다.

재로 지정하는 과정에 난항이 있었다.

소유자에 대한 강한 규제를 근간으로 하는 지정문화재 제도는 필연적으로 소유자의 강한 반발을 야기하였기 때문에, 상대적으로 소유자의 재산권 행사에 대한 제한을 대폭 완화시키고 소유자가 비교적 더 자유롭게 사유재산을 이용할 수 있는 등록문화재 제도를 도입하여 소유자들의 반발을 줄이고 보호받는 문화재의 범위를 넓히는 것이 제도의 취지라 할 수 있을 것이다.

(3) 등록문화재와 지정문화재의 비교

등록문화재가 무엇인지 알기 위해서는, 지정문화재와의 비교를 통해 그 특성을 더 잘 파악할 수 있을 것이다.

첫째, 등록문화재는 지정문화재가 아닌 문화재, 즉 비지정문화재 중에서 문화재적 가치를 지닌 것을 대상으로 한다. 다만 등록제도에 의하여 등록된 문화재라도 차후 지정문화재로 지정될 수 있으며, 이 경우 등록의 효과는 자동으로 말소된다.

둘째, 등록문화재는 지정문화재에 비하여 상대적으로 완화된 보호를 받으며, 그만큼 현상변경도 용이하다.

지정문화재는 문화재보호법 제3조에 의한 원형유지원칙의 엄격한 적용을 받는다. 보수 등 현상변경을 할 경우에도 허가를 받도록 하여 엄격히 원형보존을 하고 있다(동법 제35조 및 시행규칙 제15조). 서울역사(사적 제284호), 명동성당(사적 제258호)도 지정문화재에 해당하며, 현상 그대로 보존하여 후세에 계승되도록 하기 위해 원형 보존에 만전을 기하고 있다.

반면, 등록문화재는 보존과 활용의 조화를 통해 문화재로서의 가치가 보존되는 가운데 활용이 이루어지도록 하고 있다. 당해 문화재 외관의 4분의 1 이상 변경행위 등은 신고하도록 하고(동법 제56조), 필요한 경우 지도, 조언, 권고 등을 할 수 있다.

문화재로서의 가치를 보존하며 활용하는 예로, (구)곡성역(등록문화재 제122호)을 들 수 있다. (구)곡성역은 1933년 건립된 철도역사인데, 현재 곡성 섬진강 기차마을로 운영하며 (구)곡성역 경내 및 주변에 철도공원·레일바이크·기차카페·체험시설 등으로 활용하고 있다. 또한 면(面) 단위 등록문화재인 목포 근대역사문화공간(등록문화재 제718호)에 소재한 게스트하우스 창성장은, 일제 강점기 고급 요릿집으로 사용되다가 해방 후 창성장이라는 여관으로 사용되던 곳인데, 2018. 8. 이후부터는 '창성장'이라는 게스트하우스로 이용되고 있다.

2. 등록문화재의 등록

(1) 등록의 법적 성격

문화재청장은 문화재위원회의 심의를 거쳐 등록문화재로 등록할 수 있고, 등록에 의하여 일정 범위의 규제와 지원조치가 가능하고, 이와 같은 등록은 관보에 고시됨과 동시에 소유자 등에게 통지되고 이에 의해 효력이 발생한다.

여기서 '등록'의 법적 성격에 대하여, 행정행위의 종류 중 특정의 사실의 존재에 관한 인식의 표시인 공증(公證)이라는 견해가 있다.[17] 공증이란 진위가 확정적인 특정의 사실 또는 법관계의 존재 여부를 공적으로 증명하는 행위로, 이와 같은 공증행위는 효과의사의 표시도 아니고 어떠한 사항에 대한 확정적 판단의 표시도 아닌, 다만 어떠한 사실이 진실이라고 인식하여 이를 공적으로 증명하는 행위이다. 즉, 등록문화재의 '등록'이란 등록문화재가 될 수 있는 것을 추출·특정하여 일정규제와 보호의 대상으로 하는 행위로, 행정행위 중에서는 준법률행위적 행정행위 중 인식의 표시인 공증에 해당한다는 것이다.

그러나 등록문화재의 등록이 다른 공증행위(부동산등기, 광업원부에의 등록 등)처럼 특정 사실 또는 법률관계의 존재에 '공적 증거력'을 부여하기 위하여 이루어지는 것은 아니라는 점을 감안하면, 등록의 법적 성격은 공증보다는 오히려 '확인행위'로서의 준법률적 행정행위에 더 부합한다고 생각된다. '확인행위'라 함은 특정한 사실 또는 법률관계의 존부 또는 정부(正否)에 관하여 의문이 있거나 다툼이 있는 경우 행정청이 이를 공권적으로 확인하는 행위로서, 장애등급결정, 교과서의 검정, 도로구역 또는 하천구역의 결정, 국가유공자등록 결정 등이 바로 '확인행위'의 예이다.[18]

---

17) 강수경, "문화행정에서의 행정행위-문화재보호법 규정을 중심으로-", 「원광법학」 제28권 제4호, 2012, 342 내지 343면. 참고로, 지정문화재의 지정의 성격은 '지정은 보물, 국보 등이 될 수 있는 것을 추출·특정하여 일정 규제를 가함과 동시에 보호의 대상으로 하는 행정행위로, 행정행위의 종류로서는 법률행위적 행정행위 중 명령적 행위로 하명·금지에 해당하며, 효과적 측면에 의한 분류로서는 수익적 행정행위와 침익적 행정행위의 성격을 모두 보유하고 있으며, 법의 구속의 정도에 따른 분류에서는 재량행위로 판단된다고 할 것이다(같은 논문 339면).
18) 박균성, 행정법강의(제6판), 박영사, 2019, 242면.

(2) 등록문화재의 등록대상

1) 등록기준

문화재청장은 문화재위원회의 심의를 거쳐 지정문화재가 아닌 유형문화재, 기념물 (제2조 제1항 제3호 나목, 다목 제외) 및 민속문화재 중에서 보존과 활용을 위한 조치가 특별히 필요한 것을 등록문화재로 등록할 수 있다(문화재보호법 제53조).

등록문화재의 등록기준은 지정문화재가 아닌 문화재 중 건설·제작·형성된 후 50년 이상이 지난 것(동법 시행규칙 제34조 제1항 본문)으로서 역사, 문화, 예술, 사회, 경제, 종교, 생활 등 각 분야에서 기념이 되거나 상징적 가치가 있는 것이거나(제1호) 지역의 역사·문화적 배경이 되고 있으며, 그 가치가 일반에 널리 알려진 것(제2호) 기술 발전 또는 예술적 사조 등 그 시대를 반영하거나 이해하는 데에 중요한 가치를 지니고 있는 것(제3호) 중 하나에 해당하는 것이어야 한다. 다만, 건설·제작·형성된 후 50년 이상 이 지나지 않은 것이라도 긴급한 보호 조치가 필요한 것은 등록문화재로 등록할 수 있다(동조 동항 단서).

보다 구체적으로 「문화재등록에 관한 지침」[19] 제4조가 등록기준을 제시하고 있다. 대상 문화유산이 역사·문화·예술·사회·정치·경제·종교·생활 등 각 분야에서 개항기 이후 각 분야의 변화·발전 과정에서 중요한 역할을 한 것, 항일독립운동과 해방 후 민주화 및 산업화 등의 과정에서 역사적으로 중요한 의미가 있거나 상징적 가치가 있을 것(역사적 가치, 제1호) 또는 각 분야의 변화·발전에 기여한 성과물로서 당시의 시대성을 반영하고 있어 관련 분야 연구에 학술적으로 가치가 클 것(학술적 가치, 제2호) 또는 당시의 시대성을 반영한 것으로, 독창적이면서 예술적 완성도가 높고 그 분야에서 대표성이 있을 것(예술적 가치, 제3호)이라는 요건 중 하나 이상의 등록가치를 가져야 하며, 이와 더불어 대상 문화재가 전체적으로 원형을 유지하고 있고, 희소할 것(원형유지 및 희소성, 제4호)이라는 요건은 공통적으로 충족하여야 한다(동조 제1항).

다만 위 요건을 모두 충족하는 경우에도 시대성이나 독창성 없이 전통 양식이나 외래 양식을 그대로 모방하였거나, 진위 여부가 불명확한 경우(제1호), 보수·복원·정비 등으로 본래의 문화재적 가치가 크게 떨어진 경우(제2호), 객관적인 자료를 통해 해

---

19) 문화재 등록에 관한 지침[시행 2017. 12. 28.] [문화재청예규 제187호, 2017. 12. 28., 제정].

당 문화재의 출처와 소장 경위 등이 명확하게 확인되지 않은 경우 또는 제작자와 제작 시기 등을 확인할 수 없는 경우(제3호), 그 밖에 문화재적 가치가 있더라도 문화재 등록에 대한 사회적 합의 도출이 어려운 경우 등에는 등록대상에서 제외할 수 있다(동조 제2항).

2) 2018년 선·면 단위 등록문화재 제도

문화재청은 2001년 등록문화재제도 도입 이후 근현대문화유산 보호를 위해 '점(點)' 단위를 중심으로 개별적인 등록문화재들에 대해 보존활용정책을 추진하였고, 2018. 8. 까지 769건의 개별문화재가 등록되었다.[20] 2018. 8.부터는 근대문화유산의 입체적·맥락적 보존과 활용을 통한 도시 재생 활성화를 촉진하기 위하여 '선(線)·면(面)' 단위 문화재 등록제도를 새로 도입하고, 처음으로 「목포 근대역사문화공간」, 「군산 내항 역사문화공간」, 「영주 근대역사문화거리」 3곳을 문화재로 등록 고시하였다.[21]

'선·면 단위 등록문화재'는 문화재보호법에서 규정한 등록기준을 아우르는 면적 (공간) 개념의 등록문화재 유형 가운데 하나로, 지정·등록문화재와 건축문화자산 등 역사문화자원이 집적된 역사문화공간을 보존·활용을 위해 등록구역으로 등록하는 제도이다. 지역의 역사문화배경이 되고 당대의 모습을 잘 간직한 역사거리, 역사마을, 지정·등록문화재 등 역사문화자원이 집중 분포하고 있는 역사문화지구 등 다양한 유형이 있고, 선·면 단위의 다양한 등록유형을 발굴하여 역사문화자원을 입체적·맥락적으로 보존하고 활용가치를 극대화하는 데 제도의 취지가 있다.[22]

최근 화제가 된 '목포 근대역사문화공간(등록문화재 제718호)'이 면 단위 등록문화재이다. 목포 근대역사문화공간은 대한제국 개항기에 목포해관 설치에 따른 근대기 통상항만의 역사와 일제강점기를 거쳐 해방 이후까지의 생활사를 보여주는 장소로, 근현대를 관통하는 목포의 역사문화와 생활의 변천사를 알 수 있어 보존과 활용할 가치가 우수한 지역이라는 이유로 2018. 8. 6. 114,038㎡(602필지)가 등록문화재로 등록되었다.[23]

---

20) 김용희, "선·면 단위 등록문화재제도의 도입과 기대효과", 「건축과 도시공간」, 제31호, 2018, 84면.
21) 문화재청, 보도자료 「근대역사문화공간」 재생활성화 지원체계 구축−목포·군산·영주 3곳, 선·면 단위 문화재등록 고시.
22) 김용희, 같은 논문, 85면.
23) http://www.heritage.go.kr/heri/cul/culSelectDetail.do?pageNo=5_2_1_0&ccbaCpno=4413607180000#

[등록문화재 제718호 목포 근대역사문화공간[24]]

문화재정보

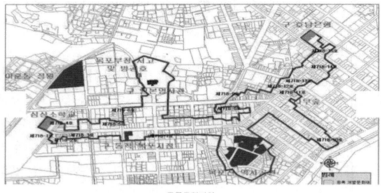

등록구역범위

(3) 등록문화재 등록 절차

1) 등록문화재 신청 및 등록의 주체

문화재청장은 (i) 등록기준에 해당하는 국가 또는 지방자치단체가 소유한 문화재를 등록문화재로 등록하거나, (ii) 해당 문화재의 소유자, 관리자 또는 해당 문화재의 소재지를 관할하는 지방자치단체의 장의 신청에 따라 등록문화재로 등록할 수 있는데,[25] 소유자나 관리자가 등록을 신청하려면 해당 문화재의 소재지 관할 시장·군수·구청장 및 시·도지사를 거쳐 신청하여야 한다(동법 시행규칙 제35조 제1항). 이와 관련하여 등록문화재의 등록을 문화재의 소유자 등의 등록 신청 없이도 문화재청장이 직

---

24) 이미지출처: 문화재청 국가문화유산포털
25) 문화재보호법시행규칙(문화체육관광부령 제343호 일부개정 2018. 12. 13.)
   제35조(문화재 등록의 신청) 제34조 제1항에 따른 등록기준에 해당하는 문화재의 소유자, 관리자 또는 해당 문화재의 소재지를 관할하는 지방자치단체의 장이 해당 문화재의 등록을 신청하려면 별지 제69호서식의 등록신청서에 다음 각 호의 서류를 첨부하여 문화재청장에게 제출하여야 한다. 이 경우 소유자나 관리자가 등록을 신청하려면 해당 문화재의 소재지 관할 시장·군수·구청장 및 시·도지사를 거쳐 신청하여야 한다. [개정 2014. 12. 30, 2017. 2. 13., 2018. 5. 29.]
   1. 대상 문화재 소유자의 동의서(소유자가 등록을 신청하는 경우에는 제출하지 아니한다)
   2. 대상 문화재의 사진, 도면(배치도·평면도·단면도 등) 및 문헌 자료 사본
   3. 별지 제69호의2 서식에 따른 대상 문화재의 보존관리 및 활용계획서
   4. 대상 문화재의 변형 및 수리 이력(변형 및 수리 이력이 있는 경우로 한정한다) [본조제목개정 2017. 2. 13]

권으로 할 수 있는지에 대한 의문도 있었으나, 이러한 의문에 대하여 법제처는 (i) 문화재보호법 제53조에서 등록문화재의 등록은 그 등록의무자를 정하지 아니하였고 문화재청장이 등록문화재를 등록할 수 있다고 규정하여 문언상 신청만을 등록의 요건으로 한다고 볼 수는 없고 (ii) 문화재의 소유자 등의 등록신청에 대하여 정한 시행규칙 제35조는 "문화재의 소유자 등이 해당 문화재의 등록을 신청하려면"이라는 문언상 '문화재의 소유자 등이 등록문화재로 등록하기 위하여 신청을 하는 경우에 적용하는 절차'를 규정한 것으로서 문화재청장의 직권 등록 외에 소유자 등의 신청에 의해서도 문화재가 등록될 수 있는 보완적 절차로 보아야 하고, 나아가 문화재보호법상 반드시 등록신청이 있어야 한다는 것은 아니라 할 것이므로, 위 규정만으로 문화재청장의 직권 등록 권한을 배제하고 문화재의 소유자 등의 등록신청이 있어야만 등록문화재의 등록이 가능하다는 의미로 해석할 수는 없다는 견해를 밝히기도 하였다.[26]

한편 선·면 단위 등록문화재 등록절차는 기존 개별 등록문화재와 동일하지만, 등록을 신청하고자 하는 지방자치단체장은 등록 구역 내 개인 소유의 건축물과 토지에 대한 집단동의를 얻어 신청해야 한다. 지역공동체의 동의가 완료되면 지방자치단체장은 문화재등록신청서를 작성해서 문화재청장에게 제출하여야 한다.[27]

2) 등록문화재 조사

문화재처장이 등록문화재를 등록하기 위해서는, 문화재위원회의 해당 분야 위원이나 전문위원 등 관계 전문가 3명 이상에게 해당 문화재에 대한 조사를 요청하여야 한다(동법 시행규칙 제34조 제2항). 조사 요청을 받은 사람은 조사 후 조사보고서를 작성하여 문화재청장에게 제출하여야 하며(동조 제3항), 문화재청장은 조사보고서를 검토하여 해당 문화재가 등록문화재로 등록될 만한 가치가 있는지 판단한다.

3) 등록예고 및 등록

문화재청장이 조사보고서를 검토하여 등록문화재로 등록될 만한 가치가 있다고 판단되면, 문화재위원회의 심의 전에 그 심의할 내용을 관보에 30일 이상 예고하여야

---

26) 법제처, 법령해석례, 13-0395, 2013. 11. 13. 문화재청–등록문화재의 등록을 해당 문화재의 소유자 등으로부터 등록 신청 없이도 문화재청장이 직권으로 할 수 있는지 여부.
27) 김용희, 같은 논문, 86면.

한다(동조 제4항). 등록예고 기간에 문화재의 진위 여부나 사유재산의 침해 정도, 부처별 추진정책 등에 대하여 의견을 수렴하거나 조율하여 문화재등록의 민주성을 확보하고 있다.[28]

그리고 문화재청장은 예고가 끝난 날부터 6개월 안에 문화재위원회의 심의를 거쳐 등록문화재 등록 여부를 결정하여야 한다(동조 제5항). 문화재 심의시 등록문화재 등으로 등록하도록 가결 혹은 부결된다.

3. 등록문화재 등록의 효과

(1) 국가지정문화재 관리규정 준용

국가지정문화재에 관한 관리규정 중 일부 규정들이 준용되어(문화재보호법 제59조), 등록문화재 소유자관리의 원칙(동법 제33조) 등록문화재 관리단체에 의한 관리(동법 제34조 제2항 내지 제7항) 등록문화재의 허가취소 및 수출 등의 금지(동법 제37조, 제39조[29]) 등록문화재에 관한 기록의 작성과 보존(동법 제43조) 직권에 의한 등록문화재 현상 등의 조사(동법 제45조) 국가에 의한 보조금의 지원(동법 제51조 제1항 제1호, 제3호, 제2항, 제3항) 지방자치단체의 경비부담(동법 제52조) 소유자 변경시 권리·의무의 승계(동법 제81조) 규정의 적용을 받게 된다.

여기서 등록문화재에 대한 예산지원에 관한 규정들로는 보조금지원규정과 지방자치단체의 경비부담규정이다.

보조금 지원과 관련하여, 국가는 관리단체가 등록문화재를 관리함에 있어 필요한

---

28) 박동석, 위 문화재법 각론편 I, 315면.
29) 문화재보호법 제37조(허가사항의 취소) ① 문화재청장은 제35조 제1항 본문, 같은 조 제3항, 제39조 제1항 단서, 같은 조 제3항 및 제48조 제5항에 따라 허가를 받은 자가 다음 각 호의 어느 하나에 해당하는 경우에는 허가를 취소할 수 있다. [개정 2014.1.28, 2016.2.3, 2018.6.12] [[시행일 2018.7.13.]]
　1. 허가사항이나 허가조건을 위반한 때
　2. 속임수나 그 밖의 부정한 방법으로 허가를 받은 때
　3. 허가사항의 이행이 불가능하거나 현저히 공익을 해할 우려가 있다고 인정되는 때
　③ 제35조 제1항에 따라 허가를 받은 자가 착수신고를 하지 아니하고 허가기간이 지난 때에는 그 허가가 취소된 것으로 본다. [개정 2014.1.28] [[시행일 2015.1.29.]]
　제39조(수출 등의 금지) ① 국보, 보물, 천연기념물 또는 국가민속문화재는 국외로 수출하거나 반출할 수 없다. 다만, 문화재의 국외 전시 등 국제적 문화교류를 목적으로 반출하되, 그 반출한 날부터 2년 이내에 다시 반입할 것을 조건으로 문화재청장의 허가를 받으면 그러하지 아니하다. [개정 2017.3.21]

경비, 등록문화재의 관리, 보호, 수리 또는 기록의 작성을 위하여 필요한 경비의 전부 또는 일부를 보조할 수 있고, 보조를 하는 경우 문화재청장은 그 문화재의 수리 기타 공사에 관한 감독을 할 수 있다(동법 제51조). 지방자치단체의 경비부담과 관련하여, 지방자치단체는 그 관할구역에 있는 국가지정문화재로서 지방자치단체가 소유하거나 관리하지 아니하는 문화재에 대한 관리·보호·수리 또는 활용 등에 필요한 경비를 부담하거나 보조할 수 있다(동법 제52조).

(2) 원형보존을 위한 노력 및 각종 신고의무 등

등록문화재의 소유자 또는 관리자 등 등록문화재를 관리하는 자(이하 '소유자 등')는 등록문화재의 원형보존에 노력하여야 하며(문화재보호법 제54조), 그 외 문화재보호법에 따른 각종 의무를 부담한다.

등록문화재의 소유자 등은 해당 문화재에 관하여 (i) 관리자를 선임·해임한 경우 (ii) 소유자가 변경된 경우 (iii) 소유자·관리자의 주소가 변경된 경우 (iv) 소재지의 지명, 지번, 지목, 면적 등이 변경된 경우 (v) 보관장소가 변경된 경우 (vi) 전부·일부가 멸실, 유실, 도난, 훼손된 경우 (vii) 제56조 제2항에 따른 현상변경허가(변경허가 포함)를 받고 그 문화재의 현상변경 행위에 착수하거나 완료한 경우 (viii) 허가된 문화재를 반출하였다가 반입한 경우에는 그 사실과 경위를 문화재청장에게 신고하여야 한다(동법 제55조).

또한 등록문화재에 관하여 (i) 해당 문화재(동산 제외) 외관을 변경하는 행위로서 대통령령으로 정한 행위 (ii) 해당 문화재(동산 제외)를 다른 곳으로 이전·철거하는 행위 (iii) 동산에 속하는 문화재를 수리하거나 보존처리하는 행위 중 어느 하나에 해당하는 행위를 하려는 자는 변경하려는 날의 30일 전까지 관할 특별자치시장, 특별자치도지사, 시장·군수 또는 구청장에게 신고하여야 한다(제56조 제1항). 신고를 받은 특별자치시장, 특별자치도지사, 시장·군수 또는 구청장은 그 사실을 시·도지사(특별자치시장과 특별자치도지사 제외)를 거쳐 문화재청장에게 보고하여야 하며(동조 제3항), 문화재청장은 등록문화재 보호를 위하여 필요하면 제1항에 따라 신고된 등록문화재의 현상변경에 관하여 지도·조언 및 권고 등을 할 수 있다.

다만, (i) 건축물의 건폐율이나 용적률에 관한 특례적용을 받은 등록문화재, (ii) 국가로부터 보조금을 지원받은 등록문화재 (iii) 소유자가 국가 또는 지방자치단체인 등록문화재의 경우, 등록문화재의 현상을 변경하기 위해서는 문화재청장의 허가를 받아야 한다(동조 제2항).

(3) 건폐율과 용적률에 관한 특례

문화재보호법은 등록문화재에 관하여 건폐율과 용적률에 관한 특례를 두고 있다. 건폐율이란 대지면적에 대한 건축면적의 비율, 용적률이란 대지면적에 대한 연면적의 비율을 말한다.

등록문화재인 건축물이 있는 대지 안에서의 건폐율과 용적률은 「국토의 계획 및 이용에 관한 법률」상의 규정(제77조 내지 제79조)에도 불구하고 해당 용도지역 등에 적용되는 건폐율 및 용적률의 150퍼센트 이내에서 대통령령으로 정하는 기준에 따라 완화하여 적용할 수 있다. 이처럼 건폐율과 용적률 특례적용을 받은 등록문화재는 등록문화재대장에 그 기록을 작성·보존하고 별도로 관리된다.

(4) 등록문화재의 세제혜택

문화재보호법 외에도 다른 법률에도 등록문화재에 관한 규정들이 있는데, 우선 등록문화재 소유자에게 인센티브를 부여하고 자발적 보존의지를 제고하고자 세제혜택을 부여하고 있다.

우선 1세대 1주택 특례로 양도소득세 비과세이다. 등록문화재인 주택과 그 밖의 주택을 국내에 각각 1채씩 소유하고 있는 1세대가 일반주택을 양도하는 경우에는 국내에 1개의 주택을 소유하고 있는 것으로 보아 1세대 1주택의 규정을 적용하여 양도소득세에 대한 소득세를 과세하지 않는다(소득세법 제89조, 동법 시행령 제154, 제155조 제6항 제1호).

다음으로 상속세 징수유예이다. 등록문화재를 상속하는 경우 그 재산가액에 상당하는 상속세액의 징수를 유예한다. 다만 상속받은 상속인 또는 수유자가 이를 유상양도할 경우에는 납세지 관할세무서장은 즉시 유예한 상속세를 징수한다(상속세 및 증여세법 제74조, 동법 시행령 제8조, 제76조).

지방세의 경우에는 지방세특례제한법에 따라 등록된 문화재와 그 부속토지에 대해서는 재산세의 100분의 50이 경감된다(제55조 제2항 제2호).

Ⅳ. 등록문화재 보호와 사유재산권 조화의 필요성

1. 문화재보호에 관한 공익과 사익의 충돌

(1) 헌법 제23조에서 보장되는 재산권의 제한

　문화재는 역사적·문화적 차원에서 공동체의 가치가 부여된 것으로 개인이나 공동체에 오랫동안 유·무형적 가치[30]를 제공하며, 이러한 문화재를 보호하기 위해 우리 헌법은 앞서 살펴 본 바와 같이 '문화재보호'라는 공익을 보호하기 위한 근거를 마련하고 있다. 문화재는 헌법상 근거 하에 문화재보호법에 따른 보호를 받으며, 이 과정에서 문화재의 소유자 등은 문화재보호를 위해 재산이용의 규제를 받고 일정한 의무를 부담하게 된다.

　문제는 문화재의 공공재적 성격으로 인하여 개인의 재산권이 불가피하게 침해되는 경우가 발생할 수 있다는 점이다. 우리 헌법 제23조 제2항은 "재산권의 행사는 공공복리에 적합하여야 한다"고 규정하여 재산권의 사회적 제약성을 천명하고, 헌법 제23조 제3항의 "공공필요에 의한 재산권의 수용·사용 또는 제한 및 그에 대한 보상은 법률로서 하되 정당한 보상을 지급하여야 한다"는 규정이 이를 뒷받침한다. 이 중 특히 문화재와 관련하여서는, 문화재의 특성상 그 자체에 대한 수용이나 사용보다는 이로 인한 공용제한이 광범위하게 이루어지고 있는 상황이다.[31]

(2) 문화재보호를 위한 각종 제한

　공용제한이란 공공의 필요와 공익사업의 시행을 위하여 국가 또는 공공단체가 특정인의 재산권에 가하는 공법상의 제한[32]으로, 이를 위반할 경우에는 형사처벌을 받거나 행정상 제재를 받을 수 있다.

　대표적인 작위제한으로 국가지정문화재 소유자 등의 각종 신고의무(문화재보호법 제40조 등)들을 부담하는데, 이러한 신고의무를 다하지 아니한 경우 500만 원 이하의

---

30) 자세한 내용은 한국산업개발연구원, "문화재 보존의 사회경제적 가치 및 일자리 창출에 미치는 효과", 2013, 17~18면 참조.
31) 윤배경, "문화재보호법상 공용제한과 손실보상 규정", 「인권과 정의」, 제345호, 2005, 40면.
32) 윤배경, 같은 논문, 41면.

과태료를 부과받을 수 있다(동법 제103조).

또한 문화재보호법은 문화재 등의 보존을 위하여 부작위제한을 가하고 있는데, 대표적으로 국보 등 보존문화재를 소유한 사람은 원칙적으로 이를 국외로 수출 또는 반출할 수 없고(동법 제39조), 국가지정문화재에 대하여 일정한 행위(예를 들어, 현상변경 등)를 하기 위해서는 문화재청의 허가를 받아야 한다(동법 제35조). 이를 위반하여 지정문화재를 무허가수출하고 기한 내에 다시 반입하지 아니한 자는 5년 이상의 유기징역에 처해질 수 있고 문화재는 몰수한다(동법 제90조). 허가 없이 현상변경을 하는 등의 행위를 한 경우에는 2년 이상의 유기징역이나 2천만 원 이상 1억 5천만 원 이상의 벌금에 처해진다(동법 제92조).

문화재의 소유자는 일정한 경우 수인의무도 부담한다. 대표적으로 문화재의 실효성 있는 관리·보호를 위해 국가지정문화의 현상, 관리, 수리 등에 관하여 정기적으로 조사를 하여야 하며, 문화재소유자는 이에 대해 필요한 범위에서 협조를 하여야 한다(동법 제44조). 이에 대한 협조를 거부하거나 필요한 행위를 방해한 경우 2년 이하의 징역이나 2천만 원 이하의 벌금에 처해질 수 있다.

다만 문화재청장의 정기조사, 직권에 의한 등록문화재 현상 등의 조사가 이루어졌을 때 이로 인해 손실이 발생하였을 경우에 한하여는, 이에 대한 손실을 보상해주는 규정도 존재한다(제59조 제2항[33]).

(3) 기본권 제한의 한계 내에서 이루어져야 하는 재산권 제한

우리 헌법은 전문과 제9조, 제64조에서 문화재향유권과 문화재보존의무 등을 규정하고 있고, 이러한 규정은 문화재보존을 중심으로 한 문화국가 실현을 위한 국가의 목적규정이라고도 할 수 있다. 공공재적 성격을 갖는 문화재 보호, 공공복리 및 문화국가 실현을 위한 재산권의 제한은 타당하다고 할 것이다. 다만 문화재보존을 위한 제한

---

33) 문화재보호법 제59조(준용규정) ② 등록문화재 소유자관리의 원칙, 등록문화재관리단체에 의한 관리, 등록문화재의 허가취소 및 수출 등의 금지, 등록문화재에 관한 기록의 작성과 보존, 정기조사, 직권에 의한 등록문화재현상 등의 조사, 정기조사로 인한 손실의 보상, 등록문화재의 관람료 징수, 국가에 의한 보조금의 지원, 지방자치단체의 경비 부담, 소유자 변경 시 권리·의무의 승계에 관하여는 제33조, 제34조 제2항부터 제7항까지, 제37조, 제39조, 제43조부터 제45조까지, 제46조 제3호, 제49조, 제51조 제1항 제1호·제3호 및 제2항·제3항, 제52조 및 제81조를 준용한다. 이 경우 "국가지정문화재"는 "등록문화재"로, "관리단체"는 "등록문화재관리단체"로 본다.

이더라도 이는 기본권의 제한의 한계를 넘지 않는 범위 내에서 이루어져야 하며, 그 한계는 본질적 내용의 침해금지 원칙, 과잉금지의 원칙에 의하여 정해질 것이다.[34]

2. 등록문화재에 관한 공익과 사익의 충돌

(1) 등록문화재 소유자 등의 재산권 제한

등록문화재의 경우 지정문화재에 비하여 소유자 등의 재산권이 비교적 약하게 제한받기는 하나, 등록문화재의 경우에도 사유재산의 보호, 개인의 재산권 행사의 자유의 제한이라는 관점에서 기본권 제한의 상황은 발생할 수도 있다.

1) 문화재보호법에 따른 제한

우선 위 III. 3.항에서 살펴본 바와 같이 등록문화재로 등록되는 경우, 해당 문화재의 소유자는 다양한 의무를 부담하게 된다.

예를 들어, 각종 신고사항에 대하여 신고의무를 부담하며(작위제한), 문화재수출금지나 일정한 요건 하에서의 현상변경 등 허가사항에 대한 허가 없이 해당 행위를 할 수 없다(부작위제한). 또한 문화재청장의 정기조사, 현상조사 등이 있을 경우 이에 응하여야 한다(수인제한).

신고사항에 대한 신고의무를 다하지 않을 경우에는 과태료(문화재보호법 제103조)를 부과 받고, 무허가로 문화재수출이나 현상변경행위를 하거나 문화재청장의 정기조사, 현상조사 등에 협조를 거부하거나 방해하는 경우에는 형사처벌을 받을 수 있다(동법 제99조, 제101조).

2) 재산권 행사의 사실적 제한

법적으로 직접 어떠한 의무를 부과하는 것은 아니지만, 등록문화재 소유자가 사실상 재산상 불이익을 받는 경우도 존재한다.

예를 들어, 근대건축물의 외형을 보전하면서 해당 건물을 용도대로 사용·수익하는 경우, 건축물 철거 후 신축하는 것보다 여러 물리적 제약을 받을 수밖에 없게 된다.

---

34) 박동석, 위 문화재법 총론 편, 175면.

근대 문화재의 원형을 그대로 유지하면서 신축 건물을 짓다 보니, (건폐율, 용적률 특례의 적용을 받더라도) 인근건물에 대비하여 건폐율, 용적률 부분 면에서 불리한 상황이 발생하며, 구건물과 신규건물과의 연계를 위한 공간 활용, 외부디자인, 진출입 난이도 등 처음부터 신축하는 경우와 비교하면 다양한 제한이 발생하는 등 단점이 있다.[35]

이는 곧 경제적 제한으로도 이어진다. 우선 면적의 열세로 인한 예상가능 수익감소가 나타날 가능성이 있고, 보전 및 관리비용 역시 부담이 된다.[36] 문화재보호법에서 국가의 보조금 지원, 지방자치단체의 경비부담 규정을 두고 있기는 하지만, 이는 원칙적으로 국가가 관리하는 경우에만 적용되고, 사유재산인 등록문화재는 보전 및 관리비용은 원칙적으로 소유자가 직접 부담하고 있다.

3) 재산권이 제한되는 사례

서울시 소유의 건물이기는 하지만, 서울 중심지에 위치하여 개발이익이 매우 높은 '을지로 복합청사'에 대해 우선 살펴보겠다. 서울시는 2014년 서울 중구 을지로 1가 63 소재 상업지역에 위치한 서울시청 을지로별관(지상 4층, 지하 1층)을 2018년까지 복합문화청사로 증축할 계획을 수립하였다(지상 16층, 지하 2층, 박물관 및 공공청사).[37]

을지로별관으로 이용되던 기존 건물은 등록문화재 238호로 지정된 근대건축물로, 현재 그레뱅뮤지엄(밀랍인형박물관)이 들어선 곳이다.[38] 2015년부터 기존 건물은 그레뱅뮤지엄으로 활용되고 있으며, 나머지 신축부분은 공공청사 및 컨벤션 센터 등지로 활용한다. 선행연구에 따르면 을지로복합청사의 경우 등록문화재 보존을 위해 활용하지 못하게 된 면적으로 인하여 인근 업무시설 임대수입과 비교하였을 때 연간 약 43억 원 가량 수익이 적게 발생한 셈이라 한다.[39]

---

35) 최찬익·유주연, "근대건축물의 등록문화재 등록 활성화 방안 연구", 재산권 제한에 대한 보전방안 중심으로, 「감정평가학 논집」 제17권 제3호, 2018, 140면.
36) 최찬익·유주연, 같은 논문, 140~141면.
37) 중앙일보, 2014. 10. 31. "서울시 을지로 별관, 2018년까지 복합 문화청사로 증축"
38) 일제강점기였던 1938년 준공되어 미쓰이 물산 경성지점으로 사용되다가 해방 후 미국문화원으로 사용되었다. 1990년 이후 미국과의 재산교환계약으로 서울시 소유가 되었고, 그 후 서울시청 을지로 별관으로 사용되었다.
39) 최찬익·유주연, 같은 논문, 139~140면.
"현재 박물관 수입(서울특별시, 2014)과 복합 문화청사 건립 후 예상되는 수익을 비교하여 경제적 제한을 분석하였다. 복합 문화청사의 업무시설 임대수입은 인근 업무시설 임대수준(월 임료 약 27,000/㎡)으로 산정하였다. 분석결과 연간 약 43억 원의 경제적 제한이 예상되었다.

이 사안의 경우 서울시 소유의 건물이어서 수익 감소에도 불구하고 계획을 그대로 추진할 수 있었겠지만, 개인 사유지인 근대문화재의 경우에도 소유자가 여러 제한과 불편, 재산상 손해를 감수할 의사가 있을지는 의문이다. 만일 해당 문화재가 대규모 PF 사업부지에 포함되어 있거나 재개발구역에 포함되어 있었다는 등 개발이익에 대한 이해관계가 복잡하게 얽혀 있을 경우라면 상황은 더 복잡해질 수밖에 없다.

(2) 등록문화재 소유자의 재산권보호의 필요성

1) 등록문화재 소유자의 재산권 제한의 합헌성

이상 살펴본 바와 같이 등록문화재 등록 시 발생할 수 있는 법률상, 사실상 제한에도 불구하고, 현재 등록문화재 소유자에 대한 기본권 제한이 기본권 제한의 한계를 넘어 위헌이라고 보기까지는 어려울 것이다.

문화재는 국가적·민족적 유산으로서 역사적·예술적·학술적·경관적 가치가 크고, 한번 훼손되면 그 회복 자체가 곤란한 경우가 많을 뿐만 아니라, 회복이 가능하더라도 막대한 비용과 시간이 소요되기 때문에 문화재의 보존·관리 및 활용을 할 때에는 원칙적으로 문화재의 원형을 그대로 유지할 것이 요구되는 바(헌법재판소 2010. 10. 28. 선고 2008헌바74 결정), 문화재의 보존을 위하여 문화재소유자에게 어느 정도 재산권 등 기본권의 제한을 가하더라도 그 목적이 정당하고, 수단 역시 적절하다고 생각된다.

문화재보호법에 따라 소유자에게 각종 의무를 부과시키기는 하여도, 등록문화재의 경우 몇몇 예외적인 경우를 제외하면 대부분 허가사항이 아닌 신고사항으로 되어 있고, 소유자가 등록문화재를 활용하여 수익할 수 있다는 점, 등록문화재 소유자에게 주어지는 건폐율·용적률 혜택이나 세제감면, 예외적인 경우 손실보상 규정도 두고 있다는 점 등을 고려하면 침해의 최소성 요건도 충족할 것이다. 또한 등록문화재 등록으로 인해 제한되는 기본권과 그로 인한 공익목적의 달성 사이에는 법익의 형량에 있어 합리적인 비례관계에 위반될 정도로 과도한 제한을 찾아보기도 어렵다.

2) 등록문화재 소유자의 사익 보장의 필요성

문제는 현행 등록문화재 등록제도에 위헌성이 없다 하여, 현행 제도가 가장 바람직하다고만은 말할 수는 없다는 점이다. 등록문화재 제도는 가급적 소유자의 자발적인 협조를 통해 근대문화유산을 보존·활용하기 위한 취지에서 마련되었고, 문화재청 역시 기본적으로 소유자의 동의를 통해 등록문화재 등록업무를 진행하여야 한다는 입장을 밝혀왔다. 소유자가 등록을 거부할 경우에는 '급속한 도시화·산업화로 인해 급격히 멸실되어 가는 근대문화유산 보존을 위해 기존 지정문화재 제도와 달리 완화된 보호조치를 통해 소유자의 자발적인 보존의지에 그 기반을 두고 있는 것이 등록문화재 제도이므로, 등록 거부 시 소유자에 대한 적극적 설득이 필요하다'고 보았다.[40]

그런데 소유자가 자발적으로 자신의 자산을 등록문화재로 등록하는 것을 장려하기 위해서는 문화재등록에 따른 여러 제한을 감수할 만한 유인이 필요하다. 소유자 입장에서는 보전가치보다 개발로 인한 경제적 이익이 큰 경우에는 당연히 개발을 선호할 수밖에 없는데, 문화재보전이라는 공익과 적극적 개발이 제한된 사익 간 적절한 균형점을 찾지 못하면 현 제도 하에서는 등록문화재의 취지대로 보전가치 있는 등록문화재를 보호하기 어려운 상황이 발생할 수 있다.

(구)대한증권거래소의 경우가 대표적이다. (구)대한증권거래소는 서울 중구 을지로2가 199-40번지, 일반상업지역에 소재하며 1922년 지상 3층, 지하 1층의 조적조(벽돌조, 석조)로 건립되어 있었다. 1922년 건축 당시 증권거래소였고, 1979년 폐장된 후 사무실과 상업시설로 사용되었다. 이러한 대한증권거래소 건물이 등록문화재로 등록예고되자, 소유자는 재산권 침해 등을 주장하며 기존 건축물을 철거해버렸다.

이처럼 등록문화재 등록예고기간 중 소유자가 해당 건물 등을 철거해버리는 것은 비일비재하였다. 재산권의 피해를 우려한 소유주들이 철거를 선택하기 때문이다. 1930년대 조성된 소래염전 소금창고 40동 가운데 38동은 문화재청의 문화재등록 심의를 불과 사흘 앞둔 시점에 골프장건립을 추진하던 토지 소유주에 의하여 일방적으로 철거되었고, (구)일본은행 진해지점, 1940년대에 지어진 경상남도의 한옥, 서울의 스카라 극장도 같은 전철을 밟았다.[41] 이러한 현상에 대하여 문화재청의 등록문화재 등록예고는 근대유산 보존의 예고가 아니라 도리어 철거예고로 바뀌어 버렸다는 비판[42]마

---

40) 문화재청, 등록문화재 길라잡이, 13면.
41) 부산일보, 2007. 7. 19. [근대건축은 문화재다] ④ 등록문화재 빛과 그늘-경제적 가치판단 따라 '살고… 죽고'.
42) 김수정, 같은 논문, 64면.
　　이와 관련하여, '(구)대한증권거래소 철거' 사례와 대비되는 사례로 '한국기독교장로회 총회교육원' 사안을 들 수 있다. 1921년 6대 세브란스병원 원장의 사택으로 건립된 벽돌조 건물인데, 이는 등록문화재가 아니라 시 지정문화재 가지정제도를 활용하여 건물철거를 막고 한편으로 소유자에게는 등록문화재로 등록하도록

저 존재한다.

이러한 사태를 방지하기 위하여 등록문화재 등록예고 시점에서 임시보호방안을 취할 필요가 있다는 등 제도개선의 논의도 필요하겠지만, 등록문화재 제도의 도입취지를 잘 살려 원활하게 제도가 시행되기 위한 가장 이상적인 방안은 소유자의 자발적 등록을 견인할 경제적 유인이 충분하여 이를 통해 근대문화재의 보존·관리가 가능하도록 하는 것이다.

3. 등록문화재 보호와 사유재산 보장의 조화를 위한 논의

(1) 원형보존 원칙의 유연한 적용

문화재보호법상 기계적으로 외관 1/4 이상을 변경하는 경우에 등록문화재 현상변경 신고를 하도록 하는 것이 아니라, 실제 등록가치가 있는 면을 문화재 등록 시 또는 이후 개별 문화재에 대한 보존방안 검토 시 특정하여 신고사항으로 두고, 나머지는 소유자로 하여금 자유롭게 활용할 수 있도록 하는 것이 근대유산의 보존과 활용을 조화시킬 수 있는 현실적 방안이 될 것이라는 지적이 있다.[43]

(2) 경제적 지원

첫째, 보전·관리비용의 경우 관리주체가 개인소유자인 경우에도 국가가 지원을 하는 방안이다. 지정문화재는 문화재보호법에 따라 비용부담을 하고 있으나, 등록문화재는 원형보전은 유도하면서도 비용을 개인이 부담해야 한다는 점에서 형평에 맞지 않는다는 지적이 있다. 시간의 경과에 따라 유지비용은 지속적, 반복적으로 계속 투입되는데, 건축물소유자가 사용·수익함으로써 생산되는 이익보다 보전·관리비용이 더 높아지면 현상유지가 어려울 수밖에 없다. 근대건축물의 지속적 보전이라는 공익을 위해서는 소유자의 경제적 부담을 경감하여 공익과 사익이 균형을 이루어야 한다.[44]

다만 모든 등록문화재의 근대건축물을 국가·지방자치단체의 예산으로 지원하는 데는 한계가 있기 때문에, 이에 대한 대안도 제시되고 있다. 문화예술진흥법 제3조 및

유도한 좋은 사례로 손꼽힌다. 김수정, 같은 논문, 72면.
43) 김수정, 같은 논문, 80면.
44) 최찬익, 유주연, 같은 논문, 142면.

동법 시행령 제5조에 따르면 10,000㎡ 이상인 건축물에는 문화예술공간 설치를, 제9조 및 동법 시행령 제12조에 따르면 미술작품 설치가 필요한데, 만일 등록문화재의 문화·예술적 가치를 반영하여 미술작품 설치를 대신할 환경조형물로 인정받을 수 있다면, 미술작품 설치가 필요한 인근 건축물 소유자가 설치비용 대신 근대건축물의 유지비용을 일부 부담할 수 있을 것이라는 제안이다.[45]

둘째, 세제상 혜택이다. 상속세 및 증여세법 제74조에서 등록문화재의 상속 또는 증여 시 세금징수를 유예하고 있지만, 이는 단지 상속세 또는 증여세의 '유예'로만 규정하고 있어 기간이 경과하거나 요건이 상실될 경우 세금납부 의무가 다시 발생한다. 대도시에 소재한 등록문화재의 개발이익이 세금납부 부담보다 클 경우에는 등록취소와 개발을 추진할 가능성도 있다. 이에 대하여 '등록 상태의 건축물 유지'를 조건으로 상속세 또는 증여세를 면제한다면, 보다 실효성 있게 등록문화재를 보호할 수 있을 것이라는 제안이 있다.[46] 세대 간 전달되는 효과적인 보전방안이 될 수 있을 것이지만, 상태변경이나 등록취소 등 현상보전이 불가능한 경우에는 면제된 세금의 현 시점 기준의 추징으로 보전을 강제하는 조건을 법제화하여 실효성을 확보하는 것이 필요하다고 한다.[47]

V. 결론

이상과 같이 등록문화재 제도를 통한 문화재 보호, 등록문화재 소유자의 사익제한, 양자 간 조화의 필요, 이를 위한 방안 등을 살펴보았고, 앞으로도 계속 양자 간 적절한 균형점을 위한 논의와 제도개선은 필요할 것이다.

무엇보다도, 소유자의 자발적 의사에 기초하여 문화재를 보존·활용하고자 하는 등록문화재 등록제도의 이상적 운용을 위해서는, 등록문화재의 등록주체는 등록문화재 등록을 위해 소유자의 진정성 있는 동의를 얻기 위한 노력을 하여야 하며, 등록문화재 심의과정에서도 '과연 해당 문화재가 소유자의 재산권을 제한하면서까지 등록문화재 등록기준에 합당하여 보존할 가치가 있는지'에 대해 진지하게 숙고하여야 할 것

---

45) 최찬익, 유주연, 같은 논문, 143면.
46) 최찬익, 유주연, 같은 논문, 143면.
47) 최찬익, 유주연, 같은 논문, 143면.

이다. 한편으로 등록문화재 소유자 역시 소유물의 역사적·예술적 가치를 존중하고 이를 최대한 잘 활용할 수 있도록 다양한 방안을 모색할 필요가 있다. 이러한 노력들을 통해 본래 제도의 도입취지대로, 근대문화재의 보호와 개인의 재산권 향유라는 두 가치가 모두 잘 실현될 수 있도록 제도가 운용될 수 있기를 희망한다.

〈참고문헌〉

[단행본]
박균성, 행정법강의(제6판), 박영사, 2019.
박동석, 문화재법 총론, 민속원, 2014.
박동석, 문화재법 각론편 I, 민속원, 2014.

[논문]
서순복·권오철, "지방자치단체 문화재행정의 진단과 및 대안모색", 「지방정부연구」 제12권 제2호, 2008.
김수정, "등록문화재 등록제도의 문제점과 개선방안-서울시를 중심으로", 「서울학연구」 제27호, 2006.
강수경, "문화행정에서의 행정행위-문화재보호법 규정을 중심으로-", 「원광법학」 제28권 제4호, 2012.
김용희, "선·면단위 등록문화재제도의 도입과 기대효과", 「건축과 도시공간」, 제31호, 2018.
윤배경, "문화재보호법상 공용제한과 손실보상 규정", 「인권과 정의」, 제345호, 2005.
최찬익·유주연, "근대건축물의 등록문화재 등록 활성화 방안 연구, 재산권 제한에 대한 보전방안 중심으로", 「감정평가학 논집」 제17권 제3호, 2018.

[기타자료]
문화재청, 2019년도 주요업무계획, 2019. 3. 13.
문화재청, 등록문화재 길라잡이, 2011.
문화재청, 보도자료 「근대역사문화공간」 재생활성화 지원체계 구축-목포·군산·영주 3곳, 선·면 단위 문화재등록 고시-.
이동섭 의원 대표발의, "20042059_의안_문화재보호법 일부개정법률안", 검토보고서, 2017. 2.
한국산업개발연구원, 문화재 보존의 사회경제적 가치 및 일자리 창출에 미치는 효과, 2013.
중앙일보, 2014. 10. 31. "서울시 을지로 별관, 2018년까지 복합 문화청사로 증축".
부산일보, 2007. 7. 19. "[근대건축은 문화재다] ④ 등록문화재 빛과 그늘-경제적 가치판단 따라 '살고… 죽고'".

〈Abstract〉

The Registered Cultural Heritage System and Property Right

Kang, Min Jae
(Attorney at Law, Jipyong LLC)

In 2001, Republic of Korea introduced 'Registered Cultural Heritage System'('RCHS' hereinafter) to better preserve and utilize modern cultural heritage, which had not been adequately protected. With attention on the urban regeneration issue on the rise, preservation and utilization of modern cultural heritage is gaining more public interest as well. Moreover, various social issues surrounding Registered Cultural Heritage('RCH' hereinafter) are also emerging.

Meanwhile, Cultural Heritage Administration of Korea intends to encourage registering modern cultural assets as RCH to properly preserve and utilize them. From 2018, cultural assets by line, and by area, were registered as RCH for the first time(at Gunsan, Mokpo, Yeongju). The Administrator of Cultural Heritage Administration will designate additional target zones for 2019, to spread the 'Modern History Culture Space Regeneration Project' to a national level. According to the revised Cultural Heritage Protection Act which will take effect in December 2019, to allow city mayors and provincial governors to administer the RCH along with the Administrator of Cultural Heritage Administration, which would lead to more active discussions on the registration of RCH. Meanwhile, the possibility of RCHS elevating social tensions cannot be ruled out.

However, legal study on the RCHS has not yet been sufficient. In this light, this article will first examine the currently effective RCHS under Korean law. This article will further examine current system for preservation and utilization of RCH, how the basic rights of individuals are restricted in the process, and how to find the balance between the public interest of protecting RCH and the private interest of protecting private property rights.

주제어(Keywords) : 문화재보호법(Cultural Heritage Protection Act), 등록문화재(Registered Cultural Heritage), 선·면 단위 등록문화재(Registered Cultural Heritage by line·area), 문화재보호(Protection of Cultural Heritage), 사유재산(Property Right), 도시재생(Urban Regeneration)

형사

재산상 이득죄로서 배임죄[*]

신승기 · 김범준 변호사

목 차

〈국문초록〉

우리 형법 제355조 제2항은 '타인의 사무를 처리하는 자가 그 임무에 위배하는 행위로써 재산상의 이익을 취득하거나 제3자로 하여금 이를 취득하게 하여 본인에게 손해를 가한 때'에 배임죄가 성립한다고 규정하고 있다. 여기서 주목해야 할 점은, 우리 형법이 일본 등과는 달리 '재산상의 이익을 취득하거나 제3자로 하여금 이를 취득하게 하여'라는 이득 요건을 객관적 구성요건 중 하나로 규정하고 있다는 것인데, 이는 배임죄의 지나친 확대적용을 방지하기 위한 입법자의 고려로 보아야 할 것이다. 그럼에도 불구하고 정작 우리 실무와 학계에서는 오랫동안 이러한 '이득 요건'이 간과되어 왔다.

대법원 2007. 7. 26. 선고 2005도6439 판결은 계약이행 보증사건에서, '이득 요건'의 법리를 정면으로 설시하였다. 즉, '본인에게 손해를 가하였다고 할지라도 행위자 또는 제3자가 재산상 이익을 취득한 사실이 있어야만 배임죄가 성립한다'고 판시한 것을 넘어서, 이득

---

* 이 글은 『고려법학』 제95호(2019. 12.), 고려대학교 법학연구원에 게재된 논문이다.

요건에 대해서 '총체적으로 보아 행위자 또는 제3자의 재산 상태에 이익을 얻는 경우, 즉 행위자나 제3자의 전체적 재산가치의 증가를 가져오는 것'을 말한다고 분명히 하였다.

배임죄 성립이 다투어지는 사안들인 부동산이중매매, 대물변제예약위반, 약속어음발행교부, 동산이중매매 등에서 배임죄의 주체 여부, 즉 '타인의 사무를 처리하는 자인지 여부'에 대한 판단에 집중하였을 뿐이었지만, 위 사안들에서도 '이득 요건'에 따른 검토가 필요하고 그 판단의 명확성 측면에서도 유용하다.

결론적으로 (i) 통상 '취득하여'는 '취득함으로 인하여'와 같이 인과관계도 포함되는 것으로 해석되거나, (ii) 최소한 재산상 이익을 취득한다는 것과 본인에게 손해를 가한다는 것 등 두 가지 요건이 병렬적으로 모두 요구된다고 보아야 할 것이다. 또한, 법문에 따라 (iii) 재산상 이익을 취득하는 것이 본인에게 손해를 가한다는 것과 '동시 또는 그 이전'에 발생되어야 한다고 새길 수밖에 없다. 이것이 자연적인 문언해석이며, 죄형법정주의에 부합하는 해석이라고 할 수 있다. 이러한 이득 요건에 관한 법리에 의하여 판단한다면, 부동산이중매매 등 쟁점사안에서, 대부분 배임죄의 성립을 인정하기 어렵게 된다.

I. 논의의 구성

배임죄의 해석 적용만큼이나 오랫동안 대법원의 전원합의체 판결이 나왔던 경우는 드물다. 여태 많은 논란이 있었고, 여전히 배임죄와 관련하여 대법원 전원합의체에 회부되는 사건들이 적지 않다. 이 글에서는 배임죄에 관하여 우리 형법상 조문에 명백히 규정되어 있음에도 불구하고 실무와 학계에서 그 구성요건 중 '재산상의 이익을 취득하여'라는 부분이 외면되어 왔던 점과 그 연유를 살펴보고(II.), 이와 달리 '재산상의 이익 취득' 부분에 주목하여 그 법리를 설시한 판결들을 정리해 본 다음(III.), 그 결과에 근거하여 배임죄에 대한 전원합의체 판결례들을 검토해 보고자 한다(IV.).

II. 배임죄의 이득 구성요건

1. 우리 형법 제355조 제2항은 배임죄에 대하여, '타인의 사무를 처리하는 자가 그 임무에 위배하는 행위로써 재산상의 이익을 취득하거나 제3자로 하여금 이를 취득하

게 하여 본인에게 손해를 가한 때' 성립하는 것으로 규정하고 있지만,[1] 정작 '재산상의 이익을 취득하거나 제3자로 하여금 이를 취득하게 하여'라는 부분은 실무와 학계에서 외면되어 왔다고 할 수 있다.

오히려 의용형법으로 우리나라에서 적용되어 왔던 일본 형법 제347조, '타인을 위하여 그의 사무를 처리하는 자가 자기 또는 제3자의 이익을 도모하거나 또는 본인에게 손해를 가할 목적으로 그의 임무에 위배하는 행위를 하여 본인에게 재산상의 손해를 가한 때'[2]와 같이 규정되어 있는 것처럼 보고,[3] 일본의 해당 판례와 학설과 별반 다르지 않게 해석 적용되어 온 것이다.

2. 좀 더 살펴보면, (i) 그 주체에서, 일본 형법은 우리 형법에서 타인의 사무를 처리하는 자라고 한 것에 그치지 않고, '타인을 위하여'라고 하여 그 범위를 더욱 한정하고 있다. 하지만 우리 판례, 학설도 일본 형법과 같이 타인의 사무를 처리하는 자에는 당연히 그 타인을 위하여 사무를 처리할 의무가 포함되어 있다고 해석한다. (ii) 다음으로 '임무에 위배하는 행위를 하여 본인에게 재산상의 손해를 가한 때'라는 부분도 동일하다. 행위자의 임무위배행위로 인한 본인의 손해발생이 요구된다. (iii) 일본 형법에서는 고의 이외에 '자기 또는 제3자의 이익을 도모할 목적' 또는 '본인에게 손해를 가할 목적'이 있어야 하는 목적범으로 규정되어 있다.[4] 전자(前者)를 도리(図利)목적, 후자(後者)를 가해(加害)목적이라고 하는데, 재산상 손해발생에 대한 고의가 인정된다면 항상 본인가해목적도 인정되기 마련이므로, 위와 같은 목적요건은 사실상 무의미할 수밖에 없다. 이에 따라 도리가해의 인식 인용이 있고, 본인의 이익을 도모한다는 동기가 없는 경우에 있어서도 도리가해목적을 인정한다는 소극적 동기설이 일본의 통설이자 판례의 입장이라고 한다.[5] 결국 임무위배행위로 인하여 본인에게 손해가 발생하였다면, 사실상 위 목적이 추정되는 것이어서, 별도로 목적요건을 추가로 요구하는

---

1) 「주석형법」 제4판, [각칙 6], 한국사법행정학회, 2006, 455면.
2) 他人のためにその事務を処理する者が、自己若しくは第三者の利益を図り又は本人に損害を加える目的で、その任務に背く行為をし、本人に財産上の損害を加えたとき
3) 신동운, "횡령죄와 배임죄의 관계", 「한국형사법학의 새로운 지평」, 유일당 오선주교수 정념기념논문집 간행위원회(2001), 320면.
4) 허일태, "배임죄 해석의 나아갈 방향", 「형사법연구」 제62호, 한국형사법학회(2015. 11.), 12면.
5) 시나다 사토시(品田智史) 72. "배임죄에서 도리가해목적", 刑法判例百選 Ⅱ 各論 [第 7 版] (別冊ジュリスト 221) 2014年8月, 有斐閣, 146, 147면.

의미는 실무상 거의 없다고 할 수 있다.

그렇다면 배임죄에 대한 우리나라의 해석은 일본의 해석과 별반 차이가 없게 된다. 즉 타인사무처리자, 임무위배행위, 손해발생의 3요건만 문제될 뿐이고, 그 해석 등은 결국 일본의 판례 등을 그대로 받아들였다고 해도 과언이 아니며, 배임죄가 성립되는지 여부를 가리는 데 있어 '재산상의 이익을 취득하거나 제3자로 하여금 재산상 이익을 취득하게 하여'(이하 '이득 요건'이라고 부른다)라는 부분을 문제 삼는 경우는 거의 없었다. 요컨대 배임죄의 학설·판례는 일본의 학설·판례와 다름없다고 해도 틀리지 않을 것이다.

이처럼 우리 형법은 이득 요건을 객관적 구성요건 중 하나로 추가하고 있고, 일본 형법과 같이 초과주관적 요소인 목적 중 하나로 규정하고 있지도 않다.[6] 그러나 정작 이득 요건은 마치 배임죄의 구성요건 중 하나가 아닌 것처럼 취급되어 왔다. 형법상 죄형법정주의 원칙상 문언을 벗어난 해석이 원천적으로 부인되는 점을 감안하면, 이례적인 일일 수밖에 없지만, 오랫동안 이와 같은 해석이 우리의 지배적인 학설 실무였다.

3. 근대사법체계가 일본의 식민지배하에서 비로소 본격화되었다는 사정에다가, 이와 같은 연유로, 우리 배임죄의 해석 적용은 오랜 기간 일본의 판례 등을 사실상 받아들여 왔다고 할 수 있지만, 이와 같은 해석과 적용이 더 이상 용인되어서는 안 될 것이다.

우리 입법자가 일본 형법 등과는 달리 배임죄의 객관적 구성요건으로 재산상 이익의 취득을 요구하고 있는 것은 배임죄의 지나친 확대적용을 방지하기 위한 고려로 보아야 할 것이다. 이에 따라 검사는 '재산상 이익의 취득'이라는 사실 자체에 대해 입증을 해야 하고, 나아가 '재산상 이익의 취득'에 대한 행위자의 고의도 입증하지 않으면 안 된다.[7]

---

[6] 우리 학계와 실무에 큰 영향을 미치는 독일의 경우와 비교하여도 다르지 않다. 배임죄를 규정하는 독일 형법 제266조 제1항에서는 '법률, 관청의 위임 또는 법률행위에 의하여 타인의 재산에 대한 처분권이나 타인에게 의무를 부담하게 할 권한을 가진 자가 그 권한을 남용하거나 또는 법률, 관청의 위임, 법률행위 또는 신임관계에 기하여 타인의 재산상 이해관계를 처리할 의무 있는 자가 그 의무에 위반하여 재산상 이해관계를 처리해야 할 그 타인에게 손해를 가한 때에는 5년 이하의 자유형 또는 벌금형으로 벌한다.'고 하여, '재산상 이익의 취득'이라는 요건은 찾아볼 수 없다. 이처럼 이득 요건은 우리 형법상 배임죄 조문의 특수한 표지라고 할 수 있다.

[7] 신동운, 「형법각론」 제2판, 법문사(2018), 1237, 1238면.

본인에게 재산상 손해를 가하였다고 하여, 반드시 사무처리자나 제3자가 재산상 이익을 취득한다고 단정할 수는 없는 것이다. 오히려 이득 요건을 보면, '재산상 이익을 취득하여' 본인에게 손해를 가한 때라고 하였듯이, (i) 통상 '취득하여'는 '취득함으로 인하여'와 같이 인과관계도 포함되는 것으로 해석되거나, (ii) 최소한 재산상 이익을 취득한다는 것과 본인에게 손해를 가한다는 것 등 두 가지 요건 모두가 병렬적으로 요구된다고 보아야 할 것이다. 또한 (iii) 재산상 이익을 취득하는 것이 본인에게 손해를 가한다는 것과 '동시 또는 그 이전'에 발생되어야 한다고 새길 수밖에 없다. 이것이 죄형법정주의에 부합하는 자연적인 문언해석이라고 할 수 있다.

4. 이득 요건의 중요성은 '특정경제범죄 가중처벌 등에 관한 법률'('특정경제범죄법')의 적용에 있어서 더욱 부각된다. 특정경제범죄법 제3조 제1항은, 배임죄 등을 범한 사람을 그 범죄행위로 인하여 취득하거나 제3자로 하여금 취득하게 한 재물 또는 재산상 이익의 가액(이득액)에 따라 가중처벌하여, 이득액이 5억 원 이상 50억 원 미만일 때에는 3년 이상의 유기징역, 50억 원 이상일 때에는 무기 또는 5년 이상의 징역으로 가중처벌한다고 하고, 이와 더불어 이득액 이하에 상당하는 벌금을 병과할 수도 있음을 규정하고 있다(제3조 제2항).

특정경제범죄법 제3조의 주체는 '배임죄 등을 범한 자'이므로, 이득 요건이 충족되어 배임죄가 성립되어야만 이 죄가 성립된다. 또 그 이득액의 일정액수가 넘어야만 그 적용대상이 되고, 이득액의 가액에 따라 형벌도 가중된다. 사실상 이득 요건이 특정경제범죄법 제3조의 성립에 있어 가장 핵심적인 구성요건이라고 하여도 과언이 아니다. 이처럼 우리 입법자는 형법과 특정경제범죄법을 통하여 거듭하여 배임죄의 구성요건으로서의 이득 요건을 강조하고 있음에도, 이득 요건을 도외시한다거나, 본인에게 손해를 가하였다는 점이 입증되기만 하면 이득 요건은 자연히 인정되는 것으로 취급하여서는 안 된다.[8]

---

8) 신동운, 앞의 논문, 332면.

III. 이득 요건에 주목한 판례

1. 계약이행 보증사건

대법원 판례들을 검토해 보아도, 대부분 '손해발생' 혹은 '타인의 사무를 처리하는 자'에 관한 판단에 집중되어 있을 뿐, 이득 요건에 주목하여 그 요건의 해석과 적용에 관한 법리를 제시한 것을 찾기는 어려웠다. 하지만 드물게 이득 요건에 주목하여 그 법리를 설시한 판결들이 나타났고(오래 전 판결이지만 대법원 1974. 5. 14. 선고 73도3208 판결에서도 이득 요건을 언급하고 있기는 하다[9]), 이로써 이득 요건의 법리가 어느 정도 밝혀지게 되었다.

(1) 대법원 2007. 7. 26. 선고 2005도6439 판결이 이득 요건의 법리를 정면으로 내세운 첫 사례라고 보인다(이하에서 자주 인용되므로, '계약이행 보증사건 판결'이라고 부른다). 이 판결에서는, 종래 '본인에게 손해를 가하였다고 할지라도 행위자 또는 제3자가 재산상 이익을 취득한 사실이 있어야만 배임죄가 성립한다'고 판시한 것을 넘어서, '총체적으로 보아 행위자 또는 제3자의 재산 상태에 이익을 얻는 경우, 즉 행위자나 제3자의 전체적 재산가치의 증가를 가져오는 것'을 말한다고 분명히 하였다.

(2) 즉, 업무상 배임죄는 타인의 사무를 처리하는 자가 그 업무상의 임무에 위배하는 행위로써 재산상의 이익을 취득하거나 제3자로 하여금 이를 취득하게 하여 본인에

---

9) 업무상배임죄는 (가) 업무상의 임무에 위배하고 (나) 재산상의 이익의 취득 또는 제3자로 하여금 이익을 취득케 하여 (다) 이로 인하여 본인에게 손해를 가하는 세 가지 요소가 그 구성요건이 되는 것이므로 그 요건의 하나라도 이를 충족하지 못할 경우엔 동 죄는 성립하지 아니한다고 할 것인바(대법원 1957. 8. 9. 선고 4290형상121 판결 참조) 위 판시 인정사실은 첫째로 그 적시사실 자체에 의하더라도 피고인이 무슨 이익을 취득하였다거나 또는 제3자로 하여금 이익을 취득케 하였다는 점이 명시되지 아니하였으며 둘째로 동 판결이 들고 있는 여러 증거들을 기록에 대조 검토하여도 위 판시 외상구입 및 예산유용 당시 피고인에게 불법영득의 의사가 있었다는 점을 수긍할 수 없을 뿐 아니라 셋째로 예산을 본래의 취지대로 사용치 아니하였더라도 본인을 위하여 일시 유용한 경우는 그 유용자에게 불법영득의 의사가 있었다고 할 수 없는 것인 만큼(대법원 1972. 12. 12. 선고 71도2353 판결 참조) 위 판시 (2) 사실이 위 사무소의 공사에 소요되는 아스팔트 구입자금에 유용되었다면 이 또한 불법영득의 의사가 있었다고 할 수 없다.(대법원 1974. 5. 14. 선고 73도3208 판결 [업무상배임 · 허위공문서작성 · 허위공문서작성행사])

게 손해를 가한 때에 성립하는데(형법 제356조, 제355조 제2항), 여기서 본인에게 재산상의 손해를 가한다 함은 총체적으로 보아 본인의 재산 상태에 손해를 가하는 경우, 즉 본인의 전체적 재산가치의 감소를 가져오는 것을 말하는 것이고(대법원 1981. 6. 23. 선고 80도2934 판결, 2005. 4. 15. 선고 2004도7053 판결 등 참조), 이와 같은 법리는 타인의 사무를 처리하는 자 내지 제3자가 취득하는 재산상의 이익에 대하여도 동일하게 적용되는 것으로 보아야 한다. 또한, 업무상 배임죄는 본인에게 재산상의 손해를 가하는 외에 배임행위로 인하여 행위자 스스로 재산상의 이익을 취득하거나 제3자로 하여금 재산상의 이익을 취득하게 할 것을 요건으로 하므로, 본인에게 손해를 가하였다고 할지라도 행위자 또는 제3자가 재산상 이익을 취득한 사실이 없다면 배임죄가 성립할 수 없다(대법원 1982. 2. 23. 선고 81도2601 판결, 2006. 7. 27. 선고 2006도3145 판결 참조)는 점을 밝히고 있다.

(3) 대법원은 그 판시사항과 판결요지로, '회사를 대표하여 기계 제작·설치 계약의 이행에 관한 업무를 처리하는 사람이 고의로 기계 제작 의무를 이행하지 않아 계약이 해제됨으로써 상대방이 보증보험회사로부터 선급금반환 및 위약금 명목의 보험금을 수령한 사안에서, 위 보험금의 수령사실만으로 상대방이 재산상 이익을 취득하였다고 단정할 수 없다고 한 사례'라고 정리하였다.

그런데 (i) 상대방인 포철산기가 재산상 이익을 취득하였는지 여부, (ii) 피해자가 재산상 손해를 입은 범위의 순서로 검토하고 있는 것은, 앞서 언급했던 배임죄의 문언에 충실한 자연적인 해석으로 바람직한 조치이다. 재산상의 이익의 취득 또는 제3자로 하여금 이익을 취득케 하고, 그로 인하여 본인에게 손해를 가하는 것이어야 하기 때문이다.

그 내용도, 이 중 선급금은 계약이행을 위하여 미리 지급한 대금 일부인데 계약이 해제되어 반환받는 것에 불과하고, 이처럼 피해자 회사의 채무불이행이 있어 위약금을 지급받은 것이므로, 상대방이 재산상의 이익을 취득한 것이 아니라고 하였다. 즉, 위약금을 받았다고 하여, 그 전후를 통하여, 포철산기의 '전체적 재산가치의 증가'가 있었다고 할 수 없기 때문이다. 또한 피해자가 서울보증보험 주식회사에 보험금 및 연체이자 등 명목으로 236,193,362원을 지급하게 되었지만, 그 중 선급금은 피해자에게 귀속될 것이 아니었으므로 제외되어야 한다고 하였다.

(4) 이 사건에서 대법원으로서는, 이득 요건이 충족되지 않았음을 간과하였다는 이유를 드는 것만으로 배임죄를 인정한 원심판결을 파기하기에 충분하였다. 그러나 대법원은 이득 요건이 충족되지 않았다는 것에 그치지 않고, 굳이 재산상 손해의 발생 여부와 그 범위 판단까지 제시하였다.

게다가 그 판시내용을 보면, 제3자가 얻은 재산상 이득과 본인의 재산상 손해가 동일하지 않다는 것을 보였고, 나아가 본인의 재산상 손해가 있다고 하여, 제3자의 재산상 이득이 있다고 추정되지 않는다는 것이었다.

종래 이득 요건이 마치 형법상 배임죄 조문에 없는 것처럼, 본인에게 재산상 손해가 발생하면 으레 '동액 상당의 재산상 이득'이 발생한 것으로 본 실무적 관행(?)에 반성이 필요하다는 점을 지적했다고 할 수 있다. 특히 특정경제범죄법에서의 이득액 산정기준과 방법은 첨예한 쟁점이었지만, 정작 종래 '손해발생의 위험액이 곧 특정경제범죄법상 이득액'이라고 평가해 온 경우가 많았다. 이러한 판단수법이나 관행이 잘못이라고 확인한 점에서도 그 의의가 크다.

(5) 여기서 '총체적으로 보아' 행위자 또는 제3자의 재산 상태에 이익을 얻는 경우, 즉 행위자나 제3자의 전체적 재산가치의 증가를 가져오는 것의 의미를 되짚어 볼 필요가 있다.

피해회사의 종업원이 영업비밀을 유출한 사안을 예로 들어보자. 영업비밀을 유출하는 경우 대게 업무상 배임이 인정되지만, 영업비밀이 다른 회사에 유출된다고 하여 반드시 그 회사로부터 다른 회사에게 재산상 이익이 '이동' 또는 '이전'하였다고 볼 수는 없다.

또한 회사의 중요기술을 몰래 빼내간 경우 우선 그 종업원에게 이득이 발생하지만, 그렇다고 피해 회사에게 피해가 바로 발생하였다고 단정할 수도 없다. 그 종업원이 당장이 아니라 수년이 지나서 위 기술을 사용하거나(시간적 간격), 피해회사가 경제적으로 손실을 입을 염려가 없는 다른 나라 등으로 기술을 유출시키거나(장소적 간격), 그 기술을 피해회사가 사용하는 목적이나 대상과 다르게 사용하는 경우(대상적 간격)에는 피해회사에게 어떤 재산상 손해가 발생하였다고 보기는 어려울 것이다. 이처럼 이득자의 이득이 발생하였다고 하여 반드시 피해회사에게 손해가 발생하는 것은 아니다.[10]

---

10) 이주원, "특정경제범죄 가중처벌 등에 관한 법률위반(배임)죄에서 이득액 개념의 합리적 재해석", 인권과 정의 2013. 9.에서도, 우리 배임죄는 독일, 일본의 그것과는 달리 객관적 구성요건 요소로 '손해의 발생' 외

(6) 또한 포철산기가 보증보험사로부터 보험금을 수령한 것을 두고 이득 요건이 충족되었다고 본 원심판결을 잘못이라고 지적하였다

'포철산기가 피해자 회사의 채무불이행으로 인하여 실제로는 아무런 손해를 입지 않았거나 위약금 액수보다 작은 손해를 입었다는 등의 특별한 사정이 인정되는 경우에 한하여 비로소 위약금 내지 위약금에서 실제 손해액을 공제한 차액에 해당하는 재산상의 이익을 취득한 것으로 볼 수 있을 뿐'이라고 하였듯이, 포철산기가 피해회사와의 계약상 정당한 해제권 행사 등에 의한 것인 이상, 아예 배임죄에서 말하는 재산상 이익을 취득하지 않았다고 본 것의 의미도 크다. 포철산기의 입장에서, 법률이나 계약에서 약정하거나 허용된 재산상 이익을 얻은 것이라면, 그것을 두고 배임죄에서 이득 요건을 충족했다고 할 수는 없는 것이다.

(7) 종래 판례와 통설을 다소 거칠게 요약하면, '채무불이행 중 행위자의 고의에 의한 것인데도, 형사처벌을 해야 할 만한 중대한 배신행위'를 배임죄로 처단한다는 것이었다. 배임죄의 구성요건 중 이득 요건을 별도로 검토하지 않았고, 본인의 재산상 손해나 그 전단계인 실해발생의 위험만 있다면 그 손해의 반면(反面)인 이득은 추정 또는 인정되는 것으로 보았기 때문이다. 결국 타인의 사무를 처리하는 자라는 배임죄의 주체인지 여부를 두고, 논란을 계속해 온 데에는, 배임죄의 다른 구성요건들에 대한 위와 같은 해석 판례가 그 배경이 되었다고 할 수 있다.

그러나 배임죄의 '임무위배행위'를 신임관계를 저버리는 일체의 행위라고 그 범위

에 '재산상의 이익의 취득'도 요구하고 있는데 착안하여, 채무부담 배임의 유형을 '채권자가 이득자인 경우'와 '채권자가 아닌 자가 이득자인 경우'의 두 가지로 나눈 후, 배임죄를 재산이동범죄로 파악하고 '재산상 이익의 취득'은 경제적 관점에서 볼 때 재산가치가 사실상 이전되는 것을 뜻하므로 특경법상 배임의 이득액은 위험액이 아닌 "이동된 재산가치의 실질적인 가액"으로 제한해석하여야 하여, 이와 같이 물권의 설정 처분 단계에 이르지 않은 채무부담 단계에서는 아직 재산상 손해가 발생했다고 볼 수 없다고 한다.

위 견해는 특정경제범죄법의 적용 대상 및 가중처벌의 범위를 제한하려는 시도로서 일응 타당한 면이 있다고 생각된다. 하지만 사기, 공갈, 강도 등에서는 그 처분행위로 그 처분대상이 행위자나 제3자에게 이전되지만, 배임죄는 전체재산범죄이므로 그 범행과정에서 개별적인 재물 등의 이동이 있었다고 하여, 전체적으로 재산의 증감이나 이동이 있었다고 할 수 없다. 개별적인 재산의 이동이 있다고 해도, 전체재산으로서 피해나 그 이득의 증감이 없을 수도 있고, 앞서 본 영업비밀 유출사례에서 보듯이, 꼭 개별적인 재산의 이동이 있었다고 보기 어려운 경우도 있다. 이득자 입장에서 전체재산의 증가가 있다고 하여도 피해자의 전체재산에는 감소가 없는 경우도 있고, 반대로 이득자의 전체재산 증가가 없어도 피해자에게는 전체재산의 감소가 발생하는 경우도 있다.

를 넓게 보면서 나아가 '재산상 손해'에 실해발생의 위험도 포함된다고 하여 배임죄를 위험범으로 취급함에 따라 배임죄의 처벌 범위가 지나치게 확대된다. 또한 형사상 배임죄의 임무위배행위와 단순한 민사상 채무불이행의 구분이 불분명해지며 사적 자치의 영역에 형사법이 과도하게 개입하는 결과를 초래한다.[11]

(8) 계약이행 보증사건 판결에서는 행위자의 임무위배행위로 인하여 피해자의 채무불이행이 야기되고 피해자에게 손해가 발생했다고 하더라도, 그것만으로 배임죄가 성립되었다고 해서는 안 되고 이득 요건의 충족 여부를 판단하여야 하고, 그것이 피해자 본인의 손해발생 요건 충족 여부 판단보다 선행되어야 한다고 하였다.

또한 그 이득 요건의 충족 여부는, 행위자의 임무위배행위로 인하여 그 행위의 상대방이나 제3자의 재산이 '전체적인 관점'에서 증가하였는지 여부로 결정된다고 하였다.

아울러 이득 요건의 입증책임은 검사에게 있으며, 이득 요건의 판단에서, 행위자나 피해자 본인의 사정들이나 그들 사이의 관계 등은 무관한 사정으로서, 피해자의 손해가 발생했다고 하여 그 상대방에게 이득이 발생했다고 단정할 수 없다고 하였다.

이로써 배임죄의 성부 판단에서 이득 요건의 충족 여부 판단을 반드시 거쳐야 하는 것과 더불어, 나아가 그 판단기준까지 정리하였다고 할 수 있다. 본인에게 손해가 발생했다고 하면, 마치 동전의 앞뒷면과 같이 동액 상당의 이득이 발생한다고 보거나, 아예 이득이 발생하였는지 여부도 살피지 않은 채, 배임죄가 성립된다고 봐서는 안 된다.

2. 그 외 이득 요건에 주목한 사례

그 후 계약이행 보증사건을 인용한 판결들이 이어졌는데, 그 선고일자 순으로 정리해 본다. 선고할 때마다 이미 선고된 판결들을 검토하였을 것으로 보이는데, 과연 계약이행 보증사건 판결에서 밝힌 판단기준이나 방법, 적용범위를 충실히 따르고 있음을 알 수 있다.

(1) 대법원 2009. 6. 25. 선고 2008도3792 판결은, 상고이유 주장을 배척하면서도,

---

11) 김신, "채무부담행위와 배임죄의 손해", 「법조」 통권 제733호(2019), 105면.

이례적으로 '직권 판단'을 내세워 원심판결을 파기하고 무죄 취지의 판단을 하였다.[12]

즉, "열 사용요금 납부 연체로 인하여 발생한 연체료는 금전채무 불이행으로 인한 손해배상에 해당하므로, SH공사가 연체료를 지급받았다는 사실만으로 SH공사가 그에 해당하는 재산상의 이익을 취득하게 된 것으로 단정하기 어렵고, 나아가 SH공사가 열 사용요금 연체로 인하여 실제로는 아무런 손해를 입지 않았거나 연체료 액수보다 적은 손해를 입었다는 등의 특별한 사정이 인정되는 경우에 한하여 비로소 연체료 내지 연체료 금액에서 실제 손해액을 공제한 차액에 해당하는 재산상의 이익을 취득한 것으로 볼 수 있을 뿐이라고 할 것이며, 그와 같이 SH공사가 재산상 어떠한 이익을 취득하였다고 볼 만한 특별한 사정이 있다는 사실에 대한 입증책임은 검사에게 있다고 할 것이나, 기록상 그와 같은 사실을 인정할 증거를 찾아볼 수 없다. 결국 이 사건에서 피고인의 배임행위로 인하여 SH공사가 연체료 상당의 재산상 이익을 취득한 것으로 볼 수는 없음에도, 원심은 앞서 본 바와 같은 이유로 이와 달리 판단하여 공소사실을 모두 유죄로 판단하였으니, 이러한 원심판결에는 배임죄에 관한 법리를 오해하여 판결 결과에 영향을 미친 위법이 있다."라는 것이다.

이처럼 피해자나 행위자와의 거래상대방이 행위자 등의 채무불이행에 따라 그 손해배상을 받았다고 하여, 이득 요건이 충족되었다고 할 수 없다. '아무런 손해를 입지 않았거나 연체료 액수보다 적은 손해를 입었다는 등의 특별한 사정이 인정되는 경우'와 같이 손해배상책임이 인정되지 않는데도 배상을 받은 경우이어야만 한다는 점을 다시금 확인하였다.

그 이득자가 손해배상을 받는 것에 그치는 경우에는 특별한 사정이 없는 한 배임

---

12) 한편 계약이행 보증사건 판결을 인용한 첫 판결은 대법원 2008. 6. 26. 선고 2007도7060 판결이다. 하지만 위와 같이 상고이유를 받아들이면서, 직권판단으로, 배임죄의 주체는 타인의 사무를 처리하는 신분이 있어야 한다는 부분을 부가하였으므로, 이득 요건에 특히 주목한 판례라고는 보기 어렵다. "배임죄의 죄책을 인정하기 위해서는 그러한 재산상의 이익취득과 임무위배행위 사이에 상당인과관계가 인정되어야 하는바(대법원 2007. 7. 26. 선고 2005도6439 판결 참조), 원심이 판시한 바에 의하더라도 피고인이 알켐코리아로부터 제공받아 취득한 재산상 이익인 연구용역비와 담당직원 임금은 이 사건 시험연구용역계약에 따른 알켐코리아의 의무이행에 기한 것일 뿐, 공소사실에서 피고인의 임무위배행위로 적시되어 있는 강원지역환경기술센터와의 계약 체결 또는 용역결과 제공으로 인하여 초래된 것이 아니므로, 원심이 지적하고 있는 재산상 이익의 취득과 피고인의 임무위배행위 사이에는 상당인과관계를 인정할 수 없다고 하면서, 이와 달리 재산상의 이익 취득과 피고인의 임무위배행위 사이에 상당인과관계가 있다고 인정한 원심은 위법하고 이 점을 지적하는 피고인의 상고이유 주장은 이유 있다."라고 하였다.

죄가 성립되지 않는다는 것으로 보게 되면, 배임죄 성부가 논란이 되는 사안들 중 대부분은 배임죄가 성립되지 않게 된다. 채무불이행이라는 민사사안을 과도하게 형사화한다는 위험성이 있다는 지적이 있어 왔는바, 그 이유에는 결국 민사사안 중 어느 경우가 배임죄로 의율되어야 하는지 여부를 가리는 기준이 명확하지 않다는 점도 있었다고 할 수 있다. 그런데 이 판결에 따르면, 계약위반에 따른 손해배상의무를 피해자 본인이 부담하게 된다고 하여 배임죄의 이득 요건이 충족되는 것이 아니고, 또 임무위배행위의 상대방이 손해배상채권을 갖고 그에 따른 만족을 받는다고 하여도 배임죄의 이득 요건이 충족되지 않는다고 보게 된다.

(2) 대법원 2009. 12. 24. 선고 2007도2484 판결은, "덤핑판매로 제3자인 거래처에 재산상의 이익이 발생하였는지 여부는 경제적 관점에서 실질적으로 판단하여야 할 것인바, 피고인이 피해 회사가 정한 할인율 제한을 위반하였다 하더라도 시장에서 거래되는 가격에 따라 제품을 판매하였다면 지정 할인율에 의한 제품가격과 실제 판매 시 적용된 할인율에 의한 제품가격의 차액 상당을 거래처가 얻은 재산상의 이익이라고 볼 수는 없는 것이다.[13] 따라서 원심으로서는 피고인의 위와 같은 판매행위로 인하여 제3자인 거래처가 시장에서 거래되는 가격보다도 더 저렴한 가격으로 제품을 구매함으로써 재산상 이익을 취득하였는지 여부를 따져보았어야 함에도, 만연히 피해 회사가 정한 할인율에 의한 제품가격과 그보다 높은 할인율이 적용된 판매가격의 차액 상당이 거래처의 재산상 이익이라고 보았는바, 이러한 원심판결에는 업무상배임죄에 있어서 제3자인 거래업체가 재산상 이익을 취득하였는지 여부 등에 관한 심리를 다하지 않았거나, 업무상배임죄에서 제3자의 재산상 이익에 관한 법리를 오해하여 판결에 영향을 미친 잘못이 있다."라고 하였다.

피고인의 처분으로 그 본인에게 재산상 손해가 난다고 하여도, 그 처분 상대방이 '시장에서 거래되는 가격'으로 그 제품을 구매한 이상, 이득 요건이 충족되지 않는다는 것을 분명히 하였다. 여기서 특히 주목해야 할 점은, 이득자의 전체적 재산증가의 평가는, 결국 '시장에서 거래되는 가격'(시가)을 기준으로 한다는 것이다. 위 2008도3792

---

13) 회사의 승낙 없이 임의로 지정 할인율보다 더 높은 할인율을 적용하여 회사가 지정한 가격보다 낮은 가격으로 제품을 판매하는 이른바 '덤핑판매'에서 제3자인 거래처에 시장 거래 가격에 따라 제품을 판매한 경우, 거래처가 재산상 이익을 취득하였다고 볼 수 없다(해당 판시사항).

판결에서, SH공사가 열 사용요금 연체로 인하여 실제로는 아무런 손해를 입지 않았거나 연체료 액수보다 적은 손해를 입었다는 등의 특별한 사정이 인정되는 경우에 한하여 이득 요건이 충족된 것으로 봐야 한다고 한 판시와 맥락을 같이 한다.

게다가 이 사건에서 임무위배행위의 대상은 판매제품이라는 '동산'이었는바, 그 판시내용을 보면 이러한 동산이라는 대상의 특성에 주목한 것이 아니었다. 그러므로 부동산 등의 이중매매 등 사안에서도 위 판시가 적용된다고 해도 무방할 것이다.

IV. 논란이 되어 온 사례들의 해결

이제까지 살펴 본 이득 요건의 법리에 따라, 배임죄가 성립되는지 논란이 되어 온 사례들로서 전원합의체 판결이 선고된 사안들을 검토해본다.

참고로 일본 판례는, 광업권의 이중양도, 전화가입권의 이중양도, 지명채권의 이중양도, 지사의 허가를 정지조건으로 하는 농지매매계약을 체결한 매도인이 그 농지에 저당권을 설정한 행위, 양도담보권자에 의한 부동산처분 등을 모두 배임죄로 의율한다고 한다.[14]

1. 동산이중매매 사안

(1) 대법원 2011. 1. 20. 선고 2008도10479 전원합의체 판결[15]은 동산이중매매 사안에서 배임죄의 성립을 부인하였다.

피고인이 인쇄기를 공소외 1에게 135,000,000원에 양도하기로 하여 그로부터 1, 2차 계약금 및 중도금 명목으로 합계 43,610,082원 상당의 원단을 제공받아 수령하였음에도 불구하고 그 인쇄기를 자신의 채권자인 공소외 2에게 기존 채무 84,000,000원의 변제에 갈음하여 양도함으로써 동액 상당의 재산상 이익을 취득하고 공소외 1에게 동액 상당의 손해를 입혔다는 공소사실에 대하여, "피고인이 이 사건 동산매매계약에 따라

---

14) 타가하시 노리오(高橋則夫), 69 "배임죄에서 '사무처리자'의 의의", 刑法判例百選 II 各論 [第 7 版] (別册ジュリスト 221), 有斐閣, 2014, 140, 141면.

15) 이에 대해서는, 대법관 안대희, 차한성, 양창수, 신영철, 민일영 등 5인의 반대의견이 붙어 있는바, 위의 공소사실에 대하여, 甲에게 인쇄기를 매도하고 중도금까지 수령한 상태에서 乙에게 이를 다시 매도하고 소유권까지 이전해 준 피고인의 행위가 민사상 채무의 불이행에 불과할 뿐 배임죄에 해당하지 않는다고 본 원심판단에 배임죄의 구성요건에 관한 법리오해의 위법이 있다고 하였다.

공소외 1에게 인쇄기를 인도하여 줄 의무는 민사상의 채무에 불과할 뿐 타인의 사무라고 할 수 없으므로 위 인쇄기의 양도와 관련하여 피고인이 타인의 사무를 처리하는 자의 지위에 있다고 볼 수 없다"는 이유로, 제1심, 원심은 모두 무죄를 선고하였다.

다수의견은, 매매와 같이 당사자 일방이 재산권을 상대방에게 이전할 것을 약정하고 상대방이 그 대금을 지급할 것을 약정함으로써 그 효력이 생기는 계약의 경우(민법 제563조), 쌍방이 그 계약의 내용에 좋은 이행을 하여야 할 채무는 특별한 사정이 없는 한 '자기의 사무'에 해당하는 것이 원칙이고, 매매의 목적물이 '동산'일 경우, 매도인은 매수인에게 계약에 정한 바에 따라 그 목적물인 동산을 인도함으로써 계약의 이행을 완료하게 되고 그때 매수인은 매매목적물에 대한 권리를 취득하게 되는 것이므로, 매도인에게 자기의 사무인 동산인도채무 외에 별도로 매수인의 재산의 보호 내지 관리 행위에 협력할 의무가 있다고 할 수 없으며, 동산매매계약에서의 매도인은 매수인에 대하여 그의 사무를 처리하는 지위에 있지 아니하므로, 매도인이 목적물을 매수인에게 인도하지 아니하고 이를 타에 처분하였다 하더라도 형법상 배임죄가 성립하는 것은 아니라고 하였다. 이처럼 다수의견은 '타인의 사무를 처리하는 자'라는 주체요건을 부정함으로서 배임죄가 성립하지 않는다고 보았고, 소수의견과 의견이 나뉜 쟁점도 이것이었다.

(2) 배임죄에서 '타인의 사무를 처리하는 자가 그 임무에 위배하는 행위로써'라는 부분은 "임무위배행위 요건"으로, '재산상의 이익을 취득하거나 제3자로 하여금 이를 취득하게 하여'라는 부분은 "이득 요건"으로, '본인에게 손해를 가한 때'라는 부분은 "가해 요건"으로 부를 수 있을 것이다. 위 판결을 비롯하여 전원합의체 판결에서는, 대부분 그 중 임무위배행위, 특히 '타인의 사무처리자'인지 여부가 쟁점이 되었다. 왜냐하면 이득 요건은 별도로 따지지 않거나, 가해 요건이 충족되면 충족되는 것으로 보기 마련인데다가, 실해발행의 위험만 있어도 가해 요건이 충족된다고 보았기 때문에, 배임죄의 성부는 결국 임무위배행위인지 여부에 좌우될 수밖에 없기 때문이다.

'타인의 사무처리'로 인정되려면, 타인의 재산관리에 관한 사무의 전부 또는 일부를 타인을 위하여 대행하는 경우와 타인의 재산보전행위에 협력하는 경우여야 하고,[16] 나아가 당사자 관계의 본질적 내용이 단순한 채권채무관계상의 의무를 넘어서

---

16) 신동운, 앞의 책, 1238면.

그들 간의 신임관계에 기초하여 타인의 재산을 보호 내지 관리하는 데 있어야 한다[17]는 데 대해서는, 별달리 이견이 없지만, 배임죄가 성립되는지, 미수인지 기수인지 여부 등의 결론이 달라졌다. 이는 위와 같은 기준이 실질적인 분쟁해결의 기준으로서의 기능과 역할을 하지 못한다는 것을 뜻한다. 이처럼 '임무위배행위 요건'의 기준 정립은 시급하고, 앞으로도 계속되어야 할 작업일 것이다.

(3) 한편 '이득 요건'은, 앞서 본 대법원 판결들을 통하여 그 요소, 판단방법과 기준, 입증책임 등에 대한 법리가 구체적으로 명확하게 제시되어 있고, 그에 따른 개별 사안들의 검토와 해결이 어렵지 않다. 이제라도 이득 요건에 주목하여 사안들을 해결해나갈 필요가 있을 것이다. 이득 요건은 임부위배행위 요건에 못지않은 배임죄의 구성요건요소이다.

공소외 2가 그 시세에 훨씬 못 미치는 저가로 인쇄기를 양수하였다는 특별한 사정이 없는 한, 실질적으로 어떠한 이득을 취득하였다고 볼 수 없으므로 이득 요건이 충족되지 않는다고 보아야 한다. 제3자와의 계약 등에 의한 처분일 경우, 그 계약상 대가가 시세에 준하는 한, 제3자가 재산상 이득을 취득했다고 보기 어렵고, 따라서 비록 본인에게 피해가 발생했다고 하여도 배임죄가 성립되지 않는다.

2. 대물변제예약 사안

(1) 대법원 2014. 8. 21. 선고 2014도3363 전원합의체 판결[18]은 부동산 대물변제예약 사안에서 배임죄의 성립을 부인하였다.

피고인이 공소외인에게 차용금 3억 원을 변제하지 못할 경우 피고인의 어머니 소유의 부동산에 대한 유증상속분을 대물변제하기로 약정하고, 유증을 원인으로 그 소유권이전등기를 마쳤음에도 이를 누나와 자형에게 매도한 사안으로, 부동산의 실제 재산상 가치인 1억 8,500만 원 상당의 재산상 이익을 취득하고 공소외인에게 동액 상당의 손해를 입혔다고, 제1, 2심 판결 모두 유죄로 판단하였지만, 다수의견으로 파기

---

17) 대법원 2014. 8. 21. 선고 2014도3363 전원합의체 판결 등.
18) 대법관 양창수, 신영철, 민일영, 김용덕 등 4인이 배임죄가 성립된다는 반대의견을 냈다. 주심 대법관이 엇갈린 판례를 정리하고자 전원합의체로 회부하는 것이 보통인 데 반하여, 그 주심이 소수의견으로 되었듯이, 그 소부에서 의견일치가 되지 않아 전원합의체로 회부되고 판례가 변경된 것이다.

하면서 무죄 취지의 판단을 하였다.

대물변제예약의 궁극적 목적은 차용금반환채무의 이행 확보에 있고, 채무자가 대물변제예약에 따라 부동산에 관한 소유권이전등기절차를 이행할 의무는 궁극적 목적을 달성하기 위해 채무자에게 요구되는 부수적 내용이라는 점을 고려하면[19] 이를 가지고 배임죄에서 말하는 신임관계에 기초하여 채권자의 재산을 보호 또는 관리하여야 하는 '타인의 사무'에 해당한다고 볼 수는 없으니, 채권 담보를 위한 대물변제예약 사안에서 채무자가 대물로 변제하기로 한 부동산을 제3자에게 처분하였다고 하더라도 형법상 배임죄가 성립하지 않는다고 하였다. 이 사건에서도 이처럼 타인의 사무를 처리하는 자에 해당하는지 여부가 주로 다투어졌다.[20] 약정의 내용에 좇은 이행을 하여야 할 채무는 특별한 사정이 없는 한 '자기의 사무'라는 것이다.

(2) 이처럼 대물변제예약 사안에서도 동산이중매매 사안과 마찬가지로 이득 요건이 쟁점은 아니었다.

만일 이득 요건의 충족 여부가 따져졌을 경우, 피고인이 위와 같이 대물변제예약을 위반하여 피고인의 누나와 자형이 그 부동산을 매수 취득하도록 하였다고 하더라도, 그 매매가격이 시장에서 거래되는 가격을 크게 벗어나지 않는 것이라면, 배임죄에서 말하는 '이득 요건'이 충족되었다고 보기 어렵다. 다수의견과 같이 배임죄는 성립되지 않는다는 결론에 이르게 된다.

한편 시세에 크게 벗어난 것이라는 등의 이득 요건의 충족에 대한 검사의 입증이 없거나 부족하다고 지적할 수도 있었을 것이다.

---

19) 그 근거는, 채무자가 대물변제예약에 따라 부동산에 관한 소유권을 이전해 줄 의무는 예약 당시에 확정적으로 발생하는 것이 아니라 채무자가 차용금을 제때에 반환하지 못하여 채권자가 예약완결권을 행사한 후에야 비로소 문제가 되고, 채무자는 예약완결권 행사 이후라도 얼마든지 금전채무를 변제하여 당해 부동산에 관한 소유권이전등기절차를 이행할 의무를 소멸시키고 의무에서 벗어날 수 있는 한편 채권자는 당해 부동산을 특정물 자체보다는 담보물로서 가치를 평가하고 이로써 기존의 금전채권을 변제받는 데 주된 관심이 있으므로, 채무자의 채무불이행으로 인하여 대물변제예약에 따른 소유권등기를 이전받는 것이 불가능하게 되는 상황이 초래되어도 채권자는 채무자로부터 금전적 손해배상을 받음으로써 대물변제예약을 통해 달성하고자 한 목적을 사실상 이룰 수 있다는 것이다.
20) 강수진, "부동산 대물변제예약의 채무자와 배임죄에서의 타인의 사무처리자", 「고려법학」 제76호(2015), 227면 이하.

3. 약속어음 발행교부 사안

(1) 대법원 2017. 7. 20. 선고 2014도1104 전원합의체 판결[21]은 배임죄의 손해발생 개념을 놓고 위험범설과 침해범설이 치열하게 다투었던 사안이다.[22]

갑 주식회사 대표이사인 피고인이, 자신이 별도로 대표이사를 맡고 있던 을 주식회사의 병 은행에 대한 대출금채무를 담보하기 위해 병 은행에 갑 회사 명의로 액면금 29억 9,000만 원의 약속어음을 발행하여 줌으로써 병 은행에 재산상 이익을 취득하게 하고 갑 회사에 손해를 가하였다고 하여 특정경제범위반(배임)으로 기소된 사안에서, "피고인이 대표권을 남용하여 약속어음을 발행하였고 당시 상대방인 병 은행이 그러한 사실을 알았거나 알 수 있었던 때에 해당하여 그 발행행위가 갑 회사에 대하여 효력이 없다면, 그로 인해 갑 회사가 실제로 약속어음금을 지급하였거나 민사상 손해배상책임 등을 부담하거나 약속어음이 실제로 제3자에게 유통되었다는 등의 특별한 사정이 없는 한 피고인의 약속어음 발행행위로 인해 갑 회사에 현실적인 손해나 재산상 실해발생의 위험이 초래되었다고 볼 수 없는데도, 이에 대한 심리 없이 약속어음 발행행위가 배임죄의 기수에 이르렀음을 전제로 공소사실을 유죄로 판단한 원심판결에 배임죄의 재산상 손해 요건 및 기수시기 등에 관한 법리오해의 잘못이 있다"고 하였다.

(2) 비록 배임죄의 구성요건 중 본인의 재산상 손해발생 여부를 두고 침해범설과

---

21) 대법관 박보영, 고영한, 김창석, 김신 등 4인의 별개의견으로, 배임죄는 위험범이 아니라 침해범으로 보아야 한다. 배임죄를 위험범으로 파악하는 것은 형법규정의 문언에 부합하지 않는 해석으로서, '손해를 가한 때'란 문언상 '손해를 현실적으로 발생하게 한 때'를 의미하므로, 임무에 위배한 행위가 본인에게 현실적인 재산상 손해를 가한 경우에만 재산상 손해 요건이 충족된다고 해석하여야 하고, 의무부담행위에 따라 채무가 발생하거나 민법상 불법행위책임을 부담하게 되더라도 이는 손해 발생의 위험일 뿐 현실적인 손해에는 해당하지 않는다고 보아야 하며, 회사의 대표이사가 대표권을 남용하여 의무부담행위를 한 경우 그 행위가 유효하면 그에 따른 회사의 채무가 발생하고, 무효인 경우에도 그로 인해 회사가 민법상 불법행위책임을 부담할 수 있지만, 그 자체로는 현실적인 손해가 아니라 손해 발생의 위험에 불과하므로, 회사가 그 의무부담행위에 따른 채무나 민법상 불법행위책임을 실제로 이행한 때에 기수가 된다고 봐야 하므로, 회사의 대표이사가 대표권을 남용하여 회사 명의의 약속어음을 발행한 경우에도 그 발행행위의 법률상 효력 유무나 그 약속어음이 제3자에게 유통되었는지 또는 유통될 가능성이 있는지 등에 관계없이 회사가 그 어음채무나 그로 인해 부담하게 된 민법상 불법행위책임을 실제로 이행한 때에 배임죄는 기수가 성립한다고 하였다.

22) 배임죄에 대한 판례변경을 줄기차게 추구해 온 것으로 보이는 김신 대법관이 주심이었다. 대법관 퇴임 후 발표한 각주 11의 논문에서 다시금 소수의견의 내용과 그 근거들을 소상히 밝히고 있다.

위험범설의 의견이 엇갈린 사안이었고, 이득 요건의 법리에 따른 검토가 이루어지지 않았다.

갑 회사의 대표이사 피고인이 대표권을 남용하여 약속어음을 발행하였고 당시 그 상대방인 병 은행이 그 사실을 알았거나 알 수 있었던 때에 해당하여 그 발행행위가 갑 회사에 효력이 없다는 것이므로, 병 은행으로서는 무슨 재산상 이득을 얻었다고 할 수 없으므로, 이득 요건이 충족되지 않았다. 배임죄가 성립될 수 없다.

한편 다수의견이나 별개의견이나 모두 배임미수죄는 성립되는 것으로 보았지만, 이득 요건이 충족되지 않았으므로 배임미수가 아니라 배임죄가 성립되지 않는다고 보는 것이 옳다. '임무에 위배하는 행위'라 함은 처리하는 사무의 내용, 성질 등 구체적 상황에 비추어 법률의 규정, 계약의 내용 혹은 신의칙상 당연히 할 것으로 기대되는 행위를 하지 않거나 당연히 하지 않아야 할 것으로 기대하는 행위를 함으로써 본인과 사이의 신임관계를 저버리는 일체의 행위로서, 새마을금고 임·직원이 동일인 대출한도 제한규정을 위반하여 초과대출행위를 한 사실만으로 새마을금고에 업무상배임죄를 구성하는 재산상 손해가 발생하였다고 볼 수 없다고 한 대법원 2008. 6. 19. 선고 2006도4876 전원합의체 판결에서도 알 수 있듯이, 배임죄에서 말하는 임무위배행위인지 여부는 개별 구체적인 사안에 주목하여 실질적으로 판단해야 한다.[23] 피해 회사의 업무규정 등을 위반하였다고 하여 그것만으로 곧바로 배임죄에서 말하는 임무위배행위라고 인정하지 않는다. 피해 회사의 피해발생에 앞서 판단해야 하는 제3자의 재산상 이익 취득이 부정된다면, 배임죄에서 말하는 임무위배행위로 평가할 수 없다.[24] '(i) 타인의 사무를 처리하는 자가 그 임무에 위배하는 행위로써 재산상의 이익을 취득하거나 제삼자로 하여금 이를 취득하게 하여 (ii) 본인에게 손해를 가한 때라고 하였듯이, (i), (ii)로 나누어 읽는 게 자연스럽다.

---

23) 신동운, 앞의 책, 1250면.
24) 법무부(형사법제과)의 형법 제355조의 영문번역은, "Article 355(Embezzlement and Breach of Trust) (2) The preceding paragraph shall apply to a person who, administering another's business, obtains pecuniary advantage or causes a third person to do so from another in violation of ones duty, thereby causing loss to such person."이다. 'obtaining pecuniary advantage', 즉 금전적 이득을 얻어야 한다고 하여, 전체적 재산가치의 증가가 필요하고, 그 임무위배로 이득 요건이 발생하고, 그에 따라 본인에게 손해를 가한다는 의미임이 선명하다.

(3) 또한 다수의견과 별개의견이 일치하여 배임죄의 기수가 된다고 상정한 세 가지 경우도 쉽게 수긍하기 어렵다. (i) 갑 회사가 실제로 약속어음을 지급하였거나 (ii) 민사상 손해배상책임 등을 부담하거나 (iii) 약속어음이 실제로 제3자에게 유통되는 경우는 배임죄가 인정된다고 보기 어렵다.

우선 (i) 갑 회사가 실제로 약속어음을 지급한 경우를 본다. 계약이행 보증사건 판결에서 선급금 상당의 이익을 취득한 것도 아니고 동액 상당의 피해를 입은 것도 아니라고 하였듯이, 병 은행이 재산상 이익을 얻었다고 하기 어렵다.

병 은행은 이 약속어음금을 받아 이미 갖고 있는 대출금채권에 충당하였을 것이다. 이것을 법질서상 허용되지 않는다고 할 수는 없고, 이와 같은 충당 전후를 통하여 전체적으로 병 은행의 재산가치가 증가한 것도 아니다.

다음으로 (ii) 민사상 손해배상책임 등을 부담하는 경우를 본다. 설령 갑 회사가 민사상 손해배상책임을 진다고 하여도, 병 은행이 무슨 민사상 손해배상채권을 얻겠다는 의사로 약속어음을 교부받은 것도 아니었다. 이와 같은 어음발행행위를 한 대표이사도 당시 위 손해배상채권을 병 은행이 취득하도록 하겠다는 의사도 아니었다. 병 은행이 사법상 허용되지 않는 이득을 얻었다고 할 수도 없다.

마지막으로 (iii) 약속어음이 제3자에게 유통된 경우를 본다. 이와 같은 유통은 어디까지나 이득자인 병 은행의 판단과 책임으로 이루어지는 것이지, 행위자인 피해회사의 대표이사가 한 것이 아니다. 또한 그 대표이사가 이와 같은 유통을 인식하였다고 보기도 어렵다.

무엇보다 병 은행이 재산상 이득을 취득했는지 여부는 행위 당시를 기준으로 판단해야 하는 것이지, 이처럼 사후적으로 벌어질 수 있거나 벌어지지 않을 수도 있는, 막연한 미래의 사정에 따라 배임죄의 기수 여부라는 형사책임이 좌우되어서는 책임주의 원칙에 정면으로 반하는 결과가 된다.

4. 부동산이중매매 사안

(1) 대법원 2018. 5. 17. 선고 2017도4027 전원합의체 판결[25]은 부동산이중매매 사안에서, 배임죄 성립을 인정한 종전 판례를 유지하였다.

부동산 매도인인 피고인이 매수인 갑 등과 매매계약을 체결하고 갑 등으로부터 계

---

25) 그 원심은 대법관 김창석, 김신, 조희대, 권순일, 박정화 등 5인의 소수의견과 같이 배임죄 성립을 부인하였다. 다수의견이 지적하듯이 종래 판례와 다른 결론을 낸 것이었다.

약금과 중도금을 지급받은 후 매매목적물인 부동산을 제3자인 을 등에게 이중으로 매도하고 소유권이전등기를 마쳐 주어 구 특정경제범죄법(2016. 1. 6. 법률 제13719호로 개정되기 전의 것) 위반(배임)으로 기소된 사안이다.

다수의견은 종전 판례를 유지하였다. 부동산 매매계약에서 계약금만 지급된 단계에서는 어느 당사자나 계약금을 포기하거나 그 배액을 상환함으로써 자유롭게 계약의 구속력에서 벗어날 수 있으나, 중도금이 지급되는 등 계약이 본격적으로 이행되는 단계에 이른 때에는 계약이 취소되거나 해제되지 않는 한 매도인은 매수인에게 부동산의 소유권을 이전해 줄 의무에서 벗어날 수 없으므로 이러한 단계에 이른 때에 매도인은 매수인에 대하여 매수인의 재산보전에 협력하여 재산적 이익을 보호·관리할 신임관계에 있게 되고, 매도인은 배임죄에서 말하는 '타인의 사무를 처리하는 자'에 해당한다고 보아야 한다는 것이다.

따라서 그러한 지위에 있는 매도인이 매수인에게 계약 내용에 따라 부동산의 소유권을 이전해 주기 전에 그 부동산을 제3자에게 처분하고 제3자 앞으로 그 처분에 따른 등기를 마쳐 준 행위는 매수인의 부동산 취득 또는 보전에 지장을 초래하는 행위로서 매수인과의 신임관계를 저버리는 행위로서 배임죄가 성립한다고 하였다.[26] 결국 여기서도 이중매매를 한 매도인이 '타인의 사무를 처리하는 자'에 해당하는지 여부만이 다투어졌을 뿐이었다.

---

[26] "갑 등이 피고인에게 매매계약에 따라 중도금을 지급하였을 때 매매계약은 임의로 해제할 수 없는 단계에 이르렀고, 피고인은 갑 등에 대하여 재산적 이익을 보호할 신임관계에 있게 되어 타인인 갑 등의 부동산에 관한 소유권 취득 사무를 처리하는 자가 된 점, 갑 등이 잔금 지급기일이 지나도 부동산을 인도받지 못하자 피고인에게 보낸 통고서의 내용은, 갑 등이 피고인에게 요구조건을 받아들일 것을 촉구하면서 이를 받아들이지 않으면 매매계약을 해제하겠다는 취지일 뿐 그 자체로 계약 해제의 의사표시가 포함되어 있다고 보기 어려운 점, 피고인은 매매계약이 적법하게 해제되지 않은 상태에서 갑 등에 대한 위와 같은 신임관계에 기초한 임무를 위배하여 부동산을 을 등에게 매도하고 소유권이전등기를 마쳐 준 점, 비록 피고인이 당시 임차인으로부터 부동산을 반환받지 못하여 갑 등에게 이를 인도하지 못하고 있었고, 갑 등과 채무불이행으로 인한 손해배상과 관련한 말들을 주고받았더라도, 매매계약이 적법하게 해제되지 않고 유효하게 유지되고 있었던 이상 위와 같은 신임관계가 소멸되었다고 볼 수 없는 점을 종합하면, 피고인의 행위는 갑 등과의 신임관계를 저버리는 임무위배행위로서 배임죄가 성립하였다."고 하였다.
나아가 "매매계약은 당시 적법하게 해제되지 않았고, 설령 피고인이 적법하게 해제되었다고 믿었더라도 그 믿음에 정당한 사유가 있다고 보기 어려워 피고인에게 배임의 범의와 불법이득의사가 인정됨에도, 이와 달리 보아 공소사실을 무죄로 판단한 원심판결에 배임죄에서 '타인의 사무를 처리하는 자', 범의 등에 관한 법리오해의 위법이 있다."고 하였다.

(2) 하지만 과연 부동산 이중매매를 한 매도인이 타인의 사무를 처리하는 자에 해당하는지는 의문이다. 동산이중매매 사안에서 이와 달리 판단하였고, 그 이유도, 매매와 같은 계약관계에서 당사자 쌍방이 그 계약의 내용에 좇은 이행을 하여야 할 채무는 특별한 사정이 없는 한 자기의 사무에 해당하는 것이 원칙이라고 하였으므로, 부동산 이중매매 사안에서 같은 결론이 내려져야 한다. 단지 계약의 목적물이 부동산이라는 점만으로 매도인의 채무가 '타인의 사무'라고 볼 수 있을까? 다수의견은 '재산보전협력의무'가 있다고 하지만, 동산 매도인에게는 상대방의 재산보전에 협력할 의무가 없고 부동산 매도인에게는 그러한 의무가 있다는 것은 쉽게 이해하기 힘들다.[27]

소수의견은 부동산 이중매매 사안에서 그 매도인이 타인의 사무를 처리하는 자가 아니라고 하였다.

(3) 제3자 을 등이 그 시세에 벗어나지 않게 그 토지를 매수한 것이라면, 이득 요건이 충족되지 않아, 배임죄가 성립되지 않는다고 보아야 한다.

처분대상 부동산의 시세와 달리 현저하게 저가로 매도한 것이라고 할 수 없고, 이 부분 검사의 입증도 없으므로, 매도인이나 제2매수인이 어떤 이득을 취득하였다고 볼 수 없다.[28] 결국 배임죄가 성립된다고 할 수 없다.

V. 결론

이처럼 위 전원합의체 사안들에서 다수의견과 소수의견 사이의 주된 의견충돌지점은 '타인의 사무를 처리하는 자인지 여부', 즉 배임죄의 주체 여부의 판단에 있었다. 하지만 이득 요건에 관한 법리에 따르면, 이득 요건이 충족되지 않아 배임죄가 성립되지 않는다고 판단되는 사안들이었고, 그 판단에 어려움이 있다거나 논란이 있기조차도 어려운 것들이었다.

---

27) 김신, "부동산 이중매매와 제1매수인의 보호",「동아법학」제84호, 2019.
28) 피고인은 2014. 8. 20. 피해자들에게 피고인과 공소외 1 등의 공동소유인 부동산을 13억 8,000만 원에 매도하되, 계약 당일 계약금 2억 원, 2014. 9. 20. 중도금 6억 원, 2014. 11. 30. 소유권이전등기에 필요한 서류와 상환으로 잔금 5억 8,000만 원을 지급받고 2014. 11. 30.까지 피해자들에게 이 사건 부동산을 인도한다고 약정하였고, 그에 따라 피해자들로부터 계약 당일 2억 원, 2014. 9. 30. 중도금 6억 원을 지급받은 후, 2015. 4. 13. 공소외 4 등에게 위 부동산을 매매대금 15억 원에 매도하고 2015. 4. 17. 그 소유권이전등기를 마쳐 주었다.

민사상 채무불이행을 넘어 배임죄라는 형사적 책임을 지우는 것이 되도록 억제되어야 한다는 입장이라면, 이처럼 배임죄의 주체에만 주목해서는 소기의 성과를 거두기가 힘들다. 이러한 현실은 우리 판례와 학설이 일본의 판례와 학설에 크게 의지하고 있는데다가, 일본에서의 '배임죄 주체'에 관한 구성요건이나 판례 등이 우리의 그것과 동일한 이상, '타인의 사무인지 여부'에 대해서 일본의 판례 학설과 다른 입장이 우리나라에서 수용되기가 힘들었기 때문으로 보인다.[29)]

　　형사법의 대전제인 죄형법정주의의 원칙상, 형법 조문의 해석을 엄격히 하여야 함에는 이론의 여지가 없다. 그렇다면 형벌의 부과 근거가 되는 범죄의 성립은 더욱이 신중히 판단하여야 하고, 그 중에서도 구성요건요소는 범죄 성립의 판단 잣대이자 이에 대한 입법자의 결단이므로 그 문언에 벗어나지 않도록 해석해야만 한다. 배임죄를 판단함에 있어 법문에 버젓이 규정되어 있는 이득 요건을 고려하지 않아, 성립하지 않을 배임죄의 성립을 쉽게 인정해서는 안 된다. 자의적으로 법문언에 어긋나는 해석을 하는 것이야말로 죄형법정주의에 정면으로 반하는 것으로, 매우 경계해야 한다.

　　결국 배임죄에 있어 우리 형법이, 일본의 그것과 달리, '재산상의 이익을 취득하거나 제3자로 하여금 재산상 이익을 취득하게 하여'라는 이득 요건을 객관적 구성요건 중 하나로 규정하고 있음에 주목해야 한다. 이상과 같이 계약이행 보증사건 등 이득 요건에 주목한 판례들이 나와 있고, 그 법리에 의하여 판단한다면 쟁점 사례들에서 배임죄를 인정하기 어렵게 된다.

---

29) 실제로 대법원 2017. 7. 20. 선고 2014도1104 전원합의체 판결에서, 대법관 박상옥은 다수의견에 대한 보충의견에서, "별개의견은 독일 형법의 해석론을 말하지만, 우리 형법과 같이 배임죄에 관해 미수범 처벌규정을 두고 있는 일본 형법의 해석에서, 일본의 최고재판소도 배임죄는 위험범이라는 입장을 취하고 있다. 이처럼 여러 나라들이 형법 규정의 구조적 차이에도 불구하고 현실적인 손해와 실해 발생의 위험에 대해 동등한 가치를 부여하는 이유는 경제적 관점에서 손해를 파악하는 이상 양자를 동등하게 인식하는 것이 매우 자연스럽기 때문이다."라고 하였듯이, 일본 형법의 판례 학설의 영향력은 아무리 강조해도 지나치지 않을 것이다.

<참고문헌>

[논문]
김신, "채무부담행위와 배임죄의 손해", 「법조」 통권 제733호, 2019.
김신, "부동산 이중매매와 제1매수인의 보호", 「동아법학」 제84호, 2019.
이주원, "특정경제범죄 가중처벌 등에 관한 법률위반(배임)죄에서 이득액 개념의 합리적 재해석",
        「인권과 정의」 제436호, 2013.
신동운, "횡령죄와 배임죄의 관계", 「한국형사법학의 새로운 지평」, 유일당 오선주 교수 정년기념
        논문집 간행위원회, 2001.
허일태, "배임죄 해석의 나아갈 방향", 「형사법연구」 제62호, 한국형사법학회, 2015.
강수진, "부동산 대물변제예약의 채무자와 배임죄에서의 타인의 사무처리자", 「고려법학」 제76호,
        2015.

[단행본]
「주석형법」 제4판, 한국사법행정학회, 2006.
신동운, 「형법각론」 제2판, 법문사, 2018.
김일수/서보학, 「새로 쓴 형법각론」 제8판, 박영사, 2016.
이상돈, 「형법강론」 제2판, 박영사, 2018.
오영근, 「형법각론」 제4판, 박영사, 2017.
이재상, 「형법각론」 제9판, 박영사, 2013.
타가하시 노리오(高橋則夫), 69 "배임죄에서 '사무처리자'의 의의", 刑法判例百選Ⅱ各論 [第 7 版]
        (別冊ジュリスト221) , 有斐閣, 2014.
시나다 사토시(品田智史), 72 "배임죄에서 도리가해목적", 刑法判例百選Ⅱ各論 [第 7 版] (別冊
        ジュリスト221), 有斐閣, 2014.

⟨Abstract⟩

'Obtaining a pecuniary advantage' requirement for establishing the crime of Breach of Trust

Seung Ki Shin, Beom Jun Kim
(Attorney at Law, Jipyong LLC)

Korean Criminal Act rules the Embezzlement and Breach of Trust as follows. Article 355(Embezzlement and Breach of Trust) (2) a person who, administering another person's business, obtains a pecuniary advantage or causes a third person to do so from another person in violation of one's duty, thereby causing loss to such person, shall be punished.

It should be noted here that, unlike Japan, Korean Criminal Act defines the "obtaining a pecuniary advantage or causing a third person to do so from another person" requirement as one of the objective compositional requirements. This should be viewed as a legislator's consideration to prevent the courts from finding the accused guilty of Breach of Trust in too many cases. Nevertheless, this "obtaining a pecuniary advantage or causing a third person to do so from another person" requirement has long been overlooked in our practice and academia. To conclude, (i) 'obtaining a pecuniary advantage from another person, thereby causing loss to such person' can be understood as showing the causal relationship between obtaining a pecuniary advantage and causing loss to another person, or (ii) at least both obtaining a pecuniary advantage and causing loss to another person happening in parallel are required for finding somebody guilty of Breach of Trust because only causing loss to another person is not enough for finding somebody guilty of the crime. Also, the law rules that for Breach of Trust, (iii) obtaining a pecuniary advantage must occur at the same time or earlier than causing loss to another person. This is the literal interpretation of Article 355, which is consistent with 'Nulla Poena Sine Lege'. Judging from the requirement of obtaining a pecuniary advantage for sentencing Breach of Trust, it would be not easy for the court to find against the accused in Breach of Trust cases recently on debate for the establishment of the crime.

주제어(Keywords): 배임죄(Breach of Trust), 이득 요건(Obtaining a pecuniary advantage), 손해(Loss), 객관적 구성요건(Objective compositional requirements), 죄형법정주의(Nulla Poena Sine Lege)

구글 안드로이드 앱 선탑재 행위에 관한 경쟁법적 고찰*

이민희 · 박상진 변호사

목 차

Ⅰ. 서론

유럽연합 집행위원회(European Commission, 이하 'EU 집행위원회')는 지난 2018. 7. 구글이 일반 인터넷 검색시장에서 지배적 지위를 남용하여 EU 경쟁법을 위반하였다고 판단하고, 약 43억 4천만 유로 상당의 과징금을 부과하였다(이하 '본건 EU 결정').[1] 이는

---

* 이 글은『경쟁법연구』제39권(2019. 5.), 한국경쟁법학회에 게재된 논문이다.

1) 본건 EU 결정(Commission Decision of 18 July 2018 in Case AT.40099 - Google Android)의 의결서는 현재 공개되어 있지 않아 관련 내용은 EU 집행위원회 보도자료(European Commission-Press release, Antitrust: Commission fines Google €4.34 billion for illegal practices regarding Android mobile devices to strengthen dominance of Google's search engine, Brussels, 18 July 2018)를 기초로 작성하였으며, 해당 부

2017년 EU 집행위원회가 구글 비교쇼핑 케이스에 대해 부과한 과징금인 24억 2천만 유로의 두 배 가까이에 해당하는 금액이다.[2] 과징금 규모가 상당한 만큼 본건 EU 결정은 현재 경쟁법 분야 전문가들이 가장 관심을 가지고 있는 집행 사례 중 하나이다.[3]

한국 공정거래위원회(이하 '공정위') 역시 과거 본건 EU 결정에서 문제된 구글 앱 선탑재 행위와 관련하여 조사를 진행하였으나, 당시 구글의 국내 시장점유율이 미미하고 경쟁제한성이 없다는 이유로 무혐의 처분을 내렸다.[4] 그러나 최근 공정위는 구글의 시장지배적 지위남용행위에 대한 규제의지를 확고히 표명하고 조사를 진행 중에 있다. 특히 최근 공정위 김상조 위원장은 진행 중인 공정위의 조사대상이 궁극적으로 안드로이드 OS의 묶음판매(Bundling)이라는 점을 시사하였는데, 이는 본건 EU 결정에서 문제된 구글 앱의 선탑재 행위와도 무관하지 않을 것으로 보인다.[5] 국가 또는 지역별로 구글의 시장지배적 지위 여하에 어느 정도 차이가 있기는 하지만, 구글의 영업행태는 전 세계적으로 유사한 양상을 보이고 있기 때문에[6] 선탑재 행위 등에 관한 EU

분에는 별도 각주를 기재하지 않았다.

2) 비교쇼핑 케이스[Commission Decision of 27 June 2017 in Case AT.39740 – Google Search(Shopping)]에서 EU 집행위원회는 구글이 자신의 광고 링크와 서비스를 검색엔진에서 우선적으로 검색되도록 한 행위가 검색시장에서의 지배적 지위를 이용하여 다른 상품인 비교쇼핑서비스에 이득을 준 것으로서 TFEU 제102조에 위반된다고 판단하였다.

3) 최근 2019. 3. 20. EU 집행위원회는 구글이 검색광고와 웹사이트를 연결해주는 '애드센스 포 서치(AdSense for Search)' 서비스를 운영하면서 검색결과 페이지에 경쟁사의 검색광고가 놓이지 않도록 하거나, 제3자 웹사이트의 주요 공간에 구글 광고가 놓이도록 하는 등 행위를 한 것에 대하여도 약 14억 9,000만 유로의 과징금을 부과하였다(EU 집행위원회 보도자료, European Commission-Press release, Antitrust: Commission fines Google €1.49 billion for abusive practices in online advertising, Brussels, 20 March 2019).

4) 2011. 4. 당시 네이버(NHN)와 다음커뮤니케이션은 구글의 검색앱 선탑재 행위가 위법하다고 보고 구글을 제소하였으나, 공정위는 국내 검색시장에서 구글의 시장점유율은 선탑재 이후에도 10% 안팎에 머문 반면 네이버의 점유율은 계속 70%대에 머물렀다고 하면서, 소비자가 네이버와 다음 앱을 쉽게 설치할 수 있어 대체재가 존재하고 경쟁이 제한되는 효과를 가져왔다는 증거를 찾지 못했다는 이유로 2013. 7. 무혐의 결론을 내렸다(이대호, "구글 앱 선탑재에 칼 빼든 EU… 국내선 무혐의", 디지털데일리(2016. 4. 21.), http://www.ddaily.co.kr/m/m_article.html?no=142572(2019. 4. 13. 확인). 관련 내용은 이 글 Ⅲ. 이하에서 구체적으로 다룬다.

5) 윤진호, "구글 안드로이드 OS 끼워팔기 경쟁자 접근막아 … 조사할 것", 매일경제(2019. 3. 17.) https://www.mk.co.kr/news/economy/view/2019/03/159927/(2019. 4. 13. 확인)

6) 러시아에서도 본건 EU 결정에서 문제된 구글의 행위가 이슈가 된 바 있다. 2015. 9. 러시아 경쟁당국(Federal Antimonopoly Service)은 구글이 모바일기기 제조사들에게 구글 앱을 의무적으로 설치하도록 하고 경쟁사 앱은 사전 설치하지 않도록 하는 등 행위를 통하여, 시장지배적 지위를 남용하였다고 판단하였다(Federal Antimonopoly Service of the Russian Federation, "FAS Russia decision and determination of 18 September 2015", No 1-14-21/00-11-15). 미국에서는 2013. 1. 3. 구글이 검색 알고리즘을 조작하여 검색

집행위원회의 사실인정 및 법적 판단은 참고가치가 높다. 구글의 앱 선탑재 행위를 허용할 것인지는 우리 학계와 IT 산업계에 큰 파장을 불러올 수 있는 이슈로서 국내에서도 EU 집행위원회가 결정을 내리기 전부터 이에 대한 논의가 시작되었다.[7] 본건 EU 결정의 의결서가 일반에 공개되지 않아 보도자료를 통해 내용을 확인할 수 있을 뿐이기는 하나, 현재 시점에서 본건 EU 결정에서 문제된 구글의 행위를 살펴보고 논의의 불씨를 지피는 것은 규제당국과 법원의 정합성 있는 판단 및 사업자들의 리스크 판단과 대비에 나름의 의의가 있을 것으로 생각한다.

이 글에서는 본건 EU 결정의 구체적 내용을 살펴본 뒤, 우리나라에서 해당 구글의 행위를 「독점규제 및 공정거래에 관한 법률」(이하 '공정거래법') 위반으로 규제할 경우 문제될 수 있는 쟁점들을 짚어보기로 한다.

II. 본건 EU 결정의 내용 및 관련 논의

1. 본건 EU 결정의 대상행위

EU 집행위원회는 구글이 안드로이드 기기 제조사(Android device manufacturer)와 모바일이동통신망사업자(Network operator)에 대하여 한 아래 세 가지 행위를 문제 삼았다.

① 제조사가 구글로부터 구글 앱스토어(play store, 이하 '플레이스토어') 사용을 허가(licensing)받기 위해서는, 구글 검색앱과 크롬브라우저를 선탑재하여야 한다는 조건을 부여한 행위

결과를 왜곡함으로써 불공정한 경쟁방법 및 불공정하거나 기만적인 행위 등을 금지하는 FTC법 제5조를 위반하였는지가 문제된 '검색왜곡(search bias) 사건'이 무혐의로 종결되었으며(Statement of the Federal Trade Commission Regarding Google's Search Practices In the Matter of Google Inc. FTC File Number 111-0163, January 3, 2013), 안드로이드 OS와 검색엔진의 관계에 대해서는 구체적으로 언급되지 않았다. 한편, 미국 FTC 위원장 조셉 시몬스(Joseph Simons)는 2018. 7. 18. 본건 EU 결정을 면밀히 살펴보겠다고 ("We're going to read what the EU put out very closely") 발언함으로써 구글의 안드로이드 OS 관련 행위에 대한 조사 가능성을 시사하였다["US: FTC to look closely at EU's US$5b Google fine", CPI(July 19, 2018), https://www.competitionpolicyinternational.com/us-ftc-to-look-closely-at-eus-5b-google-fine/ (2019. 5. 6. 확인)].

7) 조현진, "구글의 시장지배적 지위 남용 여부에 대한 법적연구 -최근 유럽연합 집행위원회의 판단을 중심으로-", 「한국법정책학회」 제17집 제3권(2017), 461면.

② 구글 검색앱을 배타적으로 선탑재하는 조건으로, 특정 대규모 제조사와 모바일 이동통신망사업자에게 인센티브를 지급한 행위

③ 구글 앱 선탑재를 원하는 제조사들에게 구글이 승인하지 않은 안드로이드 대체 버전(Android forks, 이하 '안드로이드 포크')을 운영시스템으로 하는 모바일기기를 판매하지 못하도록 한 행위[8]

위 첫 번째 행위는 앱결합판매행위로서, 소위 "끼워팔기"라고 지칭된다.[9] 주된 품목인 구글 플레이스토어에 대한 허가 조건으로 종된 품목인 구글 검색앱과 크롬브라우저를 함께 탑재하도록 한 행위이다. 이는 구글이 앱스토어 시장의 지위를 이용하여 검색시장에서의 지위를 강화하고자 한 행위로 이해된다. 두 번째 행위는 배타적 거래를 위해 금전적 인센티브를 제공한 행위로서, 역시 구글의 검색시장에서의 지위를 강화하기 위한 행위에 해당한다. 마지막 행위는 제조사들에게 안드로이드 포크를 기반으로 하는 모바일기기를 판매하지 못하도록 구속조건을 두어 거래한 행위로서, 첫 번째 및 두 번째 행위가 검색시장에서의 지위 강화를 위한 행위인 것과 달리, 모바일 OS 시장에서 구글의 지위를 공고히 하는 것에 초점을 둔 행위로 보인다.

그러나 본건 EU 결정의 대상이 된 세 가지 행위를 완전히 분리하여 보는 것은 적절하지 않은 측면이 있다. EU 집행위원회의 경쟁정책책임자인 마그레테 베스타거(Margrethe Vestager)는 구글의 위 세 가지 행위가 "안드로이드 기기 사용이 구글 검색엔진 사용으로 이어지도록 하기 위해" 이루어졌다고 하면서, 구글이 모바일 OS인 안드로이드를 수단으로 하여 일반 인터넷 검색시장에서의 지위를 공고히 하였다고 판단하였다. 즉, EU 집행위원회는 위 세 가지 행위가 구글의 인터넷 검색 시장에서 지배적 지위를 공고히 하기 위한 하나의 목적 하에서 이루어졌다고 본 것이다. 세 번째 행위가 그 자체로는 모바일 OS 시장에서의 지위를 공고히 하고자 한 행위로 보이나, 모바일 OS 시장에서의 지위는 결국 검색시장에서의 지위 강화를 위한 수단으로 사용되고

---

8) 안드로이드 포크란, 구글이 공개한 안드로이드 OS의 소스코드(source code)를 바탕으로 구글 외의 제3자가 만든 안드로이드 대체버전을 의미한다.

9) 결합판매행위에는 주된 상품에 종된 상품이 결합되어 판매되는 끼워팔기(tying)와 주된 상품과 종된 상품의 구분 없이 두 개 이상의 다른 제품을 하나로 묶어서 단일 가격으로 판매하는 묶음판매(bundling) 등이 있다. 본건 EU 결정에서의 앱 결합판매행위는 구글 플레이스토어를 주된 상품으로 한다는 점에서 끼워팔기에 해당한다고 판단된다.

있기 때문인 것으로 이해된다.

다만, 국내 사업자의 안드로이드 포크 개발은 활발하지 않아 본건 EU 결정의 대상이 된 세 번째 행위는 국내시장 및 국내 사업자들에게 미치는 영향이 제한적일 것으로 보인다. 이에 공정위가 문제삼을 가능성은 낮다고 판단된다. 이 글은 본건 EU 결정에서 문제된 구글의 행위가 우리 공정거래법상 어떻게 규제될 수 있는지를 살펴보는 데 그 목적이 있으므로, 본건 EU 결정의 내용 중 첫 번째 및 두 번째 행위에 초점을 맞추어 살펴보기로 한다.

2. 구글의 시장지배적 지위 존재 여부

EU 집행위원회는 구글이 유럽경제지역(European Economic Area, 이하 'EEA') 일반 인터넷 검색시장, 전 세계(중국 제외) 라이선싱이 가능한(licensable) 모바일 OS 시장, 안드로이드 모바일 OS용 앱스토어 시장에서 지배적 지위를 가지고 있다고 인정하였다.

(1) 일반 인터넷 검색시장

EU 집행위원회는 구글이 대부분 EEA 국가에서 일반 인터넷 검색시장 점유율의 90% 이상을 차지하여 시장지배적 지위가 있다고 보았다. EU 집행위원회는 이미 2017년 비교쇼핑 케이스에서 구글이 EEA 각국의 일반 인터넷 검색시장에서 90% 이상의 시장점유율을 보유하고 있고 해당 시장에는 높은 진입장벽이 존재한다고 인정한 바 있다.[10]

검색서비스 사업을 영위하기 위해서는 상당한 R&D 비용과 노하우가 필요하고, 새로운 투자가 지속적으로 이루어져야 하는 바, 이러한 특성은 상당한 진입장벽으로 작용할 수 있다.[11] 실제 일반 인터넷 검색시장은 현재 세계적으로 3-4개 사업자가 과점구도를 형성하고 있으며, 위 시장에의 신규진입은 현실적으로 쉽지 않다고 알려져 있다.[12]

---

10) Commission Decision of 27 June 2017 in Case AT.39740 – Google Search(Shopping).
11) 최난설헌, "인터넷 검색시장에서의 공정성 문제 –Google 사례를 중심으로–", 경제법연구 제14권 3호 (2015), 99면.
12) 조성국·이호영, "인터넷 검색사업자의 경쟁법적 규제에 관한 연구 –검색중립성 논의와 규제사례 및 그 시사점을 중심으로", 경쟁법연구 31권(2015. 5.), 273면.

(2) 라이선싱이 가능한(licensable) 모바일 OS 시장

구글은 최초에 인터넷 검색시장에서의 지위를 확보하였고, PC에서 모바일로 변화하는 시장흐름을 파악하고 구글 검색을 모바일에서도 계속 이용하도록 전략을 수립하였다. 이를 위하여 구글은 2005년 안드로이드 모바일 OS 개발사를 인수하고 계속적으로 개발하였으며, 2007년 런칭 이후 안드로이드는 전 세계 모바일 OS 시장에서 독보적 존재가 되었다. 구글은 제3의 모바일기기 제조사와 라이선스 계약(license agreement)을 체결함으로써 그들이 제조한 기기에서 안드로이드 OS를 구동하도록 하는 바, 안드로이드는 '라이선스 가능한(licensable) OS'라고 불린다. 중국을 제외한 전 세계의 라이선싱이 가능한 모바일 OS 시장점유율의 95% 이상을 구글 안드로이드 OS가 차지하고 있다.

EU 집행위원회는 시장지배적 지위 판단을 위한 시장 획정 시, '라이선싱이 가능한(licensable)' 모바일 OS 시장을 구분하여 별도로 획정하였다. 제3의 기기 제조사에게 라이선싱이 허락되지 않고 수직 통합된 개발사에게만 독점적으로 권한이 부여되는 애플의 iOS 및 블랙베리와, 라이선싱이 가능한 구글의 안드로이드 OS는 경쟁관계에 있지 않다고 본 것이다. 이에 대하여 구글은 애플의 iOS가 안드로이드 OS의 경쟁자이므로 EU 집행위원회가 구글의 시장지배적 지위 판단 시 근거로 삼은 구글 안드로이드 OS의 '라이선싱이 가능한' 모바일 OS 시장에서 시장점유율은 잘못되었다고 주장한다.[13] 최종 소비자의 입장에서는 애플 iOS를 OS로 하는 기기와 구글 안드로이드를 OS로 하는 기기 중 하나를 선택할 수 있다는 점에서 이들 기기는 경쟁관계에 있다고 볼 수 있다. 그러나 실제 구글과 거래하는 기기 제조사 입장에서는 라이선싱이 허락되지 않는 애플 iOS를 OS로 선택하는 것은 현실적으로 가능하지 않다. 따라서 구글 안드로이드와 iOS와 대체가능성이 없어 같은 시장의 참여자로 보기 어려운 바, EU 집행위원회는 '라이선싱이 가능한' 모바일 OS 시장을 구분하여 획정하였다.

모바일 OS의 경우 네트워크 효과에 의하여 진입장벽이 높아지는데, 특정 OS의 이용자수가 증가할 경우 해당 OS에서 이용가능한 소프트웨어의 개발이 늘어나 이용자

---

13) Kent Walker, "Android: Choice at every turn", 구글 공식 블로그(2016. 11. 10.),
   https://www.blog.google/around-the-globe/google-europe/android-choice-competition
   -response-europe(2019. 4. 13. 확인).

가 편익을 얻게 되고, 그 결과 해당 OS의 시장지위가 자연스럽게 공고해지는 것이 그 예이다.[14] 구글의 경우에도 많은 이용자들이 안드로이드를 OS로 사용하게 되면서, 안드로이드를 기반으로 하는 앱이 다수 개발되었고, 그로 인해 더 많은 이용자를 끌어들이는 네트워크 효과가 발생하였다. 이는 진입장벽으로 작용하여, 안드로이드는 라이선싱 가능한 모바일 OS 시장에서 지배적 지위를 유지하고 있다.[15]

(3) 안드로이드 모바일 OS용 앱스토어 시장

구글은 모바일 OS 시장에서의 지위를 바탕으로 앱스토어 시장에서도 쉽게 경쟁상 우위를 차지할 수 있었다. 앱은 해당 앱이 구동되는 OS에 기반을 두고 개발되므로, 안드로이드용 앱과 애플 iOS용 앱은 다르게 개발되어 각각의 전용 앱스토어에서 판매된다. 또한 애플 iOS용 앱스토어는 iOS 기반 기기에서만 이용이 가능하며 안드로이드 기기에서는 구동이 되지 않는다. 따라서 구글 플레이스토어와 애플 앱스토어 간에는 경쟁이 이루어지지 않으며, '안드로이드 모바일 OS용' 앱스토어 시장이 별도로 획정된다.

구글의 앱스토어인 플레이스토어는 안드로이드 모바일 OS에서 가장 용이하게 사용할 수 있는 앱스토어로서 대부분의 안드로이드 기기에 선탑재되었고, 시간의 흐름에 따라 쏠림현상은 강화되어 구글 플레이스토어의 시장점유율은 더욱 높아지고 있다. 현재 안드로이드 모바일 OS를 기반으로 한 기기의 이용자들이 사용하는 앱의 90% 이상이 구글의 플레이스토어를 통해 다운로드 되며, 플레이스토어에서 다운로드 받을 수 있는 앱의 수는 경쟁 앱스토어의 수배에 이른다. 더욱이 구글은 자신이 개발한 앱의 경우 자신의 앱스토어인 구글 플레이스토어에서만 판매하며 다른 앱스토어에서는 판매하지 못하도록 하는 바, 구글 플레이스토어의 시장에서의 지위는 더욱 강화되고 있다.[16]

---

14) 홍동표·이선하·장보윤·이미지·권정원, "디지털 시장의 특성과 경쟁법 적용: 이론과 사례 분석", 2018년 법·경제분석그룹(LEG) 연구보고서(2018. 12.), 6면.
15) 성공적인 라이선싱 가능한 모바일 OS의 개발을 위해서는 상당한 자원의 투입이 요구된다는 사실 역시 진입장벽을 높이는 요소이다.
16) Benjamin Edelman and Damien Geradin, "Android and competition law: exploring and assessing Google's practices in mobile", European Competition Journal(2016. 10.), 6면.

3. 구글의 시장지배적 지위 남용 여부

시장지배적 지위를 가진 것 자체가 EU 경쟁법 위반은 아니지만, 시장지배적 지위를 가진 사업자는 그러한 자신의 지배적 지위를 남용하여 경쟁을 제한해서는 안될 책임이 있다. 유럽법원은 시장지배적 지위 사업자에게 특별한 의무(special responsibility)를 부과하고 엄격하게 경쟁법을 적용하고 있다.[17]

유럽연합은 유럽연합의 기능에 관한 조약(Treaty on the Functioning of the European Union, 이하 'TFEU')을 통해 기업의 반경쟁적 행위를 규제하고 있다. TFEU 제102조는 시장지배적 지위남용행위를 규제하며, 이에 따라 시장지배적 지위가 인정되는 사업자가 해당 지위가 있는 시장에서나 혹은 다른 시장에서 이를 남용하여 경쟁을 해하였다면, TFEU 위반으로 규율된다. EU 집행위원회는 구글이 일반 인터넷 시장에서 지배적 지위를 강화하기 위한 목적으로 각 남용행위를 하였다고 판단하였는데, 아래에서 그에 대해 구체적으로 살펴본다.

(1) 앱 결합판매행위

- 제조사가 구글로부터 플레이스토어 사용을 위한 라이선스를 받기 위해서는, 구글 검색앱과 크롬브라우저를 선탑재하여야 한다는 조건을 부여한 행위

구글은 EEA에서 판매되는 거의 모든 안드로이드 기기에 구글 검색앱과 크롬브라우저를 선탑재하였다. 이는 구글이 모바일기기 제조사에게 플레이스토어 사용을 위한 라이선스 제공 조건으로 검색앱과 크롬브라우저 선탑재를 요구함으로써 이루어졌다. 이에 구글이 플레이스토어에 구글 검색앱과 크롬브라우저를 끼워팔기한 것인지 문제가 된다. 대부분 끼워팔기는 주된 상품시장에서 시장지배력을 지닌 사업자가 이를 이

---

17) Case 322/81 Michelin v Commission [1983] ECR 3461. 네덜란드의 트럭, 버스 등에 사용되는 교체용 새 타이어(new replacement tyres for lorries, buses and similar vehicles) 시장에서 지배적 지위에 있는 미쉐린(Michelin) 사가 타이어 소매상들에게 판매 목표 달성에 따른 리베이트를 지급한 것이 문제된 사안에서, 유럽법원은 "시장지배적 지위에 있는 사업자는 지위획득의 원인과 상관없이 시장의 경쟁을 약화시키거나 왜곡하지 않을 특별한 의무가 있다(irrespective of the reasons for which it has such a dominant position, the undertaking concerned has a special responsibility not to allow its conduct to impair genuine undistorted competition in the common market)"고 판시하였다.

용하여 종된 상품을 구입하도록 강제하는 행위로 나타나는데, 종된 상품 시장에서의 경쟁이 제한되거나 소비자 선택권이 침해될 수 있어 문제된다.[18] EU 집행위원회는 특정사업자의 시장지배적 지위가 인정되고 별개의 상품에 대한 끼워팔기 행위가 존재한다면, 객관적 정당화 사유가 없는 한 시장에 대한 구체적 분석 없이도 남용행위를 인정하고 있다.[19]

TEFU 제102조의 (d)는 끼워팔기를 남용행위의 예로 구체적으로 명시하고 있으며, TFEU 제102조를 구체화한 「시장지배적 지위남용행위의 규제에 대한 지침」(Guidance on the Commission's enforcement priorities in applying Article 82 of the EC Treaty to abusive exclusionary conduct by dominant undertakings, 이하 'EU 시장지배적 지위남용행위 지침')에서는 시장지배적 사업자가 끼워팔기나 묶음판매를 이용하여 경쟁자를 배제할 수 있다고 규정하고 있다(IV. B.). 이에 설사 두 제품이 실제 함께 사용될 수 있거나 두 제품 간 자연스러운 연결점이 존재하는 경우라 하더라도 끼워팔기는 TFEU 제102조에 위반되는 남용행위에 해당할 수 있다는 것이 EU 판례의 태도인 것으로 보인다.[20] 본건에서 끼워팔기의 위법성 판단 시에는 구글이 제조업체들로 하여금 자신의 서비스나 안드로이드 시스템을 채택하도록 강요하였는지, 그리고 이로 인해 경쟁을 해하였는지 여부가 쟁점이 된다.[21] 즉, 안드로이드를 OS로 하는 모바일기기의 제조사로서는 구글의 요구를 받아들일 수밖에 없는 입장이었던 것인지를 살펴야 하고, 시장의 구체적 데이터를 분석하여 경쟁을 해하는 결과를 가져왔는지 확인하여야 하는 것이다.

먼저, 모바일기기 제조사가 구글의 선탑재 요구를 받아들일 수밖에 없었는지와 관련하여, 구글은 제조사들이 얼마든지 구글 검색앱과 크롬브라우저에 대한 선탑재 요구를 거절할 수 있다고 주장해 왔다. 구글이 선탑재 조건을 두더라도 해당 조건을 받아들일지 말지는 전적으로 계약상대방의 자유라는 것이다. 이는 이론적으로 사실이지만, 현실을 충분히 반영한 이야기라고 하기 어려운 측면이 있다.[22] 소비자는 각종 앱을 설치하기 위하여, 최소한 구글의 플레이스토어가 기기에 탑재되어 있기를 원한다.

---

18) 홍인정, "모바일 플랫폼 중립성 연구 -구글의 검색 서비스 사전탑재에 대한 규제 필요성 검토-", 2012년 고려대학교 석사학위 논문(2012. 12.), 22면.

19) Alison Jones and Brenda Sufrin, "EU Competition Law", Fourth edition, Oxford, 2010, 459면.

20) Case C-333/94 P, Tetra Pak International SA v. Commission [1996] ECR I-5951.

21) 조현진, 앞의 글, 464면.

22) Benjamin Edelman and Damien Geradin, 앞의 글, 8면.

특히 소비자는 앱스토어를 스스로 다운로드 할 합법적 경로가 없기 때문에, 앱스토어가 탑재되어 있지 않은 휴대폰과 태블릿을 원하는 소비자는 거의 없다고 볼 수 있다. EU 집행위원회는 이처럼 앱스토어가 '반드시 있어야만 하는(must-have)' 앱이기 때문에, 제조사로서는 구글 앱스토어인 플레이스토어 사용을 위한 라이선스를 부여받기 위하여 구글이 제시한 조건을 받아들일 수밖에 없었다고 판단하였다.

다음으로 구글 검색앱 및 크롬브라우저 선탑재가 경쟁을 해하는 결과를 가져왔는지와 관련하여, 구글은 제조사가 구글 검색앱과 크롬브라우저의 선탑재 조건을 받아들였다 하더라도 제조사가 이후 다른 경쟁사의 앱도 추가로 탑재할 수 있다는 점을 지적해 왔다. 즉, 제조사가 경쟁사의 앱을 추가할 수 있는 한, 선탑재 조건을 부과하더라도 그 자체로 경쟁제한적 효과를 가져온다고 보기는 어렵다는 것이다. 그러나 제조사로서는 구글 앱을 선탑재한 이상 경쟁사 앱에 대하여 배타적 탑재 혹은 주요 위치 탑재를 제안하기 어렵고, 구글과의 배타적 탑재 약속 혹은 기술적 문제 등으로 인해 경쟁사 앱을 설치하기 어려운 경우도 있다. 따라서 제조사들이 구글 외 경쟁사 앱을 동등하게 탑재할 수 있다고 확신하기는 어렵다.[23)]

검색앱과 웹브라우저는 이용자가 모바일 검색을 하는 데 있어 주요한 접근경로이다. 구글의 웹브라우저인 크롬브라우저에는 구글써치(Google Search)가 기본검색엔진으로 정해져 있다. EU 집행위원회는 모바일기기 이용자들의 현상유지편향(status quo bios) 때문에, 이용자들이 선탑재된 앱을 주로 사용하며 그와 기능적으로 동일한 경쟁사업자의 앱은 거의 다운로드 하지 않는 경향성을 보인다고 보았다. EU 집행위원회 조사에 따르면 윈도우 기반 모바일기기와 비교할 때, 안드로이드를 기반으로 한 모바일기기에서 구글 검색앱의 이용률이 높다는 것이 발견되었다.[24)] 이에 대하여 EU 집행위원회는, 윈도우 기반 모바일기기와 달리 안드로이드 기반 기기에는 구글 검색앱이 선탑재되어 있기 때문으로 해석할 수 있다고 보았다.

EU 시장지배적 지위남용행위 지침에 따르면, 시장지배적 사업자가 경쟁제한적 행위를 하였다 하더라도, 이를 정당화할 만한 객관적 사유가 있는 경우에는 남용행위가

---

23) Benjamin Edelman and Damien Geradin, 앞의 글, 15면.
24) 구글의 검색앱과 크롬브라우저를 선탑재한 안드로이드 OS 기반 모바일기기 이용자의 경우 95%가 구글 검색앱을 이용한 반면, 마이크로소프트의 검색앱을 선탑재한 윈도우 기반 모바일기기 이용자의 경우에는 25%만이 구글 검색앱을 이용하였다.

인정되지 않을 수 있다. 예를 들어, 해당 행위가 객관적으로 필요한 행위이거나 실질적인 효율성이 반경쟁적 효과보다 크다는 것이 증명되는 경우에는 위법한 시장지배적 지위 남용행위로 보지 않는다(Ⅲ. D.).

이에 구글은 구글 검색앱과 크롬브라우저의 선탑재는 불가피한 측면이 있다고 주장하였다. 특히 구글은 안드로이드 OS를 모바일기기 제조사에게 무료로 쓸 수 있도록 하고 있는 반면, 안드로이드 OS 개발 및 개선, 보안 등에는 많은 투자를 한 점을 언급하였다. 이에 대하여 EU 집행위원회는 구글이 플레이스토어만으로도 매년 수십억 달러가 넘는 수익을 가져가고 있다는 점, 검색앱과 광고 사업으로 엄청난 양의 데이터를 취득하고 있으며, 검색광고를 통해서도 상당한 수익을 내는 점 등을 지적하며 구글의 주장을 받아들이지 않았다. 구글은 검색앱과 크롬브라우저를 통해 수집되는 소비자들의 위치 및 검색정보 등이 구글 검색에 부속되는 온라인 광고 수입을 높여주기 때문에 자신의 검색앱 및 크롬브라우저를 선탑재하여 보다 많은 소비자들에 대한 접근성을 높이고자 한다고 알려져 있다.[25]

구글은 선탑재에 따라 더 많은 무료서비스를 라이선스 비용을 부과하지 않고 제공하였으며, 끼워팔기의 효율성으로 인하여 경쟁제한적 효과는 상쇄된다고 주장하기도 한다.[26] 물론 끼워팔기가 보다 좋은 제품을 저렴하게 소비자에게 공급할 수 있는 효율적인 방식이 될 수 있음은 분명하다. 그러나 시장지배적 사업자가 이러한 행위를 하는 경우, 시장봉쇄효과가 발생할 수 있다. 본건의 경우, 구글 검색앱 및 크롬브라우저의 선탑재는 앞서 언급한 바와 같이 경쟁사 검색앱 및 웹브라우저 다운로드 유인을 감소시키므로, 구글의 행위는 다른 경쟁 앱 개발자나 앱 서비스 제공자에 대하여 봉쇄효과를 발생시킬 수 있다. 결국, 구글은 검색앱과 크롬브라우저를 선탑재하여야 한다는 조건을 부여함으로써 안드로이드 이용자가 새롭고, 보다 혁신적인 모바일 검색엔진을 접하기 어렵게 만들었다고 볼 여지가 있다.[27]

EU 집행위원회는 구글의 검색앱 및 크롬브라우저 선탑재 조건 부과 행위로 인하여, 경쟁자가 구글과 효과적으로 경쟁하지 못하게 되었으며 결론적으로 일반 인터넷 검색시장의 경쟁이 제한되는 효과를 가져와 경쟁법을 위반하였다고 판단하였다. EU

25) 오승한, "빅데이터 연관 산업의 경쟁제한적 관행 개선을 위한 경쟁법 적용의 타당성 연구", 2018년 법경제분석그룹(LEG) 연구보고서(2018. 12.), 177면.
26) Kent Walker, 앞의 글.
27) Benjamin Edelman and Damien Geradin, 앞의 글, 2면.

집행위원회는 구글 검색앱 선탑재 요구행위의 경우 앱스토어 시장에서 구글이 지배적 지위를 확보하였다고 인정되는 2011년 이래, 크롬브라우저 선탑재 요구행위의 경우 구글이 선탑재요구 대상에 크롬브라우저를 포함시킨 2012년 이래를 위법행위 기간으로 인정하였다.

(2) 배타적 선탑재에 대한 인센티브 지급행위

- 구글 검색앱을 배타적으로 선탑재하는 조건으로, 특정 대규모 제조사와 이동통신망사업자에게 인센티브를 지급한 행위

구글은 안드로이드 모바일기기에 자신의 검색앱을 배타적으로 선탑재하는 것을 조건으로, 대규모 기기 제조사와 이동통신망사업자에게 상당한 금전적 인센티브를 지급하였다. 위 행위는 배타조건부거래(exclusive-dealing)의 성격을 가진 것으로 볼 수 있는데, EU 시장지배적 지위남용행위 지침에서는 시장지배적 사업자가 배타적 구매의무나 조건부 리베이트 등 배타적 거래를 통해 경쟁자를 봉쇄할 수 있다고 규정하고 있다 (Ⅳ. A).

EU 집행위원회와 EU 사법재판소는 배타조건부거래의 성격을 가진 조건부 리베이트에 대하여 당연위법의 원칙(per se illgal)에 가깝게 위법성을 판단하고 있다고 평가되기도 한다.[28] 이러한 점을 고려할 때, 시장지배적 지위를 가진 구글이 자신의 검색앱을 배타적으로 선탑재하는 것을 조건으로 금전적 인센티브를 지급한 위 행위 역시 그 위법성이 쉽게 인정될 가능성이 있다.

본건에서 EU 집행위원회는 구글의 검색앱 선탑재 조건부 인센티브 지급행위가 모바일기기 제조사와 이동통신망사업자로 하여금 구글 경쟁사의 검색앱을 탑재할 유인을 감소시켜 경쟁을 해하였다고 판단하였다. 결국 소비자들에게는 구글 외에 다른 선택지가 없게 되고, 그에 따른 손해를 입게 된다고 보았다.

앞서 언급한 바와 같이, EU 시장지배적 지위남용행위 지침에서는 시장지배적 사업자가 경쟁제한적 행위를 하였다 하더라도, 정당화 사유가 있는 경우에는 남용행위가 인정되지 않을 수 있다고 하고 있으므로(Ⅲ. D.), 구글은 배타적 선탑재에 대한 인센티

---

28) 정영진, '공정거래법상 시장지배적 지위남용의 기준: 미국/EU경쟁법의 몇 가지 시사점', 2009년 하반기 법경제분석그룹(LEG) 연구보고서(2009. 12.), 22면.

브를 지급하는 것이 필수적이었다고 주장하였다. 제조사와 모바일 이동통신망사업자가 안드로이드 생태계를 위한 기기들을 제조하여야만 자신의 안드로이드 OS가 성공할 수 있기 때문에 위와 같은 행위를 한 것이라고 항변한 것이다. 그러나 EU 집행위원회는 이러한 구글의 주장을 받아들이지 않았다.

EU 집행위원회가 위 문제에 대하여 조사를 시작한 2013년 이후 구글은 검색앱의 배타적 선탑재 요구를 서서히 줄여 나갔으며, 2014년에는 해당 행위를 중단하였다. EU 집행위원회는 EU 사법재판소의 인텔판결을 참고하여,[29] 구글이 인센티브를 제공한 조건 및 규모와 기간, 인센티브 제공과 관련된 시장 점유율 등을 고려하여 위법행위의 기간을 2011년부터 2014년으로 인정하였다.

III. 한국 공정거래법의 적용과 위법 인정 가능성

1. 공정위의 본건 관련 조사사례

공정위는 검색앱 등의 선탑재 행위에 관해 이미 한 차례 조사를 한 적이 있다. 네이버(NHN)와 다음커뮤니케이션은 2011. 4. 구글이 스마트폰 제조사에 안드로이드를 공급하는 과정에서 초기화면에 기본검색으로 막대 형태의 구글 검색창을 탑재하여 모바일 검색시장에서 국내 포털업체의 경쟁 기회를 제한하고, 구글 검색앱이나 구글맵 등 검색 관련 앱을 선탑재하여 다른 사업자의 앱을 배제했다며 구글을 공정위에 신고하였다.[30] 그러나 공정위는 구글의 위 각 행위로 인하여 경쟁제한효과가 발생하거나 발생할 우려가 있다고 보기 어렵고, 제조사의 선택권을 침해한 것으로 보기도 어렵다며 무혐의 결정을 내렸다.[31] 공정위는 제조사가 자신의 필요에 의해 구글앱을 선탑재

---

29) Case C-413/14 P, Intel Corporation v. European Commission, Judgment of the Court(Grand Chamber) of 6 September 2017. 이 판결에서 EU 사법재판소는 인텔이 지급한 조건부 리베이트의 경쟁제한성을 인정한 원심판결을 파기하면서, 시장지배적 사업자가 경쟁제한성을 다투는 경우에는 사업자의 시장지배력 행사 범위, 해당 행위에 의한 시장점유율 변화, 리베이트의 조건과 방식, 기간과 수량, 시장에서 지배적 사업자와 동등하게 효율적인 경쟁사업자를 배제하기 위한 전략의 존재 등을 종합적으로 분석해야 한다고 판시하였다.

30) 김동호, "네이버·다음, 구글에 패소", 중앙일보(2013. 7. 19.), https://news.joins.com/article/12112553(2019. 4. 14. 확인).

31) 공정위 2013. 7. 11.자 무혐의 결정(2013서감1025), 권오승·서정, 독점규제법-이론과 실무(제3판), 법문사, 2018, 438면에서 재인용.

하였다고 진술한 점, 네이버나 다음 등 경쟁앱 다운로드가 쉽고 그 이용에 제한이 없는 점, 모바일 플랫폼 시장과 국내 모바일 검색시장, 국내 인터넷 검색시장, 국내 모바일 검색 광고시장의 각 점유율 변화 등을 고려하면 선탑재 행위 등으로 인해 경쟁제한효과가 발생 또는 발생할 우려가 있거나 제조사의 선택권을 침해한 것으로 보기 어렵다고 판단하였다.

또한 공정위는 구글이 스마트폰 제조사와 체결한 '모바일 애플리케이션 배포 계약'(Mobile Application Distribution Agreement, 'MADA')[32]에서 구글 검색창의 위치를 지정하고 구글을 기본검색엔진으로 설정하도록 정했다고 하여 경쟁앱의 탑재가 배제되었다고 보기 어렵고, 소비자가 기본검색을 쉽게 바꿀 수 있으며, 기본검색을 통한 검색이 다른 검색방식에 의하여 사용률이 높지 않으므로 경쟁제한효과가 없고 제조사의 선택권을 침해하지도 않는다고 보았다.

하지만 종전 공정위 조사는 검색앱 등의 선탑재만을 대상으로 했던 반면, 본건 EU 결정은 안드로이드 기기 사용자들이 실제로 많이 사용하는 크롬브라우저의 선탑재로 인한 경쟁제한적 효과를 함께 판단한 점, 국내 모바일 OS 시장에서 구글 안드로이드의 영향력이 확고한 가운데[33] 국내 검색엔진 검색시장에서 구글의 영향력과[34] 국내 모바일 브라우저 시장에서 크롬브라우저의 영향력이[35] 지속적으로 상승한

---

32) 더불어민주당 전해철 의원실 보도자료에 따르면, MADA는 ① 제조사는 구글의 폰화면 최상단용 검색창을 포함해 구글이 승인한 약 12개의 '구글 앱'을 단말기에 선탑재해야 하고, ② 구글의 폰화면 최상단용 검색창과 구글플레이 앱스토어 아이콘은 휴대폰 기본 첫 화면에 반드시 노출되어야 하며, ③ 다른 모든 구글 앱들은 기본 첫 화면 최상단(1단) 아래(2단)보다 밑으로 배치되어서는 안 되고, ④ 구글의 폰화면 최상단용 검색창을 단말기 내 모든 웹검색 환경에서 기본 검색엔진으로 설정해야 한다는 내용 등을 정하고 있다 (제3.4조)[한진주, "구글 앱 선탑재 강제성 있었다 … 공정위 제조사 해야", 아시아경제(2016. 10. 10.), http://www.asiae.co.kr/news/view.htm?idxno=2016101016362299450(2019. 5. 7. 확인).

33) 아일랜드의 글로벌 시장조사업체인 스탯카운터(statcounter) 제공 자료에 따르면, 인터넷 접속자 비중을 기준으로 2019. 5. 국내 모바일 OS 시장에서 안드로이드가 72.23%를 차지하여 2위인 iOS(점유율 27.66%)와 큰 격차를 유지하고 있다 [스탯카운터, "2019년 대한민국 모바일 OS 시장점유율", http://gs.statcounter.com/os-market-share/mobile/south-korea/2019(2019. 6. 7. 확인)].

34) 페이지 뷰 기준으로 2019. 5. 국내 검색엔진시장에서 구글의 점유율은 76.23%이고, 2위인 네이버의 점유율은 18.24%에 그친다 [스탯카운터, "국내 검색엔진 시장점유율", http://gs.statcounter.com/search-engine-market-share/all/south-korea(2019. 6. 7. 확인)].

35) 인터넷 접속자 비중을 기준으로 2019. 5. 국내 모바일 브라우저 시장에서 크롬브라우저의 점유율은 38.12%이고, 2위인 삼성인터넷의 점유율은 23.98%, 3위인 사파리의 점유율은 23.27%, 4위인 웨일의 점유율은 7.33%이다. 사파리는 iOS에서 사용되는 브라우저로서 안드로이드 OS에서 사용이 불가하다는 점을 고려할 때 안드로이드 OS 내 모바일 브라우저 중 크롬브라우저와 실질적으로 경쟁하고 있는 것은 삼성인터넷뿐이

점36)을 고려할 때 공정위가 종전과 다른 판단을 내릴 가능성을 배제할 수 없다고 생각된다.

2. 관련 공정거래법상 규제

EU 집행위원회는 앞서 살펴본 바와 같이, 구글 앱 선탑재 행위 등이 TFEU 제102조에 위배된다고 보았다. TFEU는 시장지배적 지위남용행위를 제102조에서만 규제하고 있는 것과 달리, 우리 공정거래법은 시장지배적 지위남용행위 금지규정(공정거래법 제3조의2)뿐 아니라 불공정거래행위 금지규정(공정거래법 제23조)을 함께 두고 있으며 실무적으로 하나의 행위를 시장지배적 지위남용행위와 불공정거래행위로 중복하여 규율하는 경우도 찾아볼 수 있다.

일례로, '마이크로소프트 코퍼레이션 및 한국마이크로소프트 유한회사(이하 포괄하여 '마이크로소프트')의 시장지배적 지위남용행위 등에 대한 건'(이하 '마이크로소프트 건')에서 공정위는 마이크로소프트가 ① 윈도우 PC 운영체제에 윈도우 미디어 플레이어(이하 'WMP')를 결합하여 판매한 행위, ② 윈도우 서버 운영체제에 윈도우 미디어 서비스(이하 'WMS')를 결합판매한 행위, ③ 윈도우 PC 운영체제에 메신저를 결합하여 판매한 행위가 각각 시장지배적 지위남용 중 다른 사업자의 사업활동을 부당하게 방해하는 행위(공정거래법 제3조의2 제1항 제3호) 및 소비자 이익 저해행위(동항 제5호 후단)에 해당하는 동시에 불공정거래행위 중 끼워팔기(동법 제23조 제1항 제3호 후단, 동법 시행령 제36조 제1항 [별표1] 제5호 가목)에 해당한다고 판단한 바 있다.37)

(1) 앱 결합판매행위에 적용될 수 있는 규제조항

먼저, 앱 결합판매행위는 공정거래법상 경쟁 검색서비스 사업자나 모바일 웹브라우저 사업자의 사업활동을 부당하게 방해하는 행위에 해당할 여지가 있다. 공정거래

라고 볼 수 있다 [스탯카운터, "국내 모바일 브라우저 시장점유율", hhttp://gs.statcounter.com/browser-market-share/mobile/south-korea(2019. 6. 7. 확인)].

36) 정확한 산정방법은 확인되지 아니하나, 공정위의 종전 무혐의 결정 당시에는 구글의 선탑재 전후에도 구글 검색서비스의 국내 시장점유율이 10% 내외에 머문 반면 네이버는 여전히 70%대의 점유율을 유지한 점이 고려된 것으로 보인다[오예진, "공정위, 네이버의 구글 제소 '무혐의' 결론(종합)", 연합뉴스(2013. 7. 18.), https://www.yna.co.kr/view/AKR20130718060751017(2019. 5. 6. 확인)].

37) 공정위 2006. 2. 24. 의결 제2006-042호. 마이크로소프트는 공정위 처분의 취소소송을 제기하였으나 소를 취하했다[한철수, 공정거래법-시장과 법원리(증보판), 공정경쟁연합회, 2017, 122면].

법은 시장지배적 사업자가 다른 사업자의 사업활동을 부당하게 방해하는 행위를 금지하고 있다(제3조의2 제1항 제3호). 공정거래법(제3조의2 제2항) 및 동법 시행령의(제5조 제3항 제4호) 위임에 따라 「시장지배적 지위 남용행위 심사기준」[38](이하 '시장지배적 지위남용행위 심사기준')은 공정거래법 시행령이 구체적으로 열거하지 아니한 행위로서 다른 사업자의 사업활동을 어렵게 하는 행위(이하 '기타 사업활동의 방해')의 세부 유형 중 하나로 '부당하게 거래상대방에게 불이익이 되는 거래 또는 행위를 강제하는 행위'(이하 '불이익강제행위')를 제시하고 있다[시장지배적 지위남용행위 심사기준 Ⅳ. 3. 라. (3)].

불이익강제행위는 '시장지배적 사업자가 부당하게 거래상대방에게 불이익이 되는 거래 또는 행위를 강제함으로써 그 사업자의 사업활동을 어렵게 하는 행위'를 의미하지만,[39] 부당하게 불이익이 되는 거래 또는 행위를 강제당하는 거래상대방과, 이로 인해 사업활동이 어렵게 되는 다른 사업자가 반드시 일치해야 하는 것은 아니다. 공정위는 마이크로소프트 건에서 마이크로소프트의 각 거래상대방에 대한 결합판매가 관련 시장에서 부당하게 경쟁을 제한함으로써 경쟁사업자들의 사업활동을 곤란하게 하고 신규 사업자의 진입을 어렵게 하는 등 마이크로소프트의 경쟁사업자 또는 잠재적 경쟁사업자들의 사업활동을 방해했다고 판단하였다.[40]

다음으로, 공정거래법이 앱 결합판매와 같은 행위를 규제하기 위해 마련하고 있는 가장 직접적인 규정은 불공정거래행위 중 '끼워팔기'를 금지하는 규정이다. 공정거래법은 부당하게 경쟁자의 고객을 자기와 거래하도록 강제하는 행위를 금지하고 있고 (제23조 제1항 제3호 후단), 동법 시행령은 그 세부유형으로서 '거래상대방에 대하여 자기의 상품 또는 용역을 공급하면서 정상적인 거래관행에 비추어 부당하게 다른 상품 또는 용역을 자기 또는 자기가 지정하는 사업자로부터 구입하도록 하는 행위'(이하 '끼워팔기')를 제시하고 있다(제36조 제1항 [별표 1의2] 제5호 가목).

(2) 배타적 선탑재에 대한 인센티브 지급행위에 적용될 수 있는 규제조항

경쟁사업자와 거래하지 않을 것을 조건으로 인센티브를 지급하는 행위는 시장지배적 지위남용행위 중 '부당하게 거래상대방이 경쟁사업자와 거래하지 아니할 것을 조건

---

38) 2015. 10. 23. 공정위고시 제2015-15호로 개정된 것.
39) 대법원 2008. 12. 11. 선고 2007두25183 판결.
40) 공정위 2006. 2. 24. 의결 제2006-042호.

으로 그 거래상대방과 거래하는 경우(이하 '배타조건부거래')에 해당할 수 있다. 공정거래법은 시장지배적 사업자가 부당하게 경쟁사업자를 배제하기 위하여 거래하는 행위를 금지하고 있고(제3조의2 제1항 제5호 전단), 동법 시행령은 그 구체적인 행위유형 중 하나로 배타조건부거래를 두고 있다(동항 제2호).

공정위는 PC용 CPU 시장에서 시장지배적 지위가 있는 인텔이 국내 PC 시장의 1, 2위 사업자인 삼성전자와 삼보컴퓨터에게 인텔의 경쟁자인 AMD가 생산·판매하는 CPU의 구매를 중단하거나, 인텔이 생산·판매하는 CPU를 전체 구매 CPU 수량 중 일정 비율 이상으로 유지하는 등의 조건으로 각종 리베이트를 제공하여 문제된 사건(이하 '인텔 건')에서 이러한 행위가 배타조건부거래에 해당한다고 판단했으며,[41] 인텔이 취소소송을 제기했으나 서울고등법원이 이를 기각하였다.[42] 이와 비슷하게, 공정위는 퀄컴이 휴대폰 제조사에게 CDMA 모뎀칩과 RF칩을 판매하면서 수요량의 대부분을 자신으로부터 구매하는 조건으로 리베이트를 제공하여 문제된 사건(이하 '퀄컴 건')에서 이러한 퀄컴의 행위가 배타조건부거래에 해당한다고 보아 제재하였다.[43] 이러한 판단은 불복소송에서도 유지되었고,[44] 대법원은 RF칩 조건부 리베이트 제공 중 특정 제조사(엘지전자)에만 리베이트를 제공한 기간은 시장 봉쇄가 있다고 단정할 수 없으므로 과징금 산정에서 이를 제외하라고 판단했지만, RF칩 시장에서의 나머지 기간 동안의 리베이트 제공행위 및 모뎀칩 시장에서의 리베이트 제공행위의 부당성에 대한 판단은 유지되었다.[45]

또한, 일부 거래상대방에 대한 인센티브 지급은 곧 일부 거래상대방에게 다른 거래상대방과 다른 가격에 거래목적물을 지급하는 것으로 볼 수 있으므로 '부당하게 거래상대방에 따라 현저하게 유리하거나 불리한 가격으로 거래하는 행위'(이하 '가격차별')에 해당할 여지가 있다. 공정거래법은 부당하게 거래의 상대방을 차별하여 취급하는 행위를 금지하고 있고(제23조 제1항), 동법 시행령은 그 세부유형으로서 가격차별행위를 제시하고 있다(제36조 제1항 [별표 1의2] 제2호 가목). 퀄컴 건에서 공정위는 퀄컴이 자신들의 모뎀칩을 장착한 휴대폰 제조사에게는 낮은 로열티를 부과한 행위가 가격차별에도 해당한다고 판단하였다.[46]

---

41) 공정위 2008. 11. 5. 의결 제2008-295호.
42) 서울고등법원 2013. 6. 19. 선고 2008누35462 판결. 이는 인텔의 상고 포기로 확정되었다.
43) 공정위 2009. 12. 30. 의결 제2009-281호.
44) 서울고등법원 2013. 6. 19. 선고 2010누3932 판결.
45) 대법원 2019. 1. 31. 선고 2013두14726 판결.
46) 공정위 2009. 12. 30. 의결 제2009-281호.

3. 관련시장의 획정 및 시장지배적 지위

본건 EU 결정에서 EU 집행위원회는 구글이 전 세계(중국 제외) 라이선싱이 가능한 (licensable) 모바일 OS 시장, 안드로이드 모바일 OS용 앱스토어 시장에서 각 시장지배적 지위를 갖는다고 보았다. 그리고 EU 집행위원회는 구글이 이러한 지위에 기반하여 EEA 31개 국가들의 일반 인터넷 검색시장에서의 경쟁을 제한했다고 판단했다. 이와 같은 시장획정기준 및 시장지배적 지위 여부에 대한 판단은 우리나라의 경우에도 비슷하게 적용될 수 있을 것으로 보인다.

먼저, 시장지배적 지위남용행위 심사기준은 관련상품시장을 "특정 상품의 가격이나 용역의 대가가 상당기간 어느 정도 의미있는 수준으로 인상(인하)될 경우 동 상품이나 용역의 대표적 구매자(판매자)가 이에 대응하여 구매(판매)를 전환할 수 있는 상품이나 용역의 집합"으로 정의하고, 특정 상품이나 용역이 동일한 거래에 속하는지 여부를 판단함에 있어 ① 상품이나 용역의 기능 및 효용의 유사성, ② 구매자들의 대체가능성에 대한 인식 및 그와 관련한 구매행태, ③ 판매자들의 대체가능성에 대한 인식 및 그와 관련한 경영의사결정 행태, 그리고 ④ 통계법 제22조(표준분류) 제1항의 규정에 의하여 통계청장이 고시하는 한국표준산업분류를 고려하도록 정하고 있다(Ⅱ. 1.). 포스코 판결에서 시장지배적 지위 판단을 위한 관련상품시장의 획정에 관하여 대법원 또한 비슷한 취지의 판시를 한 바 있다.[47]

본건에서 ① 모바일 OS 라이선스 시장의 경우, OS 개발업체인 구글과 스마트폰 제조사들 사이의 관계사 전 세계적 차원에서 형성되는 것이므로 우리나라의 경우에도 이를 달리 보기 어렵다. 또한 ② 구글이 안드로이드 OS의 코드 소스를 무료로 공개하고 있고, 구글만의 안드로이드 앱이나 서비스의 핵심은 앱스토어인 플레이스토어를

---

47) "관련상품시장은 일반적으로 시장지배적 사업자가 시장지배력을 행사하는 것을 억제하여 줄 경쟁관계에 있는 상품들의 범위를 말하는 것으로서, 구체적으로는 거래되는 상품의 가격이 상당 기간 어느 정도 의미 있는 수준으로 인상 또는 인하될 경우 그 상품의 대표적 구매자 또는 판매자가 이에 대응하여 구매 또는 판매를 전환할 수 있는 상품의 집합을 의미하고, 그 시장의 범위는 거래에 관련된 상품의 가격, 기능 및 효용의 유사성, 구매자들의 대체가능성에 대한 인식 및 그와 관련한 구매행태는 물론 판매자들의 대체가능성에 대한 인식 및 그와 관련한 경영의사결정 형태, 사회적·경제적으로 인정되는 업종의 동질성 및 유사성 등을 종합적으로 고려하여 판단하여야 할 것이며, 그 외에도 기술발전의 속도, 그 상품의 생산을 위하여 필요한 다른 상품 및 그 상품을 기초로 생산되는 다른 상품에 관한 시장의 상황, 시간적·경제적·법적 측면에서의 대체의 용이성 등도 함께 고려하여야 할 것이다."(대법원 2007. 11. 22. 선고 2002두8626 전원합의체 판결).

통해 제공되는 것이므로, 구글 OS 내 앱스토어 시장의 지리적 시장은 모바일 OS 라이선스 시장과 마찬가지로 세계시장 단위에서 획정되어야 할 것이다. 마지막으로, ③ 일반 인터넷 검색시장의 경우 언어나 사회·문화적 장벽으로 인해 국내 인터넷 검색서비스와 해외 인터넷 검색서비스의 대체성이 높지 않다는 점 등을 고려할 때, 기본적으로 관련지역시장을 국내시장으로 획정하는 것이 타당해 보인다.[48]

본건 EU 결정에서 EU 집행위원회는 '라이선싱이 가능한' 모바일 OS 시장을 구분하여 획정하면서, 애플의 iOS와 구글 안드로이드를 서로 다른 시장의 사업자로 보았다. 관련하여 EU 집행위원회는 최종 소비자에 대해 애플 iOS 기기와 구글 안드로이드 기기가 경쟁관계에 있다는 사실이 구글의 OS 시장에서의 지배력에 미치는 영향은 크지 않다고 판단하면서, 그 이유로 ① 최종 소비자의 기기 선택에는 OS가 무엇인지 외에 다양한 요소가 영향을 미치는 점(외관, 브랜드 등), ② 애플의 기기는 통상 안드로이드 기기보다 비싼 가격으로 책정되어 수요자군이 다른 점, ③ 안드로이드 OS 이용자가 애플 기기로 전환 시에는 전환 비용이 발생하는 점(데이터 및 앱, 연락처 등을 더 이상 사용할 수 없고 사용법을 새롭게 학습해야 하는 등), ④ 안드로이드 기기 이용자가 애플 기기를 사용하게 된다 하더라도 애플 기기에도 구글 검색앱이 선탑재되어 있어 이를 계속 사용할 가능성이 높다는 점을 들었다.

그런데 위 EU 집행위원회의 분석 중에는 현 시점 우리나라 모바일 OS 시장에 그대로 적용하기 어려운 것들이 있다. 국내 스마트폰 소비자들은 다른 지역시장에 비해 고가의 프리미엄 스마트폰을 선호하는 경향이 있어,[49] 가격 측면에서 안드로이드 기기와 애플 기기의 소비자 기반이 크게 다르다고 보기 어렵다.[50] 또한 클라우드 서비스

---

48) 다만, 구글이 국가를 불문하고 일반 인터넷 검색시장에서 높은 시장점유율을 갖고 있음을 고려하면, 일반 인터넷 검색시장을 세계시장으로 획정한다고 하더라도 결론에 있어 큰 차이는 없을 것으로 생각된다.

49) 시장조사업체 스트래티지 애널리틱스 통계자료에 따르면 2018년 한국에서 판매된 스마트폰 도매 평균판매 단가(ASP)가 $529(약 59만원)로 세계 2위(1위는 일본)인데, 한국과 일본의 스마트폰 도매평균판매단가가 높은 이유 중 하나로 프리미엄폰 선호 현상이 강하다는 점을 제시하는 견해가 있다[이광영, "韓 스마트폰 평균 도매가 59만원 … 세계 2위", IT조선(2018. 9. 27.), http://it.chosun.com/site/data/html_dir/2018/09/27/2018092701244.html, (2019. 4. 14. 확인)].

50) 삼성전자 공식홈페이지에 게시된 안드로이드 OS가 탑재된 삼성전자의 최신 스마트폰인 갤럭시 S10의 판매가는 1,056,000원부터 시작하고, [삼성전자 홈페이지, https://www.samsung.com/sec/smartphones/galaxy-s10-g973/SM-G973NZIAKOO/(2019. 5. 8. 확인)], 애플 공식홈페이지에 게시된 애플의 최신 스마트폰 아이폰 XR의 판매가는 990,000원에서 시작한다 [애플 공식홈페이지, https://www.apple.com/kr/shop/buy-iphone/iphone-xr(2019. 5. 8. 확인)].

(드롭박스, 원드라이브, 구글 드라이브, 네이버 클라우드 등)의 발달로 인해 각종 데이터를 특정 기기가 아닌 인터넷 클라우드에 저장하는 사용자들이 늘어나고 있어 기기의 전환비용(switching costs)도 예전보다 낮아지고 있다고 볼 여지가 있다.

그러나, 이러한 사정에도 불구하고 구글의 안드로이드와 애플 iOS를 하나의 시장으로 묶기는 어렵다고 생각된다. 먼저, 구글과 삼성, LG 등 스마트폰 제조사 간 관계는 세계시장 차원에서 형성되는 것이고, 국내시장에서 안드로이드 기기와 애플 기기간 전환가능성이 세계 평균보다 높다고 해서 그것이 구글과 스마트폰 제조사 간 관계에 유의미한 영향을 줄 가능성은 높지 않다. 또한, 구글이 모바일 OS 시장에서 애플과 경쟁관계에 있는 것과 마찬가지로, 안드로이드 OS 탑재 스마트폰 제조사들은 최종 기기 시장에서 애플과 경쟁관계에 있다. 따라서 구글이 안드로이드 OS에 관하여 스마트폰 제조사들에게 시장지배적 지위로부터 나오는 영향력을 행사한다고 하더라도, 이들 스마트폰 제조사들은 이러한 영향력 행사가 소비자들의 선택에 영향을 미치지 않도록 최선을 다할 유인이 있다.

결국, 국내 최종 소비자 시장에서 안드로이드 기기와 애플 기기의 전환가능성이 EU 집행위원회가 판단한 것보다 높다 하더라도, 모바일 OS 라이선스가 문제되는 시장에서 안드로이드 OS와 iOS는 별개의 시장에 속한다고 보아야 하며, 본건의 핵심은 구글이 안드로이드 OS 및 안드로이드 OS용 앱스토어 시장에서의 시장지배적 지위를 바탕으로 국내 일반 인터넷 검색시장에서의 경쟁을 제한했는지가 될 것이다.

4. 공정거래법상 시장지배적 지위남용행위(배제남용)의 성립 여부

(1) 앱 결합판매행위의 경우

1) 마이크로소프트 건과 관련 법리의 발전

마이크로소프트 건에서 공정위는 ① 마이크로소프트가 PC 서버 운영체제 시장과 인텔호환 PC 운영체제 시장에서 시장지배적 지위에 있고, ② 결합판매를 통해 부당하게 거래상대방에 대하여 불이익이 되는 거래 또는 행위를 강제하였으며, ③ 이러한 행위가 미디어 서버 프로그램 시장과 메신저 시장, 그리고 미디어 플레이어 시장에서 다른 사업자의 활동을 방해했다고 판단하여 시장지배적 지위남용행위의 성립을 인정하였다.

결합판매로 인한 '불이익강제행위'의 성립 여부를 판단함에 있어 공정위는 마이크로소프트가 ① 서로 다른 별개의 제품(윈도우 서버 운영체제와 WMS, 윈도우 PC 운영체제와 WMP, 윈도우 PC 운영체제와 메신저)을 결합하여 ② 이 중 종된 상품(WMS, WMP, 메신저)을 원하지 않는 거래상대방에게 부당하게 구입을 강제함으로써 ③ 거래상대방의 선택권을 침해하는 등 거래상대방에게 불이익을 초래하였다는 사정을 고려하였다.[51]

'별개의 제품'인지 여부는 끼워팔기(불공정거래행위) 여부 판단 시 기준을 받아들여, 종된 상품이 ① 주된 상품의 밀접불가분한 구성요소가 아니고, ② 주된 상품과 독립하여 거래의 대상이 될 수 있으며, ③ 통상적으로 함께 짝지어 하나의 단위로 판매되지 않는 별개의 제품인지를 중심으로 판단하였다.[52] 주된 상품과 종된 상품이 끼워팔기에서 말하는 '별개의 제품'에 해당하지 않는다면 이를 결합판매하는 것이 구입을 강제하는 것이라거나, 불이익을 초래하는 것으로 보기 어렵다는 점에서 '별개의 제품'에 관한 판단기준은 현 시점에도 그대로 적용될 수 있을 것으로 생각된다.

다음으로, 공정위는 행위의 부당성을 판단함에 있어 '경쟁을 저해할 우려'를 언급하기는 하였으나 끼워팔기의 종전 판단기준인 '거래상대방의 선택의 자유를 제한하는지'를 주된 기준으로 삼은 것으로 보인다. 그런데, 거래상대방의 의사에 반하여 구입을 '강제'했다면 그 자체로 거래상대방의 선택의 자유가 제한되는 것이므로, 별도로 '부당성'이라는 개념을 제시하는 실익이 별로 없다고 생각된다. 나아가, 공정위는 행위의 부당성과 별개로 행위가 '다른 사업자의 활동을 어렵게 하는지'를 판단함으로써, 시장지배적 남용행위로서 결합판매를 규제하는 이유가 그것이 거래상대방의 선택의 자유를 제한하기 때문인지, 아니면 다른 사업자의 활동을 방해하여 경쟁제한효과를 불러오기 때문인지 다소 불분명한 면이 있었다.

---

51) 공정위는 마이크로소프트가 i) 주된 상품의 밀접불가분한 구성요소가 아니고, 주된 상품과 독립하여 거래의 대상이 될 수 있으며, 통상적으로 함께 짝지어 하나의 단위로 판매되지 않는 별개의 제품을, ii) 주된 상품을 원하지만 종된 상품은 원하지 않는 거래상대방에게 부당하게 구입을 강제함으로써 iii) 거래상대방의 선택권과 양질의 제품을 접할 수 있는 기회를 현저히 제약하고, 거래상대방으로 하여금 소비자들에게 불필요한 비용을 지불하도록 하는 불이익을 초래하였다는 사정을 고려해 마이크로소프트의 결합판매행위가 거래상대방에게 불이익이 되는 거래를 강제하는 행위라고 판단하였다.
52) 이러한 기준은 한국토지공사가 비인기 토지를 매입한 자에 대해서만 인기 토지 매입 우선권을 부여한 것이 끼워팔기에 해당하는지가 문제된 사안에서 서울고등법원이 제시한 것이다(서울고등법원 2004. 2. 10. 선고 2001누16288 판결, 대법원 2006. 5. 26. 선고 2004두3014 판결로 확정).

그러나 마이크로소프트 건 이후 포스코 판결을 통해, 불공정행위와 구별되는 시장지배적 지위남용행위의 부당성 판단기준이 확립되었을 뿐만 아니라, 공정위 고시 개정으로 인해 불공정행위로서 끼워팔기의 위법성을 판단하는 기준 또한 변화하였다.

먼저, 포스코 판결로 인해 시장지배적 지위남용행위(배제남용)에서 부당성이란 곧 경쟁제한성을 의미한다는 해석이 확립되었다. 어떤 행위가 시장지배적 지위남용행위인지를 판단하기 위해서는 경제적 효과를 살펴야 하는데, 배제남용의 부당성에 관하여 살펴야 하는 경제적 효과는 '관련시장의 경쟁제한성'이라는 것이다.[53] 위 판결에서 대법원은 시장지배적 지위남용행위로서 ① '거래거절행위'의 부당성은 특정 사업자가 그로 인해 사업활동에 곤란을 겪게 되었거나 곤란을 겪게 될 우려가 발생하였다는 것과 같이 특정 사업자가 불이익을 입게 되었다는 사정만으로는 인정하기 부족하고, ② i) 주관적 요소로서 경쟁제한의 의도나 목적과 함께 ii) 객관적 요소로서 가격 상승이나 산출량 감소 등과 같은 경쟁제한효과 발생의 우려가 모두 인정되어야 하는데, ③ i) 현실적으로 경쟁제한효과가 나타난 경우에는 경쟁제한의 의도나 목적 또한 사실상 추정할 수 있지만, ii) 그렇지 않은 경우에는 거래거절의 경위 및 동기, 행위의 태양, 관련시장의 특성, 거래상대방이 입은 불이익의 정도, 관련시장에서의 가격 및 산출량의 변화 여부, 혁신 저해 및 다양성 감소 여부 등 여러 사정을 종합적으로 고려하여 객관적 요소와 주관적 요소의 존부 모두를 판단해야 한다고 판시하였다.[54]

포스코 판결에서 정립된 부당성 판단기준의 적용범위에 관한 논의도 어느 정도 정리된 것으로 보인다. 거래거절에 의한 사업활동방해행위에 국한된다는 견해나[55] 착취남용을 포함한 시장지배적 지위남용행위 전반에 적용된다는 견해[56] 등 다양한 견해가 있었으나, 실무는 불이익강제행위,[57] 배타조건부거래행위[58] 등 다양한 배제남용행위에 관하여 포스코 판결의 부당성 판단기준을 적용하되, 소비자이익 저해행위 등 착취

---

53) 권오승·서정, 앞의 책, 164면.
54) 대법원 2007. 11. 22. 선고 2002두8626 전원합의체 판결.
55) 곽세붕, "포스코에 대한 대법원 판결내용과 미국 및 EU의 남용행위 판례 비교", 「경쟁저널」 제142호(2009. 1.), 37면.
56) 홍대식, "사법적 관점에서 본 공정거래법: 시장지배적 지위 남용행위를 중심으로", 「상사법연구」 제27권 제2호(2008. 8.), 363면.
57) 대법원 2008. 12. 11. 선고 2007두25183 판결.
58) 대법원 2009. 7. 9. 선고 2007두22078 판결, 법원 2011. 6. 10. 선고 2008두16322 판결.

남용이 문제된 사안에서는 이와 다른 판단기준(소비자이익 저해성 유무)을 적용하는 방향으로 정립되었다.[59]

불공정거래행위 심사지침의 개정으로 인한 끼워팔기의 위법성에 관한 판단기준 변화 역시 부당성과 경쟁제한성의 간극을 없애는 데 일조할 것으로 판단된다. 종전에는 끼워팔기의 위법성을 상대방의 자유로운 선택을 제한하는 등 가격과 품질을 중심으로 한 공정한 거래질서를 저해할 우려가 있는지를 중심으로 판단하였으나,[60] 2015. 12. 31. 끼워팔기의 위법성을 경쟁제한성 위주로 판단하는 방향으로 불공정거래행위 심사지침이 개정되었다.[61]

결국, 시장지배적 지위남용행위로서 불이익강제가 성립하기 위해서는, ① 시장지배적 지위에 있는 사업자가 ② 거래상대방에 대하여 불이익이 되는 거래 또는 행위를 강제하고, ③ 이로 인해 다른 사업자의 활동이 어려워지는 등 관련시장에서의 경쟁제한적 효과가 발생해야 할 것이다.

2) 거래상대방에 대하여 불이익이 되는 거래 또는 행위를 강제하였는지

이에 관하여, 구글 플레이스토어와 검색앱 및 크롬브라우저가 별개의 제품에 해당하는지가 하나의 쟁점이 될 수 있을 것으로 생각된다.

먼저, 구글 검색앱이나 크롬브라우저는 플레이스토어와 밀접불가분의 관계에 있는 것은 아닌 것으로 보인다. 마이크로소프트 건에서 공정위는 주된 상품과 종된 상품이 기능적으로 구분되고, 종된 상품을 제거해도 주된 상품을 정상적으로 이용할 수 있다는 점 등을 고려해 밀접불가분성을 부정한 바 있다. 같은 논리로, 구글 검색앱이나 크롬브라우저는 검색 및 웹서핑 등을 위한 것인 데 반해 플레이스토어는 안드로이드 기기에서 사용되는 각종 앱을 제공하는 역할을 담당하고 있다. 또한, 구글 검색앱이나 크롬브라우저가 없더라도 다른 검색앱이나 브라우저가 있다면 기기를 사용하는데 별다른 문제가 없을뿐더러, 이들을 선탑재하지 않더라도 사용자가 플레이스토어를 통해 매우 쉽고 간편하게 이들을 설치할 수 있다.

다음으로, 구글 검색앱이나 크롬브라우저는 플레이스토어와 독립하여 거래대상이

---

59) 대법원 2010. 5. 27. 선고 2009두1983 판결.
60) 대법원 2006. 5. 26. 선고 2004두3014 판결.
61) 공정거래위원회예규 제241호.

될 수 있고, 본건 EU 결정 이후 유럽에서는 실제로 이들이 결합판매되고 있지 않다. 구글은 구글모바일서비스(Google Mobile Service, 이하 'GMS')라는 이름으로 구글 검색앱, 크롬브라우저, 플레이스토어, 유튜브(비디오 플랫폼), 구글드라이브(클라우드), 지메일(이메일클라이언트), 듀오(영상통화), 구글지도, 구글포토(사진관리), 플레이무비(영화), 플레이뮤직(음악) 등 다양한 앱을 결합하여 라이선싱하고 있는데, 구글의 GMS 웹사이트에는 "EEA에서 출고되는 기기의 GMS에는 Google 앱 및 Chrome이 포함되어 있지 않습니다. 별도로 라이선스를 받으려면 Google에 문의하세요."라는 문구가 명시되어 있다.[62]

하지만, 이들이 통상적으로 함께 짝지어 하나의 단위로 판매되는지에 관하여는 보다 심도있는 논의가 필요할 것으로 보인다. 구글이 GMS를 통해 번들로 제공하는 앱은 대체로 다른 OS 사업자들도 제공하는 것들이며, 이는 검색앱이나 웹브라우저의 경우에도 마찬가지이다. 이와 관련하여 EU 경쟁법 전문가인 피나 아크만(Pinar Akman) 교수도 EU 시장지배적 지위남용행위 지침에서 '별개의 제품'의 판단 기준으로 상당수 소비자들이 끼워팔기나 번들링 없이는 주된 제품을 구매하면서 같은 공급자로부터 종된 제품을 구매하지 않을 것인지를 고려하도록 정하고 있는 점을 언급하며, "만약 상당수의 소비자들이 구글 검색앱과 플레이스토어를 함께 사용하는 것을 원한다면, [EU 집행위원회의] 결합판매 주장에 개념적 문제(conceptual problem)가 야기될 것"이라고 지적하였다.[63]

3) 앱 결합판매행위의 경쟁제한적 의도·목적과 효과

EU 집행위원회는 경쟁제한성을 인정함에 있어 2016년 기준으로 안드로이드 기기에서는 95% 이상이 구글 검색앱을 사용한 데 반해 마이크로소프트의 윈도우 기반 모바일기기 사용자의 경우 25% 미만만이 구글 검색앱을 사용한다는 점을 유의미하게 고려한 것으로 보인다.

그러나 안드로이드 기기에서 구글 검색앱이 많이 사용되고, 윈도우모바일기기에서는 빙 검색이 더 많이 사용되는 것이 단순히 결합판매로 인한 결과인지, 아니면 당초 소비자가 스마트폰을 구매하는 과정에서 검색앱에 대한 선호와 모바일 OS에 대한 선

---

62) 구글의 GMS 공식 홈페이지, https://www.android.com/intl/ko_kr/gms/ (2019. 5. 1. 확인).
63) Pinar Akman, "A Preliminary Assessment of the European Commission's Google Android Decision", Competition Policy International(December 17, 2018), 6면.

호 사이에 양(+)의 상관관계가 있는지에 대해서도 살펴볼 필요가 있다. EU 집행위원회의 보도자료에서는 이러한 점에 대한 검토가 이루어졌는지 확인되지 않는다.

또한, 경쟁제한성이 문제되는 관련시장이 일반 인터넷 검색서비스 시장이라면, 단순히 검색앱의 사용률을 넘어 종국적으로 기기에서 사용되는 검색엔진이 어떤 것인지를 살펴볼 필요가 있다고 생각된다. 구글 검색엔진 사용은 구글 검색앱이나 크롬브라우저를 통한 것에 국한되지 않으며, 구글 외 사업자가 제공하는 안드로이드 웹브라우저나, 데스크톱 등 다른 플랫폼 내 웹브라우저에서도 구글 검색엔진이 높은 점유율을 보이고 있다. 통계조사방식에 차이는 있겠으나, 스탯카운터 통계를 기준으로 2016년 유럽의 검색엔진시장에서 구글이 93.63%, 마이크로소프트 빙이 2.44%를 차지했는데(모든 플랫폼 기준),[64] 안드로이드 OS나 구글 검색앱의 영향력이 전혀 미칠 수 없는 데스크톱용 검색엔진시장에서도 구글이 89.4%, 마이크로소프트 빙이 4.63%를 차지하였다.[65] 이와 관련해, 인터넷 기술의 발전과 모바일 앱스토어의 편리성으로 인해 앱을 설치하거나 삭제하는 것이 과거보다 훨씬 용이해졌다는 점 또한 고려되어야 한다. 아크만 교수도 지적한 바와 같이, 과거에 느린 다운로드 속도나 사용자 친숙성(user familiarity)의 부족으로 인해 WMP의 경쟁 미디어플레이어를 다운로드하는 것이 어려웠던 것과 달리, 현 시점에서 구글 검색앱이나 크롬브라우저의 경쟁 앱을 다운로드하거나 이들 선탑재 앱을 제거하는 것은 매우 간편하고, 시간도 얼마 걸리지 않는다.[66]

현 단계에서 국내에서 구글의 경쟁제한적 의도·목적이나 경쟁제한효과를 면밀히 분석하기에는 한계가 있다. 적어도 외견상으로는 의도나 목적, 그리고 효과 그 어느 것도 확실하지 않아 보인다. 먼저, 검색앱 내지 브라우저앱을 OS에 결합판매하는 것은 구글만이 아니므로, 결합판매만으로 구글에게 경쟁제한적 의도나 목적을 인정하기는 어려울 것이다. 가장 주요한 경쟁 모바일 OS인 애플의 iOS가 탑재된 애플 기기에는 애플의 브라우저앱인 사파리(Safari)가, PC OS 시장에서 독보적인 지위를 유지하고 있는 마이크로소프트의 윈도우 10(Windows 10)에도 자사의 웹브라우저인 엣지(Edge)와 인터넷 익스플로러(Internet Explorer)가 각각 탑재되어 있다. 주요 OS 사업자가 모두

---

64) 스탯카운터, "2016년 유럽 검색엔진 시장점유율", http://gs.statcounter.com/search-engine-market-share/all/europe/2016(2019. 5. 1. 확인).

65) 스탯카운터, "2016년 유럽 데스크톱 검색엔진 시장점유율", http://gs.statcounter.com/search-engine-market-share/desktop/europe/2016(2019. 5. 1. 확인).

66) Pinar Akman, 앞의 글, 5면.

기본 브라우저를 탑재하고 있다는 점을 고려하면 경쟁제한적 효과를 분석하기에 앞서 경쟁제한적 의도와 목적을 인정하기는 쉽지 않을 것으로 생각된다.

경쟁제한적 효과 또한 수치만으로는 명확하지 않아 보인다. 구글 검색앱은 모바일 브라우저가 아니라서 사용률을 확인하기 어렵지만, 안드로이드 OS에 결합판매된 크롬 브라우저의 경우 윈도우 OS에 비해서도 페이지 뷰 기준 시장점유율이 낮아 보인다.[67] 나아가, 검색엔진의 페이지 뷰 기준 시장점유율 역시 데스크톱에서는 1위인 구글이 77.24%, 2위인 네이버가 14.91%인데,[68] 모바일에서는 1위인 구글이 75.26%, 네이버가 21.18%로[69] 오히려 데스크톱에서 모바일보다 구글 검색엔진의 점유율이 높은 상황이다.[70]

(2) 배타적 선탑재에 대한 인센티브 지급행위

1) 충성할인(Loyalty Rebate)에 관한 법리

충성할인이란 자사로부터 상품·서비스를 독점적으로 구매하는 등 거래상대방의 충성도에 따라 할인혜택을 주는 판매전략을 말한다.[71] 이 사건에서 구글의 배타적 선

---

67) 스탯카운터에 따르면 2019. 5. 기준으로 국내 모바일 브라우저 시장에서 크롬브라우저의 점유율은 38.12%, 삼성인터넷의 점유율은 23.98%, 사파리의 점유율은 23.27%이다(각주 35 참조). 같은 시기 국내 모바일 OS 시장에서 안드로이드 OS의 점유율이 72.23%, iOS의 점유율이 27.66%임을 고려하면(각주 33 참조), iOS 사용자 대부분은 사파리를 사용하고, 안드로이드 OS 사용자는 크롬브라우저와 삼성인터넷으로 사용자가 양분되는 것으로 추정할 수 있다. 사안을 단순화하여 안드로이드 OS 이용자 전부가 크롬브라우저 또는 삼성인터넷을 이용하고, 그 비율이 국내 모바일 브라우저 시장 전체에서와 동일하다고 가정하면, 안드로이드 OS 내 크롬브라우저의 점유율은 약 61.38%로, 같은 시기 데스크톱용 브라우저 시장에서 크롬브라우저의 점유율인 63.42%보다 낮은 수치이다[스탯카운터, "국내 데스크톱용 브라우저 시장점유율", http://gs.statcounter.com/browser-market-share/desktop/south-korea(2019. 6. 7. 확인)]. 가정과 달리 iOS 사용자 중에도 크롬브라우저 사용자가 있어 안드로이드 OS 내 크롬브라우저 점유율이 보다 낮을 것이라는 점, 안드로이드 OS 사용자들은 크롬브라우저나 삼성인터넷 외에도 웨일이나 퍼핀 등 다른 브라우저를 사용하는 경우가 있다는 점을 고려하면 안드로이드 OS 내 크롬브라우저의 실제 점유율은 이보다 낮을 것으로 보인다.

68) 스탯카운터, "국내 데스크톱용 검색엔진 시장점유율", http://gs.statcounter.com/search-engine-market-share/desktop/south-korea(2019. 6. 7. 확인).

69) 스탯카운터, "국내 모바일 검색엔진 시장점유율", http://gs.statcounter.com/search-engine-market-share/mobile/south-korea(2019. 6. 7. 확인).

70) 모바일의 경우 안드로이드 OS와 iOS를 모두 포함하지만, iOS에 기본 탑재된 사파리의 기본 검색엔진 또한 구글 검색엔진이라는 점을 고려하면 모바일과 데스크톱을 단순 비교해도 큰 무리는 없을 것으로 생각된다.

71) 공정거래위원회, 알기쉬운 공정거래 경제분석(2012. 7. 13.), 165면.

탑재에 대한 인센티브 지급행위는 충성할인과 경제적 실질이 유사하므로, 충성할인에 관한 법리는 본건의 인센티브 지급행위에도 참고할 수 있을 것으로 보인다.

인텔 건에서 공정위는 ① 경쟁사업자와 거래하지 아니하거나 일정 규모 이하로만 거래할 것을 조건으로 리베이트를 지급하는 것은 경쟁사업자를 배제하기 위한 거래행위에 해당한다고 보았고, ② 부당성 판단에 관하여는 i) AMD의 점유율이 상승하던 시기에 리베이트 제공이 중점적으로 행해진 점 등을 고려해 경쟁제한적 의도 및 목적이 인정되고, ii) 피심인들이 제공한 리베이트의 구속력과 경쟁사업자의 대체거래선 확보의 용이성, 리베이트 제공 기간, 리베이트 거래상대방이 갖는 중요성 등을 고려할 때 경쟁사업자를 배제할 가능성이 크며, 실제로도 경쟁사업자를 배제하는 결과가 초래되었다고 보아 행위의 위법성을 인정하였다.

퀄컴 건에서도 비로소 대법원 판례가 나왔는데, 주된 취지는 인텔 건에서 공정위나 서울고등법원의 판단과 비슷하다. 대법원은 ① 배타조건부거래의 성립요건으로서 '경쟁사업자와 거래하지 아니할 조건'은 시장지배적 사업자에 의하여 일방적·강제적으로 부과된 경우에 한하지 않고, 거래상대방과의 합의에 의하여 설정된 경우도 포함되며, 조건의 이행 자체가 법적으로 강제하는 경우만으로 한정되지 않고, 조건 준수에 사실상의 강제력 내지 구속력이 부여되어 있는 경우도 포함되므로 실질적으로 다른 선택을 하기 어려운 경우 역시 배타조건부거래에 해당할 수 있다고 보았다.

또한, ② 부당성을 판단할 때에는 리베이트 제공으로 인한 거래상대방의 이익 및 최종소비자의 혜택과 경쟁제한성을 함께 고려해야 하며, 리베이트의 지급구조, 배타조건의 준수에 따라 거래상대방이 얻게 되는 리베이트의 내용과 정도, 구매전환 시에 거래상대방이 감수해야 할 불이익의 내용과 정도, 거래상대방이 구매전환이 가능한지 여부를 고려하였는지 여부 및 그 내용, 리베이트 제공 무렵 경쟁사업자들의 동향, 경쟁사업자의 시장진입 시도 여부, 리베이트 제공조건 제시에 대한 거래상대방의 반응, 거래상대방이 리베이트가 제공된 상품 내지 용역에 관하여 시장지배적 사업자에 대한 잠재적 경쟁자가 될 수 있는지 여부, 배타조건부거래행위로 인하여 발생할 수도 있는 비용 절감 효과 등이 최종소비자들에게 미치는 영향 등을 아울러 고려해야 한다고 판시하였다.[72]

---

[72] 퀄컴 건에서 휴대폰 제조사들은 원래의 가격을 지불하고 모뎀칩이나 RF칩을 구매한 다음, 이들 수요량의 일정 부분 이상을 퀄컴으로부터 구매하는 조건을 달성한 후에 리베이트를 지급받았는데, 대법원은 당초 모

2) 인센티브 지급의 위법성에 관한 쟁점

단순한 선탑재 행위와 비교하여, 배타적 선탑재를 조건으로 인센티브를 지급하는 행위는 경쟁제한적 의도나 목적을 인정하기보다 용이할 것으로 생각된다. 퀄컴 건에서와 마찬가지로, 조건 부과로 인한 효율성 증대효과를 생각하기 어려운 반면, 이러한 조건이 경쟁사업자 제품으로 전환을 제약할 가능성을 완전히 배제할 수는 없을 것이기 때문이다.[73] 다만 실제로 경쟁제한의 효과 또는 그 우려가 발생했는지에 관하여는 몇 가지 생각할 부분이 있다.

먼저, 검색앱과 웹브라우저의 '배타적 탑재'가 아니라, '배타적 선탑재'만으로도 배타조건부거래가 인정될 수 있을지가 문제될 것으로 보인다. 아크만 교수는 인텔 건에서 한 대의 PC에 하나의 CPU만이 탑재될 수 있는 것과 달리, 구글이 검색앱 등을 배타적으로 선탑재할 것을 조건으로 하더라도 소비자들이 경쟁 앱을 다운받는 것을 제한할 수 없다는 점에서 차이가 있음을 지적하였다.[74] 앞서 말한 바와 같이 오늘날의 안드로이드 기기에서 소비자가 다른 검색앱이나 웹브라우저를 설치하는 데에는 별다른 시간과 노력이 들지 아니한다는 점을 고려할 때, 배타적 '선탑재'의 제한적 효과는 배타조건부거래의 성립 자체를 부정하는 요소가 되거나, 적어도 경쟁제한효과를 판단함에 있어 중요한 고려요소가 될 것으로 보인다.

구체적인 인센티브의 규모와, 이러한 인센티브가 없을 때 모바일기기 제조사나 이동통신망 사업자들이 구글에게 지불해야 하는 비용의 규모, 그리고 경쟁 검색앱 사업자들이 모바일 기기에 제공하거나 제공할 용의가 있는 비용의 규모 등도 경쟁제한성 판단을 위한 핵심 고려요소가 될 것이다. 구글이 배타적 선탑재에 대해 지급하는 인센티브의 절대적 규모가 크더라도 그것이 모바일기기 제조사 등이 구글에게 지불하는 전체 비용에 비추어 의사결정에 영향을 미칠 수준에 이르지 않거나, 구글로부터 인센

뎀칩 가격은 리베이트 제공을 전제로 협의된 것이고, 제조사가 조건을 충족하지 못하여 리베이트를 받지 못할 경우의 기회비용 상실은 사실상 상당한 금전적 제재로 작용하였다고 보아 모뎀칩 리베이트 제공행위가 배타조건부거래행위라고 보았다. 다만, 대법원은 퀄컴이 엘지전자에 대하여만 RF칩 리베이트를 제공한 기간 동안에는 시장봉쇄효과가 있었다고 단정할 수 없다고 보아 이 부분에 관한 퀄컴의 상고이유 주장이 이유 있다고 판단하였다.

73) 각주 43 참조.
74) Pinar Akman, 앞의 글, 6면.

티브를 받지 못하더라도 경쟁 검색앱 사업자들로부터 비슷한 규모의 비용을 받을 수 있다면 경쟁제한효과는 크지 않을 것이기 때문이다.

5. 불공정거래행위의 성립 여부

(1) 시장지배적 지위남용행위와 불공정거래행위의 관계에 관한 기존 논의

시장지배적 지위남용행위와 불공정거래행위는 구체적 행위유형이 중복되는 경우가 많지만, 그렇다고 완전히 일치하는 것도 아니어서 양자의 관계를 둘러싸고 견해의 대립이 있었다.[75] 종래에는 시장지배적 지위남용의 금지규정이 불공정거래행위의 금지규정에 대하여 특별법적 지위에 있으므로, 시장지배적 사업자에 대하여는 법 제3조의2가 법 제23조보다 우선적으로 적용된다는 입장과[76] 기업이 경쟁관계에서 보이는 일반적 행태를 규제하는 불공정거래행위 금지규정과 독점규제의 성격을 가진 시장지배적 지위남용행위 금지규정은 법리상 중복 적용이 가능하고, 불공정거래행위 중 일부에서 요구되는 시장지배력과 시장지배적 지위남용행위에서 요구되는 시장지배력에는 차이가 있을 수 있는 등 양 규정의 병존 실익이 있으며, 양자의 관계를 일반법-특별법 관계로 정형화하는 것은 무리라는 입장이 대립하였다.[77]

불공정거래행위 심사지침에서는 불공정거래행위가 시장지배적 지위남용행위에도 해당될 경우 후자의 규정을 우선적으로 적용함을 원칙으로 한다고 정하고 있지만(Ⅱ. 3.), 실제 공정위는 결합판매행위(마이크로소프트 건)나 충성할인(퀄컴 건)에 대해 시장지배력 지위남용행위 금지규정과 불공정거래행위 금지규정을 중복 적용하였다.

(2) 본건에서 끼워팔기 및 가격차별행위의 성립에 관한 쟁점

끼워팔기의 경우, 시장지배적 지위남용행위에서 결합판매로 인한 불이익강제의 성립 여부를 판단할 때 이미 주된 상품과 종된 상품이 별개의 제품인지 및 종된 상품에 대한 구입 강제행위가 있었는지, 그리고 이러한 행위가 경쟁제한성을 초래하여 부당한지에 대한 판단이 모두 이루어지기 때문에 불공정거래행위의 성립 여부 판단에서

---

75) 권오승·서정, 앞의 책, 387면.
76) 양명조, 경제법 강의, 신조사, 2003, 80면, 임영철, 공정거래법(개정판), 법문사, 2008, 37-41면 등 다수.
77) 정호열, 경제법(제5판), 박영사, 2016, 375면, 이기종, "공정거래법상 단독의 거래거절의 위법성 판단기준: 미국 셔먼법 제2조의 해석론의 도입가능성을 중심으로", 「상사판례연구」 제14집(2003), 145면.

독자적으로 고려할 요소를 생각하기 어렵다. 충성할인의 경우에도, 상대방과 거래하지 아니할 것을 조건으로 한 할인 등의 혜택이 있다면 가격차별이 발생하는 것은 필연적이고, 그로 인한 경쟁제한효과 역시 시장지배적 지위남용행위로서 배타조건부거래행위의 부당성을 판단하는 과정에서 다루어진다.

따라서 결합판매로 인한 불이익강제행위나, 충성할인으로 인한 가격차별 등 시장지배적 지위남용행위와 불공정거래행위의 부당성 판단기준이 경쟁제한성을 중심으로 하는 경우 시장지배적 지위남용행위가 성립하면서 불공정거래행위가 성립하지 않는 경우를 생각하기 어렵다. 반대로, 시장지배적 지위를 가진 사업자의 불공정거래행위가 경쟁제한효과를 야기하였으나, 그것이 시장지배적 지위남용에서 말하는 관련시장의 경쟁제한효과에는 이르지 못하다고 판단하는 경우 또한 생각하기 어렵다. 게다가 두 법위반이 모두 인정되는 경우 과징금은 법정 과징금 부과비율이 높은 시장지배적 지위남용행위 금지규정에서 정한 바에 따라 부과된다는 점을 고려하면[78] 제재 효과의 측면에서도 중복 규제의 실익이 높지 않다.

두 제도의 관계에 대해서는 아직 이론적으로 정리되어야 할 부분이 많아, 공정위는 현재 추진 중인 공정거래법 전면개편에서 불공정거래행위와 시장지배적 지위남용행위 규제체계 개편을 제외하였다.[79] 하지만 향후 제도 개편 과정에서는 적어도 끼워팔기나 충성할인과 같이 양 규정이 달리 적용되기 어려운 경우에 한해서라도 그 관계를 명확하게 할 필요가 있어 보인다.

IV. 결론

본건 EU 결정으로 인해 구글은 거대 시장인 EU 시장에서 검색앱과 크롬브라우저를 플레이스토어와 함께 라이선싱하기 어렵게 되었다. 나아가 본건 EU 결정은 마이크로소프트 건에서 제기되었던 'OS와 소프트웨어의 결합판매가 어디까지 허용되는 것인지', 그리고 '배타적 탑재'가 아닌 '선탑재'의 경쟁제한효과는 어떻게 볼 것인지에 관한 질문을 모바일 OS 시대로 불러왔는데, 이러한 질문은 애플 iOS 등 라이선스와 무관한

---

78) 마이크로소프트 건과 퀄컴 건 모두 동일한 행위의 경우 시장지배적 지위남용행위 규정 위반에 따른 과징금만 부과하였다.
79) 공정위 보도자료, "공정거래법, 38년 만에 전면 개편", 경쟁정책국 경쟁정책과(2018. 8. 27.), 13면.

OS나 기타 플랫폼에 다양한 기본 앱이 선탑재되는 것은 문제가 없는지에 대한 물음으로도 이어질 수 있다.

또한 본건 EU 결정으로 인해, 이미 한 차례 무혐의 결정이 내려진 미국과 우리나라를 포함한 세계 각지의 경쟁당국이 선탑재 행위를 조사할 가능성이 높아졌다. 특히, 우리나라에는 구글의 안드로이드 OS 기반 모바일기기 생산자 중 가장 큰 규모와 매출을 자랑하는 삼성전자와, 역시 글로벌 모바일기기 시장의 주요 사업자인 엘지전자의 본사가 자리잡고 있고, 네이버(NHN)와 다음커뮤니케이션 등 검색사업자들도 국내시장과 아시아지역시장 등지에서 구글과의 경쟁의지를 불태우고 있어, 본건에 관하여 공정위나 법원이 어떤 결론을 내리든 그 경제적 파급효과는 상당할 것으로 보인다.

본건 이후에도 모바일 소프트웨어나 검색엔진 등을 둘러싸고 다양한 법적 분쟁이 일어날 것으로 예상되는 만큼, 본건을 계기로 IT산업에서의 관련시장 획정 문제 및 행위유형 포섭, 경쟁제한성 판단 등에 관한 법리 발전이 이루어지기를 기대한다.

〈참고문헌〉

[국내문헌]

공정거래위원회, 알기쉬운 공정거래 경제분석(2012. 7. 13.).

권오승 · 서정, 독점규제법-이론과 실무(제3판), 법문사, 2018.

양명조, 경제법 강의, 신조사, 2003.

이재구, 공정거래법 이론, 해설과 사례(제4판), 지식과감성, 2018.

임영철, 공정거래법(개정판), 법문사, 2008.

정호열, 경제법(제5판), 박영사, 2016.

한철수, 공정거래법-시장과 법원리(증보판), 공정경쟁연합회, 2017.

곽세봉, "포스코에 대한 대법원 판결내용과 미국 및 EU의 남용행위 판례 비교", 「경쟁저널」 제142호(2009. 1.).

오승한, "빅데이터 연관 산업의 경쟁제한적 관행 개선을 위한 경쟁법 적용의 타당성 연구", 2018년 법경제분석그룹(LEG) 연구보고서(2018. 12.).

이기종, "공정거래법상 단독의 거래거절의 위법성 판단기준: 미국 셔먼법 제2조의 해석론의 도입 가능성을 중심으로", 「상사판례연구」 제14집(2003).

정영진, '공정거래법상 시장지배적 지위남용의 기준: 미국/EU경쟁법의 몇 가지 시사점', 2009년 하반기 법경제분석그룹(LEG) 연구보고서(2009. 12.).

조성국 · 이호영, "인터넷 검색사업자의 경쟁법적 규제에 관한 연구 -검색중립성 논의와 규제사례 및 그 시사점을 중심으로", 경쟁법연구 31권(2015. 5.).

조현진, "구글의 시장지배적 지위 남용 여부에 대한 법적연구 -최근 유럽연합 집행위원회의 판단을 중심으로-", 「한국법정책학회」 제17집 제3권(2017).

최난설헌, "인터넷 검색시장에서의 공정성 문제 -Google 사례를 중심으로-, 경제법연구 제14권 3호(2015).

홍대식, "사법적 관점에서 본 공정거래법: 시장지배적 지위 남용행위를 중심으로", 「상사법연구」 제27권 제2호(2008. 8.).

홍동표 · 이선하 · 장보윤 · 이미지 · 권정원, "디지털 시장의 특성과 경쟁법 적용: 이론과 사례 분석", 2018년 법 · 경제분석그룹(LEG) 연구보고서(2018. 12.).

홍인정, "모바일 플랫폼 중립성 연구 -구글의 검색 서비스 사전탑재에 대한 규제 필요성 검토-", 2012년 고려대학교 석사학위 논문(2012. 12.).

[국외문헌]

Alison Jones and Brenda Sufrin, "EU Competition Law", Fourth edition, Oxford, 2010.

Benjamin Edelman and Damien Geradin, "Android and competition law: exploring and assessing Google's practices in mobile", European Competition Journal(2016. 10.).

Pinar Akman, "A Preliminary Assessment of the European Commission's Google Android Decision", Competition Policy International(December 17, 2018).

〈Abstract〉

A study on the Competitive Issues of Google's Pre-installation of Android Applications

Min Hee Lee · Sang Jin Park
(Attorney at law, JIPYONG LLC.)

In light of the KFTC's recent announcement that it will look to investigate the actions of Google, this article explores the recent decision of the European Commission(the "EC") regarding Google's business practices regarding Android mobile devices. The EC held that Google, a dominant undertaking in markets for general internet search services, with its licensable smart mobile OS and app stores for the Android OS, abused its market position to strengthen dominance of its position in general internet search. Of the three business practices of Google that were reviewed in the EC case, this article focuses on the first two practices which may have a significant impact on the Korean market as well: i) Google's demand for the pre-installation of its search app along with its browser app as a condition to receiving its app store licence; and ii) its provision of incentives to mobile device manufacturers and mobile network operators on the condition that they exclusively pre-install its search app.

For the tying of Google's search and browser apps, the KFTC may refer to In the Matter of Microsoft(Decision No. 2006-042, Feb 24th, 2006), in which it sanctioned Microsoft for tying Windows Media Service with Windows Server OS, and for tying Windows Media Player and Windows Messenger with Windows PC OS. However, although Microsoft's bundling looks similar to the Google's at a first glance, the fact that in the case of Microsoft, it was much easier for consumers to replace the pre-installed app with another app may lead the KFTC to come to a different conclusion.

Regarding the issue of Google's provision of incentives to device manufacturers and network operators, it is worth looking at In the Matter of Intel(Decision No. 2008-295, Nov 5th, 2008) and In the Matter of Qualcomm(Decision No. 2009-281, Dec 30th, 2009). As professor Pinar Akman points out, the differing degrees of exclusivity conditioned on the pre-installation of a software and the installation of a hardware chip should be considered. In addition, whether the provision of incentives restricts competition will depend on the specific details and size of such incentives - the value payable by the device manufacturers or network operators to

Google in the absence of such incentives, the price offered or offerable by other competing search app businesses will also be key considerations. Even if the incentives provided by Google in exchange for exclusive pre-installation are sizeable, if such incentives are unaffecting when compared to the overall price payable to Google by the device manufacturers and network operators, then the provision of such incentives is unlikely to be seen as limiting competition. Finally, this article also notes that the relationship between abuse of market-dominating position and unfair trade practices should be reconsidered, at least for the types of unfair trade practices that are focused on restriction on competition, such as tying and loyalty rebates. Along with the EC's decision, the KFTC's decision in this area is expected to have a tremendous impact not only on the mobile industry, but also on global competition law.

주제어(Keywords): 공정거래법(Monopoly Regulation and Fair Trade Act), 시장지배적 지위남용행위(Abuse of Market-dominating Positions), 결합판매(Bundling), 끼워팔기(Tying), 배타조건부거래(Exclusive-dealing), 가격차별(Price discrimination), 충성할인(Loyalty Rebates), 구글(Google), 안드로이드(Android)

미국 AMEX카드 판결과
양면시장 이론의 경쟁법적 적용*

김지홍 · 김승현 변호사

목 차

〈국문초록〉

'플랫폼 경제'의 성장과 함께 양면시장에 대한 경쟁법상 규제가 화제다. 플랫폼 사업자는 둘 이상의 이용자 집단을 매개하면서, 서로 다른 이용자 집단의 존재에 의해 가치를 창출한다. 이때 플랫폼 사업자가 한쪽 집단에 부과하는 가격이나 반경쟁적 행위는 그 집단에 의존하는 다른 쪽 이용자 집단에게도 영향을 미치고, 그 효과는 다시 다른 쪽 집단에 의존하고 있던 그 이용자 집단에게 돌아온다. 이러한 현상을 분석하기 위한 이론적 틀이

---

* 이 글은 『저스티스』 제176호(2020. 2.), 한국법학원에 게재된 논문이다.(경제법판례연구회 발표문(2018. 12. 26.) 수정 · 보완)

'양면시장 이론'이다. 양면시장 이론에 대해서는 개념 정의 단계에서부터 논란이 많고, 특히 이를 경쟁법 집행의 장면에서 어떻게 접목시켜야 하는지에 관해서는 의견이 첨예하게 대립하고 있다.

미국 연방대법원이 2018. 6. 선고한 AMEX카드 판결은 이 문제에 법원이 정면으로 답한 최초의 사건이다. 양면시장 이론 및 규제에 대한 치열한 논란을 반영하듯, 연방대법원의 입장은 다수의견(5명) : 소수의견(4명)으로 나뉘었다. 다수의견은 신용카드 시장을 '양면 거래시장'으로 정의하면서, 시장획정과 경쟁제한효과 입증 모두에서 전통적인 경쟁법적 접근과는 다른 방식을 취할 것을 요구하였다. 이는 혁신산업에 대한 과대집행의 오류를 경계하는 입장을 대변한다. 반면, 소수의견은 양면시장에 해당하는지 여부를 기준으로 전혀 다른 경쟁법적 분석을 요구할 경우 규제의 공백이 발생할 수 있다는 우려를 담고 있다.

본고에서는 AMEX판결을 시작으로, 양면시장의 정의와 분류, 관련시장 획정, 시장지배력 판단, 경쟁제한성 판단 및 현실적인 집행의 문제를 분석한다. 이에 대해 각국 경쟁당국과 법원, OECD는 어떤 입장을 취하고 있는지 살펴본다. 미국 연방대법원이 선제적으로 양면시장 이론의 유용성을 인정하고 경쟁당국으로 하여금 규제현장에서 이를 적극적으로 활용하도록 이끌면서, 양면성에 대한 고민은 '자율'의 영역을 넘어 필수적인 고려 요소로 자리 잡았다. 양면시장에 특유한 경쟁의 동태를 이해하고, 경쟁법 영역에서 더욱 정교한 법리와 분석틀을 마련할 필요가 있다.

I. 서론

디지털 경제의 새로운 강자는 온라인 플랫폼이다. 일련의 상품과 판매자를 검색·평가하고, 이용자와 매칭해주는 '플랫폼'의 기능이 두드러지고 있다. 인터넷포털 이용자는 원하는 상품을 검색함으로써 다양한 판매자와 접촉하고, 판매자는 검색광고료를 지급함으로써 자신을 인터넷포털에 노출시킨다. 이때 플랫폼은 둘 이상의 이용자 집단을 매개한다. 그리고 서로 다른 이용자 집단의 존재에 의해 가치를 창출한다.[1] 따라서 플랫폼 사업자가 한쪽 이용자 집단에게 취한 반경쟁적 행위는 그 집단에 의존하는 다른 쪽 이용자 집단에게도 영향을 미친다. 그 효과는 다시 다른 쪽 집단에게 의존하고 있던 그 이용자 집단에게 돌아온다. 이를 보여주는 것이 플랫폼의 '양면성(혹은 다면

---

1) OECD, *Rethinking Antitrust Tools for Multi-Sided Platforms*, 2018, p. 3.

성)'이다.

플랫폼 자체가 새로이 등장한 사업모델은 아니다. 다만, 온라인 플랫폼의 규모와 이용자의 범위가 급격히 증가함에 따라 플랫폼 시장의 경쟁법적 함의도 주목받기 시작했다. 기존의 접근법으로는 양면성을 지닌 플랫폼의 성격을 제대로 반영하지 못해, 과소집행 또는 과대집행의 오류가 발생할 수 있다는 것이다. 그래서 등장한 분석틀이 '양면시장 이론'이다. 그 이론을 경쟁법 집행에 어떻게 접목시켜야 하는지 문제가 된다. 플랫폼 시장이 과연 전통적인 시장과 본질적으로 다른지, 무엇이 다른지, 그것이 경쟁법 집행에 규범적으로 반영되어야 할 차이인지, 반영하는 방법은 무엇인지, 격론이 활발하다.

미국 연방대법원이 2018. 6. 선고한 Ohio v. American Express Co. 판결(이하 'AMEX카드 판결')은 이 물음에 법원이 정면으로 답한 최초의 사건이다. 입장은 다수의견(5명) : 소수의견(4명)으로 갈렸다. 양면시장 이론에 관한 극명한 견해 대립을 대변한다. 다수의견은 신용카드 사업자는 카드소지자와 카드가맹점을 연결하는 양면 플랫폼에 해당하므로, 전통적인 경쟁법상 접근과는 다른 접근법을 취해야 한다고 보았다. 그렇지 않으면 사업자에 대한 과대집행 문제가 발생한다고 보았다. 소수의견은 양면시장의 특수성은 그처럼 전혀 다른 경쟁법적 접근을 요구하지도, 정당화하지도 않는다고 보았다. 그러한 새로운 접근법이 현실적으로 규제의 공백을 낳을 수 있다는 우려가 담겨있다.

AMEX카드 판결의 의미는 크다. 그간 양면시장에 관한 논의는 분분했지만, 법원과 규제당국은 그 이론을 실무에 적용하는 데 소극적이었다. 이를 잘 보여주는 것이 AMEX카드 사건에서 이목을 끌었던 미국 법무부(이하 'DOJ')의 태도다. 아직 양면시장에 관한 법리를 세우기에는 시기상조라는 이유로, 미국 DOJ는 연방대법원에 상고심 심리에 반대하는 의견서까지 제출해가면서 상고를 포기했다. AMEX카드 판결은 이러한 경향을 뒤집은 이정표라 할 만하다. 연방대법원은 양면 플랫폼 사업자 규제에 관해 나름대로의 접근 방법을 제시하면서, 경쟁법 집행의 구체적인 장면에서 양면시장 논의를 선도하겠다는 결단을 취했다.

아래에서는 AMEX카드 사건의 개요(II)와 연방대법원의 판결 내용(III)을 구체적으로 살펴본다. 양면시장의 개념과 특징을 소개하고, 경쟁법적 쟁점에 따라 양면시장에 관한 논의를 분석한 뒤 각국 실무의 입장을 살펴본다(IV). 이에 기초해 양면시장 이론의 경쟁법적 적용 문제, AMEX카드 판결에 대한 평가와 한국에 던지는 함의에 관하여 본다(V).

II. AMEX카드 사건의 개요

미국의 일반 신용카드 시장[2])에서는 Visa, Mastercard, American Express Card(이하 'AMEX카드'), Discover 등 4개사가 경쟁하고 있다.[3] 1980년대말 AMEX카드는 선발사업자였던 Visa/Mastercard와 경쟁하기 위해 '멤버십 리워드 프로그램(Membership Reward Program)'이라는 새로운 비즈니스 모델을 도입했다. 이는 AMEX 카드소지자들에게 카드 사용에 대한 리워드(예: 카드 포인트, 마일리지)를 제공하고, 대신 카드가맹점들로부터 경쟁사업자보다 높은 가맹점수수료를 징수하는 내용이었다.

'멤버십 리워드 프로그램' 도입으로 AMEX카드의 시장점유율이 현격히 증가하자, Visa/Mastercard는 AMEX카드 가맹점포 숫자가 상대적으로 적은 점에 착안하여 "우리는 어디서나 받아요(It's everywhere you want to be)", "우리는 Visa를 선호해요(We prefer Visa)"와 같은 광고를 통해 AMEX 고객들로 하여금 자신들의 카드를 사용하도록 유도(steering)하려 하였다. 그러자 AMEX카드는 "고객들에게 AMEX카드 이외의 다른 카드 이용을 권장해서는 안 된다"는 이른바 Anti-steering 의무를 가맹점들에게 부과하고 (이하 'Anti-steering 조항'[4]), 이를 어기는 가맹점들에게 가맹점 계약 해지 등 불이익을 주었다.

이후 Visa/Mastercard도 AMEX카드와 유사한 리워드 프로그램을 도입하였고, Anti-steering 의무도 Visa/Mastercard 가맹점에게 부과하였다.

---

2) 소비자들이 현금 대체 결제수단으로서 사용하는 카드에는, 이들 4개사의 일반 신용카드(GPCC카드: General Purpose Credit and Charge Card) 외에 직불카드(debit card), 개별 사업자가 발행하는 사적 카드(private card) 등이 있다{ *U.S. v. Am. Exp. Co.*, 88 F.Supp.3d 143(E.D.N.Y. 2015) at 153}.

3) 신용카드 4개사의 2013년 현재 미국시장점유율은 거래규모(transaction volume) 기준으로 Visa와 Mastercard 가 각각 45%, 23.3%였고, AMEX카드는 26.4%, Discover는 5.3%였다{ *Ohio v. Am. Express Co.*, 138 S. Ct. 2274, 201 L. Ed. 2d 678(2018) at 5}.

4) AMEX카드는 이를 '차별금지조항(Non-Discrimination Provision: NDP 조항)'이라 불렀다. 이러한 NDP 조항 혹은 Anti-Steering 조항은 1950년대 AMEX카드가 신용카드 시장에 처음 진출하였을 때부터 표준가맹점계 약서에 포함되어 있었는데, 1990년대 중반 Visa/Mastercard와 경쟁이 심해지면서 이 내용을 좀 더 강화하고 적극적으로 집행하기 시작했다.

미국 법무부와 11개 주 정부들은 이 같은 가맹점에 대한 Anti-steering 의무 부과가 셔먼법 제1조[5]에 위반한 수직적 합의에 해당한다면서 2010. 10.경 AMEX카드, Visa, Mastercard를 상대로 소송을 제기하였다. Anti-steering 조항은 AMEX카드 가맹점들이 AMEX카드 회원에게 더 수수료율이 낮은 신용카드를 사용하도록 권장할 수 없게 만들어, 신용카드사 간 경쟁을 제한하고 결과적으로 카드가맹점 및 소비자들로 하여금 더 높은 가격을 부담하게 만들었다는 주장이었다.

Visa/Mastercard는 Anti-steering조항을 가맹점 계약에서 삭제한다는 내용의 동의의결(consent decree)에 서명하였다. 반면, AMEX카드는 끝까지 소송으로 다투었고, 연방 뉴욕동부지구 지방법원은 미 법무부 등 원고 승소 판결을 내린 반면,[6] 연방 제2지구 항소법원은 AMEX카드의 손을 들어주었다.[7] 연방대법원은 5(청구기각) : 4(청구 인용)[8]의 근소한 차이로 의견이 갈려 AMEX카드가 승소한 항소심 판결이 그대로 확정되었다.[9]

III. 미국 연방대법원 AMEX카드 판결의 요지

1. 다수의견

다수의견은, Anti-steering 조항은 '수직적 제한'에 해당하므로 그 위법성은 '합리의 원칙(rule of reason)'에 따라 판단해야 하고, 합리의 원칙에 따르면 경쟁당국이 먼저

---

5) 셔먼법 제1조(Trusts, etc., in restraint of trade illegal; penalty) Every contract, combination in the form of trust or otherwise, or conspiracy, in restraint of trade or commerce among the several States, or with foreign nations, is declared to be illegal[…].

6) *U.S. v. Am. Exp. Co.*, 88 F.Supp.3d 143(E.D.N.Y. 2015), 이하 '제1심 판결'.

7) *U.S. v. Am. Exp. Co.*, 838 F.3d 179(2d Cir. 2016), 이하 '제2심 판결'.

8) 다수의견에는 John Roberts 대법원장 및 Clarence Thomas, Anthony Kennedy, Samuel Alito, Neil Gorsuch 대법관이 가담했고, 소수의견에는 Stephen Breyer, Ruth Bader Ginsburg, Sonia Sotomayor, Elena Kagan 대법관이 가담했다.

9) *Ohio v. Am. Express Co.*, 138 S. Ct. 2274, 201 L. Ed. 2d 678(2018)(이하 '본건 판결'). 원고들 중 11개 주 정부는 연방대법원에 상고하였으나, 연방경쟁당국인 법무부는 상고를 포기하였고 나아가 상고심 심리를 반대하는 의견서까지 제출하였다(DOJ, "Brief for the United States in opposition", On petition for a writ of Certiorari to the United States Court of Appeals for the Second Circuit, 2017. 8). 이러한 경위로 AMEX카드 사건의 사건명은 "*U.S. v. American Express Company*"였다가 상고심에서 "*Ohio v. American Express Company*"로 바뀌었다. 미국 법무부가 상고를 반대한 이유는 아래 V.1.항에서 상세히 살펴본다.

관련 시장에 실질적인 경쟁제한효과(substantial anticompetitive effect)가 발생했다는 점을 입증해야 하는데,[10] 경쟁당국이 Anti-steering 조항의 경쟁제한성에 관해 1차적 입증책임을 다하지 못하였다고 보았다. 신용카드 시장은 이른바 '양면거래시장(two-sided transaction market)'으로 카드소지자 쪽과 카드가맹점 쪽을 묶어서 하나의 단일시장(single market)으로 보아 시장지배력 및 경쟁제한성을 분석했어야 하는데, 법무부 등 경쟁당국들은 카드가맹점 쪽 시장만을 놓고 분석을 하는 우를 범했다는 것이다. 다수의견의 요지를 정리해 보면 다음과 같다.

- 2개의 서로 다른 상품·서비스를 2개의 서로 다른 집단에 제공하는 사업자를 '양면 플랫폼(two-sided platform)' 사업자라 부른다.
- 신용카드의 경우, 카드소지자 측면의 거래와 카드가맹점 측면의 거래는 반드시 동시에 일어나는데, 이러한 플랫폼을 특별히 '양면 거래 플랫폼(two-sided transaction platform)'이라 부른다.
- 양면시장은 '간접적 네트워크 효과(indirect network effect)'를 보인다는 점에서 전통적 시장과 차이가 있다. 즉, 한쪽 이용자 집단에 대한 플랫폼의 가치가 다른 쪽 이용자 집단의 규모가 얼마나 큰지에 따라 달라지게 된다. 예컨대, AMEX카드소지자 입장에서는 AMEX카드를 사용할 수 있는 가맹점들이 많으면 많을수록 AMEX카드서비스의 가치가 높아지며, 반대로 카드가맹점 입장에서도 AMEX카드를 소지한 소비자가 많으면 많을수록 AMEX카드 가맹의 효용이 높아지는 것이다.
- 간접적 네트워크 효과로 말미암아, 양면시장에서 한쪽 수요에 대한 가격(예: 가맹점수수료)을 인상하는 경우, 그쪽 수요(가맹점 수요)만 감소하는 데 그치지 않고 다시 반대편 수요(예: 카드소지자)도 감소하게 된다. 카드가맹점 숫자가 줄어들게 되면, 카드소지자 입장에서 카드의 효용이 그만큼 줄어들기 때문이다. 이른바 '피드백 루프(feedback loop)' 현상이 발생하는 것이다.
- 그 결과 양면 플랫폼 사업자는 양측에 대한 가격을 따로따로 결정하는 대신 사업자에게 가장 많은 이익을 주는 구조로 양측 가격을 결정하게 되며, 통상 수요

---

10) '합리의 원칙'에 따르면, ① 원고가 먼저 관련 시장에 실질적인 경쟁제한 효과가 발생했다는 점을 입증해야 하고 ② 그럼 입증책임이 전환되어 피고가 친경쟁적인 합리화 사유가 있었음을 증명해야 하며, ③ 이 경우 다시 입증책임이 원고에게로 넘어와 피고가 주장하는 친경쟁적 효율성이 경쟁제한성이 덜한 다른 수단으로도 합리적으로 달성 가능하다는 점을 원고가 입증해야 한다(본건 판결 9-10면).

탄력성이 높은 쪽에 원가보다 낮거나 음의 가격(negative price)을 부과하는 경우가 많다. 카드소지들은 복수의 신용카드를 가지고 있기 때문에 쉽게 다른 카드로 넘어갈 수 있고, 이런 높은 수요탄력성은 카드소지들에게 전혀 수수료를 받지 않거나 납부한 연회비보다 더 많은 혜택을 주게 만든다.

- 신문구독/신문광고 시장은 간접적 네트워크 효과가 미미하거나 한쪽 방향으로만 작동하고,[11] 양쪽 거래가 각기 별개로 일어나기 때문에 2개의 시장으로 나누어 볼 수 있다. 반면, 신용카드와 같은 양면거래시장은 ① 간접적 네트워크 효과가 분명하고, ② 어느 한쪽과의 거래 없이는 다른 쪽 거래도 일어나지 않는다는 점에서 양쪽을 묶어서 하나의 시장(single market)으로 보아야 한다.

- 따라서, 경쟁당국은 양면 신용카드 시장 전체를 놓고 보았을 때 AMEX카드가 시장지배력을 가지고 있다는 점과, 시장 전체의 거래비용을 경쟁적 수준 이상으로 증가시키거나 경쟁적 수준 이하로 전체 거래량을 감소시켰다는 등의 경쟁제한효과를 입증했어야 한다.

- 그러나, 경쟁당국은 양 측면을 동시에 고려한 신용카드 '거래'의 가격이나 이윤을 측정할 수 있는 방법조차 제시하지 못했다. AMEX카드가 Visa/Mastercard 등 경쟁사보다 높은 가맹점수수료를 부과한다는 사정만으로는 부족하다. 이는 AMEX카드가 경쟁사업자들보다 더 많은 비용을 쓰고 있다거나 이를 통해 더 많은 효용(예: 고객 리워드)을 창출하고 있다는 의미일 수 있기 때문이다.

- 경쟁당국은 AMEX카드가 가맹점수수료를 장기간 계속 인상하였음에도 인상한 금액을 전액 소비자들에게 리워드 방식으로 돌려주지 않았다는 점을 지적하나, 이것만 가지고 경쟁이 제한되었다고 할 수는 없다. 도리어 관련 기간 중 신용카드 시장이 급속히 확대되고, 가맹점수수료가 장기적으로 낮아진 점 등을 고려하면, AMEX카드의 Anti-steering 조항은 신용카드 사업자 간 경쟁을 촉진시키고 신용카드 거래서비스의 질과 양을 늘렸다고 할 수 있다.

- 그렇다면, 경쟁당국이 Anti-steering 조항의 경쟁제한성에 대한 1차적 입증책임을 다 하지 못한 이상 이를 위법하다고 할 수 없다.

---

11) 신문에 광고를 게재하는 광고주들은 신문 구독자의 숫자에 민감하지만, 신문구독자들은 신문에 게재된 광고의 숫자에 무관심하거나 광고가 많은 것을 선호하지 않는다.

2. 소수의견

Breyer 등 4명의 대법관은 다수의견과 정면으로 배치되는 소수의견을 내었는데 그 요지는 다음과 같다.

- Sherman법 제1조 위반 여부를 판단하기 위해서 복잡한 시장획정을 반드시 선행해야 하는 것은 아니며, 산출량 감소와 같이 실제 경쟁제한 효과가 발생한 경우 이를 생략할 수 있는데, 제1심 판결에 의하면 다음과 같은 경쟁제한 효과가 실제 발생하였다.
  - ① AMEX카드는 5년 동안 20차례에 걸쳐 가맹점수수료를 인상하였는데, 그럼에도 불구하고 AMEX카드의 시장점유율은 감소하지 않았다. 이는 AMEX카드가 시장지배력을 가지고 있다는 의미다.
  - ② AMEX카드는 인상한 가맹점수수료만큼 카드소지자들에 대한 혜택을 늘리지도 않았다.
  - ③ 후발주자인 Discover사는 "고객들에게 Discover카드를 사용하도록 권유(steer)해 주면 가맹점수수료를 추가로 깎아주겠다"고 제안하는 사업모델을 시도했는데, Anti-steering 조항 때문에 실패로 돌아갔다.
- 결국, 시장을 어떻게 획정하든 AMEX카드는 일정한 시장지배력을 갖고 있다고 할 것이다. Anti-steering 조항은 신용카드 사업자 사이의 가격경쟁(가맹점수수료 인하 경쟁)을 원천적으로 봉쇄하는 것으로(인하해주어봐야 고객들에게 더 좋은 카드 쓰라고 권할 수 없으므로), 실제 AMEX카드 등 카드사들은 사업 위축 우려 없이 가맹점수수료를 인상할 수 있었던바, 종국적으로 소비자들이 더 높은 가격을 지불하게 된 셈이다.
- 다수의견은 "양면 거래시장에는 몇 가지 특징이 있으므로 복수의 시장을 하나의 단일시장으로 보아야 한다"는 것인데, 그 특징이 왜 경쟁법적으로 양면 거래시장만 다르게 취급해야 할 이유가 되는지 설명하지 못한다.
- 한편, 다수의견과 같이 신용카드 시장을 하나의 시장으로 보더라도 경쟁제한효과는 일응 발생하였다. AMEX카드는 인상된 가맹점수수료만큼 카드소지자에게 리워드 등 혜택을 추가로 제공하지 않았다는 것인데, 그렇다면 카드소지자/카드

가맹점 양측의 가격을 동시에 고려하더라도 그 순가격(net price)은 인상된 것이기 때문이다.

- 그렇다면, '합리의 원칙'에 따라 AMEX카드가 Anti-steering 조항의 친경쟁적 효과에 대한 2단계 입증을 통해 책임을 면할 수 있는지 여부는 별론으로 하더라도, 경쟁당국의 1단계 입증책임은 모두 완수한 것이다.

IV. 양면시장에 관한 논의와 실무

1. 양면시장의 개념과 특징

Rochet & Tirole이 2003년 양면시장에 관한 효시적 논문을 발표한 이래,[12] 양면시장[13]은 경제학계 및 공정거래학계로부터 많은 관심을 받아 왔다. Rochet/Tirole(2003) 이후 양면시장을 정의하기 위해 다양한 시도가 있었지만, 아직까지도 통일된 정의는 마련되지 못한 것으로 보인다.[14] 그만큼 양면시장이 무엇인지, 이를 어떻게 보아야 하는지 논란이 많은 것이다. 다만 다음과 같은 세 가지 특징을 갖는다는 점에 대해서는 대체로 의견이 수렴하고 있다.[15]

① 수요를 달리 하는 복수의 소비자 그룹의 존재: 서로를 필요로 하는 복수의 다른 소비자그룹이 플랫폼[16]을 통해 상호작용하며, 양면 플랫폼 사업자는 이들 각 그룹에 서로 다른 상품 또는 서비스를 제공한다.

② 간접적 외부효과의 존재: 한쪽 면의 이용자가 실현하는 가치가 다른 쪽 이용자의 규모가 증가함에 따라 함께 증가한다.

③ 가격 구조의 비중립성: 양쪽 면에 부과되는 가격의 총합(price level)을 그대로 유지한 채, 그 구조(price structure)를 바꾸는 것만으로(즉, 한쪽의 가격을 높이고 다

---

12) Jean-Charles Rochet & Jean Tirole, "Platform Competition in Two-Sided Markets", *The European Economic Association,* Vol. 1, Issue 4(2003. 6).

13) 양면시장은 학자들에 따라 '양면시장(two-sided market) 이론' 혹은 '다면시장(multi-sided market) 이론'이라 부르는데, 본고에서는 구분 없이 '양면시장 이론'이라 부른다.

14) OECD, *Policy Roundtable: Two-Sided Markets*, DAF/COMP(2009)20, 2009. 12, p. 11.

15) *Ibid.,* p. 11.

16) '플랫폼'이란 상호작용을 원활하게 할 수 있도록 제공된 물리적, 가상적, 제도적 환경을 말한다{변정욱·김정현, "온라인 양면 거래 플랫폼의 시장획정 및 시장지배력 판단", 경쟁법연구 제37권(2018. 5), 119면}.

른 쪽의 가격을 낮추는 것만으로) 거래량이 달라진다. 예컨대, 신용카드 사업자가 카드소지자 및 카드가맹점에 부과하는 수수료의 합계가 동일한 상황에서 카드소지자에게 부여하는 리워드(음의 가격)를 늘리고 대신 그만큼 가맹점수수료를 인상하는 경우, 가격수준(price level)은 동일하지만 리워드에 대한 소비자들의 수요탄력성이 더 커 카드거래량이 증가할 수도 있다.

2. 양면시장의 구체적 사례와 분류

양면시장의 사례로는 신문(구독자/광고주), 방송(시청자/광고주), 인터넷포털(검색사용자/광고주), 오픈마켓(소비자/판매자), 중매서비스(남성/여성), 학술잡지(논문기고자/논문구독자), PC운영시스템(PC사용자/소프트웨어 개발자), 신용카드(카드소지자/카드가맹점), 부동산중개(판매자/구매자), 에어비앤비(건물주/숙박객) 등이 거론되는데,[17] 이를 어떻게 분류할지에 대해서도 여러 시도가 있다.

대표적으로 David S. Evans는 플랫폼 사업자의 역할과 기능에 따라 세 가지 유형으로 분류한다. ① 부동산중개업, 오픈마켓 등과 같이 복수 집단 간의 거래가 형성되는 공간으로서 역할을 수행하는 '시장 조성자(Market Maker)' 유형, ② 신문, 방송, 인터넷포털과 같이 콘텐츠 제공을 통해 청중을 모집하고 이들을 광고주에게 광고대상으로 제공하는 '청중 조성자(Audience Maker)' 유형, ③ 신용카드사업이나 PC운영시스템과 같이 다수 집단 간의 수요를 결합하고 조정함으로써 간접적 네트워크 효과를 창출하는 재화나 서비스를 만들어 내는 '수요 조정자(Demand Coordinator)' 유형이 그것이다.[18]

반면, Eric Van Damme, Lapo Filistrucchi 등은 ① 양쪽 소비자 사이에 거래가 동시적으로 직접 이루어지는 '양면 거래시장'과 ② 그러한 상호작용이 양쪽 소비자 그룹 사이에 존재하지 않는 '양면 비거래시장'으로 구분한다.[19] 이 견해에 의하면, Evans의 '수요 조정자' 유형은 그 작동 방식에 따라 양면 거래시장(예: 신용카드)과 양면 비거래

---

17) Gönenç Gürkaynak, Öznur İnanılır,Sinan Diniz & Ayşe Gizem Yaşar, "Multisided markets and the challenge of incorporating multisided considerations into competition law analysis", *Journal of Antitrust Enforcement*, Volume 5, Issue 1(2017. 4), p. 101.

18) David S. Evans, "The Antitrust Economics of multi-Sided Platform Markets", *Yale Journal on Regulation* Vol 20(2003); 황창식, "다면적 플랫폼 사업자에 대한 공정거래규제", 정보법학 제13권 제2호(2009), 101-102면에서 재인용.

19) Eric Van Damme, Lapo Filistrucchi, Damien Geradin, Simone Keunen, Tobias Klein, Thomas Michielsen & John Wileur, *Merger in Two-Sided Markets - A Report to the NMa*, 2010. 7.

시장(예: PC운영시스템)으로 다시 나뉠 수 있다. AMEX카드 판결의 다수의견은 이 같은 분류법에 입각하여 신용카드 시장을 '양면 거래시장'에 해당한다고 보았다.

3. 양면시장의 경쟁법적 함의와 새로운 분석 시도

양면시장의 특수성에 주목한 학자들은, '단면시장'을 전제로 개발된 전통적 경쟁법 원리들은 양면 시장에 적용할 수 없거나 대폭 수정되어야 한다고 주장한다.[20] 전통적인 이론을 대체하는 새로운 분석틀을 제시하기 위해 다양한 시도가 이루어지고 있다.

(1) 관련시장 획정과 SSNIP 테스트의 수정

먼저, 각 면을 별도의 시장으로 보지 말고 하나의 시장으로 보아야 한다는 견해다. 이것이 '양면시장'의 차별성을 주장하는 이론의 핵심이다. 다만 양면시장도 그 종류가 매우 다양한데, 어디까지 하나의 시장으로 보아야 하는지는 의견이 분분하다.

Filistrucchi 외 3인(2014)은 '양면 비거래시장'은 서로 밀접히 연관된(interrelated) 두 개의 시장으로 보되, '양면 거래시장'은 하나의 시장으로 보아야 한다고 주장한다.[21] 양면 거래시장의 경우 양 측면의 거래(예: 카드소지자에 대한 신용 서비스 제공과 카드가맹점에 대한 즉시지불 서비스 제공)가 동시에 이루어지기 때문에 사업자 입장에서 양측에 대한 가격부과(price structure) 및 이윤극대화 전략은 동시에 추구되고 실현되는바, 이를 하나의 시장으로 보는 것이 타당하다는 것이다. 이때 관련상품은 '해당 플랫폼을 통한 거래 가능성'이라고 본다. 이렇게 보면, 점주와 소비자 간 지불결제에 관한 거래라는 점에서 '신용카드 거래'와 '현금 거래'는 대체재 관계에 있게 되고, 이는 시장획정 및 시장지배력 판단에 고려되어야 한다. 반면, '양면 비거래시장'의 경우 양 측면의 거래가 별도로 존재하고 요금 부과 역시 별도로 이루어지므로 별개의 시장으로 획정하되, 그 '간접적 네트워크 효과'를 추가적으로 고려하면 된다고 한다. 한편, '간접적 네트워크 효과'는 반드시 쌍방향으로 양(+)의 효과를 낳는 것은 아니며 일방으로만 작용하거나 오히려 한쪽은 양(+), 한쪽은 음(−)의 효과를 낳기도 하는데,[22] 이 중 일방

---

20) Gürkaynak et al., *supra* note 17, p. 108.

21) Lapo Filistrucchi, Damien Geradin, Eric van Damme & Paline Affeldt, "Market Definition in Two-Sided Markets: Theory and Practice", *Journal of Competition Law & Economics*, Vol. 10, No. 2(2014), pp. 300-319.

22) 예컨대 신문광고주 입장에서는 구독자의 숫자가 많을수록 신문광고 서비스의 효용이 증대된다는 점에서 양

으로만 작용하는 경우에는 그러한 작용을 받지 않는 면의 시장에 대해서는 양면성을 고려할 필요가 없다고 한다.

이에 대하여 Filistrucchi가 '양면 비거래시장'으로 분류한 시장 중 이른바 '매칭 시장(matching market)'은 단일시장으로 보아야 한다는 견해도 있다.[23] '크레이그 리스트(Craig List)'[24]와 같이 온라인 플랫폼이 양쪽 수요를 매칭은 시켜주되, 실제 거래는 오프라인에서 하도록 하는 서비스가 있는데, 이 경우 양면 간 직접 거래가 플랫폼을 통해 이루어지지는 않더라도 "거래상대방을 찾는 기회 제공"이라는 단일한 서비스를 제공하는 하나의 시장으로 보아야 한다는 것이다.[25]

이에 대하여 굳이 양면 거래시장만 단일 시장으로 볼 이유가 없고, 모두 복수 시장으로 획정하되 그 상호 연관성만 잘 감안하면 된다는 반론이 있다.[26] 양쪽 시장의 참여자들은 서로 이해관계가 다르고, 각각의 경쟁상황이나 경쟁자의 구성이 다른데 하나의 시장으로 보게 되면 이러한 차이가 사상되어 부적절하다는 지적이다.

Wismer/Rasek(2017)은 양면시장에서는 시장획정이 크게 중요치 않다는 견해를 제시하기도 한다. 양면의 상호관계를 정확하게 인식하고 반영할 수만 있다면, 시장을 하나로 획정하건 복수로 획정하건 크게 다를 바 없다는 것이다.[27]

보다 구체적으로, 시장을 획정할 때 어떤 방법을 사용해야 하는지도 여전히 논란이 계속되고 있다.

(+)의 네트워크 효과가 발생하는 반면, 구독자 입장에서는 신문에 실린 광고의 숫자가 많고 적음은 중요하지 않다. 오히려 광고가 너무 많은 것을 싫어하는 경우도 있는데 이는 음(−)의 네트워크 효과가 발생하는 것이라 할 수 있다.

23) OECD, *supra* note 1, p. 13.

24) 크레이그 리스트(Craig List)는 미국의 온라인 생활정보 사이트로, 본래 구인·구직이나 주택 임대정보 등을 공유하는 서비스로 출발했다. 현재 다양한 상품과 즉석만남까지 거래하고 있다.

25) 이러한 '매칭 플랫폼 사업자'는 거래성사에 대하여 양측으로부터 대가를 받지 않고, 대신 그 플랫폼에 광고를 게재하고 광고주로부터 받은 광고료로 수익을 올리는 것이 보통이다. 이런 경우 매칭플랫폼은 T자형 다면 구조를 띠고 있다고 할 수 있다. 양측을 매칭시켜 주는 하나의 양면시장("—")과 이들과 광고주를 연결하는 광고시장("ㅣ")이 복합적으로 존재하는 셈이다.

26) Michael Katz & Jonathan Sallet, "Multisided Platforms and Antitrust Enforcement", *The Yale Law Journal*, Vol. 127, No. 7(2018. 5), pp. 2144-2145; 이봉의, "ICT 분야 플랫폼의 개념과 경쟁법적 함의에 관한 연구", 2015년 법·경제분석그룹(LEG) 연구보고서, 한국공정거래조정원(2015), 10면. 양면시장 이론에 대한 비판의 구체적 근거와 내용은 아래 IV.4.항에서 다시 살펴본다.

27) Sebastian Wismer & Arno Rasek, Market definition in multi-sided markets - Note by Sebastian Wismer & Arno Rasek, DAF/COMP/WD(2017)33/FINAL, 2017.

전통적인 시장획정 도구는 이른바 SSNIP(Small but Significant Non-Transitory Increase in Price) 테스트[28]인데, 기존 SSNIP 테스트는 양면시장의 획정 방법으로 적합하지 않다고 지적된다.[29] SSNIP 테스트는 단면시장을 전제로 특정 면의 가격인상이 특정 면의 수요에 미치는 영향만을 고려하도록 설계되어 있기 때문에, 양면의 상호연계성, 특히 피드백 루프 효과를 제대로 반영하지 못한다는 것이다. 예컨대, AMEX카드가 카드이용자에 대한 연회비를 인상하면, AMEX카드에 대한 카드소지자 수요가 줄어드는 것으로 끝나지 않는다. 그와 같은 카드소지자 감소는 다시 카드가맹점 이탈을 낳고, 다시 카드가맹점 감소에 따른 신용결제 효용 감소에 따라 카드소지자의 재차 감소라고 하는 연쇄적 파급효과를 낳는다. 이 같은 연쇄효과가 모두 간과된 결과, 기존 SSNIP 테스트는 실제보다 수요탄력성을 과소평가하기 쉽고, 이는 관련 시장을 부당하게 좁게 해석하는 결과를 초래할 수 있다.[30]

보다 근본적으로 SSNIP 테스트의 전제 자체가 양면시장에서는 성립하지 않는다는 지적이 있다. SSNIP 테스트는 "독점사업자가 SSNIP 인상의 방법으로 이윤을 극대화할 수 있는 최소 시장을 찾음으로써 그 지배력을 확인하겠다"는 것인데, 양면시장의 경우 어느 한쪽 면의 가격을 올리거나 낮추는 것만으로는 그 사업자의 이윤 정도를 확인할 수 없기 때문이다.[31]

이와 관련하여 ① Hesse/Soven(2006)은 전통적 SSNIP 테스트를 각 면별로 그대로 실시해도 되고 다른 수정이나 보완이 필요 없다고 주장하는 반면,[32] ② Emch/Thompson (2006)은 양면에 부과되는 가격의 총합을 놓고 SSNIP 테스트를 해야 한다고 한다.[33] ③ Filistrucchi 외 3인(2014)은 '양면 거래시장'의 경우 Emch/Thompson처럼 양면에

---

28) SSNIP 테스트를 실용적으로 발전시킨 임계매출감소분석(Critical Loss Analysis) 등도 마찬가지 비판을 받는다. 황창식, 앞의 논문(주 18), 109면.

29) Renata B. Hesse, "Two-Sided Platform Markets and the Application of the Traditional Antitrust Analytical Framework", *Competition Policy International*, Vol. 3, No. 1, Spring 2007, p. 191.

30) Filistrucchi et al., *supra* note 21, pp. 330-331; 송태원, "인터넷 검색서비스에 대한 경쟁법 집행에 있어 관련시장 획정에 대한 검토", 법학논문집 제39권 제1호(2015), 261-262면.

31) Filistrucchi et al., *supra* note 21, p. 332.

32) Renata B. Hesse & Joshua H. Soven, "Defining Relevant Product Markets in Electronic Payment Network Antitrust Cases", *Antitrust Lawr Journal*, Vol. 73, No. 3(2006), pp. 709, 727-728.

33) Eric Emch & T. Scott Thompson, "Market Definition and Market Power in Payment Card networks", *Review of Network Economics*, Vol. 5, No. 1(2016. 1), pp. 45, 54. Gürkaynak et al, *supra* note 17, pp. 109-110에서 재인용.

부과되는 가격의 총합(price level)을 가지고 SSNIP 테스트를 해야 하는 반면, '양면 비거래시장'은 한쪽 면의 가격 인상이 양쪽에서 사업자가 얻을 수 있는 수익의 증대를 가져 오는지 확인하는 방식으로 SSNIP 테스트를 수정 적용해야 한다고 한다.[34] ④ Gürkaynak 외 3인은 다면시장의 종류가 다양하고, 가격 구조 및 간접적 네트워크 효과의 정도도 각기 다르기 때문에 모든 양면시장에 적용될 수 있는 단 하나의 SSNIP 테스트 방법을 찾는 것은 불가능하다면서, 다면시장의 특수성, 특히 그 간접적 네트워크 효과를 충분히 고려해야 한다는 원칙만 천명해 두고 개별 사안마다 달리 판단해야 한다고 주장한다.[35] ⑥ 실무적으로 볼 때 양면시장의 특수성을 반영한 SSNIP 테스트를 이론적으로 만들 수 있다고 하더라도, 이를 현실에서 적용하는 것은 쉽지 않다는 지적이 있고,[36] ⑦ 한 발 더 나아가 "무료로 제공되는 측면의 서비스 시장에서 지배력 유무란 실무상 문제될 여지가 없고 다분히 이론상 쟁점일 뿐"이라면서 유료 측면의 가격인상 가능성만 판단하면 된다는 견해도 있다.[37]

AMEX카드 판결의 다수의견은 "경쟁당국이 신용카드 시장을 분석할 수 있는 방법 조차 제시하지 못하였다"고 비판하였는데, 이같이 의견이 분분한 상황을 고려하면 미국 DOJ와 주 경쟁당국들 입장에서는 다소 억울한 지적이었다고 할 수도 있겠다.

(2) 시장지배력 판단

시장지배력을 판단하는 전통적인 방법은 '시장점유율'을 살펴보는 것이다. 이 역시 양면시장에는 잘 맞지 않는다는 지적이 있다. ① 양면의 시장점유율 간에 차이가 날 경우 어느 쪽을 기준으로, 혹은 이를 어떻게 통합적으로 고려하여 지배력을 판단할 수 있는지 논란이 있고,[38] ② 특정 면의 점유율이 높더라도 그쪽 가격을 인상할 경우 피드백루프 현상으로 말미암아 다른 면의 수요마저 감소하기 때문에 단면시장에 비해

---

34) Fillistrucchi et al, *supra* note 21, p. 331.
35) Gürkaynak et al, *supra* note 17, p. 110.
36) 황창식, 앞의 논문(주 18), 110-111면. 양면시장의 특수성을 반영한다는 것은 '간접적 네트워크 효과'를 반영한다는 것인데, 그 효과를 '수치'로 측정할 수 있는 방법이나 이를 보여주는 데이터를 현실에서 찾기 어려운 것이다.
37) 이봉의, 앞의 논문(주 26), 12-13면. 이에 대하여, Filistrucchi 외 3인(2014)은 "No Price, No relevant market"이란 주장은 양면시장에 맞지 않는다면서 이와 정반대 의견을 제시한다(Filistrucchi et al, *supra* note 21, p. 330).
38) Gürkaynak et al,, *supra* note 17, p. 110.

임의로 가격을 인상할 수 있는 능력이 제한적이 될 수밖에 없다는 지적도 있다. 양면시장이라는 구조 자체가 시장점유율이 높은 사업자의 가격인상 등 지배력 행사를 억제하는 메커니즘을 갖고 있다는 주장이다.[39] ③ 나아가 양면시장에서 높은 시장점유율은 맞은편 수요자들에게 더 많은 효용을 낳는다는 점에서 그 자체로 경쟁제한성을 의미하기보다는 효율성 증대의 징표로 해석할 수 있다는 주장도 있다.[40]

시장지배력의 측정도구로 많이 사용되는 '러너 지수[Lerner Index (가격-한계비용) / 가격]' 역시 양면시장에서 지배력을 측정하기에 적절치 않다. 일반 시장에서는 경쟁이 활발할수록 가격이 한계비용에 가까워지고, 반대로 독점이 심화될수록 가격과 한계비용의 차이가 벌어지는데, 이에서 착목한 측정방식이 바로 '러너 지수'다. 그런데 양면시장에서는 어떤 면에서 가격과 한계비용 사이에 큰 차이가 있다거나 혹은 없다고 하여 이를 시장지배력의 징표로 단정할 수 없다. 예컨대 오픈마켓 사업자는 소비자를 위하여 많은 비용을 들이면서도 전혀 가격을 부과하지 않고, 대신 판매자에게 그 한계비용보다 높은 가격을 부과한다. 그렇다고 하여, 오픈마켓 사업자가 언제나 소비자 측면에서는 시장지배력을 갖지 않는 반면, 판매자 측면에서는 시장지배력을 갖는다고 말할 수 없다.[41] 양면시장에서 각 면의 가격은 각각의 비용만을 고려한 것이 아니라 양쪽에서 발생하는 모든 비용을 고려하여 사업자에게 가장 많은 이익을 가져다 주는 가격 수준을 정한 다음 이를 양면에 적절히 나누는 방식으로 결정되기 때문이다.

이처럼 전통적인 지배력 판단 도구들이 제대로 기능하기 어려운 상황에서, 기존 이론을 수정하거나 새로운 고려사항들을 제시하려는 노력이 있다.

①　예컨대 '시장점유율'은 "특정 시점에 시장점유율이 얼마인가"라는 공시적(共時的) 관점이 아니라 "관련상품의 상대적 가치가 변화되는 시간의 흐름 속에서 시장점유율이 변동하였는가"라고 하는 통시적(通時的) 관점에서 살펴 볼 때 시장지배력을 보여주는 징표가 될 수 있다고 한다.[42] 해당 사업자가 관련상품의 가격을 인상하였음에도 시장점유율이 감소하지 않았다면, 이는 그 사업자가 시장지배력을 가지고 있다는 징표라는 것이다. AMEX카드 판결 소수의견이 "AMEX가 5년 동안 20차례 가맹점수수료를 인상하였음에도 그 시장점유율은 감소하

39) 황창식, 앞의 논문(주 18), 115면.
40) 황창식, 앞의 논문(주 18), 115면.
41) 황창식, 앞의 논문(주 18), 113-114면.
42) OECD, *supra* note 1, p. 19.

지 않았다"는 점을 강조한 것은 이런 맥락에서 이해된다.

② 간접적 네트워크 효과가 큰 시장에서는 어느 한쪽 면에서만 지배력을 가진다는 것이 불가능하다는 관찰도 있다. 네트워크 외부효과가 큰 경우, 한쪽 수요에 대한 지배력이 다른 쪽 수요에 대한 지배력에 지대한 영향을 미치므로 양면 모두에서 지배력이 있거나 혹은 양면 모두에서 없거나 둘 중의 하나라는 것이다.[43]

③ '싱글호밍(single-homing)' 혹은 '멀티호밍(multi-homing)'이 양면시장의 지배력 판단에 미치는 영향에 대해서도 논란이 있다. '싱글호밍'이란 소비자가 재화/서비스를 하나의 중개자(플랫폼)로부터만 얻는 행위를, '멀티호밍'이란 동시에 여러 플랫폼으로부터 얻을 수 있는 경우를 말한다. 예를 들어, 오픈마켓의 경우 소비자나 판매자는 하나의 오픈마켓만 이용하는 것이 아니라, 여러 개(예: G마켓, 11번가, 옥션 등)의 오픈마켓을 동시에 이용한다. 복수의 플랫폼을 옮겨 다니는 전환비용은 0에 가깝다. 이런 '멀티호밍' 상황에서 특정 플랫폼 사업자가 가격을 올리게 되면, 이용자들은 다른 플랫폼으로 급격히 거래를 전환하게 되고, 간접적 네트워크 효과로 말미암아 다른 측면의 수요집단마저 연쇄적으로 이탈하게 된다. '멀티호밍'은 양면 플랫폼 사업자의 지배력을 무산시키는 기제로 작동하는 것이다.[44]

반면, Wismer/Rasek(2017)은 '싱글호밍/멀티호밍'만 가지고 '시장지배력이 있다/없다'를 논할 수는 없다고 한다. 싱글호밍 현상이 존재하는 시장에서도 치열한 경쟁이 벌어질 수도 있고, 멀티호밍이 활발한 시장에서도 지배력이 인정될 수 있다. 예컨대 이동통신서비스 시장은 소비자가 복수의 이동통신 서비스(예: SKT, KT, LGT) 중 1개만 사용한다는 점에서 싱글호밍 시장이라 할 수 있는데, 그렇다고 이동통신사업자 간에 경쟁이 치열하지 않은 것은 아니다. 소비자의 '싱글홈'을 변경시키기 위한 경쟁이 오히려 더 치열하게 벌어지기도 한다. 이동통신광고가 TV 광고를 도배하다시피 하는 사정도 이 때문이다. 반대로 멀티호밍의 대표적인 예로 복수의 슈퍼마켓, 복수의 광고매체를 이용하는 것을 생각해 볼 수 있는데, 이들 복수의 플랫폼이 '대체재'가 아닌 '보완재'로 작용하는 경우가 있다. 예컨대 과일은 A마트가, 고기는 B마트가 유명하고 누구

---

43) *Ibid.*, p. 16.
44) 황창식, 앞의 논문(주 18), 117–118면.

나 그곳에서 구매한다면, 외관상 멀티호밍이 존재함에도 불구하고 각 마트는 해당 품목에 대해 지배력을 가질 여지도 있다는 것이다.[45]

(3) 경쟁제한성 판단

양면시장을 단일한 시장으로 보아야 한다는 주장은 자연스럽게 경쟁제한성 역시 양면 모두를 고려해 그 '순효과(net-effect)'를 놓고 판단해야 한다는 논리로 이어진다.[46] 이는 다음과 같은 AMEX카드 판결 다수의견에 잘 담겨 있다.

"신용카드 사업자가 판매하는 상품은 [카드소지자와 카드가맹점 사이에 이루어지는 하나의] '거래(transaction)'이지 가맹점에 대한 [단면] 서비스가 아니다. 따라서 [양면 간] '거래'에 대한 경쟁제한효과는 가맹점 측면만 보고 판단할 수 없다. […] 하나인 양면 신용카드 시장에 대한 경쟁제한 효과를 증명하려면, AMEX카드의 Anti-Steering 조항이 신용카드 거래 [전체]의 비용을 경쟁 수준 이상으로 증가시켰다거나 신용카드 거래량이 경쟁 수준 이하로 떨어졌다는 등[…]을 입증해야 한다."[47]

양면시장의 '순효과 분석' 혹은 '단일효과 분석'의 필요성을 강조할 때 제시되는 대표적인 예가 '약탈적 가격할인(predatory pricing)'이다. 전통적 이론에 의하면, 자신(동등효율자)의 원가보다 낮은 가격으로 판매하는 것은 약탈적 가격할인이 되는데, 양면시장에서는 이런 분석이 허용될 수 없다는 것이다.[48] 예컨대 신용카드 사업자는 카드소지자에게 무료, 심지어 음(-)의 대가를 받고 서비스를 제공하는데 이를 '약탈적 가격할인'으로 볼 수는 없다. 따라서 양면시장에서 약탈적 가격할인의 성부는 양면 모두에 부과되는 가격의 합(price level)과 양면의 원가 합계를 비교하여 판단해야 한다고 본다.[49]

하지만 양면의 거래가 동시에 이루어지지 않는 '양면 비거래시장'에서는 이 같은 비교가 쉽지 않다는 문제가 있다. 예컨대 신문사업의 경우 구독자로부터 매월 받는 구

---

45) OECD, *supra* note 1, pp. 56-57, 60-62.

46) Katz & Sallet, *supra* note 26, p. 2145.

47) *Ohio v. Am. Express Co.,* 138 S. Ct. at 2287(2018).

48) OECD, *supra* note 14, p. 13; Max Schanzenbach, "Network Effects and Antitrust Law: Predation, Affirmative Defenses and the Case of U.S. v. Microsoft", *Stanford Technology Law Review*, Vol. 4(2002), pp. 67-68.

49) OECD, *supra* note 14; David S. Evans & Richard Schmalensee, "The Antitrust Analysis of multisided Platform Businesses", *Chicago Institute for Law and Economics Working Paper,* No. 623(2012), p. 34.

독료와 광고 단위로 받는 광고료를 어떻게 통합적으로 계산할 것인지, 반대로 신문을 인쇄하고 배포하는 비용을 이에 어떻게 배분할 것인지 논란의 소지가 많다.[50]

반면, 기존 지배적 사업자가 한쪽 면에서 원가 이하로 판매하면서 동시에 반대 면에서 그로 인한 손실을 보전(recoup)하는 수준의 높은 가격을 받는 경우, 양면 총가격 수준이 총원가 수준보다 낮지 않으면서도 사실상 경쟁사업자를 배제하는 결과를 낳을 수 있다는 지적도 있다.[51] 이러한 견해에 의하면, 양면시장은 단면시장에 비해 가격할인을 통한 경쟁사업자 배제가 더 일어나기 쉬운 시장이 되며, 이에 맞도록 약탈적 가격할인 기준이 완화·보완되어야 한다는 결론에 이르게 된다.

4. 양면시장의 독자적 취급에 대한 비판적 견해

이상 양면시장을 특별히 취급해야 한다는 견해와 그 이유들을 살펴보았으나, 이에 대한 비판론도 만만치 않다. 이들은 양면시장 이론을 경쟁법 집행에 접목시키는 데 우려를 표한다. 양면시장이 경제학적으로 흥미로운 분석의 틀을 제공하는 것은 "사실"이지만, 그로 인해 그러한 시장에는 전혀 다른 규제의 틀을 적용해야 한다는 "규범"까지 도출될 수는 없다는 입장이다. 이 견해는 양면시장에 속하는가, 속하지 않는가에 따라 법적 접근을 달리하는 것은 경쟁법 집행에 큰 혼선을 야기한다는 점을 지적한다. 기존의 경쟁법 이론을 통해서도 양면시장의 특성을 반영한 규제가 얼마든지 가능하다는 점에서, 이러한 혼선은 정당화될 수 없다고 본다.

(1) 양면시장의 정의(definition)에 대한 합의의 부존재

무엇이 '양면시장'인지 하나의 합의된 정의가 존재하지 않는다는 점에는 이론이 없다. 이것이 양면시장 비판론의 출발점이다. 단면시장과 다면시장이 일도양단으로 구별되는 개념이 아니라면, 사업자에게 "단면 플랫폼 사업자" 혹은 "양면 플랫폼 사업자" 중 어느 이름표를 붙일 것인지에 따라 경쟁법 집행의 본질이 극명하게 달라질 수도 없다는 것이다.[52]

이러한 맥락에서, 양면시장 이론이 유명세를 탈수록 양면시장의 정의가 수렴하기

---

50) OECD, *supra* note 14, p. 13.
51) OECD, *supra* note 1, pp. 107-114.
52) Katz & Sallet, *supra* note 26, p. 2148.

는커녕 오히려 광범위해졌다는 지적이 있다.[53] (i) 양면시장 이론의 시초인 Rochet & Tirole은 양면시장을 "척 보면 안다(you know it when you see it)"는 식으로 정의하는 것은 부적절하다고 경계하면서, "가격구조(price structure)"에 대한 엄격한 경제 분석에 따라 양면시장 해당 여부를 협소하게 인정하도록 했다.[54] (ii) 그런데 양면시장 논의를 이어받은 Evans 등은 이보다 추상적인 정의를 제안했다. "서로를 필요로 하는 복수의 고객군이 스스로 상호작용을 통해서는 창출할 수 없는 가치를 일으킬 수 있도록 해주는 촉매제"가 곧 양면 플랫폼이라는 것이다.[55] (iii) 후속 연구자들을 통해 이 정의는 "여러 집단들의 상호의존 혹은 외부효과를 창출하는 중개자"로까지 넓어졌다.[56] 이 중 무엇이 경쟁법 집행이라는 관점에서 양면시장에 관한 "최적의 정의(optimal definition)" 인지는 가려진 바 없다. 그 가운데, 다양한 정의 방식으로 인해 "이것도 양면시장에 해 당하는가"와 같은 논의는 더욱 분분해졌다.

　양면시장 해당 여부가 특정 사업자의 구체적인 행동이나 사업모델에 따라 좌우될 위험이 있다는 비판도 있다. 예를 들어, 똑같이 동영상 스트리밍 서비스를 제공하는 사업자임에도 불구하고, 넷플릭스(Netflix)는 시청자에게 이용요금을 받되 광고를 하지 않는 사업모델을 채택했기 때문에 '단면 플랫폼 사업자'로, 유튜브(YouTube)는 시청자 에게 이용요금을 받지 않되 광고를 제공하는 사업모델을 채택했기 때문에 '양면 플랫 폼 사업자'로 분류되어, 똑같은 행위를 하고서도 전혀 다른 규제를 받는 불합리가 나 타날 수 있다는 것이다.[57]

　간접적 네트워크 효과는 지나치게 광범위한 개념이어서 이를 기준으로 할 경우 거

---

53) Dirk Auer & Nicolas Petit, "Two-Sided Markets and the Challenge of Turning Economic Theory into Antitrust Policy", *The Antitrust Bulletin* Vol. 60, No. 4(2015. 12), pp. 433-435.

54) Jean-Charles Rochet & Jean Tirole, "Two-Sided Markets: A Progress Report", *The RAND Journal of Economics* Vol. 37, No. 3(2006), pp. 664-665. 즉, 양면시장은 한 면에 대한 가격 부과가 다른 면에 대한 가격 할인으로 이어질 때 거래량이 변화하지 않는다는 "가격구조(price structure)"에 따라 결정되는 것이 며, (i) 가격이 양쪽 면에 어떻게 분배되는지에 관해 최종소비자가 협상력을 가지는 경우, (ii) 판매자와 구 매자 사이에 정보 비대칭이 존재하는 경우, (iii) 약탈적 가격이나 독점가격 설정을 통해 가격이 결정되는 경우는 단면시장으로 보아야 한다는 입장이다.

55) David Evans & Richard Schmalensee, "The Antitrust Analysis of Multi-Sided Platform Business", *National Bureau of Economic Research, Working Paper* No. w18783(2012), p. 7; Auer & Petit, *supra* note 53, p. 433에서 재인용.

56) Marc Rysman, "The Economics of Two-Sided Markets", *Journal of Economic Perspectives* Vol. 23, No. 3(2009 Summer), p. 126; Auer & Petit, *supra* note 53, p. 434에서 재인용.

57) Katz & Sallet, *supra* note 26, pp. 2150, 2155.

의 모든 거래가 포섭될 수 있다는 지적도 있다. 전형적인 제조업자들조차 고객을 많이 보유하고 있을수록 원자재 판매자에게 브랜드 이미지나 매출 증대라는 효용을 줄 수 있다는 것이다.[58]

이렇듯 (i) 양면시장 옹호론자들 사이에서도 양면시장이 무엇인지 단일한 정의를 내리지 못하고, (ii) 이에 따라 어떤 시장이 양면시장으로 분류될 것인지 경계를 긋기 어려우며, (iii) 그 중 어떤 정의나 분류가 경쟁법 집행에 가장 적절한지 판별해내지도 못하는 한, 양면시장에 해당한다는 이유로 독자적인 규제방식을 취하기는 위험하다는 것이 비판론의 입장이다.

(2) 관련시장 획정: 단일시장(single market) 획정의 문제점

관련시장 획정은 AMEX카드 판결의 중요한 지점이다. 다수의견은 양면 거래시장은 하나의 '단일시장(single market)'으로 획정해야 한다는 법리를 제시했다. 양쪽 면을 '카드소지자 시장'과 '카드가맹점 시장'으로 각각 획정하는 것이 아니라, 하나의 '카드결제시장'으로 묶어서 보아야 한다는 것이다. 이에 대한 비판론은 두 가지로 정리할 수 있다.

첫째, 시장 획정의 본질은 "수요자 입장에서 대체 가능한가"에 있다는 사실을 간과했다는 지적이다.[59] 가맹점수수료가 높아진다고 해서 카드가맹점이 카드소지자가 되겠다고 할 수 없고, 리워드 혜택이 줄어든다고 해서 카드소지자가 카드가맹점이 될 수도 없다. 미국 DOJ는 "소비자들이 다른 대안으로 돌아설 수 있는 능력이 사업자로 하여금 가격을 경쟁가격 수준 이상으로 높일 수 없도록 만들기 때문에, '관련시장'의 정의는 가능한 대체재가 무엇인지에 관한 판단에 달려있다"[60]는 것이 판례를 통해 확립된 경쟁법의 근본 원리라는 점을 강조했다. 서로 대체가능성이 없는 카드가맹점 서비스와 카드소지자 서비스를 하나의 상품시장으로 묶을 수는 없다는 것이다.[61] 피드백 루프 효과 등 양면시장의 특성으로 말미암아 SSNIP 테스트나 임계매출분석이 어려워질 수는 있으나, 어렵다고 해서 '수요자 중심'의 시장 획정 자체를 포기할 수는 없다는 입장이다.[62]

---

58) Katz & Sallet, *supra* note 26, pp. 2150-2151; 이봉의, 앞의 논문(주 26), 5면.
59) 이봉의, 앞의 논문(주 26), 10면.
60) *Rothery Storage & Van Co. v. Atlas Van Lines, Inc.*, 792 F.2d 210, 218(D.C. Cir. 1986)(Bork, J.), cert. denied, 479 U.S. 1033(1987).
61) DOJ, *supra* note 9, pp. 11-13.
62) 이봉의, 앞의 논문(주 26), 10면.

둘째, 플랫폼 양쪽 면의 서로 다른 경쟁구조를 고려할 수 없다는 지적이다.[63] 양쪽 면의 경쟁자 구성이 다를 수 있고, 수요자 구성이 다를 수도 있으며, 하나의 사업자의 수직적 통합력도 각 면에서 각기 달리 나타날 수 있다. 예를 들어, 모바일 운영시스템(OS)은 '소비자-휴대폰 제조사-애플리케이션 공급자'를 연결하는 플랫폼이다. 애플 iOS와 구글 Android는 이 중 '소비자'를 둘러싸고 경쟁하나, '휴대폰 제조사'를 놓고는 경쟁하지 않는다. 애플은 자사 휴대폰을 직접 제조하고, 다른 휴대폰 제조사에게는 iOS를 라이선스하지 않기 때문이다. 한편, 플랫폼 시장에서 주목받는 '멀티호밍(multi-homing)'의 정도도 한쪽 면 수요자에게 더 강하게 나타날 수 있다. 예를 들어, 스마트폰 보유자는 iOS와 Android 중 하나만 사용하는 싱글호밍 이용자지만, 반대쪽 면의 애플리케이션 개발자는 iOS와 Android를 동시에 이용할 수 있는 멀티호밍 이용자 성격이 강하다. 이런 경우 멀티호밍보다 싱글호밍 이용자를 둘러싼 플랫폼 간 경쟁이 더 치열하다는 경제학적 분석결과가 있는데,[64] 단일시장 접근법을 통해서는 이와 같이 각 면의 서로 다른 경쟁 생태계를 분석할 수 없다.

관련시장 획정은 경쟁법적 분석을 유용하게 만들어주는 도구인데, 양쪽 면을 하나의 시장으로 획정함으로써 오히려 정교한 분석이 어려워진다는 것이 비판론의 또 다른 핵심이다.

(3) 경쟁제한성 분석: 서로 다른 집단에 대한 '형량' 문제

양면시장 이론에 따르면, 플랫폼 양쪽 면 각 이용자들을 동일선상에 놓고 '형량(balancing)'을 통해 경쟁제한효과를 분석한다. AMEX카드 판결 다수의견도 Anti-Steering 조항으로 가맹점수수료가 인상되었다는 사실인정은 유지한 채, 카드소지자 측면의 친경쟁적 효과까지 고려할 때 경쟁제한성이 인정된다는 점을 경쟁당국이 1차적으로 입증해야 한다고 보았다.

이에 대해 양면시장 이론이 '공리주의적 전제'를 깔고 있다는 철학적 비판이 있다. 한쪽 집단이 경쟁의 수혜를 누리지 못하고 피해를 입는 것이 어떻게 해서 다른 쪽 집단이 경쟁의 수혜를 누리는 것을 통해 상쇄될 수 있느냐는 것이다. 경쟁법은 경쟁법의 보호를 받을 수 있는 집단(예: 카드소지자)과 보호로부터 소외되어도 무방한 집단(예: 카

---

63) Katz & Sallet, *supra* note 26, pp. 2155-2158.
64) Katz & Sallet, *supra* note 26, pp. 2155-2156.

드가맹점)을 나누지 않으므로, 한쪽 면 이용자의 혜택으로 다른 쪽 면 이용자의 피해를 상쇄할 수 없다는 지적이다.[65]

이는 현실의 규제 장면에서 "왜 양면시장만 다르게 취급하느냐"는 비판으로 이어진다. 약탈적 가격 설정의 경우, 약탈적 가격이 설정된 기간 동안 구매한 소비자 집단이 혜택을 보았다는 것을 고려하여 그 기간 이후 소비자의 가격상승으로 인한 피해가 상쇄된다고 보지 않는다.[66] 사업자가 반경쟁적 행위를 통해 일부 친경쟁적 효과를 야기했다는 항변을 제기하는 경우는 흔하지만, 입증책임은 사업자에게 있다. 예를 들어, 미국에서 입찰담합으로 인해 최종소비자에게 저가입찰에 비해 높은 품질의 상품을 제공할 수 있었다거나,[67] 가격담합을 통해 다른 사업자의 시장지배력에 대항했다는 등의 사업자의 항변은 받아들여지지 않는 경우가 많다.[68] 그런데 AMEX 판결의 다수의견에 따르면, 양면시장에 대해서는 "이쪽에서 수취한 반경쟁적 이윤을 통해 다른 쪽에게는 혜택을 주었다"는 항변을 전제하고서 경쟁제한효과를 분석 및 입증해야 한다는 차이가 생긴다.

(4) 현실적인 집행의 문제점

양면시장 이론을 경쟁법의 새로운 모델로 접목시키는 것은 경쟁법 집행에 현실적인 어려움을 야기한다는 우려의 목소리도 있다. 양면시장 이론을 발전시켜 구체적인 판단에 양면성이라는 특징을 '고려'하는 것은 좋으나, 양면시장 규제에만 적용되는 별도의 법 이론이나 모델을 만드는 것에는 반대하는 입장도 있다. 매 사안마다 '양면시장 모델'과 '단면시장 모델' 중 하나를 택해 적용해야 한다면, 경쟁당국은 물론 사업자에게도 이익이 되지 않는다는 것이다. 각 사안마다 어느 쪽으로 분류해 어떤 모델을 적용할지 첨예하게 다투어질 것이고, 그에 따라 사업자가 감수해야 할 법적 불확실성도 지나치게 증대된다고 본다.[69]

양면시장 이론이 현실에서 어떻게 작동하는지 실증적으로 확인되지 않았다는 지적도 있다. 실제로 양면 플랫폼의 대표적인 예로 거론되는 인터넷검색광고 시장에 대한 실증적 분석을 해보았더니, 오히려 단면시장에 가까운 결과가 도출되었다는 연구 결

65) Katz & Sallet, *supra* note 26, pp. 2161, 2165.
66) *Brooke Group, Ltd. v. Brown & Williamson Tobacco Corp.*, 509 U.S. 209, 222(1993).
67) *National Society of Professional Engineers v. United States*, 435 U.S. 679, 694-95(1978).
68) Apple Inc., 791 F.3d at 298.
69) Auer & Petit, *supra* note 53, p. 457.

과가 있다.[70] 광고주가 인터넷포털에 지불하는 온라인검색 광고비와 인터넷포털 이용자들의 온라인검색 횟수 사이에 상관관계가 없어, 간접적 네트워크 효과가 존재하지 않는 것으로 확인되었다는 것이다.[71]

양면성을 반영한 현실적인 분석이 어렵다는 점도 지적된다. 앞서 살펴본 것처럼, 양면성을 고려하여 기존 SSNIP 테스트나 임계매출분석이 아닌 다른 방법으로 시장을 획정하는 것이 쉽지 않고, 아직까지 일반적인 적용이 가능한 수정 SSNIP 테스트도 개발되지 않았으며, 변형된 모형을 만든다고 해도 상당히 복잡한 경제분석이 요구될 것으로 예측된다.[72] 양면플랫폼 사업자들이 자기들끼리 경쟁하기도 하고 단면시장과 경쟁하기도 한다는 점(예: e-book 플랫폼과 오프라인 서점), 양면시장의 가격구조가 복잡·다양성을 가진다는 점도 지적된다.[73] 이러한 어려움으로 인해, 양면시장을 규제 대상으로 삼을 경우 경쟁당국에 극복해야 하는 장벽이 높아질 수 있다는 지적이다.

5. 양면시장에 대한 각국 경쟁당국과 법원의 입장[74]

(1) EU의 경우

AMEX카드 판결은 법원이 양면시장을 직접 정의하면서 "양면시장이기 때문에 경쟁법적으로 다른 접근이 필요하다"라고 명시적으로 판단한 최초의 판결이다. 달리 말하면, 양면시장이 무엇이고 이를 어떻게 규제해야 하는지에 관해 EU를 비롯한 각국 경쟁당국과 법원의 입장은 아직까지 정리되지 않은 상태다. EU 집행위원회는 2007년 OECD 라운드테이블에서 아직 양면시장에 관한 경험적 연구가 충분치 않은 탓에 어

---

70) 조대근, "온라인검색광고시장의 양면성에 관한 연구 - Rochet & Tirole의 양면시장 정의를 중심으로-", 서울대학교 박사학위논문(2017).

71) 조대근, "온라인검색광고시장의 시장획정에 관한 연구 -검색포털사업자 네이버를 중심으로-", 인터넷정보학회논문지 제18권 제4호, 한국인터넷정보학회(2017. 8).

72) 심재한, "온라인플랫폼의 관련시장획정에 관한 연구", 경영법률 제29권 제2호(2019), 467면; 황창식, 앞의 논문(주 18), 110-111면.

73) Gönenç Gürkaynak et al., *supra* note 17, pp. 108-110.

74) 새로이 등장한 것은 양면시장 '이론'이지 양면시장 자체는 아니다. 따라서 이론적으로 양면시장으로 분류되는 시장의 사업자들에 대한 경쟁당국의 규제와 법원의 판단 역시 이미 오래 전부터 있었고 그 사례도 대단히 많다. 예컨대 Filistrucchi, Auer 등은 미국 및 EU의 선행 사례에 대하여 깊이 있게 분석한 바 있다(Lapo Filistrucchi et al, *supra* note 21; Dirk Auer & Nicolas Petit, *supra* note 53.). 본 항에서는 양면시장 이론 검토에 필요한 최소한의 범위 내에서만 간단히 언급한다.

떤 확정적인 입장을 갖거나 특정한 방법론을 채택하고 있지 못하다고 밝힌 바 있다.[75] 실제로 2018년까지도 EU 집행위원회는 결정문에서 문제된 사안이 '양면시장'이라고 명시적으로 일컫는 것을 피했다.[76]

그럼에도 불구하고, 구체적인 규제 사례에서는 양면시장의 성격을 포착해 고려한 모습이 발견된다. 대표적으로 2007년 Travelport/Worldspan 사건에서, EU 집행위원회는 Global Distribution Service사(이하 'GDS')가 "여행 서비스 공급자와 여행사가 상호작용 할 수 있도록 연결하는 중개자"로 기능한다고 인정한 다음, 여행 서비스 공급자와 여행사를 구분하지 않고 "GDS를 매개한 전자적 여행 유통 서비스"라는 단일한 관련상품 시장을 획정했다.[77] 이는 GDS가 양면 거래 플랫폼에 해당한다는 점을 파악해 단일시장을 획정한 것으로 평가된다.[78]

2008년 Google/DoubleClick 기업결합신고 사건에서도,[79] EU 집행위원회는 온라인 광고 중개 서비스의 양면성을 충분히 고려했다는 평가를 받는다. 비록 관련시장을 명시적으로 정의하지는 않았으나, 광고주와 퍼블리셔(Publisher) 각각에 대한 별개의 시장이 있다고 보지 않고, 하나의 "온라인 중개 시장"이 존재한다고 전제한 것이다.[80]

유럽 개별국가 중에서는 네덜란드 경쟁당국(NMa)이 양면시장 이론을 특히 적극적으로 검토하고 있다고 평가된다. 네덜란드 경쟁당국은 2007년 Bloemenveiling Aalsmeer/FloraHolland 사건에서, 경매장을 통한 매매와, 직매를 통한 매매라는 양쪽 방면이 공존하는 장식조경물품 거래에 관해 단일한 관련시장을 획정했다. 이때 해당 시장이 "양면적 성격"을 가진다고 명시적으로 언급했다.[81] 그 후 2010년에는 "양면시장에서의 기업결합에 관한 연구"를 수행했는데, 이 연구를 맡은 Filistruchi 등의 '양면 거래시장' 이론은 2018년 AMEX카드 판결 다수의견이 그대로 채택·인용한 것이기도 하다.[82]

---

75) European Commission, "Note to the OECD's Roundtable on Two-Sided Markets", 2009, p. 5.
76) OECD, *supra* note 1, p. 59.
77) Case No. COMP/M.4523, 2007 O.J. (C 3938), ¶¶ 10-11.
78) Filistrucchi et al., *supra* note 21, p. 307.
79) Case No. COMP/M.4731, 2008 O.J. (C 927).
80) Filistrucchi et al,, *supra* note 21, pp. 307-309.
81) NMa Den Haag 21 augustus 2007, 5901/184 m.nt. R.J.P.J., ¶ 29.
82) Eric Van Damme et al,, *supra* note 19.

(2) 미국의 경우

미국은 AMEX카드 판결을 통해 연방대법원이 직접 양면시장의 경쟁법적 함의에 대한 견해 대립을 정면으로 다뤘다. 다수의견은 Filistrucchi 등의 양면 거래시장 이론을 그대로 따라, 양면시장을 '양면 거래 플랫폼'과 '양면 비거래 플랫폼'으로 정의했다. 양면 거래 플랫폼에 해당한다면 관련시장을 단일시장으로 획정하고, 경쟁당국이 첫 번째 입증 단계에서부터 시장의 양쪽 면을 모두 고려하더라도 경쟁제한효과가 존재한다는 점을 증명해야 하며, 한쪽 면의 가격(가맹점수수료) 인상 효과만으로는 경쟁제한성이 증명될 수 없다고 보았다. 반면, 소수의견은 양면 거래 플랫폼의 특징은 '현상'에 불과하고, 여기서 단일시장으로 접근해야 한다는 '당위'가 도출될 이유가 없다고 보았다.

연방대법원의 입장에 대한 미국 경쟁당국의 반응도 주목할 만하다. 미국 DOJ 경제분석팀장은 법원이 AMEX카드 사건을 '양면시장'이라는 측면에서 접근하리라고는 예상하지도, 대비하지도 못했다는 입장이다. 앞으로 미국에서 (i) 양면 거래 플랫폼에 대한 경쟁당국의 입증책임이 상당히 가중될 것이며, (ii) 전통적인 관련시장 획정 방법과는 전혀 다른 분석 방법이 요구될 것이라고 평가한다. (iii) 다만, 무엇이 '양면 거래 플랫폼'에 해당하는지에 대해서는 아직 입장을 밝히는 데 소극적이다. 구글(Google) 등 광고 기반 플랫폼은 '양면 비거래 플랫폼'으로 분류되지 않을까 추측하지만, 결국 여러 사례가 축적된 뒤에야 경계를 지을 수 있을 것이라는 입장이다.[83] 한편, 미국 FTC 위원장 Joe Simon은 AMEX카드 판결의 범위는 "극도로 협소(extremely narrow)"하며, "극소수의 상황(very few cases)에만 적용될 것"이라는 견해를 밝혔다.[84] 양면 거래 플랫폼을 협소하게 정의함으로써 새로운 규제방법을 개발·적용해야 하는 난관에 대응하려는 시도로 보인다.

AMEX카드 판결 전까지 미국 법원의 입장에 대해서는 평가가 나뉜다. 예컨대 2001년

---

83) Russell Pittman(Director of Economic Research, Antitrust Division, U.S. DOJ), "양면시장 관련 AMEX카드 판결과 Bayer/Monsanto 기업결합" 발표문, 미국 법무부 반독점국 경제분석팀장 초청 고려대학교 ICR센터 및 공정거래위원회 경제분석과 공동세미나(2018. 11. 1).
84) Alee Stapp & Ryan Hagemann, "The Identification and Measurement of Market Power and Entry Barriers, and the Evaluation of Collusive, Exclusionary, or Predatory Conduct That Violates the Consumer Protection Statutes Enforced by the FTC, in Markets Featuring 'Platform' Businesses", *Comments submitted to the Federal Trade Commission in the Matter of Hearings on Competition and Consumer Protection in the 21st Century*(2018. 8), p. 2.

Microsoft 사건의 경우, 양면시장 이론이 대두되기 훨씬 전이었음에도 법원이 양면시장 이론을 정확히 적용했다는 평가가 있다.[85] 위 사건에서 미국 항소법원은 "브라우저 사용자 수를 중요하게 고려해야 한다. 미들웨어 상품에 해당하는 브라우저의 경우, 많은 수의 사용자를 보유해야만 소프트웨어 개발자를 유인할 수 있기 때문이다. [⋯] 소비자 입장에서는 대부분이 이미 여러 다양한 애플리케이션을 확보한 PC 운영체제만을 사용할 것"이라고 하여 양면 간 '간접적 네트워크 효과'의 존재를 명시적으로 인정한 바 있다.[86] 반대로, Microsoft 사건에 대해 양면시장 이론을 끌어들이지 않고도 경쟁법상 유효적절한 분석이 가능하다는 점을 보여준 사례라고 평가하는 견해도 있다. 과거 법원이 양면 플랫폼에 해당하는 사업자를 다룬 판결은 많지만, 양면성을 독자적으로 취급하거나 인정하는 것은 거부했다는 것이다.[87]

분명한 점은 AMEX카드 판결로 인해 앞으로 미국에서는 양면시장 문제를 정면으로 판단한 사례가 빠르게 축적되리라는 것이다. 미국의 실무를 관심 있게 지켜볼 만하다.

(3) 우리나라의 경우

우리 공정거래위원회(이하 '공정위')는 일찍부터 '양면시장'의 특수성을 인정하고 해당 용어를 분석에 반영하였다. 예컨대 공정위는 2008년 NHN 사건에서 양면시장의 개념과 요건, 네트워크 외부성의 존재 등을 설명한 다음, 네이버와 같은 인터넷 포털은 "최종소비자인 이용자와 광고주, 이용자와 CP, 또는 이용자와 e-쇼핑몰 등을 연결해주는 전형적인 양면시장에 해당한다"고 판단하였다.[88] 이베이/옥션 기업결합 사건에서는 "오픈마켓은 양면시장으로서의 성격을 가지고 있으므로 관련 상품시장을 획정하는데 있어 이러한 오픈마켓의 양면시장적 특성을 최대한 고려하여 판단할 필요성이 있다"고 밝히기도 했다.[89]

하지만, 정작 양면적 성격을 가진 시장을 '어떻게' 취급하여야 하는지는 공정위도 명백한 입장을 정리하지 못한 것으로 보인다. 이베이/옥션 기업결합 사건에서는 "양면

---

85) Auer & Petit, *supra* note 53, p. 454.
86) *United States of America v. Microsoft Corporation*, 253 F.3d 34(D.C. Cir. 2001).
87) Katz & Sallet, *supra* note 26, p. 2143.
88) 공정거래위원회 2008. 8. 28. 의결 제2008-251호(NHN㈜의 시장지배적지위 남용행위 등에 대한 건, 이하 'NHN 사건 의결'), 6-9면.
89) 공정거래위원회 2009. 6. 25. 의결 제2009-146호(이베이 케이티에이(유케이) 리미티드 등의 기업결합제한 규정 위반행위에 대한 건, 이하 '이베이/옥션 의결'), 24면.

시장의 개별 면에서 별도의 경쟁이 존재한다면, 각 면은 각각 독립된 시장으로 획정하는 것이 타당하다"는 이유로 "소비자측면 시장으로서 인터넷 쇼핑시장과 판매자측면 시장으로서 오픈마켓 시장을 별도로 나누어 획정"하였다. 이는 각 면에 따라 별개의 시장을 획정해야 한다는 '양면시장 비판론'에 가까운 결론이다.[90] 반면, NHN 사건에서는 양면을 같이 볼 것인가, 따로 볼 것인가를 검토하는 대신에, 1S-4C[91]를 함께 제공하지 않는 다른 시장도 함께 포함시킬 것인가를 검토한 다음 '1S-4C를 함께 제공하는 인터넷포털 시장'으로 관련시장을 획정하였다.[92] 명시적으로 언급하지는 않았지만, 1S-4C를 두고 양측을 연결해 주는 단일시장을 인정했다고 해석할 소지가 있는 판단이다.

우리 법원도 양면시장에 대하여 아직 명확한 입장을 확립하고 있지 않은 것으로 보인다. 인터파크지마켓 사건에서 법원은 관련시장을 양면시장의 속성을 가진 '오픈마켓 시장'으로 획정한 공정위의 판단이 타당하다고 보면서도, 이를 분석에 적극적으로 활용하지는 않았다.[93] 한편, 서울고등법원이 NHN 판결에서 "[NHN이] CP와 자신의 이용자들을 중개하는 시장(관련상품시장)에서 시장지배력을 가지는지"를 판단해야 한다고 본 것은 '양면 거래시장'의 단일성을 인정한 것으로 해석될 소지가 있다.[94] 반면, 티브로드 강서 사건에서 법원이 "종합유선방송사업자 등과 같은 플랫폼 사업자와 TV 홈쇼핑사업자 등 사이에 형성되는 프로그램 송출서비스시장[과] 플랫폼사업자와 그 플랫폼사업자에 유료 가입하여 프로그램을 시청하는 가입자 사이에 형성되는 프로그램 송출시장[…]은 별개의 시장"이라고 판단한 것은, 공정위에 비해 유료방송시장의 양면시장적 특성을 더 잘 파악한 것으로 평가되기도 한다.[95] 법원은 양면시장이 갖는 특수성은 인지하면서도 이에 관한 일반 이론을 제시하기보다는, 기존의 법규정 및 판례 이론에 맞추어 구체적 사안마다 올바른 해답을 찾고자 노력하는 것으로 보인다.

---

90) 위 이베이/옥션 의결서, 24-25면.
91) '1S-4C'란 검색(Search), 커뮤니케이션(Communication), 커뮤니티(Community), 콘텐츠(Contents) 등 국내 인터넷 포털사들이 제공하는 대표적 서비스들을 가리킨다.
92) NHN 사건 의결서, 13면.
93) 대법원 2011. 6. 10. 선고 2008두16322 판결 및 그 원심인 서울고등법원 2008. 8. 20. 선고 2008누2851 판결(이하 '인터파크지마켓 판결').
94) 서울고판 2009. 10. 8. 2008누27102.
95) 대판 2008. 12. 11. 2007두25183 및 그 원심인 2007. 11. 8. 선고 2007누10541 판결(이하 '티브로드 강서 판결'); 홍대식·정성무, "관련시장 획정에 있어서의 주요 쟁점 검토 - 행위유형별 관련시장 획정의 필요성 및 기준을 중심으로", 경쟁법연구 제23권(2011), 323-324면.

V. 양면시장 이론 및 AMEX카드 판결에 대한 소고

1. 양면시장 이론의 의미와 한계, 그리고 현실적 집행의 문제

양면시장 이론은 경쟁법 이론과 집행을 발전시키는 데 상당한 기여를 하였으며, 이를 외면할 수는 없다고 생각된다.

양면시장 이론을 비판하는 측에서는 양면시장이 근래 새로이 생겨난 시장이 아니라는 점을 강조한다. 양면 플랫폼 사업자는 오래 전부터 존재했는데, 기존 경쟁법적 도구를 이용해 규제함에 아무런 어려움이 없었다는 것이다. 달라진 것은 "양면시장"이 아니라, 노벨상 수상자 Rochet & Tirole이 그러한 개념을 제시하고 여러 경제학자들이 연구에 뛰어들었다는 사실뿐이라는 지적도 있다.[96] 인터넷 사업자가 규제의 도마에 오르면서, 기업의 대응논리로 급속히 확산된 이론이라고 보기도 한다.[97]

그러나 온라인 플랫폼이 나날이 증가하고 활성화되고 있는 것이 현실이라면, 그러한 시장에 특유한 경쟁의 동태를 이해하기 위한 이론은 필요하다. 그 유용성은 부정하기 어렵다. 법원이 기계적으로 기존 법리를 적용하거나 경쟁당국이 양면성에 대한 고려 없이 무작정 SSNIP 테스트를 하는 것이 올바른 법 집행방법이라고 볼 수는 없다. 양면시장 이론을 고려해 더욱 정교한 법리와 분석틀을 마련해 나갈 때 경쟁법 집행이 실제 경쟁질서에 기여할 여지가 커진다.[98] AMEX카드 판결을 통해 경쟁당국의 현실적인 입증책임이 가중되면서 양면시장 이론이 양면 플랫폼 사업자에게 일방적으로 유리한 것처럼 평가되는 경향도 있으나, 꼭 그렇지만도 않다. 일견 시장지배력이 없는 사업자로 보일지라도, 다른 쪽 면의 시장지배력과 간접적 네트워크 효과를 함께 고려했을 때는 시장지배적 지위가 인정될 수도 있다. 양면시장 이론은 사업자와 경쟁당국 각자가 유용하게 활용할 수 있는 양날의 칼이다. 그런 점에서 경쟁질서에 대한 분석과 법 집행을 더욱 풍부하게 만들어줄 수 있을 것으로 전망된다.

그럼에도 불구하고, 여전히 양면시장 이론의 정책적 함의가 분명치 않다는 점 역시 경계해야 한다. 첫 단추인 양면시장의 '정의'부터 합의되지 못한 상태다. 특히 양면

---

96) Katz & Sallet, *supra* note 26, p. 2143.
97) 이봉의, 앞의 논문(주 26), 9면.
98) Auer & Petit, *supra* note 53, p. 457.

시장 이론의 창시자라 할 수 있는 Rochet & Tirole이 양면시장 해당 여부를 가리기 위해서는 경제분석이 요구된다고 강조했던 것을 유념할 필요가 있다. 후속 논의를 통해 양면시장의 범위가 몇 가지 관념적인 특징에 의해 결정되는 것처럼 넓어지면서도, 정작 그러한 특징이 실증적으로 확인되는지에 대한 연구는 거의 이루어지지 못한 상태다(IV.4.항). 이로 인해 문제된 사안이 양면시장에 해당한다고 잘못 분류될 위험이 지적되기도 한다.[99] AMEX카드 판결 다수의견이 양면시장보다 좁은 개념인 '양면 거래 플랫폼'의 요건을 정의하고 양면 비거래 플랫폼과 대비하여 설명하기까지 했음에도, 미국 로펌의 여러 뉴스레터는 플랫폼 사업 중 어느 것이 여기 해당하는지 커다란 견해차이를 보이고 있다. 넓게는 미디어 사업자도 양면 거래 플랫폼의 예로 해석하는 경우부터,[100] 좁게는 검색 엔진이나 소셜 미디어는 단면시장으로 분류될 것이라고 해석하는 경우까지 있는데,[101] 그런 위험의 증거다.

"시기상조론"이 제기되는 것도 이 때문이 아닌가 생각된다. 미국 DOJ는 AMEX카드 사건 항소심에서 패소판결을 받고서도 적극적으로 상고하는 대신, 오히려 다른 주 정부들의 상고를 불허할 것을 요청하는 의견서를 제출했다. 아주 이례적인 대응이다. 비록 항소심 판결이 잘못된 것이기는 하지만, 연방대법원이 판단을 내리기에는 시기상조라는 것이다.[102] 미국 DOJ는 연방대법원을 비롯한 어떤 연방순회법원도 양면 플랫폼에 대한 반독점법 적용 문제를 정면으로 판단한 적이 없다면서, 이 쟁점의 경우 하급심 판결이 충분히 축적되는 것이 특히 필요하다는 점을 강조했다. 양면시장에 관한 법리는 사실인정과 밀접하게 관련된 문제고, 관련시장 획정의 범위가 달라져야 하는 양면시장의 범위가 어디까지인지, 어떤 산업에 적용될 수 있는지 등의 문제를 명확히 하기 위해서는 우선 다양한 사례가 축적되어야 한다는 것이다.[103]

이러한 측면에서 최근 OECD 보고서가 택한 입장을 주목할 만하다. OECD는 양면시장이 전통적인 시장과 본질적으로 다를 수도 있으며, 특히 간접적 네트워크 효과를 무시하는 것은 잘못된 집행 결과로 이어질 수 있다고 지적했다. 따라서 경쟁당국이 양

---

99) Auer & Petit, *supra* note 53, p. 426.
100) Hogan Lovells, "American Express and two-sided antitrust Markets: Coming to a network near you", 2018. 6. 26, p. 3.
101) Hausfeld, "Ohio v. American Express Co.: The Supreme Court Addresses Anti-Steering", 2018. 8. 16.
102) DOJ, *supra* note 9, p. 10.
103) DOJ, *supra* note 9, pp. 19-21.

면시장을 규제할 때 (i) 간접적 네트워크 효과 등을 분석에 적절히 고려해야 하지만, (ii) 양면성을 고려할 필요가 없다고 본다면 그 이유를 논증함으로써 기존의 접근방법을 취하는 것도 타당하다고 보았다.[104]

결국 법원과 경쟁당국이 구체적 사건을 풀어나가면서 양면시장 이론을 적용하기에 가장 적절한 사안을 판별해내는 것이 중요하다고 생각된다. 사건에 따라 양면시장 이론이 판단에 결정적인 영향을 미칠 수 있는 사안이 있을 수 있고, 양면시장 이론이 사건의 핵심 쟁점을 가리는 데 별다른 기여를 하지 못할 수도 있다. 이러한 개별적 사안에 대한 분석에서 시작해 기존의 경쟁법적 분석 도구를 조금씩 수정하고 정교화해 나가는 것이 타당할 것이다. 예를 들어, 양면시장의 하위항목을 만들어 여기 해당하면 관련시장을 반드시 하나로 획정해야 한다는 연역적인 논리를 만들기보다는, 관련시장을 하나로 보았을 때 행위의 실질이나 경쟁에 대한 영향이 확실히 드러나는 경우 논증을 통해 이를 하나로 취급하는 것이 바람직할 수 있다.

현실적으로는 입증책임의 문제가 남는다. 양면시장 이론은 사업자의 방어논리로 활용될 수 있는 잠재력이 크다. 종래 반경쟁적으로 분류되었던 행위라 할지라도, 양면시장에서는 수요 측면의 효율성을 증대시킴으로써 친경쟁적 효과를 가져온다는 점을 부각시킬 수 있기 때문이다. 예를 들어, 비용 이하로 가격을 부과하는 것은 과거 약탈적 가격 설정으로 제재를 받았으나, 양면시장에서는 친경쟁적 행위로 이해될 수 있다. 다만, 현실에서 이러한 점이 효과적인 '방어전략'으로 작동할 수 있는지는 별개의 문제다. 외부적 네트워크 효과를 수치화하는 것이 어렵다는 점에는 경제학계에서도 별다른 이견이 없다. 그럼에도 이러한 효과를 구체적인 수치까지 제시해야 하는지, 어느 정도로 입증해야 항변이 받아들여질 수 있는지에 따라 양면시장 이론에 입각한 항변은 무용해질 수 있다.[105]

AMEX카드 판결의 다수의견은 사실상 입증책임을 전환하는 것으로 이 문제를 풀어냈다. 기존 합리의 원칙(rule of reason)에 따른다면, 경쟁당국이 경쟁제한효과에 대한 1단계 입증을 마치면 다음 단계로 친경쟁적 효과를 입증해야 하는 것은 사업자의 몫이다. 그런데 경쟁당국이 먼저 간접적 네트워크 효과에 대한 분석을 반영하여 경쟁제

---

104) OECD, *supra* note 1, p. 4.
105) Alfonso Lamadrid de Pablo, "The Double Quality of Two-sided Markets", *Competition Law Journal* Vol. 64(2015), pp. 11-12.

한효과에 대한 1단계 입증을 해야 한다는 것은 입증책임이 전환되는 것과 같은 효과를 낳는다.

입증책임을 전환해야 하는지에 대해서는 이견이 있을 수 있지만, 양면시장 이론의 유용한 측면이 경쟁법 집행에 실제로 반영되기 위해서는 입증 문제에 대한 실천적 고민이 필요하다. 최소한 구체적인 사안에서 입증책임을 완화해나가지 않을 경우, 경제분석이라는 '기술'의 한계가 양면시장 이론을 현실에서 사문화시킬 수 있다. 양면시장에서 경쟁법상 문제의 핵심은 양면시장이 갖는 친경쟁적 측면과 반경쟁적 측면 속에서 어떻게 균형을 잡는가에 있다.[106] 구체적인 사안에서 이 균형은 입증책임의 분배 또는 증명의 정도에 대한 합리적이고 유연한 판단을 통해 찾아나가야 할 것이다.

2. AMEX카드 판결의 실천적 함의와 한계

미연방 대법원의 AMEX카드 판결은 양면시장 옹호론자와 그 반대론자 간의 대리전쟁이 아니었는가 싶다. 다수의견이 양면시장 이론에 관한 다수의 논문을 거론하면서 대표적인 양면시장 옹호론자인 Filistrucchi의 견해를 거의 그대로 채택한 점이나, 소수의견이 Katz로 대변되는 반대론자의 입장을 그대로 대변하였던 점이 그러하다.

이러한 이론적 다툼을 떠나, 그 실질적인 의미는 다음과 같이 짚어볼 수 있다. 다수의견에 의할 경우, 양면 플랫폼 사업자는 함부로 규제할 수 없다. 아직 누구도 명확하게 알지 못하는 양면성에 대한 분석까지 해내야만 경쟁제한효과를 입증할 수 있기 때문이다. 반면 소수의견에 따르면, 양면 플랫폼 사업자라고 해서 다른 취급을 받지 않고, 양면성에 입각한 복잡한 분석을 통해 정당성을 입증해야 하는 부담은 양면 플랫폼 사업자에게 전가된다.

이러한 견해 대립의 배경에는 "빠르게 변화하는 시장"에 대한 철학적 입장 차이가 자리하고 있다고도 볼 수 있다. 양면시장 분석을 어렵게 하는 요소 중 하나는 '속도'다. 특히 기술과 접목된 양면 플랫폼은 매우 동태적이다. 사업 관행이 복잡할 뿐 아니라 빠르게 변화하며, 플랫폼 규모가 성장하는 속도도 전례가 없다. 이러한 특징은 경쟁당국이 '언제' 개입해야 하는지, 개입하는 것이 바람직하기는 한지, 혹은 사전적 예방으로 접근하는 것이 나은지, 경쟁법 집행에 대한 질문을 던진다.[107] 다수의견은 엄

---

106) *Ibid.,* p. 9.
107) *Ibid.,* p. 7. 단적으로 미국 DOJ 등이 AMEX카드사를 상대로 소송을 처음 제기한 것은 2010. 10.이었는데

청난 속도로 성장하고 있는 양면 플랫폼 시장은 모든 이용자에 대한 명백한 경쟁제한적 피해를 밝히지 않은 채 함부로 규율해서는 안 된다는 입장에 공감한 반면, 소수의견은 그러한 태도가 "실리콘밸리의 하이테크 공룡들을 경쟁법으로부터 해방시켜주는 결과"[108]라는 입장에 선 셈이라고 평가해볼 수 있다.

이러한 AMEX카드 판결의 의의는 네 가지로 정리할 수 있다.

첫째는 법원이 선제적으로 양면시장 이론의 유용성을 인정하고, 경쟁당국으로 하여금 규제 현장에서 이를 적극적으로 고민·적용하도록 이끌었다는 것이다. 이로써 양면성에 대한 고민은 '자율'의 영역을 넘어 필수적인 고려 요소로 자리잡았다. 무비판적으로 전통적인 방법론을 적용하는 대신, 경쟁법 이론이 더욱 풍부해질 것으로 기대된다.

둘째, 양면시장을 분류하는 하나의 방법론(양면 거래시장과 양면 비거래시장)을 제시함으로써, 향후 양면시장 논의가 디딤돌로 삼을 수 있는 공통분모를 만들었다. 양면시장에 대한 정의 방법의 광범위성으로 인해, 그 동안 양면시장에 관한 논의가 수렴되지 못한 측면이 있다. 예를 들어, 간접적 네트워크 효과가 한쪽 방향으로만 나타나는 경우는 어떻게 보아야 하는지, 간접적 네트워크 효과가 양면시장의 충분조건인지와 같은 문제다. 다수의견이 플랫폼을 통해 거래가 직접 일어나고, 그 거래가 동시성을 지니며, 양방향으로 네트워크 효과가 발생한다는 등의 특징을 가졌을 때 '양면 거래시장'에 해당한다고 개념을 정의함으로써, 이러한 혼선은 어느 정도 정리될 것으로 보인다.

셋째, 간접적 네트워크 효과의 긍정적인 측면을 조명했다. 지금까지 양면시장 논의는 주로 간접적 네트워크 효과의 경쟁제한적 성격을 경고하는 데 집중되어 있었다는 지적이 있다.[109] 선발주자가 시장지배력을 획득하기 쉽고, 소비자들은 전환비용 때문에 고착화(locked-in)될 수 있으며, 시장 자체가 대규모 사업자에게 유리한 경향이 있다는 것이다. AMEX카드 판결은 양면시장에 특유한 특징이 시장지배력 행사를 제한하는 한편 경쟁질서에 기여할 수 있다는 새로운 측면을 부각시키고, 긍정적 관점을 제시

이에 대한 대법원 판결이 선고된 것은 그로부터 무려 8년이 경과한 2018. 6.이었다. 이때에는 이미 AMEX 카드의 사업모델이 신용카드 시장 전체에 확산되어 있었고, 다양한 온라인 결제서비스 등으로 시장은 이미 재편되고 있는 상태여서 당해 사안에 대한 판결의 실천적 실익이 의문시되기도 한다.

108) Greg Stohr & David McLaughlin, "American Express Case Could Shield Tech Giants From Antitrust Scrutiny", Bloomberg, 2018. 6. 25.(https://www.bloomberg.com/news/articles/2018-06-25/u-s-supreme-court-backs-american-express-on-credit-card-suit-jiucffg9).

109) Gürkaynak et al., *supra* note 17, pp. 105-106.

하였다.

넷째, 관련시장 획정 방법이나 입증책임에 대해 구체적인 법리를 제시했다. 이로써 양면시장 이론에 입각한 항변이 실제 사건에서 반영될 수 있는 여건을 제공했다.

다만, AMEX카드 판결의 한계도 가볍지 않다. 단적으로, 양면시장 규제에 커다란 불확실성이 초래됐다. 판결의 영향력이 어느 범위까지 미칠 것인지 예측할 수 없다. 양면 거래시장 이론을 제안한 Filistrucchi조차 양면 거래시장과 양면 비거래시장의 구분이 명확한 것은 아니라고 인정한 바 있다.[110] 그런데 이 개념을 그대로 인용한 뒤 그 해당 여부에 따라 전혀 다른 법리를 적용해야 한다고 판시함으로써, 경쟁당국과 사업자 모두에게 어떤 규율을 받을지 예측하기 어려운 공백이 발생한 것이다. 앞으로 하급심 법원이 AMEX카드 판결에 의존할 경우, 양면 플랫폼의 정의에서부터 경쟁제한효과 평가에 이르기까지 수많은 집행 오류가 발생할 것이라는 우려의 목소리가 높은데,[111] 이를 경청할 필요가 있다.

3. 한국의 현실과 AMEX카드 판결의 적용 가능성

AMEX카드 사건과 동일한 사건이 한국 공정위와 법원의 판단을 받았다면 미국 연방대법원과 동일한 결론에 이르렀을까 의문이 든다.

지난 2018. 11. 26. 정부와 여당은 이른바 "카드수수료 인하안"을 확정하였다. 현행 「여신전문금융업감독규정」은 연간매출액이 3억~5억 원인 카드가맹점에 대하여는 1.3% 이하의 우대수수료율을 적용하도록 하고 있는데,[112] 이 같은 우대수수료율 적용 대상을 연매출 30억 원 이하 자영업자에게까지 확대하겠다는 내용이다.[113]

이렇게 가맹점수수료를 인하할 수 있고 인하해야 하는 이유로 카드소지자들이 내는 연회비에 비해 지나치게 많은 혜택(reward)을 받고 있다는 사정이 제시된다. 카드소지자에게 제공하는 불필요한 혜택을 줄이면 가맹점수수료를 낮출 수 있지 않느냐 하는 논리다. "최종소비자인 카드소지자들이 더 많은 리워드 혜택을 보게 되었으니, 가맹점수수료가 오른 것만 가지고 문제 삼을 수는 없다"는 AMEX카드 판결 다수의견과 정반대 입장이라 할 수 있다.

---

110) Filistrucchi et al., *supra* note 21, p. 298.
111) Stapp & Hagemann, *supra* note 84, p. 2.
112) 「여신전문금융업감독규정」(2018. 10. 25. 금융위원회고시 제2018-27호로 개정된 것) 제25조의6.
113) 이데일리 2018. 11. 26.자 기사("年매출 30억 이하 자영업자, 카드수수료 최대 500만원 인하").

정부와 여당이 '양면시장 이론'을 심도 깊게 고민해서 이런 결론에 이르렀는지는 의문이지만, 적어도 카드소지자만큼 카드가맹점도 보호해야 한다는 것이 정부와 다수 여론의 입장이 아닌가 싶다. 이는 "어느 한쪽 집단(카드소지자)이 혜택을 누리고 있다고 해서 다른 집단(카드가맹점)이 경쟁의 수혜를 누리지 못한 채 피해를 입는 것을 정당화할 수는 없다"는 비판론과 통하는 대목이다. 특정 사회가 처한 구체적인 상황에서 보호 대상이 되는 집단과 보호의 정도가 달라질 수 있다는 경쟁법 집행의 현실을 잘 보여주는 단면이다.

　다만, 향후 이러한 정책 결정 과정에서 양면시장 이론과 같은 연구와 고민이 좀 더 깊이 있게 반영될 수 있기를 바라 본다. 이를 통해 한국적인 현실을 반영하는 한편으로, 우리 사회가 궁극적으로 도모하고자 하는 경쟁질서에 대한 입체적인 고민이 담긴 법 집행이 가능해질 것이다.

〈참고문헌〉

[국내문헌]

변정욱·김정현, "온라인 양면 거래 플랫폼의 시장획정및 시장지배력 판단", 경쟁법연구 제37권
  (2018. 5).

이봉의, "ICT 분야 플랫폼의 개념과 경쟁법적 함의에 관한 연구", 2015년 법·경제분석그룹(LEG)
  연구보고서, 한국공정거래조정원(2015).

송태원, "인터넷 검색서비스에 대한 경쟁법 집행에 있어 관련시장 획정에 대한 검토", 법학논문집
  제39권 제1호(2015).

심재한, "온라인플랫폼의 관련시장획정에 관한 연구", 경영법률 제29권 제2호(2019).

조대근, "온라인검색광고시장의 양면성에 관한 연구 -Rochet & Tirole의 양면시장 정의를 중심으
  로-", 서울대학교 박사학위논문(2017).

조대근, "온라인검색광고시장의 시장획정에 관한 연구 -검색포털사업자 네이버를 중심으로-", 인
  터넷정보학회논문지 제18권 제4호(2017. 8).

홍대식·정성무, "관련시장 획정에 있어서의 주요 쟁점 검토 - 행위유형별 관련시장 획정의 필요
  성 및 기준을 중심으로", 경쟁법연구 제23권(2011).

황창식, "다면적 플랫폼 사업자에 대한 공정거래규제", 정보법학 제13권 제2호(2009).

Russell Pittman(Director of Economic Research, Antitrust Division, U.S. DOJ), "양면시장 관련
  AMEX카드 판결과 Bayer/Monsanto 기업결합" 발표문, 미국 법무부 반독점국 경제분석팀
  장 초청 고려대학교 ICR센터 및 공정거래위원회 경제분석과 공동세미나(2018. 11. 1).

[외국문헌]

1. 단행본

Eric Van Damme, Lapo Filistrucchi, Damien Geradin, Simone Keunen, Tobias Klein, Thomas
  Michielsen & John Wileur, *Merger in Two-Sided Markets - A Report to the NMa*, 2010. 7.

OECD, Policy Roundtable: Two-Sided Markets, DAF/COMP(2009)20, 2009.

OECD, *Rethinking Antitrust Tools for Multi-Sided Platforms*, 2018.

2. 논문

Alee Stapp & Ryan Hagemann, "The Identification and Measurement of Market Power and
  Entry Barriers, and the Evaluation of Collusive, Exclusionary, or Predatory Conduct
  That Violates the Consumer Protection Statutes Enforced by the FTC, in Markets
  Featuring 'Platform' Businesses", *Comments submitted to the Federal Trade Commission in the*

Matter of Hearings on Competition and Consumer Protection in the 21st Century(Aug 2018).

Alfonso Lamadrid de Pablo, "The Double Quality of Two‒sided Markets", *Competition Law Journal* Vol. 64(2015).

David S. Evans, "The Antitrust Economics of multi‒Sided Platform Markets", *Yale Journal on Regulation* Vol 20(2003).

David S. Evans & Richard Schmalensee, "The Antitrust Analysis of multisided Platform Businesses", *Chicago Institute for Law and Economics Working Paper*, No. 623(2012).

David Evans & Richard Schmalensee, "The Antitrust Analysis of Multi‒Sided Platform Business", *National Bureau of Economic Research, Working Paper* No. w18783(2012).

Dirk Auer & Nicolas Petit, "Two‒Sided Markets and the Challenge of Turning Economic Theory into Antitrust Policy", *The Antitrust Bulletin,* Vol. 60, No. 4(2015. 12).

Eric Emch & T. Scott Thompson, "Market Definition and Market Power in Payment Card networks", *Review of Network Economics*, Vol. 5, No. 1(Jan 2006).

Gönenç Gürkaynak, Öznur İnanılır, Sinan Diniz & Ayşe Gizem Yaşar, "Multisided markets and the challenge of incorporating multisided considerations into competition law analysis", *Journal of Antitrust Enforcement*, Volume 5, Issue 1(2017. 4).

Jean‒Charles Rochet & Jean Tirole, "Platform Competition in Two‒Sided Markets", *The European Economic Association*, Vol. 1, Issue 4(June 2003).

_____, "Two‒Sided Markets: A Progress Report", *The RAND Journal of Economics, Vol.* 37, No. 3(2006).

Lapo Filistrucchi, Damien Geradin, Eric van Damme & Paline Affeldt, "Market Definition in Two‒Sided Markets: Theory and Practice", *Journal of Competition Law & Economics*, Vol. 10, No. 2(2014).

Marc Rysman, "The Economics of Two‒Sided Markets", *Journal of Economic Perspectives* Vol. 23, No. 3(Summer 2009).

Max Schanzenbach, "Network Effects and Antitrust Law: Predation, Affirmative Defenses and the Case of U.S. v. Microsoft", *Stanford Technology Law Review*, Vol. 4(2002).

Michael Katz & Jonathan Sallet, "Multisided Platforms and Antitrust Enforcement", *The Yale Law Journal* Vol. 127, No. 7(2018. 5).

Renata B. Hesse, "Two‒Sided Platform Markets and the Applicationof the Traditional Antitrust Analytical Framework", *Competition Policy International*, Vol. 3, No. 1(Spring 2007).

Renata B. Hesse & Joshua H. Soven, "Defining Relevant Product Markets in Electronic Payment Network Antitrust Cases", *Antitrust Lawr Journal*, Vol. 73, No. 3(2006).

Sebastian Wismer & Arno Rasek, "Market definition in multi‒sided markets ‒ Note by Sebastian Wismer & Arno Rasek", DAF/COMP/WD(2017)33/ FINAL, 2017.

3. 기타 문헌

DOJ, "Brief for the United States in opposition", On petition for a writ of Certiorari to the United States Court of Appeals for the Second Circuit, 2017. 8.

European Commission, "Note to the OECD's Roundtable on Two-Sided Markets", 2009.

Hausfeld, "Ohio v. American Express Co.: The Supreme Court Addresses Anti-Steering", 2018. 8. 16.

Hogan Lovells, "American Express and two-sided antitrust Markets: Coming to a network near you", 2018. 6. 26.

〈Abstract〉

Ohio v. American Express Co. : Incorporating Two-sided Markets Theory into Competition Law Enforcement

Gee Hong Kim · Seung Hyun Kim
(Attorney at law, JIPYONG LLC.)

The rapid growth in platform economies has generated intense interest in the two−sided markets theory. At its core, the theory underlines the "indirect network effect", a distinctive feature of two−sided(or multi−sided) platforms, where the demand from one side of the platform depends on the demand from the other. However, the question of whether and how this difference shall be incorporated into competition law principles is an area of remaining controversy.

On June 25, 2018, the United States Supreme Court released its 5−4 decision in Ohio v. American Express Co., surrounding the ongoing debate over the two−sided markets approach. The majority opinion described the credit card industry as a "two−sided transaction platform" which the competition authority has failed to take into account. In contrast, the dissenting opinion rejected the two−sided markets approach and concluded that conventional antitrust principles should apply to the case.

This article seeks to predict implications of the United States Supreme Court decision in the context of Korean competition law enforcement regarding two−sided platforms. Discussing the issues of market definition, market dominance, anti−competitive effect, and the practical barriers that the parties of competition regulation may face, the article makes suggestions on refining antitrust toolkit for two−sided markets.

주제어(Keywords): 양면시장(Two−sided market), 플랫폼시장(Platform economy), 다면 플랫폼(Multi−sided platform), 간접적 네트워크 효과(Indirect network effect), 경쟁법(Competition law)

책 소개 (3)

김설 사원의 추천사

양귀자 - 모순

누군가의 삶을 함부로 재단할 수 없고, 내 삶 역시 행복과 불행으로 특정 지을 수 없다는 것을 일깨워준 책. 한 개인이 어떤 선택을 할 때에는 그가 살아온 삶 전체가 영향을 미친다. 그래서 모두가 생각하는 객관적 정답이 아니더라도 그 선택을 할 수밖에 없다. 책을 읽는 내내 엄마와 쌍둥이 이모의 180도 다른 인생을 보며 자란 주인공이 어떤 선택을 할지 조마조마했다. 선택지를 두고 많은 고민을 하지만 결국 삶은 살아봐야 아는 것. 이 책은 내 모든 선택과 결정에 믿음을 가지도록 용기를 준다.

삶은 그렇게 간단히 말해지는 것이 아님을 주리는 정녕 모르고 있는 것일까. 인생이란 때때로 우리로 하여금 기꺼이 악을 선택하게 만들고 우리는 어쩔 수 없이 그 모순과 손잡으며 살아가야 한다는 사실을 주리는 정말 조금도 눈치채지 못하고 있는 것일까. (p. 173)

삶의 어떤 교훈도 내 속에서 체험된 후가 아니면 절대 마음으로 들을 수 없다. 뜨거운 줄 알면서도 뜨거운 불 앞으로 다가가는 이 모순. (p. 296)

뉴스레터 & 소식

SNS를 둘러싼 노동법 이슈

이광선 · 이성준 변호사

1. 들어가며

카카오톡, 페이스북, 유튜브 같은 SNS의 사용이 늘면서 각 기업에서 근로자들의 SNS 사용이 문제가 되는 경우도 많아지고 있습니다. SNS에 게시한 내용이 회사에서 문제가 되는 경우뿐만 아니라, 최근에는 유튜브를 통한 수익 창출이 가능해지면서 직원의 유튜버 활동 자체에 대한 제재까지 쟁점이 되고 있습니다. 이번 칼럼에서는 기업에서 직원들의 SNS 사용을 제한할 수 있을지, 그리고 직원들이 SNS 사용에 대해 어떠한 징계책임을 질 수 있는지 등에 대해 살펴보도록 하겠습니다.

2. 직원들의 SNS 사용에 대한 징계 가능성과 유의사항

가. SNS 활동에 대해 징계책임을 물을 수 있는 경우

SNS 활동 자체만을 이유로 징계를 하기 위해서는, 그 활동의 정도가 근로계약상 성실의무를 위반한 것으로 볼 만한 수준에 이르러야 할 것입니다. 참고로, 판례는 수습 중인 근로자에 대한 본채용 거부의 정당한 사유로서 근무시간 중 스마트폰을 수시로 사용하여 사용자로부터 지적을 받았던 사정을 인정한 바 있습니다.[1]

한편 직원이 SNS에 올린 게시물은 원칙적으로 사생활의 영역에 속합니다. 판례는 근로자의 사생활에서의 비행은 (1) 사업활동에 직접 관련이 있거나 (2) 기업의 사회적 평가를 훼손할 염려가 있는 것에 한하여 정당한 징계사유가 될 수 있다고 하는데,[2] 판

[1) 서울행정법원 2015. 10. 15. 선고 2015구합5832 판결(서울고등법원 2016. 4. 28. 선고 2015누65140 판결로 항소기각되어 확정됨).
2) 대법원 1994. 12. 13. 선고 93누23275 판결 참조.

례의 이러한 판단 기준은 SNS 게시 내용에 대한 징계에도 적용될 수 있을 것입니다. 예컨대, 회사의 기밀에 해당하는 정보를 SNS로 공개한 행위, 회사의 명예를 훼손하는 내용을 SNS에 게시한 행위 등은 징계사유에 해당할 수 있습니다. 참고로, 기업의 사회적 평가를 훼손할 염려가 있다고 하기 위해서는 반드시 구체적인 업무저해의 결과나 거래상의 불이익이 발생해야 하는 것은 아니고 그 비위행위가 기업의 사회적 평가에 미친 악영향이 상당히 중대하다고 객관적으로 평가될 수 있어야 한다는 것이 판례의 입장입니다.3) 따라서 SNS 게시글로 인한 회사의 피해를 구체적으로 입증할 수 없더라도 징계사유가 될 수 있을 것입니다.

SNS를 통한 영리활동을 겸업금지 위반으로 보아 징계하고자 하는 경우, 해당 겸직으로 인해 사용자의 기업질서를 문란하게 하거나 노무제공에 지장을 초래하는 정도에 이르러 사용자의 이익을 침해하였다고 볼 수 있어야 할 것입니다. 판례는, 인사규정과 같은 취업규칙에서 겸직을 당연면직 사유로 정하고 있다고 하더라도 이에 기한 면직 처분이 유효하기 위해서는 근로기준법 제23조 제1항 소정의 정당한 사유가 인정되어야 할 것이므로, 실질적으로 근로자가 겸업을 함으로써 사회통념상 더 이상 근로계약 관계를 유지할 수 없다고 볼 수 있는 경우에만 당연 면직시킬 수 있다고 판시한 바 있습니다.4) 또한 근로자가 회사 재직 중 사적으로 다방 영업을 수행한 것을 징계사유로 삼은 것에 대해, 이로 인해 회사의 기업질서나 노무제공에 지장이 초래되었다고 볼 증거가 없으므로 징계사유가 될 수 없다는 취지로 판시한 사례도 있습니다.5)

나. SNS 활동을 이유로 징계를 할 경우 유의할 점

회사의 업무상 필요한 범위 내에서 규율과 질서를 유지하기 위해 행하는 징계는 근로기준법 제23조 제1항에 따라 정당한 이유가 있어야 합니다. 따라서 취업규칙으로 '근로자의 직장 외 사생활에서의 비위행위가 회사에 손해를 발생시키는 경우', '회사에서 업무상 지득한 영업비밀, 사업 운영과 관련된 정보 등의 사실을 외부로 유출한 경우'와 같이 그 사유를 명시하는 것이 바람직합니다.

다만 근로자의 비위행위가 취업규칙상 징계사유에 해당한다고 해서 곧바로 징계의

---

3) 대법원 2001. 12. 14. 선고 2000두3689 판결.
4) 서울행정법원 2001. 2. 15. 선고 2000구22399 판결(서울고등법원 2001. 9. 27. 선고 2001누4247 판결로 확정됨).
5) 서울행정법원 2001. 7. 24. 선고 2001구7465 판결(서울고등법원 2002. 7. 4. 선고 2001누13098 판결로 확정됨).

정당성이 인정되는 것은 아니고, 그 징계사유 자체의 정당성이 있어야 합니다. 따라서 직원의 SNS 활동에 대한 징계는, 해당 직원의 행위가 업무상 지득한 영업비밀, 사업 운영과 관련된 정보의 누설 또는 이러한 정보를 활용한 사적 이익 취득에 해당하는 행위가 있거나, SNS로 회사 또는 동료 직원들에 대한 명예훼손 내지 모욕적 표현을 게시하여 회사의 사회적 평가를 저하시키거나 기업질서를 문란하게 하는 등의 비위행위에 대해 엄격하게 이루어져야 할 것입니다.

아울러 징계양정 역시 적정한 수준이어야 합니다. 최근 판례는 SNS에 상사를 조롱하는 글을 반복하여 게재한 직원에 대한 징계해고는 정당하다고 판단한 사례가 있습니다.[6] 그러나 위 판례 사안에서 징계대상자는 이전에도 회사 앞에서 회사에 대한 근거 없는 내용으로 1인 시위를 해 감봉 3개월 처분을 받은 전력이 있을 뿐만 아니라, SNS 계정에 조롱 글 외에도 상사에 대한 허위사실을 게시하여 명예훼손죄로 벌금형 판결이 확정된 바 있습니다. 따라서 직원의 SNS 게시 내용이 법적으로 문제가 될 소지가 있다고 하여 곧바로 중징계를 하기보다는, 1차적으로 경고 내지 경징계 등으로 주의를 주되 해당 행위가 반복될 경우 중한 징계처분을 할 수 있음을 미리 알리는 것이 바람직합니다.

마지막으로 직원의 SNS 게시 내용이 노조활동에 관한 것일 경우, 이를 이유로 한 징계 등 불이익을 가하는 것이 부당노동행위에 해당할 위험이 있습니다. 따라서 해당 직원이 조합원인지, 문제된 게시물 내용이 노동조합과 관련성이 있는지를 살펴서 징계나 경고 여부를 신중하게 판단해야 할 필요가 있습니다.

3. SNS 사용에 관한 기타 노동법상 이슈

가. 불법파견과 관련하여 원청의 SNS를 통한 직접적 업무지시

원청 직원과 협력업체 직원들이 함께 참여하는 SNS 단체대화방이 상시적으로 개설되어 해당 대화방에서 원청 직원이 수시로 업무요청을 하는 경우가 있습니다. 이는 불법파견에서 원청의 직접적 업무지시를 인정할 수 있는 사정으로 판단되는 경우가 많습니다.[7] 따라서 협력업체를 통한 업무 수행이 근로자파견관계로 오해되지 않기 위

---

6) 서울행정법원 2019. 11. 14. 선고 2019구합60233 판결.
7) 서울중앙지방법원 2019. 10. 24. 선고 2017가합544834 판결 등 참조.

해서는 업무요청을 위한 SNS 단체대화방이 개설되지 않도록 주의하여야 합니다.

나. 근무시간 외 SNS를 통한 업무지시

주 52시간제 시행과 관련하여, 근무시간 외 SNS, 메일, 전화 등을 통한 업무지시가 문제 되고 있습니다. 퇴근 후 업무 연락 자체에 대해서는 노동관계법상 명확히 문제가 될 만한 점은 보이지 않습니다. 다만 이로 인해 사용자가 의도치 않은 초과근로가 발생할 우려가 있습니다. 따라서 근로시간 관리 차원에서 가이드라인을 마련하고 직원들에 대한 교육을 실시하는 등의 방식으로 법정근로시간 외 업무연락을 자제하도록 할 필요가 있습니다.

다. SNS 공간에서의 직장 내 괴롭힘

고용노동부는 어떤 행위가 직장 내 괴롭힘에 해당하는지는 당사자의 관계, 행위가 행해진 장소 및 상황, 행위가 계속적인 것인지 여부 등의 구체적인 사정을 참작해 종합적으로 판단한다는 전제에서, 직장 내 괴롭힘 행위가 발생한 장소는 반드시 사업장 내일 필요가 없으며 사내 메신저, SNS 등 온라인에서 발생한 경우에도 직장 내 괴롭힘에 해당할 수 있다고 명시했습니다.[8] 사용자가 SNS 공간에서 직장 내 괴롭힘이 발생하였다는 사실을 인지한 경우 근로기준법에서 정하는 바에 따라 신속하게 사안을 조사하고 필요한 조치를 취하여야 합니다.

4. 제언: 기업질서 유지를 위한 SNS 가이드라인의 필요성

직원들의 SNS 사용은 본질적으로 직원들의 사생활 영역에 속합니다. 따라서 사용자가 이를 일률적으로 금지하는 것은 가능하지 않을 뿐더러, 직원들의 반발을 부를 수 있습니다. 따라서 회사 차원에서 SNS 사용에 관한 가이드라인을 마련하는 것이 SNS 사용으로 인해 기업질서에 혼란이 발생하는 것을 미연에 방지할 수 있는 방법이 될 것입니다. 다만 해당 가이드라인이 기존 취업규칙 내용의 구체화가 아니라 새로운 제재 대상을 설정하는 것이거나, 가이드라인 위반을 이유로 징계를 할 수 있도록 정한다면 취업규칙의 불이익변경에 해당할 수 있으므로, 그에 필요한 절차를 거쳐야 할 것입니

---

8) 고용노동부, 「직장 내 괴롭힘 판단 및 예방·대응 매뉴얼」, 2019. 2., 10면.

다(근로기준법 제94조 제2항). 아울러 그 내용에 있어서도 직원들의 사생활의 자유를 존중하는 차원에서, 본업에 지장을 주거나, 기업 비밀이 누설되는 경우, 회사 명예를 훼손하는 경우 등 회사 이익을 해하는 경우에만 SNS 활동이 제한될 수 있다는 취지의 네거티브 규제 방식을 활용함이 바람직할 것입니다.

중국 시장총국의 반독점법 개정계획 발표

김지홍 · 이민희 · 박상진 변호사 · 장지화 외국변호사(중국)

중국 국가시장감독관리총국(國家市場監督管理總局, 이하 '시장총국')은 2020. 3. 26. '20
20년 입법업무계획'을 통해 반독점법(反壟斷法) 개정계획을 발표하였습니다. 시장총국
은 지난 1월 「반독점법 수정 초안(의견수렴안)」(이하 '반독점법 의견수렴안')을 공개하였고,
1개월의 의견수렴기간 동안 별다른 이의제기나 논쟁이 이루어지지 않아, 대부분의 내
용이 개정안에 그대로 반영될 것으로 예상됩니다.

반독점법 의견수렴안의 주요 내용

1. 공평경쟁심사제도(公平競爭審查制度)의 도입

공평경쟁심사제도란 정부가 내자기업과 외자기업, 현지기업과 외지기업을 차별하
는 것을 방지하기 위해 도입된 제도입니다. 반독점법 의견수렴안은 반독점법에 공평
경쟁심사제도의 구축 · 시행을 명시하여 기업이 경쟁제한적 행정행위에 대응할 수 있
는 근거를 마련하였습니다(제9조). 법률 수준에서 공평경쟁심사제도를 반영한 것은 반
독점법 의견수렴안이 처음입니다. 이에 따라, 외자기업이나 외지기업은 경쟁제한적 차
별행위를 한 행정기관의 상급 기관이나 시장총국에 의견을 제출함으로써 공정한 심사
를 받을 권리를 주장할 수 있습니다.

2. 독점협의(부당공동행위)의 적용범위 확대

중국 반독점법상 '독점협의'는 "경쟁을 배제하거나 제한하는 협의, 결정 또는 기타

협동행위"를 말합니다. 우리 공정거래법상 부당공동행위와 유사하지만, 명시적인 협의를 수반하지 않는 의사연락 또는 정보교환행위만으로도 법위반이 성립할 수 있습니다.

반독점법 의견수렴안은 ① 독점협의의 당사자뿐만 아니라 독점협의를 교사·방조한 사업자를 제재할 수 있는 근거를 마련하여 법적용대상을 확대하였고(제17조), ② 공익실현 등 정당화사유가 있는 경우 이를 사업자가 입증하도록 규정하였습니다(제18조).

3. 온라인 사업자의 시장지배적 지위 여부 판단 기준 제시

반독점법 의견수렴안은 온라인 영역 사업자의 시장지배적 지위를 판단함에 있어 통상적인 판단요소 외에 ① 네트워크 효과, ② 시장 규모, ③ 고착효과(lock-in effect), ④ 데이터 장악 및 처리능력 등을 고려해야 한다고 규정하였습니다(제21조).

4. 경영자집중(기업결합) 신고 범위와 책임 강화

중국 반독점법상 '경영자집중' 신고제도는 우리 공정거래법의 기업결합신고제도와 유사합니다. 사업자가 다른 사업자에 대한 '지배권'을 취득하는 경우 신고의무가 발생하는데, 반독점법 의견수렴안은 '지배권'이 간접적 영향력, 그리고 다른 사업자와의 공동의 영향력을 행사할 수 있는 권리나 상황까지 포함한다는 점을 명시하였습니다(제23조). 또한 신고사업자가 제출한 자료의 진실성에 대한 책임을 부담해야 한다는 내용이 추가되었습니다(제26조).

5. 법위반에 대한 제재 강화

반독점법 의견수렴안은 독점협의를 하였으나 실행에 나아가지 않은 사업자에 대한 과징금을 50만 위안(元) 이하에서 5,000만 위안(元) 이하로 대폭 상향하는 한편 전년도 매출액이 없는 사업자에 대하여도 같은 수준의 과징금을 부과할 수 있도록 하였습니다(제53조). 사업자단체의 금지행위에 대한 과징금도 50만 위안(元) 이하에서 500만 위안(元) 이하로 상향되었습니다. 경영자집중 관련 규정 위반에 대하여도 전년도 판매액 10% 이하의 과징금 부과규정이 신설되었습니다(제55조).

조사 비협조에 대한 제재도 강화되었습니다. 반독점법 의견수렴안은 조사에 협조하지 아니한 개인에 대한 과징금을 2만 위안(元) 이하(일반적인 경우) 또는 2만 이상 10만 위안(元) 이하(법위반이 중대한 경우)에서 20만 이상 100만 위안(元) 이하로, 사업자에 대한 과징금을 20만 이상 100만 위안(元) 이하에서 전년도 매출액 1% 이하 또는 매출액이 없는 경우 500만 위안(元) 이하로 상향 조정하였습니다(제59조). 또한, 아직 구체적 형사처벌 규정이 마련되지는 않았으나, 사업자의 조사 비협조가 중대한 경우 형사책임을 추궁할 수 있다는 내용도 추가되었습니다.

6. 시사점 및 유의사항

반독점법 의견수렴안은 ① 법 적용범위를 확대하고, ② 정당화사유의 입증책임을 사업자에게 부담시키는 한편 ③ 법위반에 대한 제재를 강화하였습니다. 관련하여 특히 아래의 사항에 유의할 필요가 있습니다.

(1) 의사연락이나 정보교환만으로도 '독점협의'가 성립할 수 있음
(2) 독점협의의 교사·방조행위도 제재대상이 될 수 있음
(3) 간접적 영향력 또는 다른 사업자와의 공동의 영향력만으로도 경영자집중신고 의무가 발생할 수 있음

특히 시장총국의 행정권과 조사 비협조행위의 제재를 강화한 점을 고려하여 조사 대응 매뉴얼을 구축할 필요가 있으며, 온라인 사업자들은 시장지배적 지위의 판단기분에 유의해야 할 것입니다.

[웹툰]

SCP: 건설·부동산팀 박성철 변호사

Y모: 건설·부동산팀 유현정 변호사

고모: M&A·Corp팀 고효정 변호사
　　(작가 본인)

웹툰 "SCP가 내 친구 Y모에게 부탁하여 고모가 그리는 그림"은 M&A·Corp팀 고효정 변호사가 지평 사내 웹진에 정기적으로 연재하는 만화로, 예비구성원 변호사로서 로펌 생활에서의 희로애락을 고효정 변호사 특유의 재치 있는 감성과 귀여운 그림체로 녹여내 구성원들에게 큰 사랑을 받고 있다.

지/평/쉼/터/

[방 탐방] IP · IT팀

최정규, 이혜온, 정진주 변호사

2+1의 조화, 최정규 · 이혜온 · 정진주 변호사님 방 탐방

새내기 웹진팀은 2019. 10. 2. 최정규, 이혜온, 정진주 변호사님의 방을 찾았습니다. 저희가 도착한 것을 알아차리지 못하실 정도로 분주하게 일하시던 모습이 무척 인상적이었는데요. 이내 가지각색의 과자, 따뜻한 미소와 함께 인터뷰가 시작되었습니다.

탐방1 방의 콘셉트가 있다면 말씀해 주세요.

최, 이, 정 변호사 '방치', '쓰레기장', '더러움'…?

최정규 변호사 우리 딸이 전에 와서 "여기 왜 이렇게 더러워?"라고 하더라고요.

탐방 2 함께 방을 쓰시게 된 계기가 궁금합니다.

이혜온 변호사 원래는 저와 정진주 변호사가 함께 쓰려고 했는데…(웃음) 최정규 변호사님과도 함께 방을 쓰면 좋겠다는 생각이 들어 먼저 제안을 드렸어요. (3명이서 방을 쓰면 더 넓은 방을 쓸 수 있다는 생각도 1% 정도 했고요.)

웹진팀 최정규 변호사님의 반응은 어떠셨나요?

이혜온 변호사 변호사님께서 바로 흔쾌히 답을 주시지는 않으셨고, 처음에는 생각해보겠다고만 대답하셨어요.

최정규 변호사 저는 처음에 거절했던 것으로 기억합니다. (웃음)

이혜온 변호사 저희가 열심히 부탁드린 끝에 이렇게 함께 다인실을 사용할 수 있게 되었습니다.

[방 탐방이 열렸다는 소식에 찾아온 9층 입주 변호사님들]

탐방3 각자 방에서 '최애템'을 꼽으신다면요?

정진주 변호사 이혜온 변호사님의 따님이 접어준 '무언가'입니다.

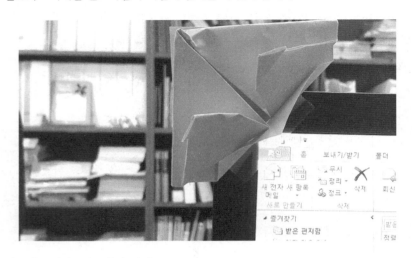

이혜온 변호사 아마도 '모자'일 거예요.

정진주 변호사 반대편에는 이혜온 변호사님 따님의 그림이 있어요. 매일 10시가 되면 따님한테서 전화가 와요.

이혜온 변호사 딸이 룸메이트 변호사님들을 회사 '친구'라고 알고 있어요. 그래서 친구들 주라고 접어준 것들인데, 그 이후에 또 접어주지는 않았네요.

탐방 4 이 방에 있는 책상들이 전부 스탠딩 책상이라고 들었는데요.

최, 이, 정 변호사 (말 없이 스탠딩 책상 시연)

이혜온 변호사 그런데 스탠딩 기능을 쓰면 컴퓨터 본체가 딸려 올라간다는 문제가 있어요.

탐방 5 그 밖에 이 방의 '인테리어 아이템'을 소개해주신다면요?

이혜온 변호사 처음에는 인테리어를 시도하려고 했는데, 잘 안 됐어요. 여기 있는 그림, 테이블도 다 이소영 변호사님께서 주셨어요. 예쁘게 꾸미라는 마음으로 후원을 해주셨는데 결국 이렇게 되고 말았네요.

[곳곳에서 느껴지는 이소영 변호사님의 흔적]

탐방 6 가운데 테이블에 과자가 많이 놓여있는 것이 눈에 띠어요.

이혜온 변호사   최정규 변호사님 고객 중에 식품회사가 있는데, 그 고객이 보내주신 과자가 많이 있어요. 사실 테이블 위에 과자들을 놓은 것은 '사랑방' 느낌을 내보려고 연출한 거예요.

그리고 최정규 변호사님께서 지평 내 성희롱고충처리위원회를 담당하고 계신데요. 고충을 말씀하러 오신 분이 계신다면 여기서 과자도 드시면서 편안하게 말씀하실 수 있어요.

탐방 7 세 분 중 모 변호사님께서는 지평 내에서 '편의점 계의 미슐랭'이라는 타이틀을 가지고 계시던데요.

정진주 변호사   이건 누가 봐도 이혜온 변호사님인데요.

이혜온 변호사   두 분은 식사도 안 하실 때가 많으셔서, 저는 편의점에 이것저것 사러 많이 가는 편이에요. 그런데 너무 자주 가다보니 어느새 편의점에서 일하시는 분께서 절 알아보시고 친근하게 말을 걸어주시더라고요. "잠시 간식 사러 나오셨나봐요", "오늘은 일찍 출근하셨네요" 이렇게요. 그러다 보니 점차 안 가게 되고 있어요. (웃음)

탐방 8 3인실을 사용하는 최대 장점은 무엇인가요?

이혜온 변호사 편의점에서 2+1 상품을 사 올 수 있다는 것.

정진주 변호사 (책상 위에 올려진 보성말차를 들며) 이것도 이혜온 변호사님이 주신 거예요.

이혜온 변호사 의견서 쓰는데 답을 모르겠어서 야근하고 계시던 최 변호사님께 여쭤본 적이 있는데요. 직접 책에 형광펜까지 칠해서 참조하라고 보여주신 적이 있었어요. (웹진팀: 다인실의 의미가 빛을 발한 순간이네요.) 회사 정책에 부합하는 기조라고 볼 수 있죠.

정진주 변호사 저도 마찬가지로 이혜온 변호사님께 도움을 받는 부분이 있어요. 예를 들면, 너무 특이한 질의라 로피스에서도 관련 사례가 찾아지지 않고, 해본 사람이 없을 것 같은 느낌이 들었던 적이 있는데요. 이 변호사님께서 해당 내용을 다루어 보신 적이 있다고 하시면서 관련 논문도 보내주셔서 업무에 도움을 받은 적이 있어요. 이런 적이 최소 3번은 넘는 것 같아요.

이혜온 변호사 최정규 변호사님께도 메일 같은 것을 쓰지 않고 바로 초안 보내드리고 검토를 부탁드릴 수 있고요. 회의도 별도로 잡을 필요가 없어요.

최정규 변호사 그건 파트너 변호사도 마찬가지예요. 일 시키기도 쉬워요. "바빠?" 한 마디면 되거든요.

탐방 9 3인실 쓰시는 데 불편하신 점은 없으신가요?

이혜온 변호사 최정규 변호사님께서 파트너로서 행복한 모습을 보여주어야 한다는 압박감이 있으신 것 같아요. 그래서 매사에 모범적인 모습을 보여주려고 하세요.

최정규 변호사 유일한 단점이라면, 한숨을 제대로 쉬기가 어려워요. (웹진팀: 다른 분들은 어떠신가요?) 나머지 두 분은 잘 쉬시더라고요.

정진주 변호사 출퇴근에 대한 압박. (이혜온 변호사: (갸우뚱))

탐방 10 최정규 변호사님은 혼자 남자 변호사님이시고, 이혜온, 정진주 변호사님에 비해 연차도 높으신데요. 함께 방을 쓰기로 결정하시기까지 고민되시는 부분은 없으셨나요?

최정규 변호사 저는 원래부터 다인실을 쓰고 싶은 마음은 있었어요. 다만 이런 조합으로 다인실을 쓰고 싶은 건 아니었는데, 이렇게 됐네요. 방에 들어오는 사람들마다 다 놀라요. 전에 어떤 분은 저희들 책상의 배치가 꼭 검사, 계장, 주무관의 배치 같다고도 하더라고요. 괜히 이런 조합으로 다인실을 쓰는 것이 권장사항인 것처럼 될까봐 걱정도 돼요.

탐방 11 원래부터 다인실을 쓰고 싶으셨다면, 그 당시 고려한 멤버 구성은 어땠나요?

최정규 변호사 사실 다인실은 파트너들끼리 쓰는 것이 맞는 것 같아요. 그렇지만 의외로 혼자 쓰는 것을 선호하시는 분들도 많아서 어려운 면이 있죠. 처음에는 이소영, 김문희 변호사와 함께 쓰면 어떨까 생각했었어요.

탐방 12 아직까지 서로 의가 상하실 일은 없으셨나요?

이혜온 변호사 웹진 인터뷰에서 의가 상했다고 말할 수가 있겠나요! (웃음) 이제 와서 의가 상하면 방을 나갈 수도 없고, 더 이상 돌아갈 길이 없어요.

탐방 13 혹시 다인실에 초대하고 싶은 제 4 의 멤버가 있다면 어떤 분이 계신지요?

최, 이, 정 변호사 누구든 오시면 환영이지만, 다인실을 쓰고 싶어하는 분이 별로 없으신 것 같아요. 일단 저희는 아무도 방을 치우지 않아서 더러움을 참아내야 돼요.

최정규 변호사 저는 비서님들께도 제 책상은 치우지 말라고 부탁드렸어요. 이게 다 나름의 질서가 있는 거거든요. (웹진팀: 그럼 혹시 책상 사진을 촬영해도 될까요?) 그건 안 됩니다.

탐방 14 다시 태어나도 3인실을 쓰실 건가요?

이혜온 변호사 (아주 단호하게) 예.

정진주 변호사 아예 입사를 안 할 수 있다면... (일동 웃음) 사실 저도 3인실 쓰는 것이 좋은 것 같아요.

최정규 변호사 혼자 쓰는 것보다 다인실이 좋은 것 같아요.

탐방 15 방을 같이 쓰기를 고민하시거나 망설이는 분들에게 한 말씀 해주신 다면요?

최정규 변호사 사실 이렇게 다양한 성비와 연차의 조합이 나오기 매우 어려운데, 마음이 잘 맞고, 무던한 친구들이라서 가능한 것 같아요.

웹진팀 마음이 잘 맞는 분을 구하는 것이 중요하군요.

이번 방탐방은 이혜온 변호사님이 적극적으로 참여의사를 밝혀주신 덕분에 이루어질 수 있었는데요. 직접 인터뷰를 해본 결과 과연 자랑하고 싶은 방과 룸메이트 분들이라는 생각이 들었습니다. 끝으로 웹진팀은 이 방의 컨셉 역시 이혜온 변호사님이 좋아하시는 2+1과 꼭 닮아있다는 느낌을 받았습니다. 직급도 성별도 다양한 세 분이 만드는 케미스트리에서 선물을 받는 듯한 즐거움을 듬뿍 얻고 가는 시간이었습니다.

지평 10대 뉴스(2019-2020)

01.

지평, 사회적 가치 경영 선언 및 유엔글로벌콤팩트(UNGC) 가입

지평은 2019. 9. 24., 사단법인 두루 설립 5주년을 맞아 로펌 최초로 '사회적 가치 경영 선언'을 하고, ▲'사회적가치위원회' 구성 ▲구성원의 채용, 법률업무, 고객관계, 법조사회 등에서 사회적 가치 실천 ▲매년 1개 이상 사회적 과제의 전사적 실천 ▲기업, 공공기관, 시민사회의 사회적 가치 실현 지원 ▲ 사단법인 두루를 장기적으로 공익전업변호사 20여 명 규모로 확대 등과 같은 과제를 이행하기로 하였습니다.

또한, 지평은 2019. 10. 17. 한국 로펌으로는 최초로 '유엔글로벌콤팩트(UNGC)'에 가입하였습니다. 유엔글로벌콤팩트(United Nations Global Compact, UNGC)는 세계 최대 규모의 자발적 기업시민 이니셔티브로, 2000. 7. 발족 이래 전 세계 160개국 1만 4,000여 명의 회원이 참여하고 있습니다.

02.

지평, 넥서스 부동산금융팀 영입

지평은 2020. 5. 1. 부동산 실물거래 분야에서 탁월한 성과를 거두고 있는 법무법인 넥서스의 부동산금융 전문 변호사 12명을 영입했습니다. 이준혁 변호사를 비롯한 12명의 변호사들은 부동산 펀드, 부동산투자회사(REITs), 프로젝트금융투자회사(PFV) 등을 활용한 부동산 실물거래, 부동산개발사업관련 자문 및 부동산 소송에 특화하여 뛰어난 업무능력과 신뢰감 있는 법률서비스로 전문성을 인정받아 왔습니다. 특히 지난 2019년에는 KT AMC-BC카드 컨소시엄의 써밋타워 인수자문, KB자산운용의 종로타워 인수자문 등 주요 부동산 거래를 자문하여 로펌들 중 부동산거래 분야 Top Tier 수준으로 평가되었습니다.

앞으로 지평은 부동산 실물거래 및 부동산 소송 분야의 업무를 한층 강화하고, 아울러 지평의 해외사무소 네트워크와 결합하여 부동산 국제거래 등 분야에서 한걸음 더 도약할 것입니다.

03.

지평, 성수동 소셜벤처와 '1 변호사 1 소셜벤처 매칭사업' 개시

지평과 두루는 2018. 11. 30. 소셜벤처 · 사회적기업과 '소셜벤처 – 변호사 매칭협약'을 체결하고, 소셜벤처에 대한 법률자문 및 법률교육 등을 무상으로 제공하기로 하는 '1 변호사 1 소셜벤처 매칭사업'을 개시하였습니다. 매칭기간은 1년이며, 매칭대

상 기업은 최근 7년 이내에 설립된 자본금 5억 원 이하의 소셜벤처들로 규모가 작더라도 수행사업의 공익적 가치가 크고 선명한 기업을 선정하였습니다. 이번 매칭사업에 참여한 소셜벤처기업은 수공예 사업을 통해 남미의 취약계층에 일자리를 제공하는 '크래프트링크', 장애인 이동권 향상을 위한 기술개발회사 '토도웍스' 등입니다.

04.

두루 설립 5주년 행사 개최

공익활동을 활성화하고 사회적 약자의 인권을 옹호하기 위하여 설립된 사단법인 두루가 5주년을 맞아 2019. 9. 26. 저녁 7시 '두루의 5년 - 보다, 말하다, 듣다' 행사를 진행하였습니다. 두루는 현재 10명의 공익변호사가 상근하고 있으며, 장애인권, 국제인권, 아동청소년인권, 사회적 경제 영역에서 활발하게 활동하는 공익변호사 단체로 성장하였습니다. 지난 5년 동안 두루는 총 24,986시간에 달하는 공익활동을 하였고, 240건의 공익소송과 1,031건의 공익자문을 수행하였습니다.

05.

각종 수상 소식

최고의 실력과 정성으로 고객에게 헌신하며 사회에 공헌하는 지평은 2019년 한 해 동안 아래와 같이 그 성과를 인정 받아 각종 수상의 영예를 누렸습니다.

- '제25회 기업혁신대상'에서 '대한상공회의소 회장상' 수상(산업통상자원부·대한상공회의소·중앙일보가 공동 주관, 2018. 12. 10.)
- '제16회 대한민국 IB대상'에서 '최우수 법률자문상' 수상(머니투데이 주최, 2019. 2. 19.)
- '제2회 대한민국 법무대상'에서 '송무대상'과 '공익상' 수상(머니투데이 '더엘'(the L)·한국사내변호사회 공동 주최, 서울지방변호사회·대한상공회의소·대한상사중재원 후원, 2019. 3. 12.)
- '2019 이데일리 좋은 일자리 대상'에서 '고용노동부 장관상' 수상(이데일리 주최, 기획재정부·고용노동부·산업통상자원부·여성가족부·교육부·중소벤처기업부·일자리위원회·경제사회노동

위원회 후원, 2019. 12. 5.)

- **'제3회 대한민국 법무대상'**에서 **'구조대상'**과 **'공익상'** **수상**(머니투데이 '더엘'(the L) · 한국사내변호사회 공동 주최, 네이버법률(법률N미디어) 공동 주관, 대한변호사협회 · 서울지방변호사회 · 대한상공회의소 · 대한상사중재원 후원, 2020. 6. 16.)

06.

다양한 업무 분야에서의 업무 전문성을 인정받아 각종 매체의 top tier 변호사 선정 外

- **이행규 변호사,** '2019 IPO 법률자문' 가장 영향력 있는 변호사로 선정(한국경제 2019. 1. 19.)
- **이광선 변호사,** '기업 법무팀이 뽑은 2019 베스트 변호사'에 '인사 및 노무', '노동' 분야 베스트 변호사(2관왕)로 선정(한경비즈니스 2019. 11. 5.)
- **김문희 변호사,** 대한상사중재원과 한국경제신문사가 함께 수여하는 '제2회 한국중재대상'에서 '차세대 리더상' 수상(2019. 12. 2.)
- **이광선 변호사,** '노동' 분야 '2019 올해의 변호사'로 선정(리걸타임즈 2020. 1. 17.)
- **김지홍 변호사,** '공정거래' 분야 '2019 올해의 변호사'로 선정(리걸타임즈 2020. 1. 15.)
- **김지홍 변호사,** '제19회 공정거래의 날'을 맞아 '공정거래 유공 대통령표창' 수상(2020. 4. 1.)

07.

각종 세미나 개최

- IBA 서울총회 맞아 'Jipyong Reception(지평 리셉션)' 개최(2019. 9. 24.)
- '수출입결제방식 트렌드 및 국제무역규칙 세미나' 개최(법무법인(유) 지평·대한상공회의소·KB국민은행, 2019. 5. 16.)
- '오만과 한국 간의 무역과 투자 세미나' 개최(법무법인 (유) 지평·주한 오만대사관·Addleshaw Goddard LLP., 2019. 9. 19.)
- '글로벌 생명과학 분야의 Collaboration 세미나' 개최(법무법인(유) 지평·주한 Greenberg Traurig LLP·Catenion GmbH, 2019. 10. 22.)
- '미국 대관업무 및 조달계약 실무와 전략' 세미나 개최(법무법인(유) 지평·주한 Potomac International Partners, 2019. 10. 30.)
- '동남아시아 국가 투자 설명회' 개최(2019. 11. 22.)
- '지평 노동팀 고객 초청 세미나' 개최(2020. 2. 3.)
- '회계규제 대응전략 세미나' 개최(2020. 2. 6.)
- '해외사업과 COVID-19' 웨비나(Webinar) 개최(2020. 5. 27.)

08.

업무영역 확대, 역량은 한층 더 강화

지평은 2020. 3. 17. 디지털포렌식팀을 출범하고, 국내 최고의 디지털포렌식 전문가 그룹인 한국디지털포렌식센터와 업무협약을 체결했습니다. 디지털 데이터가 법적 이슈 해결에 핵심이 된 상황에서, 지평은 기업 내부조사, 공정거래, 부당노동행위, 기술유출 등 분야에서 고객에게 더 체계적이

며 전문적인 디지털포렌식 자문을 제공하게 됩니다.

더 나아가 지평은 로펌 최초로 '온라인 내부신고 시스템'을 자체 개발하여, 기업 소속 구성원들의 내부신고, 법적 문제에 대한 내부조사, 관련 민·형사 소송 대리를 한번에 이어주는 원스톱 법률서비스 제공 체제를 구축했습니다. 지평은 내부조사팀을 출범하고, 준법경영, 인권경영, 윤리경영의 토대 하에 기업 경영의 법적 리스크를 사전에 예방하는 서비스를 제공합니다.

한편, 지평 위기관리팀은 지난 2020. 4. 국제적으로 최고 전문성을 인정받고 있는 위기관리 컨설팅 회사인 레빅전략커뮤니케이션과 협조체계를 구축했습니다. 지평은 위기관리팀을 통해 위기 방지 및 예방전략 수립, 실시간 위기 대응, 위기 회복 및 평가 등의 영역에서 체계적이고 글로벌한 위기관리 컨설팅을 고객에게 제공할 수 있게 되었습니다.

09.

사내 갤러리 오픈

지평은 2019. 3. 28. 사내 갤러리를 오픈하였습니다. 첫 전시는 조용환 변호사(사법연수원 제14기)의 '꿈 많던 소년의 꿈 같은 여행' 사진展으로 조용환 변호사가 지난 2016년 안식년을 맞아 떠난 남미 지역에서 촬영한 사진들로 구성되었습니다. 창립 20주년을 기념하여, 지평의 역사가 담긴 10점의 사진이 전시되었습니다.

10.

20주년을 맞이하여 '창립기념일 라이브 방송' 진행

지평이 2020. 4. 3. 20주년을 맞이하여 '창립기념일 라이브 방송'을 진행하였습니다. 지평은 최근 코로나19로 인하여 '사회적 거리두기' 운동을 실천하고 있는 상황에서 구성원 전체가 소통하고, 창립기념일의 기쁨을 함께 나눌 수 있는 비대면 행사 문화를 이어나가고 있습니다.

창립기념일 라이브 방송은 △ 지평 20주년 축하 인사, △ 사진으로 보는 지평 이야기, △ 지평 구성원의 일상을 담은 다큐멘터리 '지평의 하루' 등으로 구성되어, 유튜브 실시간 생방송으로 진행되었습니다. 각자의 자리에서 라이브 방송에 참여하여, 실시간 채팅으로 구성원 모두가 창립기념일을 축하하고 감사하는 시간을 가졌습니다.

지평 주요 연혁

2000. 4. 3.	법무법인 지평 설립
2007. 8. 31.	베트남 호치민시티 사무소 설립
2007. 9. 17.	중국 상해 사무소 설립
2008. 9. 18.	법무법인 지평지성 설립(법무법인 지성과 신설 합병)
2009. 1. 13.	베트남 하노이 사무소 설립
2009. 3. 1.	캄보디아 프놈펜 사무소 설립
2009. 11. 3.	라오스 비엔티안 사무소 설립
2011. 3. 1.	순천 사무소 개소
2012. 3. 19.	KT&G 서대문타워로 본사 이전
2012. 6. 1.	부산 사무소 개소
2012. 10. 10.	인도네시아 자카르타 사무소 설립
2012. 11. 27.	미얀마 양곤 사무소 설립
2014. 1. 1.	'법무법인 지평'으로 사명 변경
2015. 4. 13.	러시아 모스크바 사무소 설립
2018. 4. 10.	유한 법무법인 전환

지평 출간 소식

01.

北朝鮮投資ガイド | 북한투자지원센터 | 박영사, 2019.

지평은 지난 2018년 북한투자지원센터를 개설하고, 2019년 '일문 북한투자가이드'를 발간하였습니다.

02.

돈의 흐름이 보이는 회계 이야기 | 구상수 공인회계사 | 길벗, 2019.

구상수 공인회계사의 '돈의 흐름이 보이는 회계 이야기'가 발간되었습니다. '돈의 흐름이 보이는 회계 이야기'는 역사, 경제, 인물 등과 관련한 다양한 상식들을 통해 회계를 좀 더 쉽고 재미있게 이해할 수 있도록 소개하고 있습니다.

03.

항공법 판례해설 : Ⅰ 항공민사법, Ⅱ 항공노동법, Ⅲ 항공운송법 | 권창영 변호사 | 법문사, 2019.
권창영 변호사의 '항공법 판례해설'이 발간되었습니다. 국내외 항공민사법, 항공노동법, 항공운송법 판례를 항공법 고유의 법리를 중심으로 자세히 소개하고 있습니다.

찾아보기

공저자 약력

강민제	변호사	고려대학교 법학전문대학원, 변호사시험 4회
강정은	변호사	인하대학교 법학전문대학원, 변호사시험 3회, 사단법인 두루
강호정	변호사	이화여자대학교 법과대학, 사법연수원 32기
구자형	변호사	서울대학교 법학전문대학원, 변호사시험 3회
권영환	변호사	서울시립대학교 법학전문대학원, 변호사시험 3회, 공인노무사
김범준	변호사	부산대학교 법학전문대학원, 변호사시험 8회
김선국	변호사	경희대학교 법학전문대학원, 변호사시험 2회
김승현	변호사	서울대학교 법학전문대학원, 변호사시험 5회
김지홍	변호사	서울대학교 법과대학, 사법연수원 27기
박보영	변호사	서울대학교 법학전문대학원, 변호사시험 1회
박상진	변호사	서울대학교 법학전문대학원, 변호사시험 7회
박성철	변호사	서울대학교 사회과학대학, 사법연수원 37기
박호경	변호사	서울대학교 법과대학, 서울대학교 법과대학원(석사), 사법연수원 37기
송경훈	변호사	서울대학교 법과대학, 사법연수원 42기
송한사	변호사	서울대학교 사회과학대학, 사법연수원 33기
신승기	변호사	고려대학교 법과대학, 사법연수원 27기
심희정	변호사	서울대학교 법과대학, 사법연수원 27기
위계관	변호사	경북대학교 법학전문대학원, 변호사시험 6회
이광선	변호사	성균관대학교 법과대학, 고려대학교 법과대학원 박사과정 수료, 사법연수원 35기

이민희	변호사	연세대학교 법학전문대학원, 변호사시험 2회
이상현	변호사	서울대학교 법학전문대학원, 변호사시험 5회, 사단법인 두루
이성준	변호사	서울대학교 법과대학, 사법연수원 43기
이승민	외국변호사 (러시아)	러시아 모스크바 국립국제관계대학교(MGIMO) 국제법학부, 모스크바 국립 국제관계대학교(MGIMO) 대학원(국제법 박사)
이유진	변호사	고려대학교 법학전문대학원, 변호사시험 6회
이주언	변호사	성균관대학교 법학과, 사법연수원 41기, 사단법인 두루
임성택	대표변호사	서울대학교 법과대학, 명지대학교 법과대학원(석사), 사법연수원 27기
장지화	외국변호사 (중국)	중국 연변대학 법학과, 중국 화동이공대학 법학원(국제법학 석사), 고려대학교 법과대학원 박사과정 수료
장 품	변호사	서울대학교 사회과학대학, 사법연수원 39기
정 원	변호사	서울대학교 법과대학, 사법연수원 30기
지현영	변호사	전남대학교 법학전문대학원, 변호사시험 6회, 사단법인 두루
최승수	변호사	서울대학교 법과대학, 사법연수원 25기
최초록	변호사	서울대학교 법학전문대학원, 변호사시험 5회, 사단법인 두루

법률의 지평 제2호

초판발행   2020년 6월 16일

발행인   이공현 · 김지형 · 양영태 · 임성택
편집위원장   임성택
지은이   법무법인(유한) 지평
펴낸이   안종만 · 안상준

편 집   배근하
기획/마케팅   조성호
표지디자인   이미연
제 작   우인도 · 고철민

펴낸곳   (주) 박영사
             서울특별시 종로구 새문안로3길 36, 1601
             등록 1959. 3. 11. 제300-1959-1호(倫)
전 화   02)733-6771
f a x   02)736-4818
e-mail   pys@pybook.co.kr
homepage   www.pybook.co.kr
ISBN   979-11-303-3662-6   93360

정 가   22,000원